Hartmut Boockmann
# Wissen und Widerstand
## Geschichte der deutschen Universität

Siedler Verlag

INHALT  **Dr. Manfred L. Sauer**
Falltorstr. 2
76669 Bad Schönborn

Einleitung
Die Geschichte der Universitäten oder besser:
Die Geschichte der Universität erweckt ein vielfaches Interesse     7

Kapitel 1
Literarische Bildung vor der Entstehung der Universitäten:
Klosterschulen und Domschulen     29

Kapitel 2
Die Anfänge der Universität: Paris und Bologna     46
*Paris*     46
*Bologna*     62

Kapitel 3
Die Universität Prag     74

Kapitel 4
Die Universitätsgründungen des späteren 14. und des
15. Jahrhunderts     92

Kapitel 5
Studium, Studenten und Professoren um 1500     118

Kapitel 6
Die Universitäten im Zeitalter von Reformation
und Humanismus     140

Kapitel 7
Drei Reformuniversitäten: Halle, Göttingen, Berlin     165
*Halle*     168
*Göttingen*     174
*Berlin*     184

Kapitel 8
Das 19. Jahrhundert 192

Kapitel 9
Der Erste Weltkrieg, die Weimarer Republik
und die nationalsozialistische Zeit 225

Kapitel 10
Die Universitäten in der sowjetischen Besatzungszone
und in der DDR 239

Kapitel 11
Die Universitäten in den Westzonen
und in der alten Bundesrepublik 253

Nachwort
Ein Erzähler von Geschichte und Geschichten
Hartmut Boockmann und die Kunst, das Vergangene als
gegenwärtig zu präsentieren 268

Anmerkungen 275

Bibliographie 278

Abbildungsnachweis 287

EINFÜHRUNG

# Die Geschichte der Universitäten oder besser: Die Geschichte der Universität erweckt ein vielfaches Interesse

Wie eine Gesellschaft die höhere Bildung organisiert, ist eine Frage von hohem Rang. Die Geschichte der Universität ist ein Thema von ähnlichem Gewicht wie die Geschichte der Stadt, die Geschichte der Kirche, der Landwirtschaft oder der politischen Verfassung.
Bei der Universität hat man es mit einer mittelalterlichen Erfindung zu tun, die noch heute benutzt wird – wahrscheinlich mit der einzigen, von der man das sagen kann. Es wäre zu überlegen, ob für die Stadt nicht das gleiche gilt. Die heutigen europäischen Städte wurden ja in der Tat im Mittelalter gegründet, doch handelte es sich dabei in vieler Hinsicht um so etwas wie einen zweiten Anlauf, nachdem die antiken Städte untergegangen waren. Von einem zweiten Anlauf kann man bei der Universität nicht sprechen, denn die höheren Bildungseinrichtungen der griechischen und römischen Antike waren etwas ganz anderes als jene Universitäten, die im Mittelalter entstanden. Dergleichen hatte es vorher nicht gegeben. Und im Gegensatz zu allem anderen, was wir aus dem Mittelalter kennen, gibt es diese Universitäten heute noch – vielleicht nicht in jedem Gebäude, an dem ein Schild mit der Aufschrift »Universität« befestigt ist, aber doch in vielen.
Für den, der einer Universität selbst angehört oder angehört hat als Student oder als akademischer Lehrer, geht es bei diesem Thema um die eigene Geschichte. Oder ist das eine Übertreibung? Immerhin gibt es Anzeichen dafür, daß es sich um keine Äußerlichkeit handelt, wenn man im Hinblick auf Pariser Studenten und Professoren des Jahres 1300 ebenso von der Universität spricht wie für das Wittenberg der Zeit Martin Luthers oder das Berlin oder Göttingen unserer Tage. Man sieht das an einem Beispiel aus dem Jahre 1967, als jene studentischen Revolten in Westdeutschland begannen, deren Folge die gegenwärtige Gestalt der deutschen Universitäten ist. Damals kam es in der Hamburger Universität bei der Übergabe des Rektoramtes von dem scheidenden Amtsinhaber an seinen Nachfolger zu einem plakativen Akt. Wie damals üblich zogen die Professoren, angetan mit Talaren, in einer feierlichen Prozession in den Festsaal. Diese Zeremonie gar-

nierten Studenten mit einem großen Schriftband, auf dem man lesen konnte: »Unter den Talaren/Muff von tausend Jahren.«

Nahm man die Sache wörtlich, so mußte man Einwände erheben. Erstens gab es tausend Jahre zuvor noch keine Universität. Die Universität wurde erst um 1200 erfunden, und zwar in Bologna und in Paris. Zweitens waren die Hamburger Talare so jung wie die Hamburger Universität, die 1919 gegründet wurde. Damals hatte man für die professoralen Talare die Amtstracht der evangelischen Pastoren zum Vorbild gewählt. Man meinte mit diesem Rückgriff allerdings mehr als die durch die Reformation begründete Tradition, nämlich nicht nur das 16. Jahrhundert, sondern auch das, was schon an den mittelalterlichen Universitäten üblich gewesen war. Darauf zielte der erwähnte spöttische Spruch: Mit dem Muff unter den Talaren war gemeint, daß die damalige Hamburger Universität ungeachtet ihres Alters von noch nicht einmal fünfzig Jahren doch ein Beispiel für die aus dem Mittelalter stammende Institution Universität sei, und das war ganz richtig.

Bis zum Jahre 1967 haben wir es bei den Universitäten in Deutschland, von denen an dieser Stelle der Einfachheit halber nur die Rede sein soll, gewiß mit jener Universität zu tun, die um 1200 erfunden worden war. Für die Zeit danach mag zunächst die Feststellung genügen, daß sich die heutige Universität von der des Jahres 1967 zwar erheblich unterscheidet, daß aber dennoch eine Kontinuität der einzelnen Universität wie auch des Typus Universität besteht, und das heißt, daß es in diesem Buch um die Geschichte jedes heutigen oder einstigen Studenten oder Professors geht.

Das gibt dem Thema einen zusätzlichen Reiz, birgt aber auch Gefahren. Nichts ist schwieriger als die Darstellung der eigenen Geschichte – der Vergangenheit der eigenen Person, der Familie oder des Lebensumkreises. Man hat es bei diesen Themen mit den klassischen Gefährdungen des Geschichtsschreibers zu tun, nämlich mit der Versuchung, die Vergangenheit so darzustellen, daß sie entweder als ein leuchtendes Vorbild die häßliche Gegenwart überstrahlt oder umgekehrt der schönen Gegenwart eine schwarze Folie liefert, vor der diese Gegenwart noch heller leuchtet. Oder die Verzerrung der Vergangenheit erzeugt eine weitgehende Übereinstimmung früherer und heutiger Zustände, und Gegenwärtiges wird legitimiert, indem man ihm ein jahrhundertelanges Lebensalter zuschreibt.

Dergleichen findet man in der Darstellung der Universitätsgeschichte immer wieder, schon wenn die Universitäten älter gemacht werden, als sie sind. Ein Beispiel dafür bietet die Universität Köln, eine der größten und angesehensten in Deutschland, die es doch gar nicht nötig hätte, sich ein hohes Alter anzudichten. Sie wurde – wie Hamburg – im Jahre 1919 gegründet, dennoch feierte man im Jahr 1988 das sechshundertjährige Bestehen der Kölner Universität, denn in Köln hatte es von 1388 bis 1798 schon einmal eine Universität gegeben.

Soll man als Historiker nicht froh sein, wenn hier etwas Mittelalterliches endlich einmal positiv bewertet wird, während doch sonst beim Stichwort »mittelalterliche Zustände« immer nur negative Sachverhalte genannt werden wie unpünktliche Züge, schlechte Wohnverhältnisse und ähnliches mehr? Selbstverständlich nicht, zumal es auf dem hier interessierenden Felde der Universitätsgeschichte durchaus echte Kontinuitäten gibt. Die Universität Heidelberg zum Beispiel, um die älteste auf dem Gebiet des heutigen Deutschland zu nennen, besteht ohne Zweifel seit ihrer Gründung, seit 1386, bis heute. Die nächste Gründung war dann schon die der Universität in Köln. Es folgen 1392 Erfurt (das mit seiner Neugründung 1994 – ebenso wie Köln – an die erste Erfurter Universität von 1392 bis 1816 anknüpft) und 1402 Würzburg, aber diese Universität ging schon 1411 ein. Die heutige Würzburger Universität ist jünger. Sie wurde 1582 gegründet. Danach hat man schon Leipzig, dessen Anfänge im Jahre 1409 liegen. Nach Heidelberg ist Leipzig die älteste bestehende deutsche Universität, falls man nicht meint, die Geschichte der DDR-Universität Leipzig sei von so anderer Art gewesen als die Leipziger Universitätsgeschichte zuvor und danach, daß man hier von einer Unterbrechung und von der heutigen Leipziger Universität als einer Neugründung reden müsse. Das wäre freilich nicht richtig, denn auch die Geschichte der Leipziger Universität von 1409 bis heute stellt ein Kontinuum dar. Dafür gibt es einen Beleg, der zum Thema der Gefährdungen zurückführt, mit denen man es zu tun hat, wenn man die Geschichte des eigenen Verbandes darstellt, nämlich zu einer Darbietung der Vergangenheit, welche die eigene Argumentation negativ oder auch positiv stützen soll.

Das Leipziger Beispiel stammt aus dem Jahre 1956. Damals hielt Herbert Grundmann im Institut für Deutsche Geschichte der Leipziger Universität – und wenig später auch an der Universität Jena – einen Vortrag zum Thema »Vom Ursprung der Universität im Mittelalter«. Der Redner war einer der angesehensten Historiker seiner Generation. Er bekleidete eine hohe Position und war damals Präsident der Monumenta Germaniae Historica in München. Er war als führender westdeutscher Historiker – wenn auch gebürtiger Sachse – nach Leipzig und Jena eingeladen worden, wo er über den Ursprung der Universität im Mittelalter sprechen sollte. In diesen Jahren durften westdeutsche Historiker gar nicht so selten Vorträge an DDR-Universitäten halten, öfter als umgekehrt, obwohl doch die DDR-Universitäten damals rasch im Sinne der regierenden Partei verändert und die letzten nichtmarxistischen Professoren bedrängt und verdrängt wurden und diejenigen, die sich den politischen Direktiven nicht fügen wollten, nur schlechte oder gar keine Chancen hatten. In dieser Situation sprach Grundmann zugespitzt davon, daß »primär aber und konstitutiv... für Ursprung und Wesen der Universitäten als ganz neuartiger Gemeinschaftsbildungen... weder die Bedürfnisse der Berufsausbildung oder der Allgemeinbildung noch staatliche, kirchliche oder sozialökonomische Impulse und Motive« gewesen seien, »sondern – kurz gesagt – das gelehrte, wissenschaftliche Interesse, das Wissen- und Erkennen-Wollen«.[1]

Diese pointierte Feststellung war in Leipzig polemisch gemeint. Sie richtete sich gegen kurzgeschlossene sozioökonomische marxistische Erklärungen, wie sie Grundmann – und zwar mit Recht – als das vorausgesetzte, was nun in Leipzig gelehrt wurde. Ob ihm nach seinem Vortrag sogleich widersprochen wurde, weiß man nicht. Schriftlich jedenfalls geschah das vehement, zumal die Aktualität seiner Bemerkung ja nicht zu überhören gewesen war und er am Ende seines Vortrages noch einmal auf die zitierte Erklärung, daß die Universität ihren Ursprung und ihr Wesen im Wissen-Wollen habe, zurückkam. Er sagte hier von der Universität: »Sie ist gewiß nicht immer in der Folgezeit in unbehelligter und mutiger Unabhängigkeit ihren Weg gegangen, allzuoft durch die Jahrhunderte nicht. Aber in ihrem Ursprung und Wesen ist sie auf unabhängiges Denken, Forschen und Lehren gerichtet. Sonst bestünde sie nicht.« Daran müsse sich auch »unser rechtes Verhalten in der Universität« orientieren.[2]

Eine abweisende Antwort darauf gaben nicht nur zwei Leipziger Historiker. Auch Wolfram von den Steinen – ein Historiker, der gewiß das Gegenteil eines auf sozioökonomische Erklärungen festgelegten Gelehrten war, der aber vom sicheren Basel aus urteilend vielleicht nicht so genau wußte, was damals in Leipzig geschah – schrieb 1958, daß Grundmanns These über den spontanen Wissensdrang als Entstehungsgrund der Universität »recht ideologisch« klinge.[3] Gerhard Zschäbitz urteilte in einer 1959 erschienenen Festschrift der Leipziger Universität schärfer. Grundmanns These sei »besonders irreführend«.[4] Und Siegfried Hoyer, auch er einer der Historiker, die nun in Leipzig Karriere machten, meinte 1958, bei Grundmanns Aufsatz handle es sich um »politische Dienstleistung der bundesrepublikanischen Historiographie im Sinne der ihren Staat beherrschenden Bourgeoisie«.[5] Das waren die üblichen Umkehrungen. So wie diese Historiker ihrem eigenen Staat dienen wollten oder mußten, schrieben sie das Entsprechende den westdeutschen Historikern zu. Und man könnte ja auch hinzufügen, daß angesichts der Gestalt, welche die Universität Leipzig damals hatte und wie sie in der erwähnten Festschrift sichtbar wurde, die These, diese Universität gehe letztlich auf spontanen Wissensdrang zurück, nicht einleuchten konnte.

Aber die These leuchtet auch mit Rücksicht auf unser heutiges Wissen nicht ein, wenn sie auch nicht unbegründet ist. Die Anfänge der Universität in Bologna und Paris lassen in der Tat nicht erkennen, daß hier einfach neue Bedürfnisse neue Formen der Bildung oder Ausbildung hervorgebracht hätten. Von der Liebe zum Wissen als Handlungsgrund war damals durchaus die Rede. Dennoch kann man die Anfänge der Universitäten ohne Rekurs auf die Sozialgeschichte nicht begreifen. Der Wissensdrang allein hat sie nicht geschaffen.

Vermutlich hätte Grundmann das gar nicht bestritten. Seine nach wie vor lesenswerte Abhandlung läßt sich jedenfalls nicht auf die erwähnte These reduzieren, die auf eine bestimmte Situation hin formuliert war. Es handelte sich dabei eher um eine wissenschaftspolitische als um eine universitätsgeschichtliche Bemerkung. Eine solche Vermischung aber kommt besonders leicht dann zustande, wenn man es mit der eigenen Geschichte zu tun hat, wenn sich also Professoren und Studenten mit der Geschichte der Universität befassen. Aber wer sollte das sonst tun? Da nur Universitätsangehörige in Betracht kommen, wäre die Alternative, dieses Thema gänzlich beiseite zu lassen. Das aber wäre eine einigermaßen zweifelhafte Lösung, da der Rang, der diesem Thema zukommt, hoch ist.

So bleibt nur der Vorsatz, sich der Sache nicht nur so kritisch zu nähern wie allen anderen historischen Themen, sondern besondere Vorsicht walten und sich nicht von aktuellen Wünschen oder scheinbaren Parallelen dazu verführen zu lassen, die Vergangenheit und die Gegenwart beziehungsweise die Wünsche an die Zukunft durcheinanderzuwerfen. Gerade dann, wenn man den Eindruck hat, eine Konstellation etwa des 14. Jahrhunderts heute wiederzuerkennen, weil man etwas Ähnliches oder womöglich gar das gleiche eben noch in der eigenen Universität erlebt zu haben glaubt, muß man sich zur Ordnung rufen. Man darf selbst dann, wenn sich dieser Eindruck bei genauerem Nachdenken als gar nicht so falsch erweist, darüber doch nicht vergessen, daß zwischen jener früheren Konstellation und dem Gegenwartserlebnis mehrere Jahrhunderte liegen, daß die Ähnlichkeit also, wenn sie denn überhaupt gegeben ist, nur einen begrenzten Erkenntniswert haben kann.

Als Beispiel dafür könnte jene Feuerbach-These von Karl Marx dienen, die nach 1945 am Treppenaufgang im Hauptgebäude der Berliner einstigen Friedrich-Wilhelms-Universität, die nun Humboldt-Universität genannt wurde, angebracht worden ist. Die Philosophen hätten die Welt verschieden interpretiert, so lautet die These,[6] doch komme es darauf nicht an, sondern vielmehr darauf, die Welt zu verändern. Das ist ein denkbar unpassendes Motto für einen Ort der Grundlagenforschung, während es für eine Hochschule, die eine Parteidiktatur rechtfertigen soll, recht gut geeignet ist. Allerdings wäre der Schluß, dergleichen Äußerungen habe man nur in unserem Jahrhundert auf die Universität bezogen, ein Irrtum.

Eine Rede aus dem Jahre 1405 beweist das. Bei dem Redner handelt es sich um Jean Gerson, Pariser Theologieprofessor und Haupt der Universität Paris, und der Zweck seiner an den französischen König gerichteten Ansprache war es, der Universität Paris einen zentralen Platz in einem reformierten Königtum zu sichern. Die Universität repräsentiere die Gesamtheit des menschlich zugänglichen Wissens, so sagte Gerson, und zwar sowohl im Hinblick auf die theoretischen Dimensionen des Wissens als auch mit Rücksicht auf die praktischen, also auf die Verwirklichung des Wissens. Deshalb sei die Universität besonders gut geeignet, zu bestimmen, was Gemeinwohl sei. Und dann – ganz im Sinne der Feuerbach-These von Karl Marx: »Was wäre Wissenschaft wert ohne praktische Folgen?... Man lernt nicht nur, um selbst etwas zu wissen, sondern um es anderen zu zeigen und entsprechend zu handeln.«[7]

Was folgt daraus für das Handeln, in diesem Falle also für die eigene Entscheidung, ob man die Feuerbach-These an dieser Stelle sehen will oder nicht? Paradoxerweise folgt aus dem Wissen – in diesem Falle also der Erkenntnis, daß die These gar nicht originell ist – keineswegs eine Erleichterung des Handelns. Sowohl der Wunsch, die These an dieser Stelle zu beseitigen, wie auch der, daß sie da für alle Zeiten stehenbleiben möge, wird doch wohl relativiert, wenn man diese These auch schon in früheren Jahrhunderten findet. Das gilt gerade dann, wenn man aus diesem Fund nicht etwa ableitet, daß die Universitätswissenschaftler sich schon immer Hals über Kopf aus der Theorie in die Praxis stürzen wollten, sondern vielmehr den Unterschieden Beachtung schenkt, um am Ende doch ein Stück Parallelität festzustellen, aber sogleich zu bemerken, daß sich daraus keine Anleitung zum Handeln ergibt.

So wird man, wenn man die Universitätsgeschichte mit Vernunft bedenkt, gerade dann vorsichtig sein, wenn sich Identität, ja vielleicht Unveränderlichkeit trotz dem Abstand der Jahrhunderte zu erkennen zu geben scheint, etwa in Gestalt von Namen und grundsätzlichen Ansprüchen oder Rechten. Zwei Beispiele mögen verdeutlichen, daß Name und Sache auseinandertreten können, ebenso eine Parole und deren Inhalt. Das erste Beispiel soll der Name unserer Einrichtung sein, also das Wort Universität. Als zweites Beispiel soll die gern zitierte akademische Freiheit dienen.

In den ersten Jahrhunderten der Universität gab es mehrere Bezeichnungen für diese Einrichtung. Das Wort Universität ist nicht die älteste Benennung. Zunächst und noch lange nach dem Gebräuchlichwerden des Wortes Universität sprach man einfach von der *schola*, also von einer Schule, und der Student im Mittelalter wurde fast nie Student genannt, sondern *scholaris* oder *scholasticus*, wobei diese Worte aber, ebenso wie das englische Wort *scholar*, eigentlich nicht mit Student übersetzt werden dürften, sondern mit Universitätsangehöriger, wie wir heute umständlich sagen. Denn obwohl es für den heutigen Dozenten oder Professor das Wort Magister gab, konnte derjenige, der an der Universität lehrte, doch mit demselben Wort bezeichnet werden, das auch den Studenten meinte, also mit *scholaris* oder *scholasticus*, denn viele Angehörige der mittelalterlichen Universitäten waren zugleich Studenten und Professoren.

Die Universität wurde also zunächst *schola* genannt, ferner auch *studium* oder genauer *studium generale*. Das klingt vertraut. Studium generale heißt heute, daß ein Physiker auch einmal eine Geschichtsvorlesung hören soll und ein Historiker eine rechtswissenschaftliche und so weiter. Die so schön altertümlich klingende Bezeichnung für diesen Wunsch verspricht, daß auch die mit dieser Bezeichnung gemeinte Sache alt sei, daß man es also hier mit einem Stück Universitätstradition zu tun habe, das bis in jene Zeiten zurückreicht, als man erstmals vom *studium generale* sprach. Das ist aber nicht der Fall und kann es auch nicht sein, da das Studium bis um 1800 ganz anders aufgebaut war. Für ein *studium generale*, also für das freie Aussuchen und Studieren von etwas, was das Fachstudium ergänzte oder gar zur Allgemeinbildung führte, gab es an den Universitäten zunächst weder einen Ort, noch bestand ein solches Bedürfnis.

Bis ins 18. Jahrhundert wurde nach einem strengen Lehrplan studiert, so daß die Bezeichnung Schule durchaus angebracht war. Ein freier Raum für ergänzende, fachübergreifende Lehrveranstaltungen war weder vorgesehen noch nötig, denn in den ersten Jahren lernten ohnehin fast alle Studenten dasselbe. Zunächst besuchten sie die Elementarfakultät, die Vorgängerin der philosophischen Fakultät, und erst danach begann – freilich nur für eine Minderheit der Studierenden – das Fachstudium an den drei anderen Fakultäten, der theologischen, der juristischen oder der medizinischen.

Die Bezeichnung *studium generale* für die Universität diente im Grunde nur zur Unterscheidung: Das *studium generale* hob sich nämlich vom *studium particulare* ab. Das eine unterschied sich vom anderen dadurch, daß die in ihm verliehenen Grade überall in der abendländischen Welt galten, daß die in einem *studium generale* erworbene Lehrerlaubnis überall anerkannt und in Anspruch genommen werden konnte. Das *studium generale* verlieh letztlich die *licentia ubicumque docendi*. In dieser Hinsicht scheint man es heute mit einer völlig anderen Einrichtung zu tun zu haben. Wer sich zum Beispiel an der Berliner Humboldt-Universität habilitiert, also sozusagen die *licentia docendi* erwirbt, darf noch lange nicht an einer anderen Universität dozieren, und wäre es auch nur die wenige Kilometer entfernte Freie Universität. *Studia generalia* im alten Sinne sind die heutigen Universitäten nur noch zu einem geringen Teil, und das überdies auf eingeschränkte Weise.

Auch das Wort Universität bedeutete etwas ganz anderes als das, was man heute darunter versteht. Heute meint man meistens, das Wort Universität bedeute im Sinne von universal oder Universum, daß an der so genannten Einrichtung die Gesamtheit der Wissenschaften studiert werde. Die Universität, so glaubt man, heiße Universität, weil hier alles studiert werden kann, was sich studieren läßt. Selbst wenn das der Fall wäre – und es ist ja weitgehend der Fall, da heute an der Universität die merkwürdigsten Fächer vertreten sind –, wäre diese Worterklärung von Universität mit Universum der Wissenschaften doch falsch.

Als man das Wort *universitas* als Bezeichnung für die *schola* oder *studium generale* genannte Einrichtung zu gebrauchen begann, meinte man damit das gleiche, was dieses Wort *universitas* in der damaligen Rechtssprache auch sonst bezeichnete, nämlich eine nicht durch Geburt oder Herkunft definierte Gruppe von Menschen, eine Korporation. So konnte mit dem Wort *universitas* zum Beispiel auch eine Handwerkergenossenschaft bezeichnet werden, also eine Zunft oder eine Gilde. Eine *universitas pistorum* war also eine Bäckerzunft und etwas Ähnliches wie die *universitas magistrorum et scholarium*, wie die vollständige Bezeichnung der Universität zunächst lautete. Vorerst hätte es also nicht ausgereicht, einfach von einer *universitas* zu sprechen. Eine solche Benennung mußte ergänzt werden durch die Mitteilung, wer denn hier zu einer Gruppe zusammengeschlossen sein sollte: Bäcker oder Magister und Scholaren. Sehr bald dominierte das Wort *universitas* als Bezeichnung eines *studium generale* aber so sehr, daß man es auch ohne einen näheren Zusatz gebrauchen konnte – ganz ähnlich, wie man heute eben einfach Universität sagt oder *university* oder *université* und so ähnlich in den europäischen Sprachen.

Zu deutsch ist die *universitas magistrorum et scholarium* die Gelehrten- und Studentenzunft – oder besser die Gemeinschaft der Lernenden und Lehrenden? Das ist jene feierliche und schöne Formel, die man gern für jenen Universitätstypus nimmt, der in Berlin im Jahre 1810 geschaffen wurde und dem folgend dann alle deutschen Universitäten und viele andere umgestaltet wurden. Gemeinschaft der Lernenden und Lehrenden: das markiert die klassische deutsche Universität des 19. Jahrhunderts, wenn auch nicht die Berliner Humboldt-Universität, denn die 1810 in Berlin gegründete Universität erhielt diesen Namen ja erst nach 1945, als sie abermals umgestaltet wurde – und zwar gegen die Intentionen Wilhelm von Humboldts. Es wäre also vielleicht doch besser, statt Gemeinschaft der Lernenden und Lehrenden *universitas* mit Studenten- und Gelehrtenzunft zu übersetzen. Das bestätigt sich auch, wenn man zur Klärung der Frage übergeht, was es mit der akademischen Freiheit auf sich habe.

Ebenso wie man unter Universität heute gemeinhin die Universalität dessen versteht, was man auf einer Universität studieren kann, versteht man unter akademischer Freiheit die Möglichkeit, von alledem auch Gebrauch zu machen, also die Freiheit zu forschen, zu lehren und zu lernen, ohne daß man dabei durch staatlichen Zwang behindert wird. Schon die Frage, ob eine solche Freiheit denn heute tatsächlich gegeben ist und wie sie sich mit den doch vorhandenen Einschränkungen verträgt, deren Ursache vom Staat erlassene Prüfungsordnungen sind oder der *numerus clausus*, ist nicht einfach zu beantworten. Freilich fällt die Antwort auch nicht schwerer als die Antwort auf die Frage, was Freiheit denn auf anderen Lebensgebieten bedeute.

Schrankenlosigkeit ist mit Freiheit nie gemeint. Wo die Schranken angebracht sein müssen und ob sie dort, wo sie bestehen, auch berechtigt sind, ist allerdings niemals einfach zu sagen. Doch hier soll nur interessieren, ob das heutige Verständnis von akademischer Freiheit – wie immer die dahinter stehende Wirklichkeit im einzelnen auch aussehen mag – denn mit jener *libertas scholastica* bedeutungsgleich ist, von der schon bei den mittelalterlichen Universitäten die Rede ist, und das nicht beiläufig, sondern so, daß diese *libertas scholastica* als eine fundamentale Eigenschaft der Universität erscheint.

Ein früher Beleg für diese Freiheit findet sich im Jahre 1229. Damals geriet die Universität Paris in eine Krise. Im Streit mit der Stadt Paris fand die Universität, wie ihre tonangebenden Mitglieder meinten, nicht die hinreichende Unterstützung des Königs. So taten die Professoren und Studenten in Paris das, was im Mittelalter in einer solchen Konfliktsituation immer wieder geschah: Sie drohten damit, an einen anderen Ort zu gehen, und das war keineswegs eine leere Drohung, denn eine solche Gruppierung von Magistern und Scholaren war mobil. Die Universität bestand noch nicht aus Instituten und Hörsälen, sondern nur aus Personen, von denen die meisten eben erst aus der Ferne an jenen Universitätsort gekommen waren, an dem nun ein Konflikt ausgebrochen war. Nichts konnte da im Falle eines Streits näher liegen als der Gedanke, einfach woandershin zu gehen, wo es ebenfalls eine Universität gab oder wo man in einer solchen Emigration von Magistern und Studenten die Chance sah, eine neue Universität zu gründen. Viele mittelalterliche Universitäten sind auf diese

Weise entstanden, darunter das schon erwähnte Leipzig im Jahre 1409, durch Magister und Studenten, die damals die Universität Prag im Protest verließen.

Für die Pariser Professoren und Studenten des Jahres 1229 bot sich die Universität Toulouse an, die der Papst soeben gegründet hatte, bei der aber keineswegs sicher war, ob aus dem Gründungsakt auch tatsächlich eine Universität werden würde. Viele Universitäten wurden im Mittelalter zwar feierlich privilegiert und gegründet, gingen aber sofort oder nach wenigen Jahren wieder ein. Eine Gruppe von emigrationswilligen Magistern und Studenten konnte in einer derartigen Situation ein Geschenk des Himmels sein. Allerdings mußte man den Emigranten auch etwas bieten, und so geschah es hier. Man kennt den Werbebrief eines Pariser Magisters, der schon nach Toulouse gegangen war und nun anderen Pariser Unzufriedenen große Versprechungen machte. Milch, Brot und Wein, liest man, gebe es in Toulouse genug, aber es ist in diesem Brief doch nicht nur von den materiellen Seiten universitären Lebens die Rede. Alle Wissenschaften könne man in Toulouse betreiben, liest man weiter, und man könne sogar die in Paris verbotenen naturwissenschaftlichen Schriften des Aristoteles studieren. Das klingt nun so, als sei hier die akademische Freiheit im heutigen Sinne gemeint gewesen, und gleich darauf ist sogar ausdrücklich die Rede von ihr: *Quid deerit vobis igitur?* So: »Was wird euch sonst vielleicht noch fehlen?« fährt der Autor fort *Libertas scholastica?* »Akademische Freiheit etwa?« Ihr werdet, so bekräftigt der Toulouser Magister, ohne an fremde Zügel gebunden zu sein, die eigene Freiheit genießen können. Es ist zweifellos von der Möglichkeit die Rede, verbotene Bücher zu lesen, und dann wird von der *libertas scholastica* gesprochen. Daß das Lesen der verbotenen Bücher – zum Teil jedenfalls – dem entspricht, was wir heute unter akademischer Freiheit verstehen, ist klar. Wo Bücherverbote herrschen, wo es Giftschränke gibt, existiert die akademische Freiheit im heutigen Sinne ganz eindeutig nicht.

Es bleibt aber die Frage, ob die verbotene Aristoteles-Lektüre zugleich auch jener Sachverhalt war, von dem dann als von der *libertas scholastica* gesprochen wird. Herbert Grundmann und andere Historiker haben diese Frage bejaht, doch diese Antwort ist keineswegs zwingend. Eine amerikanische Kennerin der Universitätsgeschichte, Helene Wieruszowski, hat 1966 die *libertas scholastica* an dieser Stelle anders übersetzt, nämlich mit akademischen Privilegien.[8] Alles spricht dafür, daß sie im Recht war, und damit ist nicht nur dieser Brief richtig verstanden, sondern es wird zugleich deutlich, was akademische Freiheit ursprünglich war: Sie bestand in akademischen Privilegien, anders gesagt, im universitären Sonderrecht.

*Ferdinand von Aragón und Isabella von Kastilien ließen sich auf der Fassade der Universität von Salamanca darstellen mit der Umschrift: »Die Könige der Universität und sie den Königen.« So sollte es sein.*

Heute hat das Wort Privileg einen schlechten Klang. Wo Privilegien bestehen, soll man sie als etwas Überholtes abschaffen. Wen man als privilegiert bezeichnet, der muß bestreiten, daß diese Bezeichnung auf ihn zutrifft, oder er muß sich verstecken. Doch sind wir mit solchen Interpretationen und Gefühlen in einer modernen Welt, die sich von der alten fundamental unterscheidet. Die Grenzlinie stellt die Französische Revolution von 1789 dar. Durch sie wurden die einen Privilegien beseitigt und die anderen, noch bestehenden, delegitimiert. In den Jahrhunderten zuvor, also in der frühen Neuzeit nicht anders als im Mittelalter, hat man es dagegen mit einer Gesellschaft zu tun, die dergestalt organisiert war, daß es keine allgemeinen Rechte gab, sondern immer nur die von Gruppenangehörigen. Der Klerus hatte sein eigenes Recht, der Adel einer bestimmten Region ein anderes, die Bauern eines bestimmten Grundherrn lebten nicht nach bäuerlichem Recht schlechthin, sondern unter den Bedingungen dieser einen Grundherrschaft, des Rechts womöglich nur ihres eigenen Dorfes und so weiter.

Diese jeweils besonderen und deshalb nach unserem Gefühl irregulären Rechte, die aber in der damaligen Welt die Rechte, unter denen der einzelne lebte, schlechthin waren, wurden in den lateinischen Texten durchaus mit jenem Wort bezeichnet, das wir für das Äquivalent von Recht halten. Recht heißt auf lateinisch *ius*. Die Lebensrechte der einzelnen wurden allerdings nicht als *ius* bezeichnet, sondern mit dem Plural des Wortes, also als *iura,* und statt *iura* konnte man auch *privilegia* sagen, oder man konnte sich einer Doppelformel bedienen: *iura et privilegia. Iura et privilegia,* das war der rechtliche Lebensrahmen des Angehörigen einer Gruppe. Die Doppelformel bestand aber aus zwei Synonymen. Zwischen *iura* und *privilegia* war ebensowenig ein Unterschied wie dort, wo man diese Formel im späteren Mittelalter in deutscher Sprache verwendete. Da war von Rechten und Freiheiten die Rede.

Akademische Freiheit – so das Ergebnis selbstverständlich nicht nur einer richtigen Interpretation des Werbebriefes von 1229, sondern von vielen anderen Quellen auch – war ursprünglich die Summe der besonderen Rechte, unter denen die Universitätsangehörigen lebten, die Mitglieder der *universitas magistrorum et scholarium.* Daß es so etwas wie akademische Freiheit im heutigen Sinne in den frühen Universitäten aber auch gegeben haben muß oder jedenfalls ein entsprechendes Ziel, das zeigt der erwähnte Brief dort, wo er von den verbotenen, nun jedoch erlaubten Aristoteles-Büchern spricht. Nur ist das etwas anderes als das universitäre Sonderrecht der *libertas scholastica*, die akademische Freiheit.

Was war unter dieser akademischen Freiheit im einzelnen zu verstehen, und wieso bedurfte es eines solchen besonderen Privilegienrechtes überhaupt? Man könnte meinen, diese Frage sei schon mit der Feststellung beantwortet, daß im Mittelalter jeder unter dem besonderen Recht seiner Gruppe lebte. Normalerweise lebte man unter dem Recht, das man von den Eltern ererbt hatte. Jemand, der um 1400 in Berlin als Sohn eines Berliner Bürgers geboren wurde, lebte nach Berliner Stadtrecht auch dann, wenn er nicht in Berlin war. Er führte sein Recht mit sich, wo immer er war, es sei denn, er wäre in den Klerikerstand getreten. Dann hätte er nach dem geistlichen Recht gelebt. Wenn er sich zum Bespiel zum Studium aufmachte, etwa nach Bologna, so nahm er sein Berliner Recht mit. Wäre er, wie viele Studenten im Mittelalter, bereits als Student Geistlicher gewesen, so wäre die Sache einfacher als im ersten Falle. Der aber verlangte eine Lösung.

Am Universitätsort – in Bologna zum Beispiel – studierten Leute ganz verschiedener Herkunft, Studenten aus den verschiedensten

Regionen Europas, die jeweils nach eigenem Recht lebten. Welches Recht sollte aber angewandt werden, wenn der Student aus Berlin mit einem Lübecker Scholaren in Streit geriet? Doch auch wenn sich zwei Kleriker stritten, war die Sache schwierig, denn der einzelne hatte nicht nur sein besonderes Recht, sondern auch den eigenen Richter. Wären die beiden gedachten Studenten, der Berliner und der Lübecker, Geistliche gewesen, so hätten im Streitfalle zwar nicht zwei verschiedene Rechte konkurriert, wohl aber zwei Richter, nämlich das Gericht des brandenburgischen und das des Lübecker Bischofs.

Das traditionelle mittelalterliche Rechtssystem war das einer durch Immobilität bestimmten Gesellschaft. Solange jedermann im eigenen Rechtsbereich blieb, gab es keine Schwierigkeiten. Mobilität jedoch schuf Probleme. Das hatten schon die frühmittelalterlichen Kaufleute erfahren, und nun erlebten es auch die Studenten. Die waren seit dem 12. Jahrhundert auf weiten Strecken unterwegs, zunächst nach Paris und Bologna, bald auch nach Spanien oder England, und um sich in der Fremde zu behaupten, schlossen sie sich zusammen, bildeten eine *universitas*. Derartige Zusammenschlüsse verletzten aber bestehende Rechte, und das machte die Bildung einer *universitas magistrorum et scholarium* weitaus schwieriger als die Gründung eines Vereins heute. Man bedurfte eines Protektors, und den fanden die werdenden Universitäten in Bologna und in Paris: Sie wurden vom Kaiser und vom Papst privilegiert. Daß Kaiser und Papst nur die Liebe zur Wissenschaft schützen wollten – im Sinne der These von Herbert Grundmann – ist unwahrscheinlich, und so war es auch nicht.

Zunächst beinhaltet die akademische Freiheit lediglich das Recht, sich zusammenzuschließen, sich eigene rechtliche Normen zu geben. Das zeigt eine Urkunde des Kaisers Friedrich Barbarossa aus dem Jahre 1158. Barbarossa hatte im Zusammenhang seiner sogenannten Italienpolitik noch in den fünfziger Jahren des 12. Jahrhunderts, und das heißt in der frühesten Zeit der Universität Bologna, mit den dortigen Rechtslehrern Bekanntschaft gemacht. Das ist eine bemerkenswerte Situation. Auf der einen Seite standen die Rechtslehrer in Bologna, die daran interessiert waren, das spätrömische Recht zu lehren, das Recht also eines nach unserem Verständnis längst untergegangenen Staates, nämlich des antiken Römischen Reiches. Auf der anderen Seite stand der Staufer Friedrich Barbarossa, und der war römischer Kaiser. Nach mittelalterlichem Geschichtsverständnis bestand das Römische Reich weiterhin, und Barbarossa war ein römischer Kaiser wie Cäsar, Augustus, Nero, Marc Aurel oder wer auch immer.

Die politische Alltagspraxis entsprach dieser Theorie allerdings nur zum Teil. Heute würde man aus einer solchen Diskrepanz eine Änderung des Herrschertitels ableiten wollen – ähnlich wie vor einigen

Jahren nicht wenige Politiker das Wiedervereinigungsgebot aus dem Grundgesetz entfernen wollten. Im Mittelalter dachte man anders. Barbarossa war nach damaligem Verständnis tatsächlich römischer Kaiser. Daß die Wirklichkeit dem nur zum Teil entsprach, hieß nicht, die Rechte zu ändern, sondern allenfalls abwarten oder den Versuch wagen, diese Wirklichkeit zu verändern. So waren für Barbarossa die Bologneser Professoren interessant, die ihn nun, da er sich nach Italien begeben hatte, auf kaiserliche Rechte aufmerksam machten, die in ihren Lehrbüchern standen und die der Kaiser und seine bisherigen Berater gar nicht kannten.

Daß die Bologneser Juristen, die sich dem Kaiser andienten, nicht bloß theoretisch-uneigennützig handelten, wird Barbarossa nicht übersehen haben, schließlich war er nicht naiv und wußte durchaus, wie man Politik macht: Er bezahlte für den Rat der Bologneser Juristen mit einer Urkunde über die akademische Freiheit.[9] Im Text dieser Urkunde heißt es, sie solle dem spätantiken Kaiserrecht, dem Codex des Kaisers Justinian, eingefügt werden, und so geschah es auch. Damit war die Urkunde, die Barbarossa damals, im Mai 1155, den Bologneser Juristen bewilligte und die eine Art Grunddokument mittelalterlicher akademischer Freiheit wurde, nicht nur ein Zugeständnis des Kaisers, sondern sie brachte ihm auch selbst einen Vorteil, denn sie bewies, daß er tatsächlich Kaiser der Römer war.

Doch was enthielt diese Urkunde materiell? Was verrät sie über den Inhalt akademischer Freiheit im mittelalterlichen Sinne? Die Urkunde verspricht dreierlei: Erstens sollen die Universitätsangehörigen auf dem Weg zur Universität und zurück in die Heimat sicher sein. Zweitens soll kein Scholar für die Schulden eines Landsmannes haftbar gemacht werden können. Drittens soll jedes Universitätsmitglied, das von jemandem beklagt wird, selbst den Richter wählen dürfen, der eine Entscheidung fällen soll, nämlich entweder den Bischof des einschlägigen Ortes oder den *magister*, bei dem der Student studiert.

Das klingt recht bescheiden. Liest man die Urkunde ganz, stellt man allerdings fest, daß es sich hier nach zeitgenössischem Verständnis offensichtlich um wichtige Sachverhalte gehandelt hat, denn der die eben genannten Bestimmungen einleitende Text klingt geradezu dramatisch: »Wer sollte sich ihrer nicht erbarmen, die aus Liebe zur Wissenschaft heimatlos gemacht, sich selbst entäußern, aus Reichen zu Armen werden, ihr Leben allen Gefahren aussetzen und gar von niedrigen Menschen – was kaum tragbar ist – ohne Grund körperliche Gewalt erleiden?«

Dieser Text scheint Herbert Grundmanns These zu bestätigen, doch wirkt es befremdlich, wie dramatisch man das Schicksal der Studenten am Hofe des Kaisers zu sehen schien. Ganz offensichtlich wurde die Urkunde gar nicht am Hof Barbarossas formuliert, sondern – wie im Mittelalter immer wieder – von denen, die die Urkunde erbaten, also von den Bologneser Juristen. Mit diesem Text liegt also ein frühes Beispiel universitären Selbstverständnisses vor und damit zugleich auch ein Exempel dafür, daß es Universitäten zu allen Zeiten gut verstanden, ihren eigenen Nutzen und ihre eigenen Ziele tönend zu formulieren. Es wäre auch fatal, wenn eine Universität nicht wenigstens dazu imstande wäre. Gerade dann aber, wenn aus dieser Urkunde nicht so sehr die Absichten des Kaisers sprechen als vielmehr die Ziele der Universität Bologna selbst, wird interessant, was da zugesichert wird – nämlich Wegesicherheit, Nichthaftung für die Schulden von Landsleuten und die Möglichkeit, den eigenen Richter – in einem gegebenen Rahmen – selbst zu wählen.

Das müssen, wenn das Ganze auf die Universität selbst zurückging, vitale Fragen gewesen sein. Wenn man genauer fragt, welche von diesen drei Fragen denn wohl die dringendste war, erhält man sogar darauf eine Antwort. Man erfährt nämlich nicht nur, daß dieses Gesetz des Kaisers Barbarossa in das spätantike Gesetzbuch, den »Codex Justinianus«, aufgenommen werden sollte, sondern auch an welcher Stelle. Die neue Urkunde sollte dort eingeordnet werden, wo im »Codex Justinianus« vom Haftungsrecht die Rede ist, und das bedeutet, von den erwähnten drei Bestimmungen war die zweite die wichtigste, nämlich daß der gedachte Student aus Berlin in Bologna nicht für die Schulden haftbar gemacht wurde, die sein Landsmann etwa aus Frankfurt an der Oder dort hinterlassen hatte.

Bevor man dies als Kern akademischer Freiheit gering schätzt, sollte man sich fragen, ob ein solches Urteil nicht auf mangelnde Phantasie zurückgeht, auf die unzureichende Fähigkeit, sich in ganz andere Rechts- und Sozialzustände hineinzudenken als die heutigen. Wie fatal mußte es für einen Studenten sein, am Studienort, kaum daß er dort nach langer und nicht ungefährlicher Reise angekommen war, für die Schulden eines Landsmannes zu haften, mit dem er selbst gar nichts zu tun hatte. Verstand es sich nicht von selbst, war es nicht einfach gerecht, wenn dieses landsmannschaftliche Haftungsrecht am Universitätsort nicht mehr gelten sollte? Aus der Universitätsperspektive betrachtet war das gar keine Frage, aus der eines städtischen Vermieters sahen die Dinge aber anders aus. Wie sollte der Bologneser Vermieter zu seinem Recht kommen, wenn er zwei oder drei Jahre lang oder womöglich noch länger Versprechungen eines nicht zahlenden Studenten aus Frankfurt an der Oder vertraut hatte und dieser dann plötzlich verschwunden war? Ein Brief an das Stadtgericht in Frankfurt war wenigstens vier Wochen lang unterwegs. Er war entsprechend teuer, und mit diesem einen Brief war es nicht getan. Was

*Durch die Bologneser Juristenschule verbreitet sich der »Codex Justinianus«, das römische Recht, über ganz Europa. Die abgebildete Seite des Codex stammt aus einem Druck des Gutenberg-Schülers Peter Schöffer von 1475.*

lag da näher, als sich an den Landsmann zu halten, an den Studenten aus Berlin?

Die studentische Existenz, der universitäre Alltag schuf Probleme, die man heute auf den ersten Blick nicht vermuten möchte. Akademische Freiheit war im Mittelalter etwas höchst Handfestes. Sie bezeichnete einen besonderen Rechtsbezirk, der sich ohne weiteres gar nicht konstituieren ließ, dessen Konstituierung bestehende Rechte verletzte, der infolgedessen des Schutzes der Mächtigen bedurfte, der auf der anderen Seite aber notwendig war, wenn die zeitweilige Existenz aus so verschiedenen Gegenden gekommener Professoren und Studenten am selben Ort gelingen sollte. Akademische Freiheit war nichts anderes als ein besonderer Rechts- und Gerichtsbezirk, und das galt nicht nur für die mittelalterlichen Jahrhunderte, sondern bis an die Schwelle der Moderne, also bis ins 18. Jahrhundert.

Man sieht das an der Verfassung der Göttinger Universität, einem nicht gerade beliebigen Sachverhalt. Der Übergang von der traditionellen, im Mittelalter begründeten Universität zur modernen vollzog sich in Deutschland in Gestalt von drei Universitätsgründungen: Halle 1696, Göttingen 1737 und Berlin 1810. Jede dieser Gründungen übertraf die frühere an Modernität. Für Göttingen ist charakteristisch, daß man es hier mit einer Universität des Aufklärungszeitalters zu tun hat, was sich vor allem darin zeigt, daß der Rang, die Bedeutung und die Rechte der theologischen Fakultät entschieden zurückgeschnitten wurden. Modern war diese Universität auch insofern, als sie gänzlich als Staatsanstalt gegründet wurde. Ein eigenes Vermögen hatte sie nicht. Jeder Pfennig kam vom Staat – nicht anders als bei der heutigen deutschen Universität, völlig anders als bei den Universitäten des Mittelalters.

Modern war auch, daß es an dieser Universität keine verbotenen Bücher geben sollte, daß Lehrfreiheit in einer bisher nicht garantierten Weise herrschen sollte. Doch dem stand gegenüber, daß die akademische Freiheit durchaus den alten Inhalt hatte. Auch diese so moderne Staatsanstalt war rechtlich gesehen ein eigener Bezirk. Die akademische Freiheit bestand in Sonderrechten der Universitätsangehörigen. Der wichtigste Bestandteil dieser akademischen Freiheit war, wie seit Jahrhunderten, daß der Richter, der für die Göttinger Bürger zuständig war, im Hinblick auf die Universitätsmitglieder keinerlei Rechte hatte.

Man kommt damit in einigermaßen aktuelle Zusammenhänge. Bei den Studentenrevolten seit 1967 wurde immer wieder die Parole »Keine Polizei auf den Campus« laut. Die das forderten, hatten entweder eine Utopie zum Ziel, nämlich eine Gesellschaft ohne Strafrecht und ohne Exekutivorgane, oder sie forderten, ohne es zu wissen, eine Rückkehr zu mittelalterlichen Zuständen, nämlich zur eigenen Universitätsgerichtsbarkeit, und das heißt, zur akademischen Freiheit im ursprünglichen Sinne.

Im Göttingen des 18. Jahrhunderts bestand selbstverständlich kein rechtsfreier Raum. Akademische Freiheit hieß, daß die Universität ihren eigenen Richter, ihre eigene Polizei und ihr eigenes Gefängnis hatte, den Karzer, der im 19. Jahrhundert zu einem vielbelachten Ort studentischer Folklore wurde und heute gern besichtigt wird, den zu bewohnen im 18. Jahrhundert aber durchaus unangenehm gewesen ist. Das alles ist inzwischen längst Vergangenheit. Der Göttinger Karzer ist ein Museumsgegenstand. Kein Student wird dort inhaftiert, und auch sonst gibt es einen besonderen Rechtsstatus des Professors – von bestimmten beamtenrechtlichen Regelungen abgesehen –, des Studenten oder des sonstigen Universitätsangehörigen nicht mehr. Angesichts des Vordringens des modernen egalisierenden Staates hat der alte Inhalt akademischer Freiheit seinen Sinn verloren.

Da wir Privilegien für etwas Negatives halten, sind wir geneigt, sie für abgeschafft zu halten. Aber so leicht dürften wir es uns nicht machen: Ist die Möglichkeit, zwischen dem Heimat- und dem Universitätsort verbilligt mit der Eisenbahn zu fahren, etwas ganz anderes als eine moderne Version jener Wegesicherheit, die Barbarossa den Bologneser Studenten im Jahre 1155 garantierte? Es gibt Universitätsorte, wo Studenten im Zusammenhang mit ihrer Immatrikulation das Recht erwerben, eine verbilligte Lizenz zur Benutzung der lokalen Verkehrsmittel zu erwerben. Was ist das anderes als ein Restbestandteil akademischer Freiheit im mittelalterlichen Sinne? Auch versicherungsrechtlich genießen immatrikulierte Studenten Vorteile, und es gibt bekanntlich nicht wenige, die sich nur aus diesem Grunde immatrikulieren lassen – nicht anders als die vielen, die im Mittelalter nie einen Hörsaal von innen sahen und sich dennoch immatrikulieren ließen, um der akademischen Freiheit teilhaftig zu werden.

Daß die akademische Freiheit im heutigen Sinne, also das Recht, unbehindert durch Verbote zu studieren, im Mittelalter ein Phantom gewesen wäre, soll damit nicht gesagt sein. Der Brief des Jahres 1229 bezeugt das ja, da er von den in Toulouse nicht verbotenen naturwissenschaftlichen Büchern des Aristoteles spricht. Als Zeugnis des Anspruchs auf Lesefreiheit stellt dieser Brief keineswegs eine Ausnahme dar. Die Forderung, der Wissenschaftler dürfe ungeachtet sonst bestehender Verbote sagen, was er für richtig und vertretbar halte, findet sich schon in der Vorgeschichte der Universität, und sie wird in der Universitätsgeschichte immer wieder laut – nicht zuletzt bei Theologen, wie ein moderner Betrachter der Dinge vielleicht nicht ohne Überraschung feststellt, denn zu den geläufigen Vorstellungen vom Mittelalter gehört ja, daß alles Geistige von der Theologie abhängig war und daß hier ein strenger Dogmatismus herrschte, daß sich alles den herrschenden Lehren anzupassen hatte. Je fester solche allgemeinen Vorstellungen existieren, desto fragwürdiger ist ihre Richtigkeit. Gerade die Universitätstheologen bestanden im Mittelalter darauf, daß ihre Freiheit, zu fragen und zu untersuchen, nicht durch kirchlich-dogmatische Festlegungen unzulässig eingeengt werden dürfe. In Deutschland kam der erste drastische Versuch den man kennt, die Lehrfreiheit einzuengen, allerdings nicht von der Kirche, sondern vom Staat. Bei genauerer Betrachtung verbirgt sich dahinter eine Universität, die eine andere in ihrer Freiheit einschränken wollte.

Der Sache nach ging es im Jahre 1425 um einen Streit zwischen der *via antiqua* und der *via moderna*, um einen für die damalige Zeit zentralen Sachverhalt, obwohl man es aus heutiger Sicht dabei nur mit einem sehr speziellen philosophischen Problem zu tun hat. Gestritten wurde in diesem Universalienstreit um die Frage, womit man es bei den Allgemeinbegriffen zu tun habe. Wenn man nicht nur von Bäumen redete, sondern vom Wald, sagten die Vertreter der *via antiqua*, also die Realisten, daß diese Rede der Realität entspreche, weil es tatsächlich einen Wald gebe und nicht nur Bäume. Die Repräsentanten der *via moderna* oder die Nominalisten meinten dagegen, der Wald sei keine Realität, sondern nur ein Name, ein *nomen*, woraus sich die Benennung Nominalisten erklärt. Ein spezielles Problem, so möchte man meinen. Tatsächlich wuchs sich der Streit zwischen Realisten und Nominalisten zu einer grundsätzlichen Auseinandersetzung aus, und so kam es dazu, daß manche Universitäten streng nominalistisch waren, die anderen dagegen realistisch.

Im Jahre 1425 nun richteten die Kurfürsten von Mainz, Köln, Trier, Pfalz und Sachsen einen Brief an den Bürgermeister und den Rat der Stadt Köln, in dem sie dazu aufforderten, die Kölner Universität zu veranlassen, nicht nach der *via antiqua* zu lehren, realistisch also, sondern vielmehr nominalistisch, nach der *via moderna*. Das Ganze hatte einen aktuellen Hintergrund, nämlich die Furcht vor der Ausbreitung des böhmischen Hussitismus. Es scheint, als hätten – ähnlich wie zuweilen in der Gegenwart – Politiker hier aktuelle Zusammenhänge und universitäre Gegebenheiten unbeholfen zusammengefügt. Doch besteht Grund zu der Vermutung, daß es gar nicht die Kurfürsten selbst waren, die da die Stadt Köln aufforderten, in den Kölner Lehrbetrieb einzugreifen, sondern vielmehr Repräsentanten der Heidelberger Universität, die gewissermaßen der anderen Partei angehörten. Heidelberg war nominalistisch, Köln dagegen realistisch orientiert.

Dies ist das erste Glied einer Kette, an deren einstweiligem Ende – hoffentlich – die Beschlüsse des Zentralkomitees der SED stehen, die darüber entschieden, was an den DDR-Universitäten zu lehren sei.

Das sind keine unzulässigen Verknüpfungen, denn bei verbotenen Büchern und Methoden handelt es sich um Sachverhalte, die, so verschieden die Umstände auch sein mögen, über weite Zeiten hinweg zusammengestellt werden können. Ein Professor des 15. Jahrhunderts, der sich nicht von einer politischen Gewalt sagen lassen will, was er denken soll, läßt sich durchaus mit einem Professor des 20. Jahrhunderts in Verbindung bringen, der es ablehnt, die Resultate seines Denkens von einem Staatsfunktionär autorisieren oder gar verbieten zu lassen. Auf der anderen Seite darf man sich aber von solchen Ähnlichkeiten nicht verführen lassen und die mittelalterliche und die gegenwärtige Universität allzu dicht aneinanderrücken. Akademische Freiheit und Universität waren zunächst doch etwas gänzlich anderes als das, was man heute unter Universität und akademischer Freiheit versteht.

Ist es dann überhaupt zulässig, die Universitäten des Mittelalters und die der frühen Neuzeit in einen Zusammenhang zu stellen, einen Bogen zu spannen vom Paris des 13. Jahrhunderts bis zum Berlin im 19. Jahrhundert, von der Gegenwart gar nicht zu reden? Eine schwierige Frage, so scheint es. Dennoch läßt sich die Frage danach, ob die heutige Universität ein Kapitel der im 12. Jahrhundert beginnenden Universitätsgeschichte sei oder nicht, einigermaßen einfach beantworten – jedenfalls durch den Historiker. Es geht dabei nicht so sehr um den Geist von Institutionen als vielmehr um handfestere Dinge. Knüpft man zum Beispiel an die Geschichte der heutigen Humboldt-Universität in Berlin an, so hat man eine Gründung des Jahres 1810. Diese im Jahre 1810 gegründete Universität bestand bis zum Ende des Zweiten Weltkrieges als Friedrich-Wilhelms-Universität. Dann wurde sie umbenannt, und diese Umbenennung war nicht nur eine Äußerlichkeit, denn die neue Universität sollte ja ein Forschungs- und Bildungsinstitut völlig anderer Art sein.

Es liegt auf der Hand, daß dieses Institut den Namen gerade Wilhelm von Humboldts zu Unrecht trug. Doch es wurden damals ja nicht alle Professoren ausgetauscht, und auch nicht die Studenten – ungeachtet des Umstandes, daß viele von ihnen in West-Berlin eine neue Universität begründeten, nämlich die Freie Universität. Wer von den Professoren oder Studenten nicht gehen mußte oder gehen wollte, der blieb. Die Humboldt-Universität war also keine Neugründung, sondern eine Umformung der bisherigen Berliner Universität – auf andere Art, als 1933 die Berliner Universität wie alle anderen deutschen Universitäten umgeformt worden war. Damals war an die Stelle der herkömmlichen Selbstverwaltungsmechanismen das Führerprinzip getreten – scheinbar eine völlig andere Verfassung als die gewohnte. Tatsächlich war der Unterschied nicht so groß. Auf der einen Seite wurde in die Universitäten so gewaltsam eingegriffen wie niemals zu-

*Die Berliner Universität, die jüngste der drei großen Reformuniversitäten, im Jahre 1840.*

vor; die jüdischen Professoren und Studenten wurden vertrieben. Auf der anderen Seite blieb das Ganze traditioneller, als die damaligen Reden vom Führerprinzip behaupteten. Die Universität, das erwies sich nicht nur jetzt, ist ein außerordentlich elastisches Gebilde. Es ist schwer, sie in Bewegung zu bringen. Das haben die Universitätsreformer von 1933, die in der DDR nach 1945 und schließlich auch die der letzten Jahre erfahren müssen. Keine Frage, daß unter solchen Umständen die Geschichte der Berliner Friedrich-Wilhelms-Universität beziehungsweise der Humboldt-Universität von 1810 bis heute ein Kontinuum darstellt.

Diejenigen, welche die Berliner Universität des Jahres 1810 schufen, jene Universität, die dann zum Muster der klassischen deutschen Universität im 19. Jahrhundert werden sollte, waren sich gar nicht einig darüber, ob sie das Objekt ihrer Wünsche überhaupt Universität nennen und sich somit in die Geschichte dieser Institution eingliedern sollten. Zeitweilig dominierte die Meinung, das neue Institut solle einen neuen Namen bekommen, damit es nicht von den Nachteilen der traditionellen Universitäten gefärbt würde. Doch am Ende fügte sich die Berliner Universität, fügte sich die klassische deutsche Universität, die dem Berliner Muster folgte, der europäischen und insbesondere der deutschen Universitätstradition bruchlos ein, und es kam zu der schon erwähnten Folge von Halle, Göttingen und Berlin.

Auch in Halle wurde im Jahre 1694 die Universität nicht neu erfunden – und ebensowenig später in Göttingen. Vielmehr war man 1737 bei der Gründung Göttingens geradezu ängstlich darum bemüht, diese in vieler Hinsicht neue Universität so traditionell wie möglich zu konstituieren, und so gründete man damals noch einmal eine teilweise mittelalterliche Universität, obwohl nach heutigem Verständnis das Mittelalter im Jahre 1737 ja längst zu Ende war. Näherliegend wäre es doch gewesen, sich den Universitäten anzuschließen, die von evangelischen Fürsten in reformierten Territorien gegründet wurden, also an Marburg zum Beispiel oder an Königsberg.

Die Gründungen des 16. Jahrhunderts stellen in der Tat Universitäten dar, die man ohne die Reformation nicht versteht. Auf der anderen Seite wurde aber damals in den evangelischen Territorien gerade nicht eine neue Universität entworfen, sondern großer Wert darauf gelegt, die neuen Hochschulen den alten soweit wie möglich anzugleichen, so daß man bis zur Gründung von Halle in einem gar nicht zu bezweifelnden Kontinuum steht, dessen Anfänge im 12. Jahrhundert liegen, im damaligen Bologna und im damaligen Paris. Da nun aber auch die späteren Epochen und Einschnitte keine absoluten Zäsuren darstellen, ergibt sich tatsächlich eine Kontinuität, deren einstweiliges Ende die Gegenwart darstellt. Es kann nicht bezweifelt werden, daß die gegenwärtige Universität im Kern mit jener Universität identisch ist, die im 12. Jahrhundert einerseits in Bologna und andererseits in Paris begründet worden ist.

Auf der anderen Seite hat die heutige Universität eine gänzlich andere Gestalt als die des 12. Jahrhunderts. Damit sind die beiden Pole gekennzeichnet, zwischen denen man sich bewegt, wenn man nach der Universitätsgeschichte fragt. Auf der einen Seite ist man verblüfft darüber, daß es tatsächlich eine Institution geben soll, die schon so lange Jahrhunderte existiert. Auf der anderen Seite bleiben die Unterschiede der Perioden groß genug. Kaum etwas scheint einen Bologneser Studenten des 12. Jahrhunderts mit jemandem zu verbinden, der im Jahre 1998 in einem Göttinger Hörsaal sitzt, aber dieser oberflächliche Anschein täuscht, denn bei genauerem Hinsehen gibt es doch Verbindungslinien.

Im ganzen hat man es sowohl mit Identität als auch mit Wandlungen zu tun. Die Hauptaufgabe des Historikers besteht nun darin, die Andersartigkeit vergangener Gegebenheiten und ihre Ähnlichkeit mit dem, was wir heute haben, in ein vernünftiges Verhältnis zu bringen und damit eine Orientierung zu ermöglichen, ohne die rationales Handeln nicht gelingen wird. Wie wichtig das ist, wird deutlich, wenn man in den heutigen Universitäten Resultate irrationalen – legislatorischen, administrativen, professoralen und studentischen – Handelns erkennt.

KAPITEL 1

# Literarische Bildung vor der Entstehung der Universitäten: Klosterschulen und Domschulen

Die Schul- und Universitätsgeschichte kennt Anekdoten, die für alle Jahrhunderte zu passen scheinen: Professoren klagen über die mangelnde Bildung der Studenten und empfehlen ein karges Leben als die beste Voraussetzung für das Studium; Studenten klagen über Professoren, die ihre Vorlesungen versäumten, weil sie anderes interessanter finden. Lesen die Professoren, so verstehen sie es nicht, den Stoff richtig einzuteilen, und verirren sich, statt zur Sache zu kommen, in deren Vorgeschichte.

Bei Enea Silvio de Piccolomini, dem bedeutendsten Humanisten seiner Zeit, der 1458 zum Papst gewählt werden und sich als solcher Pius II. nennen sollte, liest man in einer Beschreibung Wiens, an der dortigen Universität gebe es zwei tüchtige Theologieprofessoren, darunter den auch als Geschichtsschreiber bekannten Thomas Ebendorfer. Er würde ihn loben, fährt der Humanist fort, hätte dieser nicht 22 Jahre lang über das erste Kapitel des Jesaja gelesen, ohne bisher zu einem Ende gekommen zu sein.

Hoffentlich nicht nach solcher akademischer Tradition soll dieses Kapitel von dem handeln, was man vor den Anfängen der Universität gelernt hat, und von den früheren Orten des Lernens und Lehrens. Wer erhielt in den ersten Jahrhunderten des Mittelalters überhaupt eine Schulbildung, und wer konnte damals lesen oder gar lesen und schreiben und rechnen? Darum ging es zunächst: erstens um das Lesen, zweitens um das Schreiben, das mancher nicht beherrschte, der dennoch lesen konnte, und schließlich um das Rechnen. Doch in diesen Jahrhunderten, die noch keine Universität kannten, wurden auch höchst anspruchsvolle Dinge studiert, zahlentheoretische Probleme etwa, die weit über den Horizont des heutigen Gymnasialwissens hinausgehen.

Mit dem Ende der antiken Kultur ist in Mitteleuropa die Fähigkeit zu lesen und zu schreiben fast ganz verschwunden – soweit sie überhaupt vorhanden gewesen war. In die östlichen und nördlichen Teile des künftigen Deutschland, also in die Gebiete, die nicht zum Römischen Reich gehört hatten, kamen das Lesen und das Schreiben erst mit den Missionaren, blieben diese Fähigkeiten eine Sache der Geistlichen, und daran sollte sich auch in den nächsten Jahrhunderten nichts ändern. Westlich des Rheins, wo mit dem Ende des Römischen Reiches nicht alle Kulturkontinuität abgebrochen war, gab es zunächst auch Nichtgeistliche, die des Lesens oder Schreibens kundig waren. Man findet sie zum Beispiel noch im 8. Jahrhundert am Hof der fränkischen Könige.

In den nächsten Jahrhunderten waren auch in den einst römischen Gebieten diejenigen, die am Hof der Herrscher lesen und schreiben konnten, wenige Geistliche. Schulbildung erhielten jetzt nur diejenigen, die von vornherein Kleriker werden sollten, und es waren fast auch nur geistlich-kirchliche Tätigkeitsbereiche, in denen man diese Fähigkeiten anwandte. Außerhalb davon lagen das weltliche Recht, die Verwaltung, die Politik, die Erziehung und vieles mehr. All das geschah mündlich, es sei denn, daß Geistliche auch auf diesen Gebieten tätig gewesen wären. So bemühte man sich in den großen Klöstern und Bistümern und ansatzweise auch am königlichen Hof, schriftlich festzuhalten, was man an Abgaben zu erwarten hatte. Aufzeichnungen darüber, was einer Herrschaft aus einem bestimmten Dorf von bestimmten Bauern jährlich zukommen sollte, wurden damals angelegt. Bekannt sind solche Urbare nur aus dem geistlichen Bereich, von Klöstern und Bischöfen, und es gibt Spuren davon am königlichen Hof. Das älteste uns bekannte Urbar eines weltlichen Grundherrn aus Deutschland stammt erst aus dem 12. Jahrhundert.

Ebenso wurden zuvor einzelne Rechtsakte in der Regel nur dann in Urkunden dokumentiert, wenn einer der Beteiligten, der Aussteller oder der Empfänger, ein Geistlicher war. Besitzübertragungen unter weltlichen Rechtsparteien erfolgten mündlich. Das erklärt, warum die meisten überlieferten Urkunden der Könige nicht nur von Geistlichen, von den königlichen Hofkaplänen zum Beispiel, geschrieben wurden, sondern sich auch an Geistliche richteten. Die Könige selbst konnten nur im Ausnahmefall lesen oder gar schreiben, und noch am Ende des Mittelalters gibt es hochgestellte Analphabeten. Das erfährt man beispielsweise in einem berühmten Traktat, der eine reformierte Kirche und ein reformiertes Reich entwirft, nämlich in der »Concordantia catholica« des Nikolaus von Cues aus dem Jahre 1433. In den verfassungsgeschichtlichen Partien des Werkes, wo von einer neuen Form der Königswahl die Rede ist, wird vorgeschlagen, die Kurfürsten, die Königswähler also, sollten – wie bei der Wahl des Papstes durch die Kardinäle – ihr Votum auf einen Zettel schreiben, und das solle geheim geschehen, ohne daß andere dabei seien, ausgenommen, so heißt es ausdrücklich, der Sekretär, falls der Kurfürst der Schrift nicht mächtig sei. Am Ende des Mittelalters waren die analphabetischen Fürsten freilich schon die Ausnahme. In der Mitte des 12. Jahrhunderts soll König Konrad III. einen illiteraten König als eine Art gekrönten Esel bezeichnet haben: *Rex illiteratus est quasi asinus coronatus*. Die Grenze zwischen Analphabetentum und der Fähigkeit, zu lesen und zu schreiben, war nicht die gleiche wie die zwischen Unbildung und Bildung. Wolfram von Eschenbach, einer der gelehrtesten Dichter des Mittelalters und einer der großen Autoren der hochmittelalterlichen klassischen deutschsprachigen Literatur, behauptete von sich selbst: *ichne kan deheinen* (keinen) *buochstap*.[10] Ob das nun ein wörtlich zu nehmendes Zeugnis dafür ist, daß der Dichter nicht schreiben – und womöglich nicht lesen – konnte, ist oft diskutiert worden und wird sich mit Sicherheit wohl nicht klären lassen. Aber daß jemand Tausende von Versen diktieren konnte, ohne selbst schreiben zu können, ist unbestritten. So erhebt sich die weitaus interessantere Frage, warum der Dichter denn behauptete, nicht der Schrift mächtig zu sein. Es ist erwogen worden, daß man die Stelle überhaupt nur im übertragenen Sinne verstehen dürfe, nämlich im Anschluß an jene Deutung des 71. Psalms, die der heilige Augustinus vorgenommen hat. In diesem Psalm heißt es: *non cognovi litteraturam*. Nach Augustin bedeutet dies, man komme auch ohne Buchstabengelehrsamkeit zu Gott, wobei aber eben das Gegenteil der Buchstabengelehrsamkeit nicht Analphabetismus heißen muß.

Auch diese Interpretation läßt sich nicht beweisen, aber es ist nicht unwahrscheinlich, daß der vermeintlich analphabetische Dichter sich hier in Wahrheit in einer gelehrten Tradition bewegt. Oder er behauptete aus Standesgründen, Analphabet zu sein. Lesen und Schreiben ziemten sich für den Adligen nicht. Das wird noch am Ende des Mittelalters, da viele Adlige lesen und schreiben konnten, immer wieder gesagt, und so konnte es für einen Dichter, der die adlige Welt darstellen wollte, angemessen sein, sich als Analphabeten auszugeben oder jedenfalls von seiner Buchstabenferne zu sprechen. Man kennt solche Worte auch aus den nachfolgenden Jahrhunderten, und die Rede vom tintenklecksenden *saeculum* in der Sturm-und-Drang-Zeit gehört ebenfalls in diese Tradition. Doch Bildung und Analphabetismus schlossen sich letztlich aus. Im 15. Jahrhundert war es ganz eindeutig eine Schande, wenn ein Bischof Analphabet war, und auch die Analphabeten unter den Studenten, die es damals zuweilen noch gab, waren eine aussterbende Spezies.

Die hier interessierende Bildung war zunächst ohne Ausnahme lateinischsprachig. Zwar waren es Geistliche, die sich darum bemühten, die jeweilige Muttersprache schriftfähig zu machen, so daß zum Beispiel Taufgelöbnisse, Beichtformeln und Gebetstexte, die den Laien beigebracht werden mußten, auch schriftlich festgehalten werden konnten und nicht nur im Gedächtnis überliefert wurden oder von Fall zu Fall aus dem Lateinischen übertragen werden mußten. Die Kirche und die Geistlichen sind gewissermaßen die Geburtshelfer bei der langsamen Entstehung einer deutschen Schriftsprache gewesen. Was in der Volkssprache schriftlich ausgedrückt werden konnte, waren aber zunächst nur elementare Dinge. Alles, was anspruchsvoller war, mußte bis ins späte Mittelalter lateinisch formuliert werden.

Zum Lateinischen als der Sprache der Bildung gab es schon deshalb keine Alternative, weil es im ganzen fränkischen Reich keine Muttersprache gab, die überall verstanden worden wäre. Nach dem Zerfall des karolingischen Reiches wurde im östlichen Reich, dem künftigen Deutschland, immer noch keine gemeinsame Muttersprache gesprochen. Das Fränkische, das Alemannische, das Bayerische und das Sächsische standen nebeneinander. Erst allmählich kam das Wort »Deutsch« für die Volkssprache auf, doch damit konnte Bayerisch, aber auch Sächsisch gemeint sein, also die älteste Form des Niederdeutschen. Selbst wenn es eine gemeinsame Volkssprache im künftigen Deutschen Reich gegeben hätte, wäre das Lateinische die selbstverständliche Sprache der Bildung schon deshalb gewesen, weil die Kirche in lateinischen Traditionen lebte. Alles, was sie an schriftlicher Überlieferung besaß, von der Bibel über die Texte der Kirchenväter bis zu den rechtlichen Normen, besaß sie in lateinischer Sprache – weil die Texte von Anfang an in dieser Sprache formuliert worden waren oder weil sie, wie die Bibel, in der späten römischen Zeit ins Lateinische übertragen worden waren.

Im Zuge seiner Bildungsreform hat sich Karl der Große allerdings um die Fixierung der Volkssprache bemüht. Die volkssprachigen Monatsnamen zum Beispiel sollten bewahrt werden. Man sollte nicht Februar sagen, sondern Hornung. Dieses Wort ist in der Tat nicht ganz verlorengegangen. Aber im ganzen blieben diese auf die Volkssprache zielenden Reformbemühungen doch folgenlos, während die karolingische Reform im übrigen zur Basis des Lehrens und Lernens während der folgenden Jahrhunderte wurde und in mancher Beziehung noch die Grundlage unserer gegenwärtigen Kultur ist. Unsere heutige Schrift ist mit der karolingischen Minuskel nahezu identisch.

Eine Folge dieser Reform hat weit in die Universitätsgeschichte hineingewirkt: Die *septem artes liberales* wurden zum Kern aller Bildung. Das Universitätsstudium war ja bis ins 18. Jahrhundert so organisiert, daß fast alle Studenten zunächst an einer Basisfakultät studierten, bevor sie dann, soweit sie überhaupt mehr studierten als jenes an der Basisuniversität gelehrte elementare Wissen, eine der höheren Fakultäten bezogen und Theologen, Juristen oder Mediziner wurden.

Die »septem artes liberales«: links das philologische »trivium«, rechts das naturwissenschaftliche »quadrivium«; Darstellung aus einer Handschrift des 14. Jahrhunderts.

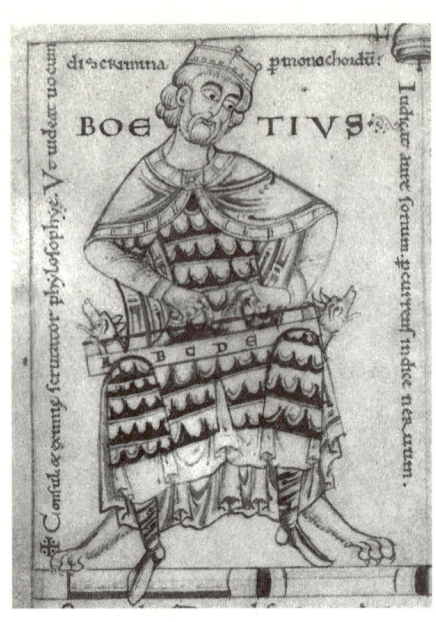

*Die von dem römischen Philosophen Boethius (480–524) ins Lateinische übersetzten Schriften des Aristoteles bildeten im Mittelalter den wesentlichen Zugang zur griechischen Philosophie.*

Die Basisfakultät war die Artistenfakultät, und dieses Wort Artisten meinte diejenigen, die sich um jene sieben *artes liberales* bemühten. *Liberalis* heißt frei; *ars* dagegen bedeutete damals nicht Kunst, sondern Wissenschaft oder – besser – in erster Linie Wissenschaft. Denn manches, was heute Kunst heißt, die Dichtung etwa oder die Musik, war damals gleichfalls eine *ars*. *Artes* waren also Wissenschaften, und für den Zusatz *liberales* lautet die gängigste Erklärung, daß mit *artes liberales* jene Tätigkeiten gemeint waren, mit denen ein freier Mann sich anständigerweise befassen konnte. Im Gegensatz dazu gab es die *artes mechanicae*, die mit der Hand zu übenden Tätigkeiten, womit nicht nur das Handwerk gemeint war, sondern auch Anspruchsvolleres, zum Beispiel Architektur.

Die *artes liberales* umfaßten sieben Wissenschaften. Im Mittelalter unterschied man dabei eine einfachere Dreiergruppe und eine darauf aufbauende Gruppe von vier Fächern. Man studierte zunächst auf dem Dreiweg, dem *trivium*, die trivialen Wissenschaften. Auf das *trivium* folgte das *quadrivium*, das in unserer Sprache im Gegensatz zum *tri-*

*vium* nicht weiterlebt. Das *trivium* bestand aus der Grammatik, der Rhetorik und der Dialektik. Grammatik war Latein für Fortgeschrittene, Rhetorik Stillehre. Dialektik war dem römischen Philosophen Boethius zufolge die Fähigkeit, gut zu disputieren. Hier ging es zu einem beträchtlichen Teil um Logik.

Die ersten drei Wissenschaften unter jenen sieben waren also die redenden Fächer, während die anderen vier, die das *quadrivium* bildeten, die rechnenden genannt wurden, obwohl das *quadrivium* nicht nur aus Arithmetik, Geometrie und Astronomie bestand, sondern auch die Musik einschloß. Musik hieß hier freilich vornehmlich Musiktheorie, auch wenn diese Theorie am Ende auf die Praxis zielte, wenngleich nicht auf jede Art von Tonproduktion, sondern vielmehr auf die Musik im Gottesdienst. Auf den Gottesdienst zielten auch die anderen Fächer, zumindest rechtfertigte das die Beschäftigung mit ihnen. Am Ende fand das Studium der *artes* im Gottesdienst seinen Sinn. Bei der Astronomie geschah das zum Beispiel so, daß sie es erlaubte, das Kirchenjahr und damit überhaupt den Kalender korrekt zu berechnen.

Die sieben *artes liberales* waren antikes Erbe. Im ganzen, in der Gruppe von Wissenschaften, wie auch im einzelnen, also in dem, was in diesen Wissenschaften vermittelt wurde, hat man Hinterlassenschaften der griechisch-römischen Antike. Man findet diese Fächergruppierung schon bei den Sophisten, also bei den Philosophielehrern der klassischen griechischen Zeit, und bei Aristoteles. Dieser Wissensstoff wurde im Mittelalter zunächst vor allem durch die Schriften des Boethius vermittelt, eines Gelehrten der zwischen 475 und 480 geboren worden war. Boethius spielte in dem von dem Ostgotenfürsten Theoderich beherrschten Italien auch politisch eine führende Rolle, und das wurde ihm zum Verhängnis. Im Jahre 524 wurde der Philosoph in einer Krise dieses Völkerwanderungsreiches als Anhänger des römischen Senats von Theoderich zum Tode verurteilt und hingerichtet. Heute kennt man aus seinem umfangreichen Werk namentlich »De consolatione philosophiae«, einen Dialog, in dem sich der Autor in seiner bedrängten politischen Situation Trost in Gestalt von Zitaten aus Platon, Aristoteles und anderen griechischen Philosophen zusprechen läßt.

Im Mittelalter waren es noch mehr als dieser Text seine Lehrschriften, die man las. Boethius hatte Einführungen in die meisten Fächer der *artes liberales* verfaßt, vor allem in die des *quadrivium*. Seine Werke über Arithmetik, Geometrie und Musik waren in Hunderten von Exemplaren, also im Grunde überall dort vorhanden, wo man in den ersten Jahrhunderten des Mittelalters einen regulierten Schulbetrieb hatte. Daß vor allem dieser Autor dem Mittelalter die in der Antike erarbeiteten Inhalte der sieben *artes liberales* vermittelte, ist nicht nur ein Zufall, sondern vor allem darauf zurückzuführen, daß sie in lateinischer Sprache verfaßt waren. Noch im späten Römischen Reich war das Griechische nicht nur ebenso wichtig gewesen wie das Lateinische, sondern hatte sich vor allem als die Sprache der Wissenschaft etabliert. In dem Maße aber, wie im westlichen Europa die Kenntnisse des Griechischen zurückgingen, nahm die Brauchbarkeit lateinischer Texte zu, und davon profitierte die literarische Hinterlassenschaft des Boethius.

Nicht weniger für die Vermittlung antiker Bildung an das Mittelalter leistete das Werk des Martianus Capella, eines Autors des 4. oder 5. Jahrhunderts, von dem man nur jenes Buch kennt, aus dem viele Generationen von mittelalterlichen Schülern den wesentlichen Inhalt der sieben *artes liberales* lernten, obwohl dieses Buch in modernen Augen geradezu das Gegenteil eines Lehrbuches darstellt. Schon der Titel läßt das vermuten. Er lautet: »De nuptiis Mercurii et Philologiae« (Die Hochzeit Merkurs mit der Philologie). In einer für die römische Literatur charakteristischen Mischform aus Vers und Prosa erfährt man, Apollo habe dem Merkur die Philologie, eine allegorische Figur, zur Heirat empfohlen. Zur Heirat kommt es auch, nach komplizierten Berechnungen, die schon etwas Arithmetik vermitteln. Dann gibt Merkur seiner Braut als Dienerinnen sieben Mädchen, von denen jede eine Allegorie einer der sieben *artes liberales* darstellt, die nun jeweils ihr besonderes Wissen offenbaren, also Elementarunterricht erteilen. Für moderne Begriffe geschieht das nicht gerade in der Form, in der man einfache Dinge besonders leicht lernen könnte, stellt diese allegorische Dichtung nicht nur kein Lehrbuch dar, sondern überhaupt einen verrätselten und nahezu absurden Text. Dennoch tat dieser Text große Wirkungen und wurde weit über das Mittelalter hinaus nicht nur unter den Gelehrten hochgeschätzt. Anders als im Falle des Boethius reichte diese Hochschätzung allerdings nicht in die Lebenszeit des Autors zurück.

Die Dichtung des Martianus, eines »Heiden« zudem, wie sich schon aus dem Inhalt seines Werkes ergibt, wurde erst zur Karolingerzeit entdeckt, in einem einzigen Exemplar übrigens. Dieser Text wurde nach seiner Entdeckung nicht nur gelesen und abgeschrieben, sondern man begann sogleich mit jenem Verfahren, das für die mittelalterliche Wissenschaft – auch und gerade für die an den Universitäten praktizierte – das wichtigste sein und bleiben sollte, nämlich das Auslegen und Kommentieren der als Autorität betrachteten Texte. So enthalten die meisten der ungefähr 240 ganz oder fragmentarisch erhaltenen Martianus-Handschriften Kommentare. Unter den Autoren, die sich darum bemühten, den Text zu kommentieren, findet man die führenden Gelehrten des 9. und 10. Jahrhunderts.

Die Kommentare oder – wie man im Mittelalter meistens sagte – die Glossen, konnten ein einfaches Hilfsmittel darstellen, das den Text erschloß, ja vereinfachte, aber sie konnten auch den im Text überlieferten Wissensstoff erweitern und aktualisieren. Was Martianus angeht, so bedeutete das jedoch nicht, daß aus der Dichtung durch Kommentierung ein Lehrbuch im heutigen Sinne gemacht worden wäre. Die allegorische Struktur des Textes blieb erhalten und wirkte fort. Man hat infolgedessen im Mittelalter immer wieder die Wissenschaften als allegorische Frauengestalten gedacht und dargestellt. Dichtung und Wissenschaft waren keine weit voneinander entfernten Felder der Literatur, und das Lehrgedicht war und blieb eine der beliebtesten Formen der Wissensvermittlung. Im Lateinunterricht hat man diese Methode in Resten noch bis vor zwei oder drei Jahrzehnten angewandt, in Gestalt etwa von Merkversen über die Worte mit einem irregulären Genus: »*Os*, der Mund, und *os*, das Bein, müssen immer *neutra* sein.«

Doch die Gelehrsamkeit im frühen Mittelalter zehrte nicht nur von dem, was man – zufällig – an antiken Texten fand. Es kam bald zu einer eigenständigen Erudition. Unter den Gelehrten, die für diesen Teil der Geistesgeschichte stehen, war der angelsächsische Mönch Beda mit dem ehrenden Zunamen *venerabilis* einer der bedeutendsten.

Beda Venerabilis lebte von 673 oder 674 bis 735 und hat ein umfangreiches Werk hinterlassen, das aus Schriften zu den *artes*, namentlich zur Chronologie und Astronomie, besteht sowie aus Geschichtsschreibung, aus theologischen Abhandlungen und auch Dichtung. In einem Falle bezeichnet der Name Bedas noch heute – jedenfalls innerhalb der Mittelalterforschung – aktuelles Wissen. Es geht hier um die Markierung der Jahre. Sie wurden im Mittelalter nicht nur nach Christi Geburt gezählt oder nach den Regierungsjahren der Könige und Päpste, sondern auch, wie jeder Leser mittelalterlicher Urkunden weiß, nach dem spätrömischen Steuerzyklus, der Indiktion. Es gab jedoch verschiedene Termine, zu denen das Indiktionsjahr beginnen konnte, und einer der vier bekannten Termine heißt heute die *indictio Bedana*.

Einen Anstoß für seine chronologischen Berechnungen hatte für Beda offensichtlich der Umstand bedeutet, daß mit wissenschaftlicher Autorität gelehrt wurde, die Welt werde nach Christi Geburt noch 500 Jahre lang bestehen. Solche Berechnungen sollten im Mittelalter immer wieder vorgenommen werden, und auch der Gegenwart sind sich auf Wissenschaft stützende Behauptungen, der Untergang der Welt stehe unmittelbar bevor, ja nicht fremd. Die gelehrtesten unter den mittelalterlichen Gelehrten waren allerdings entschieden der Meinung, solche Berechnungen seien unseriös, und Beda gehörte zu den Begründern dieser antiapokalyptischen Wissenschaftstradition, die auch in der offiziellen Lehre der Kirche ihren Widerhall fand.

Obwohl die von Beda zitierte Lehre über den Weltuntergang zu seinen Lebzeiten bereits falsifiziert war – er lebte ja nach jenem prophezeiten Datum –, hatte er doch den Eindruck, so etwas werde weiterhin gelehrt und geglaubt. Im Jahre 708 schrieb er, er werde jedesmal traurig, zuweilen auch zornig, wenn ihn Dummköpfe fragten, wie lange es denn bis zum Ende der Welt dauern werde, und wenn seine Mitbrüder meinten, den Zeitpunkt des Jüngsten Tages berechnen zu können. Es sei zwar richtig, daß Christus im letzten Zeitalter der Welt gestorben sei, doch könne man trotzdem nicht sagen, wie lange dieses Zeitalter dauern werde.

Chronologie, Weltgeschichte, Theologie und praktisches Leben waren damals enger miteinander verknüpft, als wir heute ahnen. Bedas Bemerkungen richteten sich nämlich an seinen Bischof und sollten diesem helfen, jene Mönche zur Vernunft zu bringen, die sich angesichts des – vermeintlich – bevorstehenden Weltendes verrückt machten. Ein moderner Leser, Arno Borst, schreibt dazu: »Plötzlich begreift der Leser, daß nicht bloß Trunkenbolde hinter Beda herhetzten. Er wußte, daß ihm die Abweichung von den herrschenden Vorurteilen gefährlich werden konnte. Trotzdem bekannte er sich zu seiner Überzeugung und hoffte, daß sich die Einsichtigen ihm schließlich anschließen würden. Die Sache, für die er eintrat, war die Zeit, die Gott den Menschen gegeben hat, damit sie wirken, solange noch Tag ist. Sie dürfen nicht, auf ein vermeintlich feststehendes Ende wartend, die Hände in den Schoß legen. Beda konnte dieser Wahrheit nur durch ein persönliches Bekenntnis zum Sieg verhelfen. Denn ein gelehrter Mönch hatte für das, wovon er überzeugt war, mit seinem Namen und durch sein Leben einzustehen, wie ein Zeuge. Das mächtige Ansehen, das Beda in den nächsten Jahrhunderten gewann, huldigte nicht bloß dem sachlichen Wissen, sondern auch der menschlichen Haltung des Autors.«[11]

Diese Sätze markieren, daß die Wissenschaft des frühen Mittelalters nicht nur die Gestalt von Martianus-Kommentaren hatte. Doch sollte daraus nicht der Eindruck entstehen, man habe es hier einerseits mit Absurditäten, andererseits aber gelegentlich mit dem zu tun, was auch für Wissenschaft gehalten wird. Gelehrsamkeit im heutigen Sinne wurde auch auf die Dichtung des Martianus Capella verwandt. Aber mit Blick auf Beda wird wohl leichter sichtbar, daß hier nicht nur antikes Wissen tradiert wurde. Und man erkennt, wie eng Wissenschaft und Leben zusammenhängen.

Dafür steht ein Gelehrter des voruniversitären Zeitalters, der in vieler Hinsicht ein Fortsetzer Bedas ist, der sich zum anderen aber

*Die Miniatur aus dem 13. Jahrhundert stellt Lehrer und Schüler beim Unterricht in einer Klosterschule dar. Bis zur cluniazensischen Klosterreform war in den Klosterschulen das gelehrte Mönchtum anzutreffen, danach übernahmen die Domschulen die führende Rolle.*

auch als Individuum ein wenig fassen läßt. Auch er war Mönch. Sein Lebensraum war das Kloster Reichenau im Bodensee. Sein Name war Hermann. Hermann der Lahme, so wird er genannt, doch dieser Zusatz erweckt allzu harmlose Assoziationen. Lateinisch lautet der Zuname *contractus*, und das heißt, daß dieser Mönch nicht nur ein wenig hinkte. Er war vielmehr gelähmt – wie im einzelnen, ob durch spinale Kinderlähmung oder spastisch oder sonstwie, weiß man nicht. Jedenfalls war er schwer verkrüppelt, und so wurde er, sieben Jahre alt, in ein Kloster gegeben, oder vielmehr: konnte er in ein Kloster gegeben werden. Hermann entstammte einer schwäbischen Grafenfamilie, und so stand den Seinen dieser Weg offen.

Die Mönche dieser Zeit waren fast ausnahmslos Sprößlinge adliger Familien, und so hat man es, wenn man nach der Wissenschaft im frühen Mittelalter fragt, nicht einfach mit den begabtesten unter den damaligen Menschen zu tun, sondern in der Regel mit Angehörigen des Adels. Adlige Familien konnten auch ihre mit körperlichen Mängeln behafteten Söhne ins Kloster geben, doch hätten Klöster, deren Konvente nur aus Krüppeln bestanden, sich in dieser gewaltsamen Welt nicht behaupten können. Die Regel war die Aufnahme von – wie wir heute beschönigend sagen – Körperbehinderten also nicht, doch daß die Klöster den mit einem solchen Schicksal Geschlagenen Lebensmöglichkeiten boten, war nicht wenig.

Hermann von Reichenau war 1013 geboren worden. Im Alter von sieben Jahren wurde er dem Kloster Reichenau übergeben. 41 Jahre alt ist er 1054 gestorben. Zwischen diesen Jahren haben wir das Leben eines Gelehrten und eines »Behinderten«. Einer seiner Schüler war deutlicher. Er schreibt über Hermann: »Seine Glieder waren auf so grausame Weise versteift, daß er sich von der Stelle, an die man ihn setzte, ohne Hilfe nicht wegbewegen, nicht einmal auf die andere Seite drehen konnte. Wenn ihn sein Diener in einen Tragstuhl setzte, konnte er darin eben sitzen und irgend etwas tun. In diesem Sessel war der nützliche und erstaunliche Diener der göttlichen Vorsehung, obwohl er an Mund, Zunge und Lippen gelähmt war und nur gebrochene und schwerverständliche Worte langsam hervorbringen konnte, seinen Schülern ein beredter und eifriger Lehrer, munter und heiter in der Rede, in der Gegenrede äußerst schlagfertig, zur Beantwortung von Fragen stets willig. Immer glaubte er, ein Mensch ohne jeden Tadel, sich alle menschlichen Fähigkeiten aneignen zu müssen, ob er nun mit seinen ebenfalls gekrümmten Fingern etwas Neues aufschrieb, ob er für sich oder mit anderen etwas Geschriebenes las oder sich mit ganzer Anspannung an irgendeine nützliche oder notwendige Arbeit machte... Keiner verstand es wie er, Uhren zu machen, Musikinstrumente zu bauen, mechanische Arbeiten auszuführen. Mit diesen und vielen anderen Dingen beschäftigte er sich ständig, soweit es überhaupt sein schwacher Körper zuließ.«[12]

Das geläufige Urteil über mittelalterliche Wissenschaft lautet, sie sei autoritätsgläubig gewesen. Beachtet man, daß mittelalterliche Wissenschaft sich an Texte gebunden hat und vor allem im Auslegen autoritativer Schriften bestand, so wird das bestätigt. Man muß den Unterschied zur modernen, durch Empirie geprägten Wissenschaft sehen, aber man darf solche kurzen Formeln doch nicht überschätzen. Ausnahmen gibt es immer, aber es ist die Frage, ob ein Gelehrter wie Hermann von Reichenau nur eine solche Ausnahme war, die sich von selber versteht, oder ob er nicht vielmehr der letzte Meister einer Wissenschaftstradition war, die auf die karolingische Reform zurückgeht, an Beda anknüpfte und bald nach Hermann abbrach und darüber hinaus so vergessen wurde, daß man sie erst in unseren Tagen wiederentdeckt hat.

So ist es in der Tat. Man findet bei Hermann von Reichenau andererseits eine hochentwickelte Mathematik oder – mit dem damaligen

Fachwort gesagt – den *computus*, von dem unser Wort Computer abgeleitet ist, jene moderne Maschine, die also einen mittelalterlichen Namen trägt. Und man findet andererseits bei Hermann auch den typischen Zusammenhang zwischen den *artes liberales* und dem Gottesdienst. Letztlich zielten alle Berechnungen darauf, den genauen Verlauf der von Gott geordneten Geschichte auszumachen, zwar nicht den Jüngsten Tag zu berechnen, wohl aber die genauen Daten der Märtyrergeschichte, damit auf diese Weise ein chronologisch korrekter Gottesdienst möglich wurde und die richtigen Festdaten bestimmt werden konnten, was ebenfalls eine Voraussetzung für die korrekte Meßfeier war. »Hermann der Lahme beherrschte als letzter das ganze Fächerspektrum zwischen Computus, Martyrolog und Chronik.« Danach wurden »Mathematik und Naturwissenschaft ... aus dem Kernbereich lateinischer Bildung« »verdrängt«.[13]

Hermann selbst berichtet davon, wie er sich von Autoritäten löste und eigenen Berechnungen und Beobachtungen zu trauen lernte. Es geht dabei um das Kernproblem aller Chronologie, also um das Verhältnis von Sonnenzeit und Mondzeit, das ja auch heute ein Problem ist. Wir behaupten zwar, das Jahr habe 365 Tage, wissen aber, daß das nicht stimmen kann, weil es alle vier Jahre im Februar einen zugeschalteten Tag gibt, weil alle Jahre, deren Zahl sich durch vier teilen läßt, ein Schaltjahr darstellen. Doch ganz richtig ist auch das nicht. Das alle vier Jahre eingelegte Schaltjahr ist der Wissensstand, auf dem der nach Julius Cäsar benannte Julianische Kalender beruht. Tatsächlich dauert das Jahr nur 365 Tage, 5 Stunden, 48 Minuten und 46 oder genauer 46,08 Sekunden. So hat man seit dem 16. Jahrhundert den Julianischen durch den Gregorianischen Kalender ersetzt, was zur Folge hat, daß man nun alle Jahrhunderte ein Schaltjahr ausläßt, allerdings nicht bei den Jahrhundertjahren, die sich durch vier teilen lassen. In der Zeit vor Einführung des Gregorianischen Kalenders verschob sich das Sonnenjahr im Verhältnis zum Mondjahr allmählich, so daß der Vollmond nicht dann eintrat, wenn er den Kalendertabellen zufolge eintreten sollte. An diesem Problem arbeitete Hermann der Lahme. »Ich fand, daß die Zeitspanne des Mondmonats noch von keinem Zeitrechner genau festgestellt worden ist. Alle, die ich bisher finden konnte, behaupten, der Mondmonat habe 29 Tage und zwölf Stunden. Und was mich am meisten wundert: der hochgelehrte Priester Beda versucht sogar, von dieser zwölften Stunde noch etwas wegzunehmen...«

Dann kommen lange Rechnungen, Bezüge auf andere Gelehrte, andere Mönche, zumal solche aus Sankt Gallen. Alle haben sich geirrt, findet Hermann, auch die großen Autoritäten, die man doch verehren sollte. Und auf der anderen Seite standen seinem Wissensdrang jene Stellen der Bibel entgegen, die vor unnützer Neugier warnten. Doch am Ende ließ sich Hermann davon nicht beirren. Er wollte weiterfragen, auch wenn damit die geltende Lehre erschüttert wurde. So schreibt er: »Angenommen, einer fragt neugierig und sorgfältig wie ich, woher denn der Irrtum kommt, daß das wirkliche Mondalter so oft mit unserer Rechnung und den Regeln der Alten nicht übereinstimmt, und warum der Mond, wie Herr Beda selbst zugibt, und unser Augenschein (*visus noster*) bestätigt, manchmal einen Tag, manchmal zwei Tage vor dem errechneten Termin schon recht füllig am Himmel erscheint, und hält es für unsinnig, den Regeln zu folgen und zu behaupten, der neue Mond sei noch nicht da, während ihn sogar jeder Tölpel deutlich sehen kann ...«[14] Hermann kommt zu dem Schluß, daß man dann dem eigenen Urteil und der eigenen Beobachtung vertrauen und neu rechnen muß, und das hat er getan – ohne allerdings Nachfolger zu finden. Diejenigen, die im 16. Jahrhundert den neuen Kalender schufen, wußten von Hermann von Reichenau nichts.

Hermann von Reichenau war eine Ausnahme, aber doch nicht so etwas wie ein Genie, das die Möglichkeiten seiner Zeit hinter sich gelassen hätte. Er repräsentierte das gelehrte Mönchtum, wie man es in vielen großen Klöstern des 9. bis 11. Jahrhunderts findet. Dann freilich kam es zu einem Wandel. Die mit dem Namen des lothringischen Klosters Cluny verbundene Klosterreform, die Rückkehr zur ursprünglichen Regelstrenge, war bis zu einem gewissen Grade wissenschaftsfeindlich, bekräftigte die alten Warnungen vor der Neugier, über die sich ein Mann wie Hermann von Reichenau hinweggesetzt hatte. In strengen Klöstern galten heidnische Autoren nun als eine zweifelhafte Lektüre. Auch wenn das nicht heißt, Aristoteles und Cicero wären nicht weiterhin gelesen worden – von dem unentbehrlichen Martianus Capella gar nicht zu reden –, so wurden doch nun, namentlich im 12. Jahrhundert, anstelle der Klosterschulen die Domschulen die Orte, wo die besten Gelehrten tätig waren.

Groß scheint der Unterschied, von heute aus gesehen, nicht zu sein: Die Schüler der Domschulen waren zwar keine künftigen Mönche, und ihre Lehrer gehörten dem Mönchsstande ebenfalls nicht an. Die einen, die Lehrer, waren Weltgeistliche, und die anderen, die Schüler, sollten künftig Weltgeistliche sein. Um eine kleine geistliche und soziale Elite handelte es sich bei den Schülern der Klöster- wie bei denen der Domschulen. Dennoch kam es hier zu einem langsamen Wandel. Die Domschulen waren am Ende offener als die Klosterschulen. Lehrer und Schüler waren beweglicher, als es Mönche sein durften und in der Regel auch waren. Domschulen waren in der Lage, sich als Leiter der Schule Gelehrte von auswärts auszusuchen. Schon die Klöster hatten die *schola interior* für den eigenen Nachwuchs und die *schola exterior* unterschieden. Doch hielt sich die Ausbildung von Auswärtigen stets in engen Grenzen, und je strenger man in einem Kloster auf die Einhaltung der Regel achtete, desto mehr empfahl es sich, die äußere Schule klein zu halten. Bei den Domschulen lagen die Dinge anders. Aber auch sie blieben klein – ganz anders als der Schulbetrieb in Paris, der zur Bildung der Universität führen sollte –, und bei ihnen ging es, ebenso wie bei den Klosterschulen, hauptsächlich um den geistlichen Nachwuchs.

Anhand des Bücherbestandes der Bamberger Domschule kann man sehen, daß diese so etwas wie eine Ausbildungsstätte für künftige Bischöfe war. Reichsrecht und Kirchenrecht, aktuelle Schriften zum Investiturstreit, das waren hier die Schwerpunkte. Etwas Ähnliches dürfte für Hildesheim gegolten haben, und so ist denn auch die Zahl der deutschen Bischöfe, welche in Hildesheim und in Bamberg ausgebildet worden waren, groß. Solche Ausbildungsstätten gab es aber nicht nur in Bamberg oder Hildesheim, sondern auch – nur nicht so gut dokumentiert – an den meisten anderen deutschen Bistümern. In Deutschland kam es nicht zu einer Konzentration der Schulen an einem bestimmten Ort wie in Frankreich, und das könnte zu den Gründen dafür gehören, daß die Universität ihre Anfänge in Paris hatte, nicht aber in einer Bischofsstadt des Reiches.

Aus dem Reich hat man nicht nur Zeugnisse für die Qualität der Domschulen, sondern auch dafür, daß die literarische Bildung als Voraussetzung dafür angesehen werden konnte, daß jemand ein Bistum erhielt. Ein interessantes Beispiel ist aus Bamberg überliefert. Da wurde der Dompropst Bertold aus dem Hause Andechs-Meranien, einer der mächtigsten süddeutschen Dynastien, aufgrund der Tatsache, daß seine Schwester ungarische Königin war, im Jahre 1206 zum Erzbischof von Kalocsa in Ungarn gewählt. Bertold war damals 25 Jahre alt, ein nicht ganz ausreichendes Alter für einen Erzbischof, aber traditionell wäre das für den Angehörigen einer solchen hochadligen Familie kein Hindernis gewesen. Das allerdings fand der Papst, Innozenz III., der große Erneuerer der Kirche und des Papsttums, keineswegs. Bevor er einwilligte, wollte er wissen, ob der neue Erzbischof denn alt genug und wenn schon nicht hervorragend, so doch wenigstens hinreichend gebildet sei. Es wurde, so erfährt man ausnahmsweise, eine Prüfung anberaumt, und zwar durch ungarische Bischöfe unter der Leitung des Erzbischofs von Salzburg, und diese Prüfung verlief keineswegs unbefriedigend. Es zeigte sich nämlich, daß der Bamberger Dompropst den ihm zur Prüfung vorgelegten lateinischen Text richtig zu lesen und in seine Muttersprache zu übersetzen verstand. Er konnte auch über grammatische Konstruktionen Auskunft geben. Ob er ein Produkt der Bamberger Domschule war, weiß man nicht. In der einschlägigen Quelle heißt es, er sei auf dem Wege nach Ungarn von einem *miles pedagogus* begleitet worden, und das muß man wohl so verstehen, daß der Aristokrat unterwegs eine Art von Crashkurs erhielt. Diese Präparierung erwies sich allerdings als unzureichend, denn die Lateinkenntnisse allein befriedigten den Papst nicht. Dieser lehnte die Ernennung des Propstes zum Erzbischof ab, und zwar nicht so sehr wegen des unzureichenden Alters, sondern mehr deshalb, weil dieser im Kirchenrecht und in der Theologie auch nicht die geringsten Kenntnisse aufzuweisen hatte. Daraufhin begab sich der Propst zum Studium nach Vicenza – inzwischen gab es Universitäten –, womit er keinesfall dem Wunsch des Papstes entsprach, denn der hatte sich ungeachtet seiner ersten Ablehnung durch den ungarischen König bewegen lassen, traditionell zu verfahren und den nach den neueren Maßstäben zu wenig gebildeten Erzbischof zu akzeptieren. Daß dieser dann sein Erzbistum im Stich ließ – und sei es auch nur, um zu studieren –, war eine Disziplinlosigkeit, und so befahl der Papst Bertold, nach Ungarn zurückzukehren und sich dort durch Hauslehrer unterrichten zu lassen.

In der Zeit, da jener Bertold von Andechs den Besuch der Bamberger Domschule offensichtlich versäumte, hätte er dort die modernste Rechtsgelehrsamkeit und Theologie aber schon gar nicht mehr lernen können. Schon während des ganzen 12. Jahrhunderts, also noch vor der Herausbildung von Universitäten, hat man Zeugnisse dafür, daß deutsche Geistliche außerhalb des Reiches studierten, vor allem in Frankreich und namentlich in Paris. Schon im 11. Jahrhundert gibt es Anfänge einer Bildungsmobilität, die sich später als die Vorstufe dessen erweisen sollte, was für die frühen Universitäten charakteristisch wurde und mehr oder minder ausgeprägt die Universitäten bis heute charakterisiert, nämlich daß die Studenten – und auch die Professoren – in aller Regel nicht dort studieren und lehren, wo sie beheimatet sind.

Wenn man zum Beispiel in der zwischen 1090 und 1100 verfaßten Lebensbeschreibung des Bischofs Benno von Osnabrück liest, der zwischen 1020 und 1025 geborene Geistliche habe zunächst die Reichenauer Klosterschule besucht, dort bei Hermann von Reichenau studiert, sich dann aber zum Studium an den Domschulen von Straßburg und Speyer aufgemacht, und zwar *more studentium*, so muß man daraus doch schließen, daß kurz vor 1100 eine derartige Mobilität als etwas Übliches angesehen werden konnte.

Der künftige Bischof von Osnabrück besuchte allerdings Bildungsstätten, die innerhalb des Reiches lagen. Zwei Generationen später hat man Kirchenfürsten, die außerhalb des Reiches studierten. So hatte Erzbischof Friedrich von Köln (1100–1131) in Frankreich studiert, ebenso wie sein Nachfolger Bruno (1131–1137). Wie es mit der Bildung der nächsten Kölner Erzbischöfe stand, weiß man nicht, während man das Leben Rainalds von Dassel, des wohl bekanntesten Kölner Kirchenfürsten (1159–1167), einigermaßen überblicken kann. Rainald hat zunächst an der Domschule in Hildesheim studiert, dann aber in Frankreich, ebenso wie sein Nachfolger Philipp von Heinsberg (1167–1191), der sogar einmal als Magister bezeichnet wird. Was das im einzelnen heißt, läßt sich nicht sagen, wie denn überhaupt unklar ist, welche Gestalt diese frühen Studien deutscher Kleriker in Frankreich gehabt haben könnten. Ob jenes neue Wissen, das man dort erwerben konnte, diese vornehmen jungen Geistlichen nach Frankreich zog, oder ob ein solches Studium damals einfach als karrierefördernd galt, kann man nicht entscheiden, und daher sollte man mit beidem rechnen und zudem quellenkritisch berücksichtigen, daß der Wissensdrang eine schlechtere Überlieferungschance hat als Anzeichen für eine Karriereförderung durch Studium.

Daß Studium und Karriere zusammengehörten, offenbart eine Chronik, die davon spricht, daß der als Geschichtsschreiber berühmte Bischof Otto von Freising, ein Onkel des Kaisers Friedrich Barbarossa, von seinem Studium aus Paris zusammen mit fünfzehn Studiengefährten nach Deutschland zurückkehrte, die alle, wie der Chronist vermerkt, zu geistlichen Ämtern kamen.[15] Eine Anekdote aus der Magdeburger Schöppenchronik aus dem 14. Jahrhundert bezeugt dies ebenfalls. Sie bezieht sich auf einen Hergang vom Ende des 12. Jahrhunderts, bei dem der spätere Erzbischof Albert von Magdeburg (1205–1232) im Mittelpunkt steht. Der hatte ebenfalls die Domschule in Hildesheim besucht und besaß nun eine erste Pfründe in Magdeburg. Er wurde dort also zum Kleriker geweiht, und das hieß auch, daß er äußerlich als Geistlicher gekennzeichnet wurde, indem ihm eine Tonsur geschoren wurde, die er fortan tragen mußte. In der späteren Chronik heißt es dazu: »De sulve jungeling weinde do me on beschor de platten. Do propheterde mester Conrad de kenzele und sprak ›weine nicht, du werst hir noch bischop‹.«[16] Das waren keine leeren Worte, denn der weinende Jüngling wurde tatsächlich bald darauf Erzbischof von Magdeburg, und sein Tröster tat auch etwas dafür, daß der Tonsurierte belohnt wurde. Meister Konrad, wie der mitfühlende Geistliche da genannt wird, war als Kanzler Kaiser Heinrichs VI. einer der mächtigsten Kleriker im Reich. Er hatte in Paris studiert, und er hat gewiß dafür gesorgt, daß jener trostbedürftige junge Geistliche, der eng mit ihm verwandt war, zur Vorbereitung auf die Erzbischofswürde dorthin geschickt wurde, wo man inzwischen studieren mußte, wenn man es zu etwas bringen wollte: erst nach Paris und dann nach Bologna, dorthin, wo damals die ersten Universitäten und mit ihnen die Universität als solche entstand.

KAPITEL 2

# Die Anfänge der Universität: Paris und Bologna

*Paris*

Anders als in Deutschland konzentrierte sich der Unterricht im hochmittelalterlichen Frankreich in den Domschulen, die im Zentrum des Landes lagen: in Paris, in Chartres und in Reims. Das waren zunächst Schulen wie die in Hildesheim oder Bamberg, doch zogen sie Schüler aus vielen europäischen Ländern an. Hier waren Lehrer tätig, deren Namen man vielerorts kannte, und hier wurden Dinge gelehrt, die man nirgends sonst erfahren konnte. In Chartres wurden Aristoteles-Texte gelesen, die man zuvor im westlichen Europa nicht gekannt hatte. Zwar wurde Platon hier nicht entdeckt, aber intensiver studiert, als bisher im Abendland irgendwo sonst. Man bekommt von diesem Studium der *artes* und vielleicht auch der antiken Autoren noch heute eine Ahnung, wenn man Chartres besucht, denn die Skulpturen am Hauptportal der Kathedrale stammen nicht nur aus der besten Zeit der Kathedralschule von Chartres, aus dem 12. Jahrhundert, sondern beziehen sich zum Teil auch auf den damaligen Unterricht. Das gilt keinesfalls nur für den Esel, der ein Musikinstrument zu spielen versucht und als Symbol eines unbegabten Schülers gilt. Sozialgeschichtlich gesagt vertritt er hier die vielen Angehörigen adliger Familien, die traditionsgemäß eine geistliche Karriere machen sollten, nun aber dafür des Schulunterrichts bedurften und diesem nicht recht gewachsen waren.

Näher an diesen Unterricht führen jedoch jene allegorischen Frauengestalten, welche vier der *artes liberales* darstellen; eine von ihnen, die Grammatik, ist mit einer Rute in einer Schulszene abgebildet. Alle vier aber haben zu ihren Füßen einen schreibenden Gelehrten. Cicero und Aristoteles, Euklid und Pythagoras seien hier gemeint, hat man vermutet. Sicher ist das nicht, aber daß Heiden in unmittelbarer Nachbarschaft von biblischen Gestalten und Heiligen am Portal einer Domtür abgebildet worden sein könnten, das ist durchaus wahrscheinlich und paßt zu dem, was man damals in der Domschule von Chartres lernte.

Diese Skulpturen scheinen den gleichen Geist zu atmen, der aus einem Dictum des Bernhard von Chartres spricht, eines Lehrers der

Domschule von Chartres aus der ersten Hälfte des 12. Jahrhunderts. Bernhard galt als der *perfectissimus* unter den Platonisten des Jahrhunderts, als einer der größten Gelehrten seiner Zeit. Bernhards Schriften sind leider nicht überliefert. Man kennt nur einzelne Äußerungen von ihm, darunter vor allem die beiden folgenden.

Einer von Bernhards berühmtesten Schülern, Johannes von Salisbury, berichtet, der Meister habe gesagt, wir seien Zwerge, die auf den Schultern von Riesen säßen. Deshalb sähen wir zwar weiter als diese, doch daran hätten wir kein Verdienst, weil ja die Voraussetzung dieses Blickes die Existenz jener Riesen sei.[17] Ein bescheidenes und zugleich selbstbewußtes Wort. Der Aristoteliker und Platoniker ist bescheiden, weil er das Fundament des eigenen Wissens den antiken Philosophen, die mit den Riesen gemeint sind, zuschreibt. Aber er ist doch selbstbewußt genug, sich die Kraft zuzuschreiben, die Schultern dieser Riesen zu erklimmen, fest auf ihnen zu sitzen und dabei noch ein Stück weiter zu blicken, als es ihnen möglich war.

Das andere Sprichwort, das Bernhard zugeschrieben wird, gehört zu den gleichbleibenden Redensarten über die typischen Professoren und die nicht weniger typischen Studenten, die bis heute im Schwange sind. Bernhard von Chartres soll sich in diesem Sinne über das geäußert haben, was dem Studenten am besten bekommt:

> *mens humilis, studium quaerendi, vita quieta,*
> *scrutinium tacitum, paupertas, terra aliena:*
> *haec reserare solent multis obscura legendo.*[18]

Demütiger Sinn, Eifer des Forschens, ruhiges Leben, schweigsames Nachdenken, Armut, Leben in der Fremde: Diese Dinge pflegen vielen mit Hilfe von Lektüre zu erschließen, was ihnen dunkel erscheint. So etwa lautet die auch in anderen Zeiten übliche Redensart übersetzt. Und vielleicht hat Bernhard von Chartres ja ganz recht, und zwar im Hinblick auf die Studenten wie auch auf die Professoren.

Der Zulauf, den die durch Lehrer wie Bernhard von Chartres berühmten französischen Domschulen erfuhren, sprengte bald den Schulbetrieb. Bisher hatten auch hier nur wenige junge Kleriker gelernt, die eingebunden in die gegebene Verfassung lebten, also der Gerichtsbarkeit des Bischofs unterstanden, so daß es zu Disziplinarproblemen nicht kommen konnte. Doch nun entstand jenes Problem, das die Universitäten prägen sollte. An den Domschulen fanden sich viele jüngere Erwachsene in einem eigentümlichen Status zusammen: Einerseits waren sie Schüler, also unselbständig; auf der anderen Seite aber handelte es sich bei ihnen um junge Männer, die nicht bereit waren, sich wie Zehnjährige behandeln zu lassen. Und viele waren selbstbewußte Aristokraten.

Bedenkt man, daß im Mittelalter das Waffentragen nicht die Ausnahme war, sondern die Regel, daß es überdies keine Ethik gab, die etwa das Wort fremdenfeindlich erfunden und das entsprechende Verhalten diskriminiert hätte, so kann man sich vorstellen, daß es dort, wo nun so viele junge Männer aus so vielen Ländern zusammenströmten, leicht zu gewaltsamen Auseinandersetzungen kam. Diese Konflikte – und die für Universitäten auch anderer Zeiten typischen Probleme – hatten und haben aber auch noch andere Ursachen. Intellektuelle Beweglichkeit, die Fähigkeit und die Neigung, sich rasch mobilisieren zu lassen, kamen und kommen hinzu, verstärkt noch durch die Unruhe, die sich aus der Ungewißheit ergibt, ob das Studium wirklich zu der Position führen wird, auf die man hofft. Die Unruhe wurde noch dadurch gesteigert, daß sich auch der Status und die Lebensgrundlage der Lehrer änderten.

Bisher hatten an den Domschulen besoldete Kleriker unterrichtet, und in Deutschland war das auch weiterhin der Fall. Doch an den französischen Schulen lehrten nun freie Lehrer, die sich an Schulorten niederließen, um Unterricht gegen Lohn zu erteilen. Sie mußten entsprechend um Schüler bemüht sein, machten also laut Propaganda für sich und polemisierten gegen Konkurrenten.

Nur in diesem Umfeld waren die Lehrerfolge des Petrus Abaelard möglich, des berühmtesten Gelehrten seiner Zeit, des Erfinders, wie man etwas zugespitzt sagen kann, der Scholastik, des Mannes auch, dem es zu verdanken ist, daß unter den Domschulen im zentralen Frankreich nun Paris an die Spitze rückte und die europäische Universität hier entstand. So muß hier von Abaelard die Rede sein, aber auch von dem, was damals als Scholastik entstand.

In der gegenwärtigen Sprache ist Scholastik ein Wort, das unsinnige, lebensfremde, überdies verknöcherte und der Innovation unfähige Wissenschaft meint, und das schon seit Jahrhunderten. Die Humanisten des 16. Jahrhunderts haben aus Scholastik als einer neutralen Bezeichnung für Schul- und bald Universitätswissenschaft, vor allem der Theologie, ein Schimpfwort gemacht. Immer wieder haben sie sich zum Beispiel darüber erheitert, daß scholastische Theologen darüber zu disputieren pflegten, wie viele Engel auf der Spitze einer Nadel Platz fänden.

In diesen Auseinandersetzungen des 16. Jahrhunderts zwischen traditioneller und humanistischer Wissenschaft knüpfte die humanistische Kritik einerseits an die interne Kritik der Theologen an, nämlich daran, daß »Insider« damals meinten, der traditionelle Lehrbetrieb sei teilweise zu leerer Routine erstarrt. Auf der anderen Seite karikierten die Humanisten aber, was sie selbst nicht verstanden oder gar beherrschten, ganz abgesehen davon, daß es auch heute keine Mühe macht, aus einem fremden Fach irgendein dort gerade diskutiertes Spezialproblem herauszugreifen, aus seinem Zusammenhang zu lösen und es so, entblößt, für lächerlich zu erklären.

So wurde aus dem Wort Scholastik ein Schimpfwort. Ursprünglich bezeichnete es jedoch das strikte Gegenteil dessen, was man heute umgangssprachlich scholastisch nennt. Scholastik im 12. Jahrhundert war nicht Autoritätsgläubigkeit, sondern Autoritätskritik, war nicht Dumpfheit, sondern Helligkeit, nicht Fesselung der Wissenschaft an den Glauben, sondern umgekehrt die Erhellung des Glaubens durch die Wissenschaft.

»Sic et non« ist eine der einschlägigen Schriften Abaelards überschrieben. Damit ist die rationale Untersuchung und Klärung der Überlieferung gemeint, also das, was die neue Wissenschaft, die Scholastik, im Kern ausmachte. Bisher hatten sich kirchliche Lehre und kirchliche Praxis an einer ungeordneten, schwer überschaubaren Masse von Tradition orientiert, die aus biblischen Texten bestand, ferner aus den Hinterlassenschaften der Kirchenväter, aus Konzilsbeschlüssen, aus päpstlichen Entscheidungen und anderem mehr. Diese Masse barg zunehmend Widersprüche, denn es kam vor, daß die eine Autorität das eine sagte und die andere das Gegenteil. Das erzeugte Unsicherheit.

Jeder heutige Studienanfänger kennt diese Situation. Auch er weiß nicht, an welchen Autor er sich halten und was er tun soll, wenn der eine etwas anderes sagt als der andere. Die Situation des Studienanfängers heute ist einerseits schwieriger als die eines Gelehrten vor der Erfindung der Scholastik. Denn die Textmassen, vor denen der Anfänger heute steht, sind ungleich größer als damals. Keine Kloster- oder Dombibliothek des 12. Jahrhunderts enthielt so viele Texte wie heute eine Institutsbibliothek von durchschnittlicher Größe. Auf der anderen Seite wird der Anfänger heute bei der Hand genommen, findet er vielfältige – vielleicht zu viele, Verwirrung stiftende – Hilfen, während man es im frühen 12. Jahrhundert nicht mit den Schwierigkeiten von Anfängern zu tun hatte, sondern mit Problemen, denen niemand Herr zu werden schien.

Gewiß war die Situation auch deshalb einfacher, weil am einzelnen Ort immer nur ein Teil dessen verfügbar war, was man damals kannte. Doch die besseren Gelehrten waren nicht mit dem zufrieden, was sie in der eigenen Bibliothek vorfanden. Handschriften wurden ausgetauscht. Wer unterwegs war, bemühte sich darum, am fremden Ort neue Texte kennenzulernen, sie abzuschreiben oder zu kaufen und mit nach Hause zu bringen. Und je mobiler Gelehrte wurden, desto größer wurde die Zahl der Neuentdeckungen. Die Neugierde, der *amor scientiae*, in dem Herbert Grundmann den wichtigsten Grund für die Entstehung der Universität sah, war hier in der Tat am Werk. Je beweglicher die Magister und die Schüler wurden, desto dringlicher wurde es, die ungeordnete Tradition zu strukturieren, Widersprüche festzustellen und sie auszuräumen oder zu relativieren.

Auf die Frage, wie dies zu erreichen sei, lautete die Antwort Abaelards: *Sic et non*, nämlich so, daß man am Ende feststellte, daß der eine Satz gültig und richtig sei, der andere aber nicht, und zwar aus rationalen Gründen. Der Traditionsstoff wurde sozusagen seziert. Die sich widersprechenden Sätze wurden nebeneinandergestellt, und nun galt es, mit Hilfe logischer Operationen, aber auch mit historischer Kritik das Vernünftige und das Unvernünftige voneinander zu scheiden.

Bei diesem Verfahren ist es bis zum Ende der scholastischen Wissenschaft geblieben: beim Ordnen der Argumente in die positiven und die negativen und bei der Erarbeitung eines Resultats oder, in einer heute vertrauten Ausdrucksweise gesagt, beim Weg von der These über die Antithese zur Synthese. Die so strukturierten Texte lassen sich leicht lesen, weil in ihnen eine Vernunft am Werke ist, die auch die heutige ist, weil sich die Autoren der gleichen Logik bedienen wie wir. Doch darf man die Texte nicht flüchtig lesen. Zum damals üblichen Verfahren gehörte es, die Gegenargumente so eindringlich wie möglich darzubieten. So kann ein flüchtiger Leser einem Autor leicht das Gegenteil von dessen Meinung zuschreiben, weil er bei der Lektüre nicht merkt, daß er es mit den Gegengründen und nicht mit den Resultaten des Autors zu tun hat.

Im 13. Jahrhundert wurde das inzwischen erarbeitete scholastische Wissen in großen Synthesen zusammengefaßt. Die bekannteste ist die Summe der Theologie des Dominikanermönchs Thomas von Aquin (1225/26–1274). Thomas gilt heute als der mittelalterliche Scholastiker schlechthin, doch das ist eine Einschätzung der Neuzeit. In der nachmittelalterlichen katholischen Theologie wurde die Thomistik zeitweise zur katholischen Theologie überhaupt, im Mittelalter dagegen waren die Texte des Thomas nicht so allgemein anerkannt. Aber Thomas war auch damals ein hochangesehener Gelehrter, der typische Scholastik praktizierte, und so kann man zur Verdeutlichung der scholastischen Vorgehensweise seiner »Summa theologiae« ein Beispiel entnehmen, und zwar aus der zweiten Hälfte des zweiten Teils. Es geht hier in der 40. Untersuchung um den Krieg.[19]

Thomas beginnt nicht mit der These, sondern mit der Antithese, mit dem, was seiner eigenen Meinung entgegensteht, oder, wie er sich zu beweisen bemüht, was dieser Meinung scheinbar entgegensteht. Ist Kriegführen immer Sünde? Damit beginnt die Untersuchung. Es folgen die Argumente, die dafür sprechen, daß das so ist, daß ein Christ also keinen Krieg führen darf. Thomas zählt vier Argumente auf:

Erstens Matthäus 26,52. Jeder, der zum Schwert greift, sagt Jesus, soll durch das Schwert umkommen. Also, folgert Thomas, ist jeder Krieg unerlaubt.

Zweitens nennt Thomas ein weiteres Christuswort: »Ich aber sage euch, daß ihr dem Bösen nicht widerstehen sollt« (Matthäus 5,39). Und ähnlich der heilige Paulus im Brief an die Römer (12,19): »Rächt euch nicht selbst, sondern gebt dem Zorn Gottes Raum.« Also, sagt Thomas, ist Kriegführen immer Sünde.

Drittens stellt Thomas fest, daß das Gegenteil tugendhaften Handelns Sünde sei. Krieg ist das Gegenteil des Friedens. Wer friedlich handelt, handelt tugendhaft. Also ist Krieg Sünde.

Viertens sagt Thomas, Übungen für eine erlaubte Sache seien erlaubt. Nun macht er unausgesprochen den Umkehrschluß, setzt also voraus, daß eine unerlaubte Übung anzeige, die Sache, die hier geübt werde, sei ihrerseits unerlaubt. Und dann führt er an, daß nach Kirchenrecht, was richtig ist, Turniere verboten seien. Da es sich bei Turnieren um Kriegsvorbereitungen handle, ergebe sich aus dem Turnierverbot, daß auch der Krieg verboten sei.

Nun kommt ein Gegenargument, das die vorhin dargestellte Situation exemplifiziert. Die kirchliche Überlieferung enthält Widersprüche. Gegen das Neue Testament steht in diesem Falle der heilige Augustin, eine nicht geringere Autorität. Thomas zitiert ihn, der seinerseits aus einem der Evangelien zitiert, wo jemand aufgefordert wird, mit seinem Sold zufrieden zu sein. Also, so Augustin, sei Kriegsdienst nicht verboten.

So stehen die widersprüchlichen Aussagen der Überlieferung gegeneinander. Und nun beginnt die Auflösung des Problems. Thomas gibt die Lösung, indem er zunächst drei Merkmale eines gerechten Krieges nennt und dann die eingangs genannten Gegenargumente entkräftet. Zunächst die Merkmale des gerechten Krieges – und damit eine Theorie, die in der mittelalterlichen und dann der katholischen Theologie beherrschend werden sollte. Die Gerechtigkeit eines Krieges erkenne man an drei Merkmalen:

Erstens handele es sich dabei um einen Krieg, der auf Befehl der Obrigkeit geführt wird und nicht auf Geheiß einer Privatperson. Auch das wird mit Autoritäten begründet. So heißt es zum Beispiel im Brief des Paulus an die Römer (13,4) von der Obrigkeit nicht nur, und das ist die bekannteste Stelle aus diesem Brief, daß ihr jedermann untertan sein solle, sondern auch, daß diese nicht umsonst das Schwert trage. Die Obrigkeit ist Gottes Dienerin, eine Rächerin, die den zu bestrafen hat, der Böses tut.

Das zweite Kennzeichen eines gerechten Krieges sei dessen gerechte Ursache. Das wird mit einem Augustinus-Zitat begründet.

Drittens weise, sagt Thomas, der gerechte Krieg auch eine bestimmte Art der Kriegführung auf. Es sei nötig, daß die Absicht dessen, der den Krieg führe, rechtmäßig sei, daß sie auf das Gute oder auf die Verhinderung des Üblen ziele. Hier wird Augustin zitiert: »Bei den wahren Verehrern Gottes sind Kriege Friedenswerk, nämlich jene, die nicht mit Habgier oder Grausamkeit, sondern mit dem Verlangen nach Frieden unternommen werden, damit die Bösen in die Schranken gewiesen und die Guten erleichtert werden.«

Mit diesen drei Merkmalen des gerechten Krieges ist Thomas aber noch nicht am Ende seiner Argumentation angelangt. Nun bemüht er sich darum, die Gründe, die dafür sprechen, daß jeder Krieg unerlaubt sei, zu entkräften.

Gegen das erste Argument (Jeder, der nach dem Schwert greift, soll durch das Schwert umkommen.) wird Augustinus ins Feld geführt, der das Greifen zum Schwert so versteht, daß damit die Bewaffnung ohne den Befehl einer rechtmäßigen Gewalt gemeint sei. Das ist, so kann man vielleicht sagen, der Weg, den man gehen muß, wenn man nicht einfach sagen will, daß sich das Wort Christi, das hier zitiert wird, für eine Verallgemeinerung nicht eigne, weil Jesus es nur im Hinblick auf die konkrete Situation gesprochen habe, also darauf, daß damals Petrus ihn mit dem Schwert gegen diejenigen, die ihn zu verhaften drohten, verteidigen wollte. Wenn man so nicht argumentieren, das Wort aber trotzdem wegbringen will, bleibt nichts anderes übrig, als so zu verfahren, wie es Augustinus hier tut, und einen Begriff, hier also das Schwert, nicht so zu definieren, wie man es zunächst versteht – und wie es Jesus gewiß auch gemeint hatte –, sondern enger.

Dann aber das zweite Argument gegen den Krieg: Man solle dem Bösen nicht widerstehen, sagte Jesus. Dazu Augustin: So muß der Mensch sich in der Tat verhalten. Doch gebe es Situationen, in denen man anders verfahren müsse, wegen des Gemeinwohls oder sogar wegen des Wohls derer, gegen die man da kämpft. »Derjenige, dem die Möglichkeit, Unrecht zu tun, genommen wird, der erleidet eine militärische Niederlage zu seinem eigenen Nutzen.«

Das dritte Argument gegen den Krieg hatte gelautet, dieser sei das Gegenteil des Friedens und Kriegführen sei demnach sündhaft. Dagegen sagt Thomas, daß auch derjenige, der einen gerechten Krieg führe, den Frieden wolle. Überdies gebe es auch den bösen Frieden. Und dann zitiert Thomas ein Christus-Wort, das im 10. Kapitel des Matthäus-Evangeliums überliefert ist. Jesus sagt hier: »Ihr sollt nicht wähnen, daß ich gekommen sei, Frieden zu senden auf die Erde.« Den folgenden Satz zitiert Thomas freilich nicht mehr, denn der lautet: »Ich bin nicht gekommen, Frieden zu senden, sondern das Schwert.« Thomas dagegen zitiert noch einmal Augustin, der davon spricht, daß man nicht den Frieden suche, um zum Kriege zu rüsten, sondern Krieg führe, um den Frieden zu gewinnen. »Sei also im Kriegführen zum Frieden gewillt, damit dein Sieg die Erliegenden zu dem Segen des Friedens hinbringt.«

Schließlich das letzte Argument, die Turnierverbote. Thomas sagt hier ganz richtig, daß ja nicht Kriegsübungen generell verboten seien, sondern nur gefährliche.

Diese hochgelehrten Diskussionen, die Thomas von Aquin in seinem Hauptwerk führt, gelten als Höhepunkt der Scholastik, die mit Abaelards »Sic et non« einsetzt. Petrus Abaelard steht aber nicht nur am Anfang dieser scholastischen Argumentationstechnik; er darf auch als ein Beispiel für den neuen Typus des freien Lehrers gelten, wie er im Paris des 12. Jahrhunderts auftaucht. So kommt man mit ihm zu den Ursachen der Entstehung der Universität Paris, einem der beiden Grundtypen der europäischen Universität.

Abaelard wurde 1079 als Sohn eines kleinen bretonischen Adligen geboren. Er besuchte Schulen an verschiedenen Orten – als Schüler zunächst, dann als Lehrer. Aus Paris zog er auf den nahe gelegenen Genoveva-Berg, wo er eine eigene Schule gründete, nachdem er sich mit den tonangebenden Pariser Gelehrten entzweit hatte. Damit hat man das neue, gewissermaßen protouniversitäre Milieu vor Augen: konkurrierende Lehrer, konkurrierende Schulen, Lehrer und Schüler, die das damalige Paris verlassen und in dessen unmittelbare Nachbarschaft gehen, wo sie auch nicht mehr, wie an der Pariser Domschule, der Gerichtsbarkeit des bischöflichen Kanzlers unterworfen sind.

Abaelard verwickelte sich nun in jene unglücklich endende Liebesgeschichte, welcher es der Gelehrte zu verdanken hat, daß er nicht nur eine Gestalt der Wissenschaftsgeschichte ist, sondern auch ein Held von Dichtungen. Christian Hofmann von Hofmannswaldau, einer der berühmtesten deutschen Dichter des Barockzeitalters, veröffentlichte zum Beispiel 1679 ein Buch mit dem Titel »Heldenbriefe«, in dem er in vierzehn gereimten Briefpaaren die berühmtesten – teils fiktiven, teils historischen – Liebespaare mit ihren Briefen versammelte, unter ihnen auch Abaelard und Heloise.

Heloise wurde um 1100 geboren, Abaelard unterrichtete sie, verliebte sich in sie, und was daraus folgte, nämlich die Geburt eines Knaben, gehört am Ende auch in den Zusammenhang der Wissenschaftsgeschichte. Das Kind erhielt nämlich einen Namen, den ihm heute kein Standesbeamter gestatten würde, der aber damals möglich war: Es wurde Astrolab getauft, trug also den Namen des wichtigsten mathematisch-astronomischen Instruments. Der Fortgang der Geschichte macht es erklärlich, daß Abaelard diese später unter dem Titel »Historia calamitatum mearum« fixieren sollte. Ein Onkel der Heloise

*Am Beginn der Geschichte der europäischen Universität steht ein Liebespaar: Abaelard und Heloise. Miniatur aus einer Handschrift des »Rosenromans« aus dem 14. Jahrhundert.*

setzte nämlich einen Überfall auf Abaelard und dessen Entmannung ins Werk.

In der Studentin Heloise ist keinesfalls eine Vorläuferin des Frauenstudiums auszumachen, denn das Studium der Heloise markierte nicht so sehr die Zukunft als vielmehr die Vergangenheit der Bildung von Frauen. Es gehört nicht in die werdende Welt der Universitäten, sondern in das traditionelle Milieu der Klosterschulen. In Frauenklöstern erhielten selbstverständlich auch Mädchen Unterricht, und so war der Unterschied zwischen männlicher und weiblicher Bildung vor der Entstehung der Universität nicht von grundsätzlicher Art. In dem Maße, wie es zur Ausbildung von Wissenschaften oberhalb der *artes liberales* kam und diese Wissenschaften ihren Ort an den Universitäten hatten, blieben die Bildungsmöglichkeiten der Frauen hinter denen der Männer zurück.

Was Abaelard angeht und seine »Historia calamitatum mearum«, so charakterisiert schon dieser – als Autobiographie in dieser Zeit singuläre – Text den Autor als einen der ersten europäischen Intellektuellen. Mehr noch aber gilt das für die typischen Eigenschaften eines solchen Mannes, darunter nicht zuletzt die hohe Selbsteinschätzung und die Neigung zur Polemik und Mißachtung anderer. All das läßt Abaelard immer wieder erkennen.

Der Gelehrte Abaelard wurde Mönch, und auch Heloise trat in ein Kloster ein. Sie starb 1164 als Äbtissin. Ihre Lebensumstände kennt man namentlich aus ihrem Briefwechsel mit Abaelard. Dieser verschwand mit seinem Eintritt in den Mönchsstand keineswegs in einem Kloster, sondern blieb, was er war: Gelehrter und Lehrer, produktiv und für viele, die bei ihm studieren wollten, attraktiv. Wohl seit 1135 oder 1136 lehrte er wieder in Paris, und hier verwickelte er sich in einen Streit mit einem Theologen, der nicht weniger selbstbewußt war als er selbst, nämlich mit Bernhard von Clairvaux, dem eigentlichen Gründer des Zisterzienserordens, dem mächtigsten Kirchenpolitiker seiner Zeit und – im Gegensatz zu Abaelard – ein Mann, der bald nach seinem Tode heiliggesprochen werden sollte. Das Urteil in dem Streit, ob bestimmte Aussagen Abaelards, wie Bernhard meinte, ketzerisch seien, fällte der Papst. Abaelard wurde zum Schweigen verurteilt – nicht etwa zum Scheiterhaufen, wie die verbreiteten Vorstellungen über das Mittelalter nahelegen könnten. In diesem Falle hob der Papst überdies das Urteil bald auf, und auch Bernhard von Clairvaux versöhnte sich mit Abaelard. Als Abaelard 1142 starb, zeigte sich die Aussöhnung mit der Kirche darin, daß er in jenem Kloster Le Paraclet bestattet wurde, das er gegründet hatte und dessen Äbtissin Heloise war. 1164 erhielt sie ihr Grab neben ihm.

Das scheint mit den Anfängen der europäischen Universitäten nichts mehr zu tun zu haben, aber man kann nicht gut den Abaelard, der in die frühe Universitätsgeschichte gehört, von jenem Abaelard trennen, der wegen seines Schicksals zu einer literarischen Figur wurde. Mit der Geschichte Abaelards und den Schulen, an denen er lehrte, bewegt man sich ja nicht in irgendwelchen Winkeln der Kirchen- und Geistesgeschichte, sondern im Zentrum der Universitätsgeschichte. Der Schulbetrieb und die Schulstreitigkeiten in Paris und im Pariser Umland waren damals ein Mittelpunkt der geistlichen und religiösen Welt. Was in Paris geschah, der französischen Hauptstadt, die mit ihren 25 000 bis 50 000 Einwohnern – von denen etwa zehn Prozent Studierende waren – die größte Stadt im damaligen Abendland war, das nahm man in Rom zur Kenntnis. Sowohl Abaelard als auch Bernhard von Clairvaux konnten sich als Lehrer und führende Berater von Päpsten verstehen.

So war der Konflikt zwischen Bernhard und Abaelard nicht etwa ein Streit zwischen Dogma und Aufklärung. Abaelard wollte nicht Logik gegen Glauben setzen, sondern vielmehr das, was Gott offenbart hatte, mit dem Verstand begründen. Im einzelnen war allerdings Streit möglich, und dieser Streit wurde, wie es nun unter Theologen üblich wurde, auch mit dem Instrument des Häresie-Vorwurfes ausgetragen. Der Vorwurf, daß jemand ein Ketzer sei, zielte keineswegs immer auf unzufriedene Gläubige, die sich gegen die Organisation der Kirche oder bestimmte Glaubensinhalte wandten und sich von ihr abkehrten, um einer neuen Kirche anzuhängen. Der Häresie-Vorwurf konnte auch das Instrument der wissenschaftlichen Auseinandersetzung unter Theologen sein.

Der Streit zwischen Abaelard und Bernhard, das Leben und die Lebensform Abaelards machen die Pariser Zustände kurz vor dem Zusammenschluß der Lernenden und Lehrenden zu einer privilegierten Gemeinschaft, der künftigen Universität sichtbar. Abstrakt ist die Bildung dieses Zusammenschlusses leicht zu beschreiben: Die *universitas* entstand einerseits durch Selbstorganisation, durch den Zusammenschluß der Mitglieder der künftigen Universität, zum anderen aber aus deren Privilegierung seitens eines Mächtigen. Im Falle Bolognas, der anderen europäischen Uruniversität, war dieser Mächtige der Kaiser. In Paris dagegen war es der Papst.

Die eine Universität entstand also im Schatten des Kaisers, die andere in dem des Papstes. Was könnte mittelalterlicher sein als ein solches Universitätenpaar, da das Mittelalter ja nach weitverbreiteter Ansicht vor allem in der Konkurrenz der beiden Universalgewalten bestand. Tatsächlich machten die Kämpfe zwischen Kaiser und Papst nur einen geringen Teil der mittelalterlichen Geschichte aus. Und was Bologna angeht, so war die Bedeutung der Kaiser für die tatsächliche Geschichte dieser Universität gering, größer dagegen war sie für so etwas wie die universitäre Ideologie. Bei den Anfängen der Universität Paris dagegen kommt einer Reihe von päpstlichen Entscheidungen großes Gewicht zu.

Das erklärt sich aus dem unruhigen gelehrten und studentischen Milieu in und um Paris, aus der Konkurrenz der Schulen, der Lehrer, der Fächer und aus dem Kampf zwischen Rechtgläubigkeit und falscher Lehre. Man hat es in jenem protouniversitären Milieu, wie es um 1200 existierte, überdies mit einem Massenphänomen zu tun. Es waren einige Tausend, die es in diesen Schularchipel getrieben hatte: Angehörige vieler Völker, junge Leute, die ihr Glück machen wollten, Söhne aber vor allem aus den traditionellen Eliten, deren Eltern nun meinten, ein Studium in Paris sei die Bedingung dafür, daß die Zugehörigkeit zur Elite von einer auf die andere Generation erhalten blieb.

Aus dieser unruhigen Situation selbst entstand offensichtlich der Wunsch, Sicherheit zu gewinnen. Seit 1200 erkannte der französische

*Philipp II. August, König von Frankreich, erteilt im Jahre 1200 den Magistern und Studenten der Universität Paris das erste königliche Privileg; französische Buchmalerei aus dem 13. Jahrhundert.*

König den in Paris studierenden jungen Männern den Klerikerstatus zu. Damit war eine gewisse Rechtssicherheit gegeben. 1219 erlaubte Papst Honorius III. denjenigen, die in Paris studierten, dort fünf Jahre lang die Einkünfte ihrer Pfründen zu genießen. Der Papst machte also bepfründete Geistliche für das Studium abkömmlich. Doch die Sekuritätsbedürfnisse reichten weiter. Wer einiges gelernt hatte, wünschte, da nun so viele studierten, daß dies auch anerkannt wurde und daß man ihn von denen unterschied, die weniger erfolgreich gewesen waren. Man hat es hier mit der Geburtsstunde des Examens zu tun und damit zugleich auch mit der der Studienordnung. Daß die Abnahme der Examen damals in die Verantwortung der Lehrer gelegt wurde, war nicht selbstverständlich.

Diese Entscheidung kennzeichnet noch einen Teil der heutigen Universitätswirklichkeit. Denn bei den Prüfungen, um die es hier in der Frühgeschichte der Pariser Universität ging, handelte es sich ja nicht um irgendwelche berufsqualifizierenden Examina, sondern um die Zuerkennung jener akademischen Grade, die auch heute in höherem Maße als die Staats- und Diplomexamina in den Entscheidungsbereich der Universität fallen, die aber auf der anderen Seite, genauso wie akademische Grade im Mittelalter, mit einem künftigen Beruf wenig oder nichts zu tun haben. Der Doktorgrad in der Theologie, im Mittelalter der angesehenste akademische Grad, qualifizierte, was die Tätigkeit des Inhabers eines solchen Grades anging, allenfalls für den Theologieunterricht an der Universität, sonst jedoch für nichts. Ganz ähnlich stand es mit den anderen akademischen Graden und fast ebenso steht es mit den akademischen Graden heute. Anders als heute gab es für denjenigen, der eine mittelalterliche Universität besucht hatte und eine Art Beweis dafür begehrte, daß sein Studium erfolgreich gewesen war, aber keine Alternative zu einem akademischen Grad. Das Staatsexamen ist erst eine Erfindung des 19. Jahrhunderts, und die Diplome sind noch jünger.

So konnten die Modalitäten, die zur Erlangung akademischer Grade führten, jedenfalls in Paris zum Kern dessen werden, was die Universitätsverfassung ausmachte. Im Jahre 1213 versprach der Kanzler des Pariser Bischofs, bei der Erteilung der Lehrbefugnis für Theologie und geistliches Recht die Meinung der Professoren einzuholen. An die Stelle der Entscheidung des Kanzlers trat damit der kollegiale Beschluß der akademischen Lehrer. Zwar blieb es dabei, daß der einzelne Studierende zu einem ganz bestimmten Lehrer in einem besonderen Vertrauensverhältnis stand, daß dieser *sein* Lehrer war. Doch die Bescheinigung über den erfolgreichen Abschluß des Studiums stellte nicht dieser Lehrer aus, sondern das Kollegium der Lehrer. Damit dieses aber eine vernünftige Entscheidung treffen konnte, bedurfte es einer Regelung.

Es erfolgte nun die Festlegung von Studienzeiten und Studieninhalten, all das, was man heute im Übermaß kennt, vor allem aber auch eine Fixierung von vielem anderen, was heute nicht mehr geregelt ist. Was man bei Trauerfeiern für verstorbene Studenten und Professoren trägt und wie solche Trauerfeiern ausgestattet werden, darüber steht in heutigen Hochschulgesetzen nichts. In den alten Universitätsstatuten dagegen, aber auch noch in den Ordnungen, wie sie bis in die Mitte unseres Jahrhunderts in der damaligen Bundesrepublik gültig waren, nahmen derartige Regelungen einen nicht unbeträchtlichen Platz ein, denn es ging ja hier nicht nur um den Studiengang und das Abschlußexamen, sondern auch um die Lebensform dessen, der einer solchen *universitas* angehörte.

Nachdem im Jahre 1213 der Pariser Kanzler den Doktoren gewisse Entscheidungen überlassen hatte, folgten in den nächsten Jahren weitere Regelungen und 1220 schließlich die Konstituierung der vier Universitätsnationen. Die Studierenden, die sich damals in so großer Zahl in Paris zusammengefunden hatten, wurden damit nicht in einem einzigen Verband zusammengefaßt, sondern entsprechend ihrer Herkunft, und so sollte es an vielen Universitäten in der Folgezeit gesche-

*Die Miniatur aus dem Register der Beschlüsse der picardischen Nation zeigt in der Mitte unten einen Boten mit einem Brief. Die Nationen richteten schon früh sehr effektive Dienste ein, die den Kontakt der Studenten mit der fernen Heimat herstellten.*

hen. Diese auf Herkunft gegründeten Verbände nannten sich Nationen, ein Wort, das von *nasci* (geboren werden) abgeleitet wird – nicht anders als das Wort Nation in seiner heutigen Bedeutung. Diese Nation und die Universitätsnation hängen nicht nur aus diesem Grunde zusammen.

Alleiniges Organisationsprinzip der Universitäten waren die Nationen allerdings nicht. Studenten und Professoren wurden auch nach Fakultäten gegliedert, und auch dieses Gliederungsprinzip wurde zu einem allgemeinen Muster, in diesem Falle sogar zu einem, das die Universitäten bis heute prägt. Ungeachtet mancher Unterschiede im einzelnen und zeitweiliger Verbote bestimmter Fakultäten für bestimmte Universitäten kann man doch von einem Schema sprechen, das alle mittelalterlichen und frühneuzeitlichen Universitäten formte. Danach begannen fast alle Studenten mit dem Studium an der Artistenfakultät. Nur wenige Studierende, die von vornehmer Herkunft waren, ließen sich, was an dieser Fakultät gelehrt wurde, von Privatlehrern beibringen. Für die wenigen Studenten, die sich mit dem Studium an dieser Fakultät nicht begnügten, folgte auf den Abschluß des Artistenstudiums das Studium an einer der drei höheren Fakultäten, nämlich der Theologie, der Jurisprudenz oder der Medizin.

Die mittelalterlichen Universitäten bestanden eigentlich immer aus zwei Hochschulen, und im Falle von Prag, der ältesten Universität im Gebiet des nordalpinen Reiches, existierten tatsächlich zwei Universitäten, die Universität der Juristen und die aller anderen Studenten und Professoren. Üblicherweise verlief die Scheidungslinie aber zwischen der Artistenfakultät und den drei höheren Fakultäten. Von den wenigen Studenten, die die höheren Fakultäten besuchten, studierten die meisten Jura, ein etwas kleinerer Teil Theologie und nur ganz wenige Medizin.

Sowohl in der Artistenfakultät als auch in den höheren Fakultäten war das Studium zweigeteilt. In jeder Fakultät wurde zunächst nach einer Art von Zwischenprüfung der Grad eines Bakkalaureus erreicht. Darauf folgte das Abschlußexamen. Am Ende des Mittelalters hatte sich der Brauch herausgebildet, daß das Abschlußexamen in der Artistenfakultät den Titel des Magisters erbrachte, während der Abschluß bei den Theologen, Juristen und Medizinern zum Doktorgrad führte. Die Erteilung des Doktorgrades selbst wurde bald zu einer teuren Prozedur, die sich mancher nicht leisten konnte oder wollte. So begnügte er sich mit dem Examen, mit der *licentia docendi*, woraus der heute noch gebräuchliche akademische Titel Lizentiat entstand.

Die Zweistufigkeit des Studiums führte zwar dazu, daß die Universität eigentlich in zwei Universitäten zerfiel, auf der anderen Seite aber hatte gerade diese Zweistufigkeit eine Einheit von Lernenden und Lehrenden zur Folge, die im Verhältnis zu dem, was wir heute kennen, ganz ungewöhnlich erscheint. Wer die Universität nämlich nicht einfach ohne ein Examen verließ, was die meisten taten, sondern tatsächlich an der Artistenfakultät bis zum Magisterexamen studierte, nahm im allgemeinen die Verpflichtung auf sich, nun zwei Jahre an dieser Fakultät zu lehren. Wer die Universität mit dem Examen verließ, nahm diese Verpflichtung nicht wahr, und es gab auch keine Möglichkeit, ihn dazu zu zwingen; wer allerdings nun eine der drei höheren Fakultäten besuchte, lehrte zwei Jahre lang – oder auch länger – an der Artistenfakultät, während er zugleich an der höheren Fakultät studierte. Die Artistenfakultät war demzufolge nicht nur im Hinblick auf das Lebensalter der Studenten, sondern auch der Dozenten die jüngere Fakultät. Akademischer Lehrer war man an der Artistenfakultät im allgemeinen nicht bis ans Ende seiner Tage, sondern nur bis zu dem Zeitpunkt, wo man das Examen an einer höheren Fakultät ablegte oder die Universität verließ.

Man blieb aber auch als Student einer höheren Fakultät Mitglied der Artistenfakultät, so daß diese Fakultät in gewisser Weise alle Universitätsangehörigen umfaßte. So ist es zu erklären, daß in der Pariser Universitätsverfassung festgelegt war, daß der Rektor der Universität stets aus der Artistenfakultät zu wählen war – aus der am wenigsten angesehenen Fakultät auf der einen Seite, aber aus der Fakultät auf der anderen Seite, der alle angehörten.

Diese Regelungen wurden in der ersten Hälfte des 13. Jahrhunderts in einer Reihe von Rechtsakten fixiert, die auf die Entscheidung des Pariser Kanzlers von 1213 über die Professorenrechte bei der Graduierung folgten. Wichtig sollte eine Bulle Papst Gregors IX. aus dem Jahre 1231 werden, die jene Verpflichtung des Kanzlers von 1213 bestätigte und überhaupt mit Autorität versah, was in den Jahrzehnten zuvor im einzelnen beurkundet worden war. Das Zustandekommen universitärer Statuten war schon in den Jahren 1208 und 1209 von Papst Innozenz III. anerkannt worden. 1215 hatte ein päpstlicher Legat sie bestätigt. Die Bulle von 1231 nahm diese Bestätigung noch einmal auf.

Einer der Gründe für diese päpstlichen Bestätigungen mag gewesen sein, daß einige Päpste bei den Pariser Gelehrten selbst in die Schule gegangen waren. Coelestin II. (1143/44) und Coelestin III. (1191–1198) gelten als Schüler Abaelards. Der erste Papst, der als ein gebildeter Jurist angesehen wird, war Alexander III. (1159–1181). In den folgenden Jahrhunderten sollten juristische Ausbildung und juristische Kompetenz geradezu ein Qualitätsmerkmal künftiger Päpste sein. Im frühen 13. Jahrhundert wurden sie von den streitendem Pariser Parteien als Schiedsrichter angerufen, aber sie engagierten sich auch von sich aus in diesen Auseinandersetzungen, und das gehört in einen größeren Zusammenhang.

Im späten 12. und im frühen 13. Jahrhundert haben sich die Päpste dem längst existierenden Idealbild angenähert, dem zufolge sie Herren der universalen Kirche waren. Überall in der abendländischen Welt beanspruchten sie, in bestimmten Fragen zu entscheiden. Und es gab ja auch große Fragen, an denen die Päpste nicht vorbeigehen konnten und deren Bewältigung eine beträchtliche Ausweitung päpstlicher Kompetenz zur Folge haben sollte. Seit dem späten 12. Jahrhundert hat man es zum ersten Mal in der europäischen Geschichte mit abweichenden Glaubensmeinungen, mit Ketzerei als einem Massenphänomen zu tun. Die Päpste und die Kirchen haben darauf zunächst hilflos reagiert, aber sie haben sehr bald die Instrumente gefunden, mit denen sich diese neuen Lehren und diese papstfeindlichen Zusammenschlüsse bekämpfen ließen, darunter die besondere Ketzergerichtsbarkeit, die Inquisition. Die Aufmerksamkeit, welche die Päpste dem Universitätsbetrieb in Paris angedeihen ließen, hatte auch mit der Sorge um die Rechtgläubigkeit der Lehrer und Studenten zu tun.

Gegen die Häresien setzten die Päpste aber nicht so sehr die Universitäten ein als vielmehr die neuen Bettelorden, die auf die Welt wirken und die infolgedessen auch ihre Mitglieder wissenschaftlich ausbilden sollten, indem sie die Studienanstalten der Bettelorden zu Konkurrenzorganisationen für die frühen Universitäten machten. Später sollte dieser zunächst unlösbar erscheinende Konflikt gelöst und sollten die Bettelorden mit ihrem Ausbildungssystem in ein Verhältnis zu den Universitäten gebracht und teilweise sogar in sie eingefügt werden.

Es ging bei solchen Konflikten aber nicht so sehr um einen Streit zwischen der Universität als Ganzes und einem Orden insgesamt. Die inzwischen bestehenden Normen betrafen nicht alle, die sich da in Paris zu einer Universität zusammenfanden, sondern fast immer nur die Dozenten, und das sollte den Pariser Typus der Universität auch künftig charakterisieren. Die Universität in Paris und alle Universitäten, die dem Pariser Muster folgten, waren Magisteruniversitäten. Zwar fanden sich unter den Magistern, was die Artistenfakultät angeht, auch viele junge Leute, doch im ganzen handelte es sich bei der werdenden Universitätsverfassung um das, was die akademischen Lehrer interessierte, und weniger um die Lebensform der Studenten. Man könnte das für selbstverständlich halten, sogar – ungeachtet allen Mitbestimmungspathos – für unsere heutige Universitätsverfassung, gäbe es nicht die andere Gründungsuniversität. Bologna war ein ganz anderes Modell: War Paris die Professorenuniversität, so Bologna die der Studenten.

## *Bologna*

Die Anfänge der Universität Bologna führen in ein ganz anderes Milieu als das der Pariser Universität und auch zu einer anderen Wissenschaft. Die Pariser Universität war vorwiegend aus Schulen hervorgegangen, wo man die *artes* studierte und die Theologie. In Bologna hat man es namentlich mit dem Rechtsstudium zu tun. Ebenso wie das Studium der *artes*, der Theologie und der Medizin war auch das

Rechtsstudium in den folgenden Jahrhunderten, als es in den meisten europäischen Ländern Universitäten gab, überall das gleiche Studium. Heute würde niemand auf den Gedanken verfallen, zum Beispiel in England das Recht zu studieren und dann in Deutschland einen Juristenberuf auszuüben. Abgesehen von juristischen Spezialfächern wie dem Völkerrecht oder dem internationalen Privatrecht hat jedes Land sein besonderes Recht, und diese jeweils besonderen Rechte werden im eigenen Lande studiert. Auslandsstudium, in fast allen Fächern erwünscht und nützlich, ist beim Studium der Jurisprudenz nur in Grenzen angebracht.

Ganz anders lagen die Verhältnisse im Mittelalter. Damals wurde das besondere Recht der einzelnen Länder und Städte gar nicht an den Universitäten unterrichtet und konnte dort auch nicht unterrichtet werden. Als die Universitäten entstanden, war das in Deutschland gültige Recht überwiegend ein mündlich überliefertes Gewohnheitsrecht. Wäre jemand damals auf den Gedanken gekommen, dieses Recht auf einer Universität zu unterrichten, so hätte er es überhaupt erst einmal schriftlich fixieren müssen. Zu dieser schriftlichen Fixierung des in Deutschland praktizierten Gewohnheitsrechts ist es dann tatsächlich gekommen. Eike von Repgow hat um 1230 den Sachsenspiegel aufgezeichnet: eine systematische Sammlung von Normen zunächst allgemeineren Charakters, wie sie in Norddeutschland angewandt wurden – das war das Landrecht –, dann aber der besonderen lehnrechtlichen Normen.

Diese Kodifikation erwies sich als ein großer Erfolg. Obwohl hinter ihr keinerlei Autorität stand, wurde der Sachsenspiegel aufgrund seiner Qualität – und aufgrund des Bedürfnisses, das hier offensichtlich bestand – wie ein Gesetzbuch gebraucht. Sehr bald fanden sich in Süddeutschland Nachahmer Eikes von Repgow, und die ihnen zu verdankenden Rechtsbücher, der Schwabenspiegel und der Deutschenspiegel, fanden ebenfalls rasch eine weite Verbreitung; auch sie wurden wie Gesetzbücher genutzt. Nun hätte man das deutsche Gewohnheitsrecht an einer Universität studieren können, doch zwischen dem Gewohnheitsrecht und dem Recht, das auf den Universitäten studiert wurde, schienen Welten zu liegen – obwohl es auf der anderen Seite durchaus Verbindungslinien gab. An den Universitäten studierte man zunächst das Kirchenrecht, das kanonische Recht, und ferner das, was man gern Kaiserrecht nannte, also das spätantike römische Recht. Was man nicht studierte, war das aktuelle weltliche Recht, also jenes Recht, wie es zum Beispiel im Sachsenspiegel niedergelegt war.

Da die Universitäten und die ihnen vorangehenden Schulen Institute vor allem zur Bildung von Geistlichen waren, lag es nahe, dort jenes Recht zu studieren, das das spezifische Recht der Kleriker war.

*Das »Decretum Gratiani« galt als Lehrbuch des geistlichen Rechts. Die Miniatur aus einem Codex der Universität Bologna zeigt die Einkleidung eines Mädchens als Nonne.*

Das bedeutet freilich nicht, daß es hier um einen sehr schmalen Ausschnitt des Rechts gegangen wäre, schließlich war das geistliche Recht nicht nur jenes, nach dem die Geistlichen lebten, sondern erstreckte sich auch auf bestimmte Rechtsmaterien und betraf letztlich jedermann. Das Eherecht zum Beispiel war, da die Ehe ja als Sakrament galt, ein Gegenstand des geistlichen Rechts – oder es wurde jedenfalls im Laufe des Mittelalters dazu. Weite Teile dessen, was man Wirtschaftsrecht nennen könnte, waren eine Sache des geistlichen Rechts, weil bei den Vertragsschlüssen Eide eine Rolle spielten und weil die Geldgeschäfte leicht mit dem kirchlichen Zinsverbot kollidierten, das ebenfalls eine kirchenrechtliche Norm war. Doch auch unter das geistliche Recht, das als Standesrecht der Kleriker definiert war, fiel ein beträchtlicher Teil der damaligen Gesellschaft, da die Kleriker ja nicht – wie heute – die Spezialisten für den Gottesdienst waren. Bis ins hohe Mittelalter bestand alles Verwaltungspersonal, das des Schreibens und Lesens kundig sein mußte, aus Geistlichen. Ein Großteil der höheren Aufgaben in der Gesellschaft wurde von Klerikern wahrgenommen, und so fiel das alles unter das geistliche Recht.

Das geistliche Recht war zu Beginn des 12. Jahrhunderts zunächst eine Masse heterogenen und vielfach in sich widersprüchlichen theologischen Lehr- wie juristischen Normenstoffes, den die Kirche mit sich führte. Ebenso wie im Falle der theologischen Überlieferung bedurfte es auch hier der kritischen Klärung, der Anwendung der Methode *sic et non*, der Scholastik also, obwohl dieser Begriff die Rechtswissenschaft nicht einschloß. Zur Anwendung dieser neuen kritischen Methode auf das Kirchenrecht ist es im geistlichen Recht auch gekommen – zum Teil schon vor den entsprechenden theologischen Bemühungen. Einzelne Gelehrte haben sich darum bemüht, Teile des überlieferten Rechtsstoffes sinnvoll und übersichtlich zusammenzustellen.

Das soll hier im einzelnen nicht interessieren. Genannt werden muß aber der in Bologna lehrende Mönch Gratian, der um 1150 starb und damit in eine Zeit gehört, in der von einer Universität Bologna noch keine Rede sein konnte, wohl aber von einem Rechtsstudium an diesem Ort, von einem präuniversitären Schulbetrieb, der im Hinblick auf seine Bedeutung für die Vorgeschichte der Universität dem Pariser Schulbetrieb an die Seite zu stellen ist, der sich aber von dem, was zur selben Zeit in Paris geschah, doch erheblich unterschied.

Gratian war es, der nach vereinzelten Versuchen, den überlieferten Stoff des geistlichen Rechts übersichtlich zu gruppieren, nun mit jener Methode, die man alsbald scholastisch nennen sollte, die gesamte Überlieferung des geistlichen Rechts durchdrang und ein Lehrbuch schuf, das dem Sachsenspiegel des Eike von Repgow insofern glich, als es ebenfalls die Arbeit eines einzelnen war, hinter dem keinerlei politische Autorität stand. Dennoch wurde auch dieses Buch, das »Decretum Gratiani«, in einer Weise genutzt, als handelte es sich dabei um ein Gesetzbuch, und in diesem Falle war der Erfolg der Arbeit eines einzelnen noch größer als in dem des Eike von Repgow. Denn der Sachsenspiegel galt nur für einen Teil Deutschlands, und er ist heute nur noch in Restbeständen geltendes Recht – bestimmte Paragraphen des Bürgerlichen Gesetzbuches von 1900 gehen auf den Sachsenspiegel zurück.

Anders das »Decretum Gratiani«. Nachdem in der Folgezeit eine Reihe von Sammlungen jüngeren Kirchenrechts systematisch zusammengestellt und auch offiziell durch päpstliche Anordnung als kirchliche Gesetzbücher eingeführt worden war, bürgerte sich der Brauch ein, diese jüngeren Kirchenrechtsgesetzbücher und das »Decretum Gratiani« zusammen als das »Corpus Juris Canonici« zu bezeichnen und als die umfassende Sammlung des Kirchenrechts zu benutzen, und zwar überall in der westlichen Christenheit. Mit der Reformation ging diesem in den beiden Bänden des »Corpus Juris Canonici« fixierten Kirchenrecht ein beträchtlicher Teil seines Anwendungsgebietes verloren. In jenem berühmten Wittenberger Verbrennungsakt des Jahres 1520, bei dem Martin Luther die päpstliche Bulle ins Feuer warf, die ihm den Bann androhte, wurde nicht nur dieses Dokument vernichtet, sondern auch ein Exemplar des »Corpus Juris Canonici«, und das war für die Zeitgenossen viel auffälliger als die Verbrennung der Bulle. In der katholischen Welt aber war das »Corpus Juris Canonici« weiterhin das gültige Gesetzbuch, bis es im Jahre 1917 in den »Codex Juris Canonici« umgearbeitet wurde, der seinerseits vor einigen Jahren neu redigiert worden ist. So kommt es, daß ein nicht unbeträchtlicher Teil dessen, was seinerzeit Gratian im Bologna des 12. Jahrhunderts geordnet hat, ganz unmittelbar im heute gültigen katholischen Kirchenrecht fortwirkt. Und damit ist auch geklärt, was denn an den mittelalterlichen Rechtsfakultäten studiert wurde: das kanonische Recht, wie es zunächst von Gratian fixiert worden war, sowie jene späteren Gesetzessammlungen, die dann den zweiten Band des »Corpus Juris Canonici« darstellten.

Neben diesem kanonischen Recht wurde ferner das spätantike Kaiserrecht studiert, das römische oder eben das Zivilrecht, das bürgerliche Recht. Der Kaiser Friedrich Barbarossa wurde ja von den Bologneser Juristen angesprochen, weil sie kaiserliches Recht lehrten und er der Kaiser war. Bei dieser Verbindung sollte es bleiben, jedenfalls in der Theorie oder – besser – in der Fiktion. In Bologna und überall dort, wo man in Zukunft das römische Recht studierte, ging man bis zu einem gewissen Grade von der Fiktion aus, dieses Recht sei geltendes Recht ebenso, wie es in der späten Antike geltendes Recht gewesen war. Die Praxis sah anders aus. Barbarossa und seine Nachfolger konnten nicht daran denken, diese Gesetze einfach so anzuwenden und neue zu erlassen, wie das die römischen Imperatoren getan hatten.

Doch hing die Brauchbarkeit des römischen Rechts im Mittelalter nicht nur oder nur wenig davon ab, ob das Römische Reich mit einem Kaiser als mächtigem Gesetzgeber an der Spitze denn weiterhin Bestand hatte oder nicht. Die Anwendungsfelder dieses Rechts waren von anderer Art. Gebraucht wurde es nicht zuletzt im kirchlichen Bereich. Hier galt der Rechtssatz: *Ecclesia vivit lege Romana*. Mit dieser Feststellung, die Kirche lebe nach römischem Recht, war gemeint, daß das spätantike Recht im kirchlichen Bereich überall dort angewendet werden konnte oder vielleicht sogar sollte, wo es keine einschlägigen Normen des besonderen Kirchenrechts gab. Das römische Kaiserrecht war im kirchenrechtlichen Bereich demnach so etwas wie ein subsidiäres Recht, also ein Ersatzrecht, und das hätte auch historisch durchaus einen Sinn, da die Kirche und das Kirchenrecht ja in vieler Hinsicht fortlebende Antike waren. Die grundlegenden Normen, die überhaupt die Ursache dafür waren, daß es ein besonderes Kirchenrecht gab, die Privilegien für den geistlichen Stand, nämlich das Privileg der besonderen Gerichtsbarkeit und das der Abgabenfreiheit, entstammten dem spätantiken Römischen Reich. Der Satz vom Leben der Kirche nach römischem Recht beschrieb einen nicht unbeträchtlichen Teil der mittelalterlichen Wirklichkeit. Wer Kirchenrecht erlernte, tat gut daran, auch das römische Recht zu studieren.

Für ein Studium des Kaiserrechts gab es aber noch einen weiteren Grund, und der liegt darin, daß in Italien die Zäsur zwischen Spätantike und frühem Mittelalter längst nicht so scharf gewesen war wie nördlich der Alpen. In Deutschland etwa konnten nach dem 9. Jahrhundert nur noch Geistliche schreiben und lesen, aber für Italien galt das keineswegs. Hier hatte die laikale Schriftkultur in bemerkenswerten Resten die Zeiten überdauert. Das im Alltag angewandte Recht war demzufolge anders als im Norden nicht ein gänzlich schriftloses, also nicht nur ein Gewohnheitsrecht. Die Anwendung des antiken Rechts im privaten Bereich, im Handel etwa und im Vertragsrecht, war niemals ganz aufgegeben worden, und so waren die spätantiken Gesetzbücher in Gebrauch geblieben, und auch einen dazugehörenden Rechtsunterricht hatte es stets gegeben.

Allerdings war damals jenes »Corpus Juris«, das heute als die umfassende Sammlung des spätantiken römischen Rechts dient, nicht zur Gänze bekannt. Man kannte nur die knappe Einleitung, die *Institutio-*

*nes*, sowie das große Gesetzbuch, den »Codex Iustinianus«. Unbekannt war der dritte und umfangreichste Teil dieses Normenwerkes, die sogenannten Digesten. Bei diesen Digesten handelt es sich nicht um eine Sammlung von Normen, sondern vielmehr um eine systematisch geordnete Zusammenstellung von Juristen-Kommentaren.

Das könnte den Eindruck erwecken, daß man auf diesen Teil des »Corpus Juris« noch am ehesten hätte verzichten können. Tatsächlich kann man aber, wie auch das heutige Recht lehrt, Normen nur dann anwenden, wenn die Kluft, die zwischen ihnen und den vielfältigen Anwendungsmöglichkeiten besteht, durch juristische Kommentierungen überbrückt wird. So sind die Digesten nicht nur der umfangreichste Teil des römischen Rechts, sondern sie stellen auch den Teil des ganzen Gefüges dar, in dem die besonderen Qualitäten dieses Rechts, der gesammelte Scharfsinn, der auf diese Normen verwendet worden ist, am handlichsten zur Verfügung stehen. Die Digesten sollten denn auch in der Folgezeit der Teil des »Corpus Juris« werden, der vor allem an den Universitäten studiert wurde.

Das setzte allerdings voraus, daß man diese Digesten kannte, und das war erst wieder seit dem ausgehenden 11. Jahrhundert der Fall. Bis dahin waren sie vergessen gewesen. Im ausgehenden 11. Jahrhundert entdeckte man nun eine einzige Handschrift dieses Teils des »Corpus Juris«, und diese eine Handschrift, die bald darauf vervielfältigt wurde, ist zur Basis eines beträchtlichen Teils des Jurastudiums geworden. Das aber heißt, daß wir es hier mit dem Zufall zu tun haben. Die Wahrscheinlichkeit, daß diese eine Handschrift überdauern würde, war ja nicht eben groß. Es hätte ebensogut geschehen können, daß sie genauso vernichtet worden wäre wie die vielen anderen älteren Digesten-Handschriften, die wir nicht kennen.

Diese offensichtliche Wirksamkeit des Zufalls sollte einen davor bewahren, einfache Gleichungen zwischen sozialen Bedürfnissen und einem sich wandelnden Studium sowie der Entstehung der Universitäten herzustellen und ein Panorama zu entwerfen, in dem das rasche Wachstum von Stadtwirtschaft und Stadtkultur insbesondere in Oberitalien und das sich nun erneuernde Rechtsstudium in der schönsten Weise zueinander passen. Ganz fern von der Wirklichkeit wäre eine solche Verbindung natürlich nicht, denn es liegt auf der Hand, daß das Wachstum der Städte und die Zunahme der gewerblichen Wirtschaft den Juristen zusätzliche Arbeitsmöglichkeiten brachten. Damit ist aber weder die überragende Bedeutung erklärt, die das römische Recht nun erhielt, noch wird berücksichtigt, daß in diesem Vorgang jener Zufall, der die eine Digesten-Handschrift erhielt und zur rechten Zeit bekanntwerden ließ, eine große Rolle spielte. Die Grundmann-These, also die Erklärung der Universitäten allein aus dem Wissensdrang, ist nicht richtig, zumal wenn man sie wörtlich nimmt. Läßt man den Wissensdrang aus der Rechnung heraus, so erhält man ebenfalls ein Zerrbild. Die Intensivierung des Rechtsstudiums in Bologna, die insbesondere nach der Entdeckung der Digesten begann, läßt sich nicht nur mit sozialen Bedürfnissen erklären, sondern rührte auch daher, daß hier nun ein exzellentes Textcorpus vorlag, das zum Studium einlud.

Nachzuweisen sind Rechtsschulen in Bologna seit der zweiten Hälfte des 11. Jahrhunderts. Man muß sich diese Rechtsschulen offensichtlich so ähnlich vorstellen wie die etwas jüngeren Schulen in Paris und in dessen Umgebung, also als freie Lehranstalten, wo Unterricht gegen Honorar erteilt wurde. Wie da im einzelnen unterrichtet worden ist, weiß man nicht. Man kennt von den Anfängen der Universität Bologna nur die in späteren Quellen überlieferten Namen der ältesten Rechtslehrer an diesem Ort. Der allerälteste Name ist der eines Pepo, der nicht nur in der Tradition der Universität fortlebte, sondern auch am Hof Kaiser Heinrichs IV. bezeugt ist. Schon hier, nach der Mitte des 11. Jahrhunderts, hat man also die dann für Barbarossa besser bezeugte Verbindung zwischen den Bologneser Juristen und dem Kaiser. Der Repräsentant der nächsten Generation von Rechtslehrern in Bologna war Irnerius, dessen Wirksamkeit im frühen 12. Jahrhundert lag. Er war der erste, der den Rechtsstoff, welchen das »Corpus Juris« enthielt, durch Kommentierung den inzwischen veränderten Bedürfnissen anpaßte und der damit die sozusagen klassische Lehrtradition eröffnete. Die Frage, wie denn eigentlich ein Recht, das viele Jahrhunderte früher entstanden war, nun plötzlich wieder verwendbar wurde, lösten vor allem die Kommentare der mittelalterlichen Juristen. Mit ihrer Kommentierung oder, mittelalterlich gesprochen, Glossierung der alten Texte gingen die Rechtslehrer nach der gleichen Methode vor, mit der die Theologen den Bibeltext anwendbar machten.

Die Generation nach Irnerius stellte dann schon jene Juristen dar, die in der Mitte des Jahrhunderts mit Barbarossa in Kontakt traten. Doch die Rechtsschulen in Bologna waren noch immer das, was sie auch zuvor gewesen waren, also Lehranstalten, in denen ein Dozent Schüler um sich versammelte, die ihm ein Honorar zahlten, von dem er leben konnte.

In den nächsten Jahrzehnten scheint dann der Schritt von diesem altertümlichen System zur Universität gegangen worden zu sein, und damit kommt man zu Phänomenen, die schon aus Paris bekannt sind. Ebenso wie dort versammelten sich im späteren 12. Jahrhundert in Bologna viele Rechtsschüler aus vielen Ländern. Der Schulbetrieb erhielt wirtschaftliches Gewicht. Die Stadt war an ihm interessiert, und so bemühte sie sich darum, eine Gewähr dafür zu erhalten, daß die

Schüler nicht plötzlich irgendwo anders hin zogen. Die Stadt versuchte, die Lehrer und die Schüler unter ihre Kontrolle zu nehmen. Die Lehrer, die meistens Bürger der Stadt Bologna waren, konnten wenig dagegen tun. Anders die Studenten, die ja von auswärts hierhergekommen waren und in keinerlei Bindung zur Stadt Bologna standen. In dem Maße, wie sie durch städtische Normen gefesselt werden sollten, bemühten sie sich darum, sich zu organisieren, und zwar so, daß diejenigen, die aus den gleichen Ländern kamen, in einen gemeinsamen Verband traten. Für diesen Verband boten sich zwei Namen an. Der eine war *natio*, der andere *universitas*. Noch vor der Mitte des 13. Jahrhunderts wurde in Bologna jene Organisationsform gefunden, welche fortan die der dortigen Universität sein und zum Vorbild für andere Universitäten werden sollte.

Die Pariser Universität war im Zweifelsfall eine Magisteruniversität, die Universität Bologna dagegen ein Zusammenschluß der Studenten. Zunächst bestanden hier zwei *universitates*. Die eine war die *universitas* der Studenten, die von diesseits der Alpen kamen, also die *universitas* der Italiener oder der *citramontanes*. Die andere *universitas* bestand aus den Studenten, die von jenseits der Berge, nämlich der Alpen kamen, also den *ultramontanes*. Diese beiden Universitäten gliederten sich nun nach der genaueren Herkunft ihrer Mitglieder in Nationen. Die größte unter den ultramontanen Nationen war die deutsche.

Beide Universitäten hatten an der Spitze einen Rektor, und das heißt, daß der Rektor der Universität hier in jedem Falle ein Student war. Doch sollte man sich hüten, daraus etwa abzuleiten, daß hier ein Paradies studentischer Mitbestimmung bestanden hätte. Die Bologneser Studenten waren Leute fortgeschrittenen Alters. Wenn man heutige Studenten mit mittelalterlichen Studenten in einen Topf wirft, verkennt man, daß man es bei den mittelalterlichen Studenten auf der einen Seite mit einer Masse von jungen Leuten zu tun hat, die nach unseren Begriffen Oberschüler oder Gymnasiasten waren, während auf der anderen Seite die Studenten der höheren Fakultäten nach Lebensalter und wissenschaftlicher Bildung mehr waren, als es Studenten heute im allgemeinen sind. Das galt freilich auch für die Pariser Theologen, und so hat man es in Paris auf der einen Seite und in Bologna auf der anderen Seite mit zwei sehr unterschiedlichen Universitätsmodellen zu tun. Das eine war die Professoren-, das andere die Studentenuniversität.

Doch ganz ohne Professoren kam auch die Studentenuniversität nicht aus. Sehr komfortabel war der Platz, der den Rechtslehrern in Bologna zukam, im Verhältnis dazu, wie Professoren heute gestellt sind, nicht. Die Bologneser Rechtslehrer wurden von den Studentenuniversitäten mit Jahresverträgen angestellt. In diesen Verträgen war

*Von der frühen Geschichte der Universität Bologna künden bis heute die Professorengräber. Auf dem Grab des Giovanni d'Andrea von 1347 ist der Vortragende selbst mit seinen eifrigen Studenten verewigt.*

genau festgelegt, was sie an Lohn erhielten, und es war auch genau fixiert, was sie in welcher Zeit zu lesen hatten. Wenn sie etwas ausließen, drohten Strafen. Dieses System wurde nicht zuletzt durch die Päpste gefördert, die im Konflikt zwischen Stadt und Studenten auf der Seite der Studenten standen. Das erwies sich auch angesichts der Entscheidung, wer denn am Ende für die Examina zuständig sein sollte. Bisher waren es die Lehrer gewesen, nun sollte es der Archidiakon sein, also ein hoher Beamter des Bischofs. Der Schutz, den der Papst hier und auch sonst den Bologneser Studenten gewährte, wirkte auf die Stadt: Sie mußte die Unabhängigkeit der studentischen Universitäten schließlich akzeptieren.

So drastisch sich diese beiden Universitäten gegenüberstehen, die Pariser Magister- und die Bologneser Studentenuniversität: beider

Erbe war am Ende doch der Typus der einen europäischen Universität. In Bologna haben sich die akademischen Lehrer bald organisiert und ihre von den Studenten abhängige Position verbessert. Auch die Einwirkung der Päpste auf das Studium in Bologna und in Paris trug zu einer Angleichung bei. Und es kam hinzu, daß die Schulen, die in Bologna und Paris entstanden waren, Nachfolger fanden, wobei in der Nachfolge das Vorbild verwässert wurde. Die jüngeren Universitäten kombinierten Bestandteile des Pariser und des Bologneser Modells. So gemischt die Bologneser und Pariser Anteile an den einzelnen jüngeren Universitäten aber auch sein mochten, eindeutig war der Unterschied zwischen Lehranstalten, die in beider Tradition standen, und anderen, die anders konstruiert waren und sich als nicht zukunftsträchtig erweisen sollten, als Sackgassen gewissermaßen, die nicht zur europäischen Universität führten.

Ebensowenig wie es für Paris oder Bologna ein Jahr gibt, in das man die Umwandlung des traditionellen Schulbetriebes in eine Universität datieren könnte, gibt es solche Daten für den Studienbetrieb an jenen Orten, wo man ebenfalls von den ältesten Universitäten sprechen kann. Zu den ältesten, in ihren Anfängen nicht exakt zu datierenden Universitäten gehören vor allem Oxford und Montpellier. Auch Vicenza ist hier zu nennen. Die Umformung des traditionellen Studienbetriebes, wie sie in Paris und in Bologna stattfand, hat offensichtlich an anderen Orten als Vorbild gewirkt. Aber es gab auch den Versuch, das höhere Bildungswesen anders zu organisieren, und dieser Versuch kann als eine Art von Kontrastmodell zu dem durch Paris und Bologna geprägten Universitätstypus dienen. Das markanteste Beispiel stellt die Errichtung einer Hochschule besonderer Art durch Kaiser Friedrich II. im Jahre 1224 in Neapel dar.

Es ging dem Kaiser um das, was auch heutigen Hochschulpolitikern so naheliegt, also um den Versuch, akademische Bildung und staatlichen Nutzen so dicht wie möglich miteinander zu verknüpfen. In Neapel sollten die Fachleute ausgebildet werden, welche das Königreich Sizilien für den Herrscher verwalteten. Doch sollte das so geschehen, daß für einen Zusammenschluß der Studenten nach Bologneser Muster keinerlei Raum bestand. Aus dieser Staatsuniversität ist nichts geworden. Leider kann man dies nicht auf mangelnde Autonomie zurückführen; das Ende der Stauferherrschaft in Italien ist ebenfalls zu bedenken. Aber im ganzen wird man doch sagen können, daß dieses Modell einstweilen keine Zukunft hatte. Man sieht das am deutlichsten daran, daß Kaiser Karl IV. in der Mitte des 14. Jahrhunderts, als er die erste Universität im römisch-deutschen Reich in Prag gründete, in der Gründungsurkunde wiederholt jene Urkunde zitierte, in der Friedrich II. die Verfassung von Neapel entworfen hatte. Doch hatten diese Zitationen keine Folge. Neapel wurde als Vorbild der Gründung Prags nicht ausdrücklich genannt. Genannt wurden vielmehr Bologna und Paris, und diesen Vorbildern fügte sich die Prager Gründung dann auch tatsächlich an. Auch Prag sollte eine Universität sein, die durch die Autonomie ihrer Mitglieder geprägt war.

Mit der Gründung der Universität Prag befindet man sich im Jahre 1347, also anderthalb Jahrhunderte nach den Anfängen von Paris und von Bologna. Diese anderthalb Jahrhunderte sollte es in der Tat dauern, bis im nördlichen Teil des Römischen Reiches eine Universität entstand. Dann allerdings sollten weitere Universitätsgründungen in Deutschland nicht allzu lange auf sich warten lassen.

KAPITEL 3

# Die Universität Prag

Um 1300, ein Jahrhundert nach den Anfängen von Paris und Bologna, gab es weitere Universitäten in Frankreich und in Italien: Padua, Siena, Orléans, Toulouse und einige mehr. Universitäten bestanden mit Oxford und Cambridge auch in England und zum Beispiel mit Valladolid und Salamanca auf der Pyrenäenhalbinsel. Daß damals weder in Nord- noch in Ost- und in Südosteuropa eine Universität existierte, läßt sich leicht erklären. Obwohl die Gründung einer Universität gar nicht so teuer war, obwohl ein Fürst, der so etwas vorhatte, nur geringe Mittel einsetzen mußte, gibt es doch einen Zusammenhang zwischen dem Entwicklungsstand einer Region und der Gründung einer Universität.

Die wenigen nord- und osteuropäischen Geistlichen, die eines Universitätsstudiums bedurften, konnten an den bestehenden Universitäten studieren, in Italien vor allem oder in Frankreich. Selbst wenn die Gründung einer Universität nicht einfach eine Frage des Bedarfs an Universitätsabsolventen war, bestand für den nord- oder osteuropäischen Fürsten keine Veranlassung, eine Universität zu gründen, da er durch einen solchen Akt seinen Ruhm als Fürst nicht vermehrt hätte. Vollends aber existierten im Osten und Norden Europas nicht die Voraussetzungen, daß hier ähnlich wie ein Jahrhundert zuvor in Paris oder Bologna eine Universität spontan hätte entstehen können. Es gab weder die oberitalienischen Traditionen des Rechtsunterrichts, noch existierte hier ein Zentrum wie Paris.

Im deutschen Reich lagen die Dinge ganz anders, aber auch dort gab es um 1300 noch keine Universität. In aller Regel läßt sich das, was in der Vergangenheit nicht geschehen ist, viel schlechter erklären als das, was geschah. Soweit Bedarfsüberlegungen angestellt werden können, ohne daß man anachronistische Urteile fällt, kann man diesen Bedarf durchaus entdecken. Es waren nicht nur einzelne Studenten, die aus dem Reich nach Frankreich und Italien zogen, wie das bei Polen oder Skandinavien der Fall gewesen ist. Die Studenten aus dem Reich, die nach Frankreich und Italien gingen, waren nun so viele, daß sie zusammen durchaus eine eigene Universität hätten bilden können.

Unter den Nationen der ausländischen Studenten in Bologna war die deutsche ja die stärkste. Jenes Milieu, das in Bologna und in Paris zur Gründung einer Universität geführt hatte, gab es in Deutschland zwar nicht in derselben Weise wie dort, aber Köln wäre mit Rücksicht auf seine Bevölkerungszahl und insbesondere im Hinblick auf die vielen Geistlichen und geistlichen Institute, die dort existierten, durchaus ein geeigneter Universitätsort gewesen, und so wurde denn auch in Köln eine Universität gegründet – jedoch erst im Jahre 1388. Die Universität Prag dagegen wurde 1348 gegründet, als erste der Universitäten im nordalpinen Reich, also insofern früh, aber mit Rücksicht auf den Entwicklungsstand im Reich doch spät.

Der erste der Gründe für die Verspätung von anderthalb Jahrhunderten liegt darin, daß sehr bald nach 1200 die Zeit der spontanen Universitätsanfänge vorbei war. Universitäten mußten fortan gegründet und durch den Papst privilegiert werden. Im Falle des eben genannten Köln, im Falle auch Erfurts waren die Gründer der Universität Städte, doch das war eher die Ausnahme. Im allgemeinen gründete die Universität ein Fürst. Prag war eine Gründung des späteren Kaisers und damaligen Königs Karl, Karls IV. also, der zugleich die böhmische Krone trug. Der Gründungsurkunde zufolge handelte er als römisch-deutscher König, und andere Fürsten des Reiches hätten, so möchte man meinen, erst nach dem König Universitäten gründen können; eine Universitätsgründung vor Prag hätte also vielleicht einen königlichen Gründer haben müssen. Warum jedoch frühere Könige eine Universität nicht gründeten, läßt sich bis zu einem gewissen Grade erklären. Friedrich II., der staufische Kaiser, hat eine Universität gegründet, und zwar in seinem sizilischem Reich. An Deutschland war er offensichtlich nicht hinreichend interessiert. In den Jahren nach dem Tode seines Sohnes Konrad, 1254, war das sogenannte Interregnum zwar keine herrscherlose Zeit, wie diese Bezeichnung nahelegt, wohl aber eine Periode, in der sich zwei Könige bekämpften. Das war für Universitätsgründungen sicherlich nicht der richtige Hintergrund. Die nachfolgenden Könige aber hatten große Mühe, das Königtum wieder zu konsolidieren. Einige von ihnen regierten auch nur kurze Zeit. Es gibt Anzeichen dafür, daß eine Universitätsgründung erwogen wurde.

Als Karl IV. die Gründung der Prager Universität vorzubereiten begann, hatte er seine Herrschaft soeben erst angetreten. Ob er sich als König behaupten würde, war ungewiß. Gewählt wurde Karl IV. am 11. Juli 1346 als Pfaffenkönig, wie seine Gegner sagten, als Schützling des Papstes, der gegen den von ihm bekämpften König Ludwig den Bayern einen Konkurrenten ins Feld führen wollte. Damals oder auch am 26. Januar 1347, dem Datum, das das päpstliche Universitätsprivileg für Karl IV. trägt, war keineswegs abzusehen, daß Ludwig der Bayer wenige Monate später sterben und der zu seinem Nachfolger gewählte König Günther von Schwarzburg sich gegenüber Karl IV. nicht würde behaupten können. Karl IV. mußte versuchen, alles nur Denkbare gegen den zum Zeitpunkt seiner eigenen Wahl viel mächtigeren Ludwig den Bayern ins Feld zu führen. Er war zur Zeit der Universitätsgründung schwach, und es scheint, als hätte ihm der Papst das Universitätsgründungsprivileg als eine Art Hilfsmittel zur Steigerung seiner Autorität gegeben, zumal dieses Privileg außerordentlich großzügig war. Es erlaubte nämlich die Einrichtung aller vier Fakultäten, also auch der theologischen, und das war in der Mitte des 14. Jahrhunderts nicht selbstverständlich, denn die Päpste haben ja immer wieder versucht, den neuen Universitäten die Theologie zu versagen, um diese wenn schon nicht in Paris, dann doch nur an einigen Orten zu konzentrieren.

Wenn es richtig ist, daß die Universität hier als Hilfsmittel zur Konsolidierung eines unsicheren Königtums gedacht war, ergibt sich die Frage, warum die schwachen Könige vor Karl IV. nicht ebenso gehandelt haben. Diese Frage ist offensichtlich nicht vernünftig zu beantworten – es sei denn, man führt die Zeit ins Feld, bedenkt also, daß mit jedem Jahrzehnt die Zahl der Universitäten größer wurde und der Gedanke näher rücken konnte, auch im Reich eine Universität zu haben. Und man muß wohl auch bedenken, um wen es sich bei Karl IV. handelte. Der König war ein gebildeter Mann, er hatte Erfahrungen sowohl in Italien als auch in Frankreich gemacht. Was eine Universität war, welchen Ruhm sie einem Fürsten einbringen konnte, das hatte er erleben können und gewiß auch erlebt, während seinem Vorgänger und Gegner Ludwig bestimmt nicht deutlich war, was eine Universität sein konnte, und bei Ludwigs Vorgängern stand es wohl ähnlich.

Die Prager Universität nimmt eine eigentümliche Stellung zwischen den Zeiten ein. Sie ist zugleich die letzte Vertreterin des älteren und die erste eines neueren Typus von Universität, nämlich eine landesfürstliche Gründung. Abgesehen von Sonderfällen, den städtischen Universitäten Köln, Erfurt und Basel, wurden die auf Prag folgenden Hochschulen des Reiches von Fürsten gegründet und nicht nur mit Rücksicht auf landesfürstliche Absichten ins Leben gerufen, sondern diese Gründungen wurden auch vornehmlich von Studenten aus der Region besucht, wo die Universität lag. Bis zur Reformation wurden im Reich – die drei städtischen Universitäten eingeschlossen – sechzehn Universitäten gegründet: nach Prag Wien 1365, Heidelberg 1386, Köln 1388, Erfurt 1392, Würzburg 1402, die allerdings schon 1411 wieder unterging, Leipzig 1409, Rostock 1419, Trier 1454, Greifswald 1456, Freiburg im Breisgau 1457, Basel 1459, Ingolstadt 1459, Mainz

*Eine prachtvoll illustrierte Ausgabe der Goldenen Bulle von 1356 zeigt Karl IV. im Kreise der sieben Kurfürsten. Der gebildete böhmische König nutzte die Universitätsgründung zur Konsolidierung seiner zunächst schwachen Herrschaft im Reich.*

und Tübingen 1476, Frankfurt an der Oder 1498 beziehungsweise 1506 sowie schließlich Wittenberg im Jahre 1502. So viele deutsche Universitäten sollten in ähnlich dichter Folge erst wieder in der zweiten Hälfte unseres Jahrhunderts gegründet werden.

Man kann schon aus der Vielzahl dieser in den letzten anderthalb Jahrhunderten des Mittelalters gegründeten Universitäten schließen, daß diese eine andere Gestalt haben mußten als die bisherigen Hochschulen. Dem Typus dieser Hochschulen, die auf Professoren und Studenten nicht nur aus der Nachbarschaft rechneten, sondern aus aller Welt, gehörte Prag jedoch gleichfalls noch an, obwohl es auf der anderen Seite im Laufe seiner nur bis zur hussitischen Revolution des frühen 15. Jahrhunderts dauernden kurzen Geschichte doch zur ersten jener mehr oder weniger aus ihrer Region lebenden Universitäten werden sollte. Zunächst war allerdings nicht sicher, ob aus der neuen Prager Universität überhaupt etwas werden, ob es gelingen würde, eine hinreichende Zahl von Gelehrten für den neuen Ort zu gewinnen, und ob die Studenten kommen würden. Ob das eine und das andere geschehen würde, war nicht zuletzt eine Frage der Infrastruktur und der Universitätsfinanzen. Die Infrastruktur dürfte vorhanden gewesen sein, denn Prag war eine der größten Städte des Reiches, fast so groß wie die größte, nämlich Köln mit wohl 40 000 Einwohnern. So bleibt die Frage nach den Finanzen.

Im Vergleich zu heute war der finanzielle Aufwand für die Universitäten gering. Die meisten Professoren bezogen kein Gehalt. Diejenigen, die an den höheren Fakultäten lehrten, waren meistens Geistliche, die von einer Pfründe lebten, etwa Stiftskanoniker, Pfarrer oder Mönche. Bei den Stiftskanonikern war mit dem Amt nicht die Verpflichtung zur Seelsorge verbunden. Seelsorge heißt auf lateinisch *cura animarum*. Stellen ohne Seelsorgeverpflichtung waren Pfründen *sine cura animarum* – Sinekuren, wie man noch heute sagt, wenn man die Kombination eines angenehmen Einkommens mit wenigen Verpflichtungen bezeichnen will. Solche Sinekuren waren die wichtigsten Fundamente einer spätmittelalterlichen Universität. Doch gab es auch Professoren, die auf Stellen *cum cura animarum* saßen, die irgendwo Pfarrer waren, ohne jedoch ihre Pfarrpflichten wahrnehmen zu können, weil sie ja am Universitätsort anwesend sein sollten. Sie mußten am Pfarrort einen Stellvertreter einsetzen und bezahlen. Da die Pfarrstellen namentlich der größeren Städte viel einbrachten, konnten in einem solchen Falle sowohl der als Professor tätige Stelleninhaber als auch sein Stellvertreter von ihnen leben. Noch einfacher war die Tätigkeit eines Mönches als Universitätslehrer, falls sich sein Kloster am Universitätsort befand, und das war die Regel. Größere Städte hatten ein oder mehrere Bettelordensklöster in ihren Mauern, selbst das winzige Wittenberg hatte ein Augustiner-Eremitenkloster, und nur deshalb konnte der Mönch Martin Luther, der diesem Bettelorden angehörte, Theologieprofessor in Wittenberg sein – mit allen bekannten Folgen.

Wenn der Universitätsstifter den Universitätslehrern auch kein Gehalt zahlen mußte, so mußte er sie zunächst doch erst einmal für diese Aufgabe gewinnen. Auch wenn die Stiftskanoniker keine Seelsorgeverpflichtungen hatten, waren sie doch nicht beliebig abkömmlich. Wenn ein städtischer Pfarrer an der Universität lehren sollte, hatte die Stadt im Zweifelsfalle mitzureden, und auch ein Ordensvorgesetzter konnte sich dagegen wehren, wenn einer seiner Mönche durch Universitätslehre aus dem klösterlichen Leben herausgelöst werden sollte. Überdies war die Tätigkeit an einer Universität nicht so anziehend, daß dort derjenige, den man sich als Universitätslehrer wünschte, auch tatsächlich tätig sein wollte. Man muß sich davor hüten, die heute immer noch vergleichsweise attraktive Position des Universitätsprofessors in die Frühzeit der Universitäten zurückzuprojizieren. Bei der Gründung von Prag ist überdies zu bedenken, daß dort die Zahl der Geistlichen, die das entsprechende Fach studiert und hier einen Grad erworben hatten, sehr klein war. In Deutschland gab es nicht allzu viele von ihnen, und die wenigsten Italiener und Franzosen waren bereit, an einen so anderen Ort zu gehen.

Zur Zeit der Gründung von Prag standen daher als theologische Lehrer auch nur einige Mönche zur Verfügung. Man kennt die Namen aller ersten Theologieprofessoren nicht, aber man weiß doch, daß es während der ersten zwei Jahrzehnte der Prager Universität nur Mönche waren, die hier – meistens nur für einige Jahre – Theologie lehrten. Im Jahre 1383 gibt es eine Parität zwischen den Ordensgeistlichen, also den Mönchen, und den Weltgeistlichen bei den Theologieprofessoren. Drei Mönche und drei Weltkleriker lehrten damals in Prag Theologie, und sie regelten ihre Kompetenzen vor allem so, daß wesentliche Entscheidungen – etwa über Promotionen – mit einer Mehrheit von zwei Dritteln getroffen werden mußten, daß also weder die Mönche die Weltgeistlichen zu überstimmen in der Lage waren noch das Umgekehrte geschehen konnte.

In der Juristenfakultät waren zunächst zwei Lehrer tätig, der Kanzler des Erzbischofs, der in Italien studiert hatte und Lizentiat im geistlichen Recht war, und ein Italiener. Zur selben Zeit lehrte an der Medizinerfakultät ein ebenfalls aus Italien stammender Doktor als einziger akademischer Lehrer. Der Mediziner und der eine der Juristen dürften besoldet gewesen sein, wobei der Sold keineswegs aus der Kasse des Königs kam. Vielmehr wurden der böhmischen Geistlichkeit Sondersteuern auferlegt, aus denen die Besoldungen der Professoren finanziert und mit deren Hilfe der Universität ein eigenes Vermögen geschaffen werden sollte.

Der erste Deutsche, der als Doktor der Dekrete an der Juristenfakultät lehrte, wurde 1369 berufen. Schon das Datum ist bemerkenswert, denn man entnimmt ihm, daß es ungeachtet der vielen Deutschen, die seit den Anfängen der Universitäten in Italien und Paris das Recht studiert hatten, nur wenige gab, die in Deutschland als Juristen tätig waren, und fast niemanden, der für die neue Universität als Jurist zur Verfügung stand. Da es nichts gab, was auch nur im entferntesten an das gegenwärtige Bewerbungs- und Auswahlverfahren erinnert hätte, fragt man sich, wie die Lehrstühle eigentlich besetzt wurden. Dazu bedurfte es eines Beziehungsnetzes. Im Falle einer bestehenden Universität stellte diese selbst dessen Mitte dar und ergänzte sich vornehmlich aus den eigenen Absolventen. Bei einer Neugründung kam es mehr darauf an, wen die ersten Professoren von dort kannten, wo sie selbst studiert hatten. So wurden die italienischen Universitäten wichtig für Prag, und so sollte vier Jahrzehnte später Prag für Erfurt wichtig werden, Erfurt dann für Rostock und so fort. Neben solchen universitären Netzen gab es die herrschaftlich-politischen Beziehungen, und denen verdankte jener erste deutsche Doktor der Prager Juristenfakultät 1369 den Ruf dorthin.

Der Prager Doktor Wilhelm Horborch entstammte einer reichen und mächtigen Hamburger Familie. Er hatte nach seinem Studium des Kirchenrechts im päpstlichen Dienst Karriere gemacht, als Kollektor, das heißt als Einnehmer päpstlicher Abgaben, sozusagen als päpstlicher Finanzunternehmer. In Hamburg war er als Dekan des Domkapitels hochrangig bepfründet. Er gehörte in Prag zum Hof des Kaisers und begleitete diesen 1375 auf seiner Reise nach Lübeck. Im selben Jahr ist Wilhelm Horborch wieder in den päpstlichen Dienst zurückgekehrt, als Richter der Rota, also des päpstlichen Gerichtshofes. An der Redaktion einer als juristisches Hilfsmittel dienenden Sammlung der Urteile dieser Rota war er beteiligt. Auch einige der folgenden Prager Rechtsprofessoren hatten hohe päpstliche Ämter inne. Andere gehörten zu den führenden Geistlichen des Prager Erzbischofs. Sie waren seine Offiziale oder Generalvikare, und sie waren das gleichzeitig mit ihrer Tätigkeit an der Universität.

So kam es, daß ungefähr die Hälfte der Prager Rechtslehrer aus Böhmen und den benachbarten Herrschaftsgebieten des Königshauses stammte und eine etwas geringere Zahl aus dem Reich. Drei kamen aus Italien. Alle aber stellten die Fakultät dar, deren Mitglieder sozial am höchsten standen und die auch finanziell am besten gestellt waren. Königshof, päpstliche Kurie und Erzbischof auf der einen Seite und Universität auf der anderen waren eng miteinander verknüpft. Das aber galt nicht nur für die Lehrer, sondern auch für die Studenten. Sie durften angesichts dieser Symbiose auf eine erfolgreiche Karriere hoffen – vornehmlich im Dienst der Kirche. Doch auch in weltlichen Angelegenheiten konnte man nach einem Jurastudium in Prag erfolgreich sein, obwohl dort, anders als in Italien, fast ohne Ausnahme nur das Kirchenrecht studiert wurde. So modern wie Oberitalien schien das Reich damals nicht zu sein, denn das römische Recht sollte in Deutschland erst in den nach Prag gegründeten Universitäten gelehrt werden.

Auf der anderen Seite war das römische Recht im Vergleich zum Kirchenrecht das ältere Recht. So eindeutig lassen sich Modernität und Altertümlichkeit also nicht scheiden. Dennoch stellte die Ausbreitung des römisch-rechtlichen Studiums über die italienischen Universitäten hinaus eine Modernisierung dar. Diese Rezeption des römischen Rechts, wie man diesen Vorgang genannt hat, war für die Ausbildung des frühmodernen Staates von großer Bedeutung. Im Prag des späteren 14. und des frühen 15. Jahrhunderts war davon jedoch noch nichts zu entdecken.

Unabhängig davon aber war die Juristenfakultät ein Ort, an dem sich die Etablierten mit denen trafen, die bald etabliert zu sein hoffen konnten. So werden sowohl die Rechtsprofessoren als auch die Rechtsstudenten an jener Teilung interessiert gewesen sein, die 1372 stattfand und eine Prager Besonderheit war. Während anderenorts zwischen der Artistenfakultät und den drei höheren Fakultäten mehr oder weniger scharf geschieden wurde, kam es hier zu einer anderen Trennlinie: Fortan gab es in Prag zwei Universitäten – die der Juristen und die der drei anderen Fakultäten, wobei es sich aber in der Hauptsache doch um eine Artistenuniversität handelte. Die Theologen und Mediziner waren ihrer Zahl nach im Verhältnis zu den Artisten ja nur eine Minderheit.

Jede der beiden nunmehrigen Prager Universitäten hatte ihren eigenen Rektor. Dabei sieht man, daß die Juristen sich am Vorbild von Bologna orientierten, also am Typus Studentenuniversität. So konnte bei ihnen ein Doktor des Rechts nicht zum Rektor gewählt werden. Die andere Prager Universität orientierte sich am Pariser Vorbild. Hier mußte ein Rektor wenigstens 25 Jahre alt und Kleriker sein. Gewählt wurden in der Regel wohl Magister – nach dem Vorbild der Magisteruniversität Paris. Wichtig war auch die Herkunft aus einer der Universitätsnationen, wie sich bald zeigen sollte.

In Prag waren wie überall die Artisten – die Studenten nicht anders als die Magister – die jüngsten. Von den ersten Magistern weiß man so gut wie nichts. Das Studium scheint gerade an der Basisfakultät schleppend begonnen zu haben. Erst 1359 ist die erste Magisterpromotion bezeugt – also elf Jahre nach der Universitätsgründung. Aus den Jahren 1362 und 1365 hat man Suppliken an den Papst, Bitten um die Verleihung von Pfründen, aus denen hervorgeht, daß damals sechs Artistenmagister in Prag lehrten. Fragt man, um wen es sich dabei im einzelnen handelte, so erfährt man einiges über die Gestalt der Universität Prag, über wissenschaftliche Karrieren und über die Mechanismen der Rekrutierung von Professoren.

Die Namen in den Listen decken sich nicht ganz. Insgesamt werden acht Magister genannt. Zwei von ihnen werden als Kleriker der Diözese Cammin bezeichnet, sie waren also pommerscher Herkunft. Ansonsten weiß man von ihnen nichts. Doch war es nicht der Zufall, der zwei Magister aus dem einigermaßen entfernten Cammin nach Prag führte. Herzog Barnim III. von Pommern-Stettin gehörte zu den frühesten Verbündeten Karls IV. und war 1348 bei der Krönung des Königs in Prag anwesend gewesen. Die beiden Kleriker der pommerschen Diözese werden zu seinem Gefolge gezählt haben, und so wird abermals das Gewicht sichtbar, das höfisch-politischen Verbindungen bei der Rekrutierung der Professoren zukam.

Von einem dritten Prager Magister erfährt man, daß er seinen akademischen Grad in Paris erworben habe. Er heißt Martin von Wesselitz, und in der erwähnten Supplik werden auch der Name und der Stand seines Vaters genannt. Dieser wird als Ritter bezeichnet und führte den Vornamen Jesco. So dürfte Martin von Wesselitz ein böhmischer Adliger gewesen sein, der in Paris studierte und in die Heimat zurückkehrte, nachdem Karl IV. dort eine Universität gegründet hatte. Aus Böhmen dürfte auch der Magister Heinrich von Lobschütz stammen, für den die schon erwähnte erste Prager Magisterpromotion im Jahre 1359 bezeugt ist.

Der fünfte Prager Magister ist nicht weiter einzuordnen, abgesehen davon, daß er als Kleriker der Osnabrücker Diözese bezeichnet wird. Aus der aber stammte ein weiterer Prager Magister, nämlich Heinrich Totting von Oyta, und dessen Weg nach Prag kann man erklären. Heinrich Totting kam aus Erfurt, und aus Erfurt kamen auch die beiden hier noch fehlenden Prager Magister der ersten Generation. Erfurt war damals eine der größten deutschen Städte und zudem ein geistliches Zentrum von Rang. Hier gab es viele Kloster- und Stiftsschulen, also Stätten der höheren Bildung von jenem älteren Typus, der der Universität in Europa voranging. Nur aus diesem Grunde konnte die Stadt Erfurt am Ende des 14. Jahrhunderts ebenso wie zur selben Zeit die Stadt Köln daran denken, eine Universität zu gründen. Man hat diese städtischen Universitäten später im Sinne jener enthusiastischen Bewertung, mit der sich das Bürgertum des 19. Jahrhunderts im spätmittelalterlichen Stadtbürgertum einen Vorfahren schuf, als spezifisch bürgerliche Gründungen verstanden. Das war ein Irrtum. Ohne die kirchliche Infrastruktur wäre die Gründung der Universität Erfurt nicht möglich gewesen.

Vier Jahrzehnte vor Gründung der Erfurter Universität zogen also drei Erfurter Lehrer nach Prag, um dort als Magister an der Artistenfakultät zu lehren. Von ihnen hat man weitere biographische Daten, und mit deren Hilfe blickt man tiefer in die Geschichte der frühen Prager Universität. Wo Heinrich Totting studiert hatte, weiß man nicht. Er taucht in den Quellen erstmals 1363 als Kleriker der Diözese Osnabrück und als Lehrer in Erfurt auf. Zwei Jahre später ist er Magister an der Prager Artistenfakultät und zugleich Student an der dortigen theologischen Fakultät.

Den gleichen Werdegang nahmen auch die beiden anderen Erfurter Lehrer Hermann von Winterswich und Otto von Werder, die ebenso wie Heinrich Totting nach Prag berufen worden waren. Auch sie nahmen in Prag neben ihrer Lehrtätigkeit an der Artistenfakultät das Studium der Theologie auf. Hermann von Winterswich wurde 1376 in Prag zum Doktor der Theologie promoviert. Das war die erste Prager Doktorpromotion in diesem Fach – immerhin 28 Jahre nach der Universitätsgründung und siebzehn Jahre nachdem der erste Prager Student hier zum Magister der *artes* promoviert worden war. Daß die Gründung der Universität Prag einem dringenden sozialen Bedürfnis entsprochen habe, wird man also schwerlich sagen können. Um so bemerkenswerter ist, daß es ein halbes Jahrhundert später bei den dann gegründeten Universitäten erheblich schneller gehen sollte.

Bei Otto von Werder, dem anderen Prager Magister aus Erfurt, weiß man nicht, ob er es bis zum Doktorexamen gebracht hat. Zuletzt wird er als Bakkalaureus der Theologie bezeichnet. Anders dagegen der dritte der drei Erfurter, Heinrich Totting. Der ist von Prag nach Paris gegangen und dort 1481 zum Doktor der Theologie promoviert worden. Dann hat er noch einmal drei Jahre lang in Prag gelehrt, danach in Wien, wo der Herzog von Österreich 1365 die zweite Universität im Reich gegründet hatte. Dieser Fürst war ein ehrgeiziger Mann, der seinem Schwiegervater, Karl IV., in vieler Hinsicht gleichzukommen versuchte. Die Gründung der Wiener Universität gehört in diesen Zusammenhang.

Von den acht Magistern der *artes* in Prag werden sechs als Kleriker bezeichnet und lebten demnach von ihren Pfründen. Bei den drei Erfurtern sieht man sogar, daß sie in Prag zu besseren Pfründen gekommen sind. Hermann von Winterswich war zuletzt Domkantor in Breslau und Domherr in Prag, Otto von Werder Domherr in Magdeburg, Heinrich Totting Domherr in Hamburg. Im übrigen konnte man seit 1366 in Prag als Artistenmagister auch ohne Pfründen leben. Damals, und das heißt ein Jahr nach der Wiener Konkurrenzgründung seines Schwiegersohns, gründete Karl nämlich das nach ihm benannte Kolleg mit zwölf Plätzen für Artisten und Theologen. Das waren – wie bald an anderen deutschen Universitäten auch – die ersten Vorläufer späterer Planstellen oder ordentlicher Professuren. Zugleich ordnete Karl an, daß künftig die elf Kanonikerpfründen am Allerheiligenstift auf der Prager Burg an Universitätslehrer gehen sollten. Dieses Allerheiligenstift umfaßte die Hofgeistlichkeit des böhmischen Königs. Bis zu einem gewissen Grade machte er damit Universitätsprofessoren zu Hofgeistlichen, und dabei sollte es bleiben. Die Fürsten, die in der Folgezeit Universitäten begründeten, verfolgten damit stets auch die Absicht, qualifiziertes Hofpersonal und eine repräsentative Hofgeistlichkeit zu gewinnen. Das galt noch für die Universität Wittenberg und ihren bekanntesten Professor, also Martin Luther. Wenn Kurfürst Friedrich der Weise Luther gegen die päpstliche Exkommunikation in Schutz nahm und gegen die kaiserliche Acht, so lag das nicht zuletzt daran, daß er sich nicht einen seiner Hofgelehrten nehmen lassen wollte.

In Prag reichten die elf Kanonikerpfründen am Allerheiligenstift bald nicht mehr zur Versorgung aller Artistenmagister, denn gegen Ende des Jahrhunderts nahm entsprechend der Zunahme der Studenten auch deren Zahl zu. Und nicht alle Artistenmagister lehrten nur so lange, wie sie dazu als Theologiestudenten verpflichtet waren, vielmehr richteten sich einige auf eine längere Zeit ein, waren also auf dem Wege, aus der Tätigkeit des Artistenmagisters einen Beruf für die Dauer zu machen. Damit verbunden war eine Veränderung des Zahlenverhältnisses der Böhmen zu den Nichtböhmen, und das führt zu einem weiteren Teil der Prager Universitätsverfassung.

Wie die älteren Universitäten gliederte sich die Prager Universität beziehungsweise gliederten sich die beiden Universitäten in Prag in Nationen. Die meisten der seit dem ausgehenden 14. Jahrhundert im Reich gegründeten Universitäten sollten solche Nationen nicht mehr haben – in Übereinstimmung damit, daß sich die Studenten wie auch die Professoren aus einem kleineren Gebiet rekrutierten. Prag erweist sich auch mit seiner Nationenverfassung als ein jüngerer Vertreter des älteren Typus Universität. Hier verdient die Gliederung der Universität in Nationen aber auch deshalb Aufmerksamkeit, weil damit deren Bedeutung für die hussitische Revolution zusammenhängt, die ihrerseits dann zum Ende der Prager Universität führte.

In Prag gab es wie in Paris vier Nationen. Diesen Verbänden gehörten sowohl Professoren als auch Studenten an. Für die innere Verfassung waren sie wichtiger als die Fakultäten. Man sieht das bei der Wahl des Rektors und bei anderen Wahlen. Hier stellten die Nationen

*Am 30. Juli 1366 bestimmte Karl IV. das Collegium Caroli als Unterkunft für zwölf Magister der Prager Artistenfakultät. Der Unterhalt des Kollegs – und damit der Professoren – sollte aus den Einkünften von sechs Dörfern bestritten werden.*

die Wahlmänner, oder ein zu wählendes Gremium war proportional aus Nationenvertretern zusammengesetzt. Diesen Nationen traten die Universitätsangehörigen je nach ihrer Herkunft bei. Nimmt man nur die Namen zur Kenntnis, so scheint es, als wäre der Weg zu den Nationen im späteren Sinne gar nicht so weit gewesen. Dafür sprechen jedenfalls die böhmische und die polnische Nation. Demgegenüber gab es jedoch – anders als in Italien – keine deutsche Nation, sondern eine bayerische und eine sächsische. Allerdings handelte es sich um ein Mißverständnis, wenn man daraus auf zwei slawische und zwei deutsche Nationen schließen würde, denn die Zugehörigkeit zu einer Universitätsnation hing nicht von der Muttersprache ab oder gar von einem frühen Nationalgefühl, sondern von der Herkunft aus einem Land oder aus einer Region.

Zur böhmischen Nation gehörten nicht nur Tschechen und Mährer, sondern auch die Deutschen, die in Böhmen lebten, und überdies die Untertanen des ungarischen Königs. Zur polnischen Nation gehörten nicht nur die Untertanen des polnischen Königs – unter denen sich gleichfalls Deutsche befanden –, sondern auch diejenigen, die aus dem Ordensstaat Preußen kamen, ferner aus Livland, aus Schlesien – obwohl das ein Nebenland der Krone Böhmen war – sowie aus den Bistümern Meißen und Merseburg. Das Einzugsgebiet der bayerischen Nation reichte von Österreich über die Eidgenossenschaft bis in die Niederlande, umfaßte also das damalige Süd- und Westdeutschland. Das der sächsischen Nation erstreckte sich von Nord- und Ostdeutschland bis nach Skandinavien.

Vier Nationen hieß demnach, daß die Welt, soweit sie Studenten und Professoren nach Prag entsandte, in vier und – was die Zahl der Universitätsangehörigen anging – in möglichst gleich große Viertel geteilt war. Nach heutigen Begriffen wäre die Benennung der vier Nationen nach den vier Himmelsrichtungen angemessener gewesen. Die so neutral klingende Bezeichnung böhmische Nation sollte sich nach wenigen Jahren denn auch in einem Maße mit emotionaler Sprengkraft füllen, daß der Weg von hier zum Nationalismus des 19. und 20. Jahrhunderts kurz zu sein scheint.

Das entscheidende Ereignis war das Kuttenberger Dekret König Wenzels, des Nachfolgers von Karl IV., aus dem Jahre 1409. Künftig solle, so ordnete Wenzel an, bei den Entscheidungen, welche die Universität in Prag beziehungsweise die beiden Prager Universitäten als Ganzes zu treffen hatten, nicht jede Nation eine Stimme haben und die böhmische Nation demnach nur zu einem Viertel an der Entscheidung beteiligt sein. Vielmehr sollte nun die böhmische Nation drei Stimmen haben, die anderen drei Nationen, die jetzt als eine deutsche Nation bezeichnet wurden, insgesamt nur eine Stimme. Die Antwort der drei nichtböhmischen Nationen auf dieses Dekret war die Drohung mit dem klassischen Instrument, mit dem sich Universitäten zu wehren pflegten, also die Ankündigung des Abzugs. Und als König Wenzel bei seinem Dekret blieb, zogen die meisten Angehörigen der drei nichtböhmischen Nationen tatsächlich ab. Die Universität Prag erweist sich damit noch einmal als dem älteren Universitätstypus zugehörig. Die jüngeren Universitäten werden so fest mit dem Territorium ihres Gründers verknüpft sein, daß die traditionelle Waffe sich nicht mehr verwenden ließ.

Im Prag des Jahres 1409 wurde diese Waffe noch einmal gebraucht, und dazu gehörte auch, daß sich die meisten Emigranten nicht in ihrer Heimat verloren, sondern sich in einer aus der Emigration heraus entstehenden neuen Universität zusammenfanden, nämlich in Leipzig. Die noch im Jahre 1409 gegründete Universität Leipzig aber sollte sich in der Zukunft als eine Universität des neuen Typus erweisen, also als eine landesfürstliche Gründung, die mit fortschreitender Zeit immer mehr aus ihrer Region lebte. Zunächst allerdings wurde betont, daß da eine Fortsetzung der Prager Universität entstanden sei. Wie in Prag wurden auch in Leipzig vier Nationen gebildet. Wer in Prag schon einmal immatrikuliert worden war, brauchte in Leipzig die – durchaus ins Gewicht fallende – Immatrikulationsgebühr nicht mehr zu entrichten.

Zu den weiteren Folgen des Kuttenberger Dekrets sollte die hussitische Revolution zählen. Der unmittelbare Anlaß des Dekrets lag in der Kirchenpolitik des böhmischen Königs und in dessen Position überhaupt und weniger bei der Universität. Dieser Zusammenhang aber läßt erkennen, daß eine Universität damals nicht einfach eine Lehranstalt war. Sie hatte politisches Gewicht.

Wenzel, der Sohn Karls IV., war ein schwacher und am Ende wohl unfähiger König. Als deutscher Monarch war er 1399 von den Kurfürsten abgesetzt worden, als böhmischer König hatte er mit dem Adel seines Landes große Schwierigkeiten. 1394 und noch einmal 1402/03 hatten die böhmischen Stände ihren König gefangengesetzt. Wenzel regierte fortan nicht so sehr das Land als vielmehr nur die Krondomäne. Zum Autoritätsverlust Wenzels als deutscher König hatte beigetragen, daß er keine Anstalten machte, das Papstschisma zu beenden. Seit 1378 war die abendländische Kirche gespalten. Zwei Päpste stritten gegeneinander. Der eine residierte in Avignon, der andere in Rom. Dem römisch-deutschen König wurde traditionell die Aufgabe zugesprochen, Schutzherr der Päpste zu sein und also das Schisma zu beseitigen. Da ihm das nicht gelang, schien er in seinem Amt zu versagen – ganz unabhängig davon, ob damals überhaupt ein Herrscher die Möglichkeit gehabt hätte, die Einheit der Kirche herbeizuführen. Wenn man Wenzel vorwarf, in der Kirchenfrage zu versagen, so war das gewiß ungerecht, aber in anderer Hinsicht war Wenzel tatsächlich unfähig.

Die Universitäten waren von der Spaltung der Kirche ganz unmittelbar betroffen. Die konkurrierenden Päpste begnügten sich ja nicht damit, den jeweils anderen zu bekämpfen, sondern bekämpften auch dessen Anhänger. So kamen die Deutschen, die in Paris lehrten und studierten, an einer Universität, die den Papst in Avignon anerkannte, in die Gefahr, daß man ihnen als Kirchenspaltern in der Heimat, wo der römische Papst anerkannt wurde, die Pfründen nehmen würde. Aus diesem Grunde kehrten die Deutschen von den französischen Universitäten nun in ihre Heimat zurück, und so waren – anders als in der Frühzeit Prags – nun plötzlich Universitätsangehörige verfügbar. Mit denen aber konnte man neue Universitäten um so eher gründen, als die miteinander konkurrierenden Päpste mehr als ihre Vorgänger bereit waren, Universitätsgründungsprivilegien zu erteilen. Nicht zuletzt aus diesem Grunde wurden jetzt neue Universitäten im Reich begründet: 1386 in Heidelberg, zwei Jahre später in Köln, vier Jahre darauf in Erfurt, ein Jahrzehnt später, 1402, in Würzburg und dann schon in Leipzig, nämlich im Jahre 1409.

In Prag, aber auch in Wien hoffte man, von der Gefährdung der Universität Paris zu profitieren. In Prag jedoch trat das Gegenteil ein.

Eine beträchtliche Zahl der dortigen Professoren und Studenten ging nach Heidelberg, nach Köln und nach Erfurt, aber auch in das schon ältere Wien. Schon 1384 hatte die Prager Theologenfakultät ihre namhaften Mitglieder verloren. Fünf Jahre später wurde die Juristenuniversität durch Abwanderung halbiert.

Viele, die Prag jetzt verließen, gingen in ihre Heimat, weil es dort nun gleichfalls eine Universität gab, und so wuchs infolge dieser Abwanderung in Prag der Anteil der Böhmen an der Zahl der Universitätsangehörigen. Damit erklärt sich das Kuttenberger Dekret zu einem guten Teil, denn je größer der Anteil der Böhmen unter den Universitätsangehörigen wurde, desto begründeter konnte die Kritik an den alten Mehrheitsverhältnissen – die Böhmen hatten nur ein Viertel der Stimmen – erscheinen. Wenzel aber hoffte, seine prekäre Situation zu verbessern, indem er sich ein kirchenpolitisches Profil verschaffte und zugleich diejenigen Mitglieder der Universität auf seine Seite brachte, die sich damals am lautesten zu Wort meldeten. Der König versuchte, die Situation zu nutzen, welche das Konzil von Pisa geschaffen hatte.

Wenzels Taktik war es, politisches Gewicht als Anhänger des neuen Papstes zu gewinnen, der auf dem Konzil in Pisa gewählt worden war und die Einheit der Kirche wiederherstellen sollte. Doch darin folgte ihm der Prager Erzbischof nicht. So verfiel Wenzel auf den Gedanken, seine Kirchenpolitik statt durch den Erzbischof durch die Prager Universität legitimieren zu lassen, und das wirft abermals ein Licht auf die Bedeutung, die eine Universität damals haben konnte. In ihrer Mehrheit waren die Prager aber nicht bereit, dem König zu folgen. Die drei nichtböhmischen Nationen wollten beim römischen Papst bleiben – nicht zuletzt deshalb, weil das Reich, wo die meisten von ihnen zu Hause waren, diesen Papst anerkannte. Auch hier drohte der Pfründenverlust. Allein die böhmische Nation war bereit, Wenzel zu folgen. Die Umkehrung der Stimmverhältnisse an der Prager Universität, die das Kuttenberger Dekret verordnete, sollte den Zweck haben, die Universität insgesamt auf den kirchenpolitischen Kurs des Königs zu bringen. Tatsächlich zerstörte das Dekret die Universität zum größeren Teil.

Die Krise, in die die Universität jetzt geriet, war freilich nicht nur auf die Politik des Königs zurückzuführen, sondern auch auf inneruniversitäre Auseinandersetzungen. Die aber hatten etwas mit der Wissenschaft zu tun, die in Prag gelehrt wurde, und so gelangt man, wenn man sich diesen Auseinandersetzungen zuwendet, zugleich zu dem, was die Universitäten schließlich auch waren: nicht nur Klerikerverbände, nicht nur Orte von Kirchenpolitik, sondern auch Stätten, wo um die wahre Gestalt des Glaubens und der Kirche gerungen wurde.

Was an den mittelalterlichen Universitäten gelehrt wurde und worin das Profil der einzelnen Hochschule bestand, läßt sich nicht ohne Schwierigkeiten und nur andeutungsweise umreißen. Die Frage nach dem Profil einer bestimmten Universität ist im Grunde gar nicht sachgemäß, da die Universitäten nicht bestimmt waren, Neues zu erarbeiten. Ihr Zweck war es vielmehr, die überlieferte Wahrheit weiterzugeben. Im Prinzip wurde an allen Universitäten das gleiche gelehrt und studiert. Der Lehrplan war von Hochschule zu Hochschule identisch, und die meisten Bücher, die gelesen wurden, waren überall die gleichen. Im einzelnen aber gab es Unterschiede, denn es wurde ja gestritten, und die Gelehrten bezichtigten sich gegenseitig der Ketzerei. Der Ketzereivorwurf zielte nicht notwendig auf den Scheiterhaufen, wie etwa die Auseinandersetzung zwischen Abaelard und Bernhard von Clairvaux zeigte, sondern konnte ein Argument sein, auf das sich die Auseinandersetzung mit dem wissenschaftlichen Gegner zuspitzte.

Was Prag betrifft, war unter den frühen Magistern wohl nicht zufällig derjenige in einen Ketzerprozeß verwickelt, dessen wissenschaftliches Profil man am deutlichsten bestimmen kann und der mit Abstand die meisten Publikationen aufweist, nämlich Heinrich Totting von Oyta.

Es war wohl eine Folge der Abwendung von Frankreich, die sich ihrerseits aus der Kirchenspaltung ergab, daß man in Prag im ausgehenden 14. Jahrhundert stärker an englischer Theologie als an französischer interessiert war. Jedenfalls wurden hier nun die Schriften des Oxforder Theologen John Wycliff gelesen. Wycliff hatte eine biblizistische Kirchenlehre vertreten. Die Kirche sollte so arm sein, wie es für die Apostel in der Bibel bezeugt ist. Sehr rasch lehnte der englische Theologe fast alles ab, was die Kirche seiner Zeit ausmachte: Papsttum und kirchliches Ämterwesen, Klöster, den Zölibat sowie auch die gültige Eucharistielehre. An Wycliffs Definition dessen, was beim Abendmahl geschieht, sollte später das Postulat anknüpfen, auch den Laien beim Abendmahl den Kelch zu spenden. Der Laienkelch sollte zum Kampfsymbol der Hussiten werden.

Wycliffs Lehren wurden 1382 verurteilt. Er selbst starb schon zwei Jahre danach. Das Urteil hatte keine weiteren Folgen für ihn, wohl aber für Oxford, denn nun begann der Aufstieg von Cambridge. Doch mehr als in seiner Heimat wirkten Wycliffs Ideen in Prag, und hier nicht so sehr bei den etablierten Theologen als vielmehr bei den jüngeren, die zugleich als Magister an der Artistenfakultät lehrten und Theologie studierten – wie namentlich Jan Hus, jener Mann, der nach seiner Hinrichtung durch das Konstanzer Konzil im Jahre 1415 zur Symbolfigur der Revolution in Böhmen werden sollte. Von dieser Revolution kann in einer Geschichte der Universitäten nicht hinreichend die Rede sein, doch muß sichtbar werden, worum es ging, weil die Prager Universität ja ein Zentrum dieses Herganges darstellte und daran wiederum sichtbar wird, was eine Universität damals sein konnte, welche Gestalt die Universität also im frühen 15. Jahrhundert hatte.

Jan Hus war zunächst an der Prager Universität keine zentrale Figur gewesen und konnte das angesichts seines Alters auch nicht sein. Kirchenkritiker hatten in Prag schon in der Generation vor Hus gelehrt, der ungefähr 1370 im südlichen Böhmen geboren wurde. Obwohl Sohn kleiner Leute, war er an der Universität doch vorangekommen. 1396 hatte man ihn zum Magister der *artes* promoviert. Fortan lehrte er, wie üblich, an der Artistenfakultät und studierte gleichzeitig Theologie – in einem Milieu, das sozialgeschichtlich als das Feld von Aufsteigern bezeichnet werden kann. Wäre Hus aus einer reichen und mächtigen Familie gekommen, so hätte er wohl eher das Recht studiert. Weiterhin war das Umfeld von Hus ethnisch akzentuiert, denn der tschechische Magister und Theologiestudent studierte und lehrte weitgehend unter Tschechen.

Ganz deckten sich die Fronten aber nicht. Hus war ein Aufsteiger, war ein Tscheche, und er war an Kirchenreformen interessiert. So wurde er zum Anhänger von Wycliff. Unter dessen Anhängern gab es aber auch deutsche Theologen, und nicht alle Aufsteiger und nicht alle Böhmen zählten zu seinen Anhängern. Im ganzen aber kam es doch zu einer Zusammenballung, zu einer kirchenkritischen Gruppierung von jungen Artistenmagistern und Theologen, die Anhänger von Wycliff und meistens auch Tschechen waren. Hus trat dementsprechend als Prediger in tschechischer Sprache hervor sowie als Autor tschechischsprachiger Texte. Für die Entwicklung des Tschechischen zur Schriftsprache kommt Hus eine zentrale Bedeutung zu.

Die werdende hussitische Revolution wirkte nun in der Prager Universität als eine Art Sprengsatz. Zu Abwanderungen war es ja bereits vor 1409 gekommen, aber nach dem Kuttenberger Dekret dieses Jahres waren die höheren Prager Fakultäten mehr oder weniger ruiniert. Auch die Artistenfakultät war beeinträchtigt, weil die meisten nichtböhmischen Magister und Studenten weggezogen waren, und diejenigen, die in Prag blieben, zerfleischten sich im Kampf um das, was nun als rechtgläubig gelten konnte. Zunächst schien es, daß die Gegner Wycliffs und seine Anhänger siegen würden. Sie konnten sich schließlich auf den Erzbischof stützen, während die andere Seite beim König keine Hilfe fand. Doch nach dem Tode von Hus auf dem Konstanzer Konzil radikalisierten sich die maßgebenden Prager Magister und stellten die Behauptung auf, daß die außerböhmischen Kirchen ketze-

*Titelholzschnitt eines 1510 erschienenen Werkes von Jan Hus, das den Prediger wohl in seiner Prager Wohnung darstellt.*

risch seien, während ein wahrer Böhme gar nicht ketzerisch sein könne. Damit freilich nahm man in Prag eine Sektiererposition ein und gab die Übereinstimmung mit den anderen europäischen Universitäten auf.

Zur Ausgrenzung traten schließlich noch die Bürgerkriege hinzu, welche die hussitische Revolution zur Folge hatte. Aufgelöst oder definitiv nicht anerkannt wurde die Prager Universität nicht. Dergleichen war auch damals nicht üblich. Aber seit 1416 waren in der Artistenfakultät in Prag Promotionen nicht mehr möglich – von Verleihungen des Doktorgrades an den höheren Fakultäten gar nicht zu reden. Faktisch war die Prager Universität nun zerstört oder zu einer simplen Lehranstalt degradiert, die keine Universität mehr war.

KAPITEL 4

# Die Universitätsgründungen des späteren 14. und des 15. Jahrhunderts

Im Reich nördlich der Alpen sind nach Prag 1348 und bis zur Gründung von Wittenberg 1502 so viele Universitäten gegründet worden wie in einem solchen Zeitraum davor nie und bis zur Mitte unseres Jahrhunderts nicht wieder. Denkt man an Italien und Frankreich, so hat man den Eindruck, im Reich sei nur nachgeholt worden, was in diesen beiden Ländern längst geschehen war – und nicht nur dort, sondern auch in England und auf der Pyrenäenhalbinsel, wo im 14. Jahrhundert weitere Universitäten gegründet wurden.

Doch nun kam es zur Etablierung von Hochschulen auch in anderen Regionen Europas – zunächst im Osten und Südosten, dann im Norden.

Schon 1364 wurde eine Universität in Krakau gegründet, wenn auch ohne Erfolg. Die heutige Krakauer Universität hat ihre Anfänge erst im Jahre 1397. Pécs in Ungarn wurde schon 1367 gestiftet, darauf folgte Buda 1395, zunächst ebenfalls vergeblich und erfolgreich erst im zweiten Anlauf 1410. Im mährischen Preßburg kam es zu einer Universitätsgründung erst im 15. Jahrhundert, nämlich 1465. In dieses Jahrhundert fallen auch die Gründungen der Universitäten im Norden, nämlich in Kopenhagen 1473 und in Uppsala 1477.

Fast immer handelte es sich hier um fürstliche Gründungen – Köln, Erfurt und Basel stellen die schon erwähnten Ausnahmen dar, die aber doch nicht allzu weit von den fürstlichen Gründungen entfernt werden dürfen. Der Gestalt und Verfassung nach kann man diese städtischen Gründungen von den fürstlichen nicht unterscheiden. Im einen wie im anderen Falle gründete derjenige, der am künftigen Universitätsort die Macht hatte, die hohe Schule. Daß Köln, Erfurt und Basel keine Reichsstädte waren, fällt dabei nicht ins Gewicht. In allen drei Städten handelte der Stadtrat zur Zeit der Universitätsgründung so autonom, wie der Rat einer Reichsstadt nur handeln konnte. So braucht man, wenn man nach den Motiven fragt, welche die Gründer von Universitäten geleitet haben könnten, zwischen fürstlichen und städtischen Gründungen nicht grundsätzlich zu unterscheiden. Aber welches die Motive für ihre Gründungen überhaupt waren, das kann man nicht ohne weiteres erkennen, da die Gründer der Universitäten darüber so gut wie nichts hinterlassen haben.

Immerhin lassen sich materielle Gründe nicht nur erschließen, sondern sie werden gelegentlich auch erwähnt. Die Erwägung, daß Studenten, die auswärts studierten, Geld aus dem Lande schafften, während man umgekehrt damit rechnen konnte, daß eine eigene Universität Geld ins Land bringen werde, findet sich in einigen Fällen – am deutlichsten und am genauesten bezeugt in der Vorgeschichte der 1460 gegründeten Universität Basel. Da rechneten die Befürworter einer Basler Universität dem Rat genau vor, wie groß der ökonomische Nutzen einer solchen Gründung sein werde.

Basels Bürgersöhne, also die Söhne derer, die zu entscheiden hatten, würden, so heißt es hier, leichter den Weg in solche Positionen finden, für die ein Studium die Voraussetzung war. Die Berufe des Anwalts und des Arztes wurden genannt, aber auch die höheren kirchlichen Ämter. Die an der Gründung einer Universität in Basel interessierten Gelehrten erwähnten auch, daß gerade eben eine Universität in nächster Nähe gestiftet worden sei, nämlich in Freiburg im Breisgau, und daß gerade noch die Möglichkeit bestehe, das für Freiburg zu erwartende Wachstum und das daraus folgende Zurückbleiben Basels durch eine Basler Hochschule zu vermeiden. Dieses Wachstum wird genau beziffert. Eine Zahl von tausend Studierenden würde einen zusätzlichen Verbrauch von 20000 Gulden in der Stadt Basel zur Folge haben, also zwanzig Gulden für jeden Studenten, und das war eine durchaus realistische Summe, denn man kennt das studentische Budget dieser Zeit einigermaßen. Was die 20000 Gulden, um die das Sozialprodukt in Basel infolge einer Universitätsgründung steigen sollte, für die Stadt bedeutet hätte, läßt sich aber nicht genau beziffern, weil sich das städtische Sozialprodukt nicht berechnen läßt. Eine gewisse Anschauung kann man gewinnen, indem man die regulären Einkünfte von Fürsten und Städten dieser Zeit zum Vergleich heranzieht. Der Markgraf von Brandenburg zum Beispiel konnte 40000 Gulden im Jahr erwarten, die Stadt München, damals ungefähr ebenso groß wie Basel, etwa die Hälfte davon, also 20000 Gulden, also jene Summe, um die den Basler Universitätsfreunden zufolge das Sozialprodukt dank einer Universitätsgründung anwachsen sollte.

Falls diese ökonomischen Argumente den Rat der Stadt Basel zur Gründung der Universität bewegt haben sollten, so mußte er sich in seinen Erwartungen bald getäuscht sehen, denn so viele Studenten wie erhofft kamen nicht, und es kamen vor allem nicht die vermögenden auswärtigen Studenten in der erwünschten Zahl. Der Basler Rat versuchte zeitweilig nachzuhelfen, indem er etwa die Zahlung des professoralen Höchstgehaltes daran band, daß der Professor, der dieses Ge-

*Matrikel der Universität Basel mit einer Darstellung der Gründungszeremonie im Münster zu Basel am 4. April 1460.*

halt bekommen wollte, insgesamt 43 vornehme Studenten und deren Gefolge nach Basel zog. Vielleicht hatte sich der Basler Rat aber auch für die Argumente jener Männer empfänglich gezeigt, von denen die Initiative zur Gründung der neuen Hochschule ausging. Sie wollten an die Konzilsuniversität anknüpfen, die in Basel von 1432 bis 1449 bestanden hatte. So wie am päpstlichen Hof in Rom seit 1245 eine Universität existierte, hatten die Konzilsväter in Basel im Sinne ihrer Bemühungen, am Konzilsort eine Gegenkurie aufzubauen, als Gegenstück zur kurialen Universität in Rom eine Konzilsuniversität geschaffen, die 1440, nachdem es in Basel zur Wahl des Gegenpapstes Felix V. gekommen war, zur päpstlichen beziehungsweise gegenpäpstlichen Universität geworden und demzufolge 1449 zusammen mit dem Konzil aufgelöst worden war.

Diese Männer, die sich nun um eine Universität in Basel bemühten, hatten an der Konzilsuniversität studiert. Sie hofften offensichtlich, an dem ins Auge gefaßten neuen Basler Studium selbst Fuß fassen zu können, und sahen eine Möglichkeit dafür, nachdem 1458 ein alter Bekannter von ihnen Papst geworden war: der berühmte Humanist Enea Silvio Piccolomini, der seine Karriere wie viele seiner Generation auf dem Basler Konzil begonnen hatte. Nun saß er als Pius II. auf dem Stuhl Petri, und er enttäuschte seine Bekannten aus alten Tagen nicht: Pius II. erteilte nicht nur das Gründungsprivileg für die Basler Universität, sondern er genehmigte auch, daß eine Reihe von Pfründen der neuen Universität zur Verfügung gestellt werden sollte, wobei er durchaus im wohlverstandenen Interesse seines jetzigen Amtes handelte, denn alle päpstlichen Privilegien waren kostspielig, nicht anders als Königsurkunden auch. Man konnte sie nicht einfach kaufen, aber man mußte einen hohen Preis für sie entrichten, und zwar auch dann, wenn gar nicht sicher war, ob denn durchgesetzt werden könne, was in den Urkunden stand. In diesem Falle gelang das zur Gänze nicht. Alle jene Pfründen, die der Papsturkunde zufolge der Universität zugewendet werden sollten, ließen sich ihr tatsächlich keineswegs zuwenden.

Materielle Erwägungen also, so etwas wie Entwicklungspolitik, ferner persönlicher Ehrgeiz und schließlich kirchenpolitische Zusammenhänge lassen sich als Gründungsmotive dieser und anderer Universitäten erkennen. Einige beispielhafte Zusammenhänge und besonders interessante Gründungen gilt es aber noch näher zu betrachten.

Der wohl wichtigste kirchenpolitische Zusammenhang, in den die Universitätsgründungen dieser Zeit gehören, war das Papstschisma von 1378 bis 1417. Die zunächst zwei und schließlich – nach dem Konzil von Pisa 1409 – sogar drei gegeneinander stehenden Päpste mußten darum bemüht sein, die Fürsten auf ihre Seite zu ziehen, sie

*Das »Collegium ducale« der Universität Wien (oben) in einer Darstellung aus dem 14. Jahrhundert und die ältesten erhaltenen Matrikeleinträge der Universität Wien (rechts) von 1380.*

mußten ihnen etwas bieten, und Universitätsprivilegien gehörten ganz offensichtlich dazu.

Bereits 1379, ein Jahr nach Beginn des Schismas, erteilte der avignonesische Papst Clemens VII. dem Erfurter Rat ein Gründungsprivileg. Warum die Erfurter es erbeten haben, darüber kann man nur spekulieren. Vermutlich hing der Wunsch nach einer Universität damit zusammen, daß der Vorgänger von Clemens, Papst Gregor XI., im Jahre 1376 infolge einer Mainzer Kirchenspaltung – es gab zwei Prätendenten, die sich um das Mainzer Erzbistum stritten – Erfurt und dessen Umland aus dem Erzbistum Mainz gelöst und es selbständig gemacht hatte. Vielleicht wollten die Erfurter dieser unverhofften

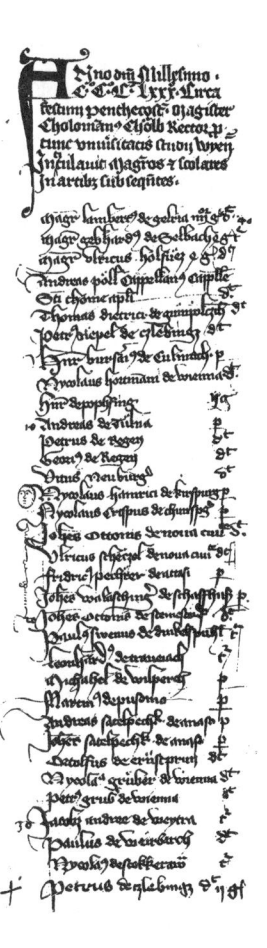

Selbständigkeit, die ausdrücklich nur vorübergehender Natur sein sollte, Dauer verleihen und zur besseren Abstützung des neuen Zustandes das Gewicht der Stadt durch die Gründung einer Universität erhöhen. Als es zur Spaltung des Papsttums kam, wandten sich die Erfurter zunächst der Seite zu, die in Deutschland keine Zukunft haben sollte, und erhielten dort die erwähnte Gründungsurkunde. Bald darauf wechselten sie auf die römische Seite und erhielten ein weiteres Universitätsprivileg von jenem Papst, den man in Deutschland anerkannte, nämlich von dem in Rom residierenden Urban VI., allerdings erst 1389. Damit waren Jahre vergangen, die gerade für die Gründung einer Universität ungewöhnlich interessant waren, was wiederum unmittelbar mit der Kirchenspaltung zusammenhängt.

Wie sich das Reich für den römischen Papst entschieden hatte, so war Frankreich auf die avignonesische Seite getreten. Das aber hatte Folgen für die Deutschen, die in Frankreich – vor allem in Paris – lehrten und studierten. Mit der Entscheidung des französischen Königs waren die Universität und alle, die in Paris lernten und lehrten, genötigt, sich zum avignonesischen Papst zu bekennen. Die deutschen Professoren und Studenten aber hatten ihre Pfründen im Reich, und die drohten ihnen verlorenzugehen, weil jedermann, der sich in Deutschland zum Papst in Avignon bekannte, als Schismatiker galt und demzufolge damit rechnen mußte, seine Einkünfte zu verlieren. Deshalb verließen die meisten Deutschen die Universität Paris, und so gab es nun, anders als zur Mitte des Jahrhunderts in Prag, eine ganze Reihe von Magistern und Doktoren, mit denen man eine neue Universität gründen oder eine bestehende ausbauen konnte.

Davon profitierte die Universität Wien. Sie war schon 1365 gegründet worden, zunächst aber sehr klein geblieben. 1384 hatte Papst Urban VI. der Universität die bisher noch fehlende theologische

Fakultät zugestanden. Mit dem Zustrom der Pariser Theologen deutscher Herkunft erwarb die Wiener Theologenfakultät in den nächsten Jahren theologisch und kirchenpolitisch einen hohen Rang. Zu den Neugründungen dieser Zeit, die von dem Schisma profitierten, gehörten in Deutschland Heidelberg (1385) und Köln (1388). Marsilius von Inghen, der dem pfälzischen Kurfürsten die Verfassung der Heidelberger Universität entwarf, zu deren erstem Rektor gewählt wurde und weiterhin die führende Position hier einnahm, war einer der profiliertesten Pariser Gelehrten gewesen. Wie er kam auch der Wormser Dompropst Konrad von Gelnhausen aus Paris, der als Jurist und als Theologe in Heidelberg lehrte und der erste Kanzler der Universität war. Doch unter den Heidelberger Gelehrten fanden sich nicht nur solche, die Paris verlassen hatten, sondern zunehmend auch Professoren aus Prag, wo nun die Krise der Universität einsetzte und mit ihr die Abwanderungen.

Es waren also damals Gelehrte auf dem Markt. Doch der Markt braucht nicht nur Waren, sondern auch Käufer wie den Pfalzgrafen Ruprecht. Pfalzgraf Ruprecht I. war einer der angesehensten und politisch führenden Fürsten im Reich. Bei der Frage, welchem Papst sich das Reich zuwenden würde, kam es auf ihn um so mehr an, als der König, Wenzel, kirchenpolitisch wenig aktiv war. Die kirchenpolitische Frage war für den Pfalzgrafen aber auch eine Gewissensangelegenheit – ganz ähnlich übrigens wie später für seinen Großneffen, König Ruprecht, den die Kurfürsten 1399 zum König wählten, nachdem sie den kirchenpolitisch schwachen Wenzel abgesetzt hatten. Es gibt für diese Gewissensentscheidung Ruprechts I. ein ansprechendes Zeugnis, und das läßt ein Motiv für die Gründung der Universität erkennen.

1379 hatte der französische König den Pfalzgrafen gedrängt, sich für den Papst von Avignon zu entscheiden. Ruprecht antwortete auf dieses Schreiben vom Mai erst im Oktober, entschuldigte sich aber für diese Verspätung. Nicht aus Bosheit habe er so lange gewartet, sondern wegen seiner Ungelehrtheit *(simplicitas)*. Er sei nicht imstande, sich in dieser Frage zu entscheiden, weil er nur der Muttersprache mächtig sei, also ein einfacher Laie, der die Wissenschaften nicht verstehe. Deshalb habe er sich nicht für kompetent gehalten, so außerordentlich wichtige Fragen, die mit dem Seelenheil zusammenhängen, angemessen und in einer Art, wie es nötig sei, zu beantworten.

In der Tat: Wenn man sich hier falsch entschied, konnte das der Weg in die Hölle sein. Alle haben das jedoch nicht so ernst genommen. Es gibt Zeugnisse für Gleichmütigkeit. Die Vertreter der deutschen Städte, mit denen König Ruprecht 1410 nach der Verschärfung des

Schismas – nun gab es drei Päpste – darüber beraten wollte, welchen Papst man anerkennen müsse, lehnten es ab, darüber zu verhandeln. Solange sie von ihrem Pfarrer die Sakramente gespendet bekämen, gebe es für sie – im Jargon unserer Tage gesprochen – keinen Handlungsbedarf. Und ein Vertreter des Deutschen Ordens in Rom ging ein paar Jahre später noch einen Schritt weiter. Dieser Geistliche, der bald zum Dekan des kurländischen Domkapitels gewählt werden sollte, schrieb im Jahre 1429 angesichts des von ihm erwarteten baldigen Todes von Papst Martin V. – jenes Papstes also, mit dessen Wahl 1417 das Schisma von 1378 beendet worden war –, zum neuen Papst werde man wohl einen Freund des Deutschen Ordens wählen, weil die meisten Kardinäle auf dessen Seite stünden. Besser aber – besser also als selbst die Wahl eines Ordensfreundes – wäre, wenn man wiederum eine Kirchenspaltung hätte, so daß man viele Päpste kriege und – so darf man fortfahren – diese erpressen könne.

Doch auch damals waren nicht alle Politiker Zyniker. Es gibt keinen Grund zu bezweifeln, daß die Kirchenspaltung und seine eigene Inkompetenz in dieser Frage dem pfälzischen Kurfürsten auf der Seele lagen. Der Kurfürst selbst war zu alt, um noch nachzulernen, was ihm nun offensichtlich fehlte. Es gab andere Fürsten, die ihm auf diesem Felde überlegen waren. Der französische König, sein Briefpartner, konnte Latein und war ein gelehrter Mann, ebenso wie Kaiser Karl IV., der im übrigen seine eigene Sprachkompetenz zum Gesetz zu machen versucht hatte. Am Ende der Metzer Gesetze, welche den zweiten Teil der Goldenen Bulle von 1356 darstellen, ordnete er an, die künftigen Söhne der weltlichen Kurfürsten müßten außer im Deutschen, das sie wahrscheinlich von Natur aus sprächen, kompetent sein auch in *grammatica*, was das Lateinische bezeichnete, ferner aber in der italienischen und der slawischen Sprache, womit das Tschechische gemeint war.[20]

Die fehlenden eigenen Fähigkeiten konnte der Kurfürst aber durch die Heranziehung befähigter Berater ersetzen. So geschah es hier. Ruprecht berichtete dem französischen König, die Schismafrage solle in *parlamentis regalibus* beraten werden, auf Reichstagen also, und zwar nicht nur von Kurfürsten und anderen geistlichen und weltlichen Fürsten, sondern auch von gelehrten Theologen und Juristen sowie von Adligen und Städtevertretern. Die Reihenfolge bezeugt den hohen Rang, den Ruprecht den Gelehrten hier zumißt. Sie figurierten, das versteht sich von selbst, hinter den Fürsten, aber nicht nur vor den Städtevertretern, sondern auch vor den Adligen. Solche Gelehrte standen dem Pfalzgrafen selbst aber offensichtlich nicht zur Verfügung, denn an seinem Hof und in dessen Umgebung gab es keinen gelehrten Theologen oder Juristen. Zwar war der Wormser Dompropst Konrad von Gelnhausen bereits im Jahre 1360 als *servitor* Ruprechts bezeichnet worden, doch weilte er in Bologna oder in Paris. Wollte Ruprecht ihn und Leute seiner Art auf Dauer in seine Nähe ziehen, so bot sich die Gründung einer Universität an. Sechs Jahre nachdem er dem französischen König von seinen Entscheidungsskrupeln geschrieben hatte, gründete der Kurfürst die Universität Heidelberg, und Konrad von Gelnhausen wurde ihr Kanzler. Fortan hatte der Kurfürst eigene Juristen und Theologen.

Die besondere Verbundenheit des Landesherrn und Universitätsgründers mit seiner Universität und insbesondere mit der für ihn wichtigsten Fakultät, der juristischen, kommt darin zum Ausdruck, daß die Heidelberger Juristen anläßlich ihrer Doktorpromotion einen Eid auf den Landesherrn schwören mußten. Der Kurfürst wünschte also in Heidelberg nicht nur ein Beraterpotential heranzuziehen, sondern faßte jeden, der hier in der Jurisprudenz promoviert wurde, als seinen Rat auf. Insbesondere bei Ruprecht III., dem deutschen König, und bei dessen Nachfolger in Heidelberg sieht man sehr deutlich, daß die führenden Heidelberger Professoren immer auch Räte des Landesherrn waren.

Aber der Kurfürst hatte nicht nur eine Modernisierung seines Hofes durch die Erweiterung des Kreises seiner Helfer um Gelehrte im Sinn, als er die Universität gründete. Sowohl Karl IV. als auch sein Schwiegersohn, Herzog Rudolf, der Gründer der Wiener Universität, haben die von ihnen gegründeten Hochschulen auch als Orte verstanden, die ihrem Seelenheil dienlich sein sollten. Auf dem Prager Universitätssiegel sieht man Karl vor dem heiligen Wenzel knien und diesem die Stiftungsurkunde der Prager Universität überreichen. Die Stiftung der Hochschule erscheint also als eine fromme Zuwendung, als ein Geschenk *ad pias causas*, als Leistung, die dem Seelenheil des Stifters dienlich sein sollte. Herzog Rudolf IV. stiftete zusammen mit der Universität Wien ein Stiftskapitel an der Wiener Stephanskirche. Hier wollte er auch begraben sein, und an den Gedenkgottesdiensten sollte sich die Wiener Universität beteiligen. Diese Verbindung von Universität, Stiftskirche und fürstlicher Grablege sollte auch in Heidelberg zustande kommen – zwar nicht für den Universitätsgründer selbst, wohl aber für dessen übernächsten Nachfolger Ruprecht III., den deutschen König Ruprecht I. Er wurde in der Heidelberger Allerheiligenkirche begraben, in jener Stiftskirche, die weitgehend mit der Heidelberger Universität identisch war, weil die Stiftskanoniker Professoren waren. Der Universitätsgründer selbst ließ sich in der Stiftskirche zu Neustadt begraben, die mit der Universität ebenfalls in einer engen Verbindung stand und von Ruprecht III. dann mit der Heidelberger Allerheiligenkirche vereinigt wurde, damit der Kurfürst eine ange-

*Das Katharinenszepter der Universität Heidelberg, gearbeitet wohl um 1403, zählt zu den ältesten akademischen Insignien Europas.*

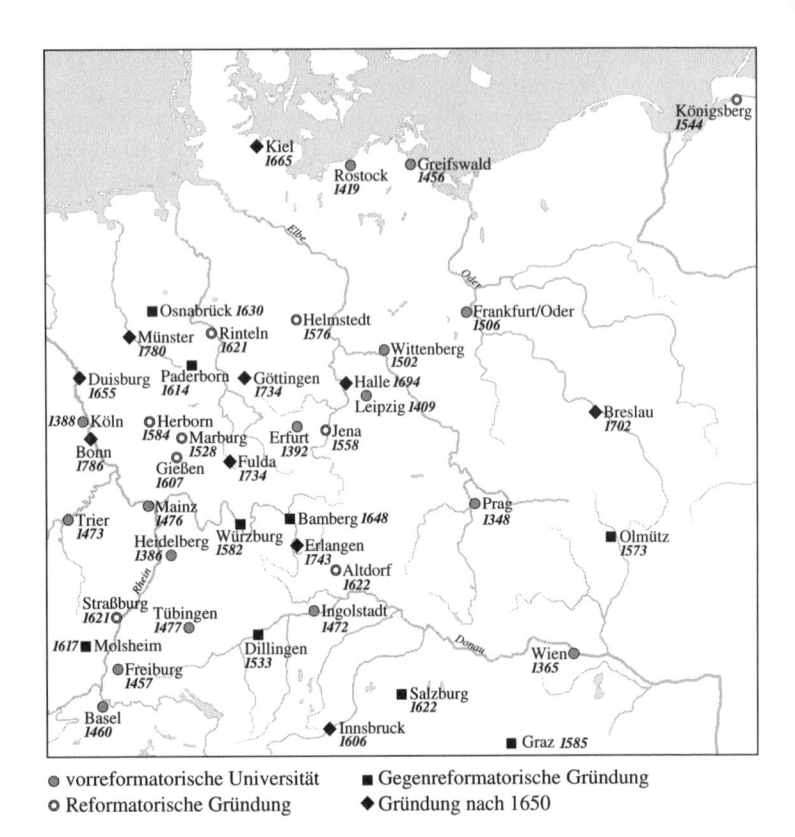

Universitätsgründungen im Heiligen Römischen Reich Deutscher Nation.

messene Grabkirche erhalte. Eine ähnliche Verbindung hat man auch bei späteren Universitäten, zum Beispiel bei dem 1476 gegründeten Tübingen. Zugunsten der Tübinger Universität wurde die dortige Kirche in eine Stiftskirche verwandelt, und ebenso wie in die entsprechende Gründung in Heidelberg das Neustädter Stift einbezogen wurde, wurde hier das Stift Sindelfingen nach Tübingen verlegt, und wie die Heidelberger Stiftskirche Grabstätte Ruprechts III. wurde, so wurden in der Tübinger Stiftskirche die württembergischen Herzöge begraben.

Auf Heidelberg und Köln folgte 1395 Buda und auf dieses 1402 Würzburg, das aber schon nach elf Jahren einschlief. Eine päpstliche Gründungsurkunde war, wie man in diesem Falle sieht, noch keine Garantie dafür, daß eine Universität entstand. Etwas Ähnliches hat man im Falle der Deutschordensstadt Kulm. Hier sollte 1386 eine Universität gegründet werden, doch blieb es offensichtlich bei dem päpstlichen Privileg. In Würzburg wurde die Universität immerhin begonnen. Doch erlosch sie bald – ganz ähnlich wie das zuerst in Krakau, in Wien und auch in Buda geschehen war, nur daß es an diesen Orten einige Jahre später zu einem zweiten Anlauf kam, der zum Erfolg führte.

Die nächste deutsche Gründung ist schon Leipzig. Die Universität wurde von den sächsischen Herzögen mit den aus Prag emigrierten Magistern und Scholaren im Jahre 1409 begründet, als eine Prager Tochteruniversität also und demzufolge als das letzte Beispiel einer Gründung auf der Basis studentischer und professoraler Protestmobilität. Leipzig hatte aus diesem Grunde sicherere Anfänge als zum Beispiel Würzburg, denn es erbte gewissermaßen von Prag dessen Einzugsgebiet, das weit nach Osten reichte. Die preußischen und die schlesischen Studenten zum Beispiel, die vorher Prag bevorzugt hatten, studierten fortan in Leipzig, und dabei ging es um verhältnismäßig große Zahlen.

Die folgende Gründung war Rostock, wo die Universität im Jahre 1419 eröffnet wurde. Blickt man auf die nächsten neunzig Jahre, dann entdeckt man als weitere nord- und mitteldeutsche Gründungen Greifswald 1456, Frankfurt an der Oder 1498 und schließlich Wittenberg 1502. In der heutigen deutschen Universitätslandschaft finden sich in Nord- und Mitteldeutschland verhältnismäßig viele Universitäten, deren Anfänge im späteren Mittelalter liegen, oder Orte, wo zwar im Mittelalter Universitäten gegründet wurden, heute jedoch keine Universität besteht, wie in Wittenberg, während es in Frankfurt an der Oder beziehungsweise in Erfurt wieder eine Universität gibt, zwei Jahrhunderte nach dem Ende der hier im späteren Mittelalter begründeten Hochschulen.

Unterscheidet man die spätmittelalterlichen Gründungen in süd- und westdeutsche auf der einen Seite und mittel- und norddeutsche auf der anderen und nimmt man nur die Universitäten, die über längere Zeit existiert haben, so erhält man ein bemerkenswertes Zahlenverhältnis. Die sechs Universitäten Erfurt, Leipzig, Rostock, Greifswald, Frankfurt an der Oder und Wittenberg stehen den sieben Hochschulen in Heidelberg, Köln, Trier, Freiburg, Ingolstadt, Mainz und Tübingen gegenüber, was aber keineswegs für ein ausgeglichenes Verhältnis spricht. In West- und Süddeutschland hätte es angesichts der größeren geographischen Ausdehnung, der höheren Bevölkerungszahl und des weiter zurückreichenden Alters von Kirchen und Kultur eigentlich mehr Universitäten geben müssen. Gewiß darf man die Aussagekraft solcher Zahlen – sechs auf der einen Seite, sieben auf der anderen – nicht überschätzen. Je niedriger Zahlen sind, desto weniger sagen sie aus, desto größer ist der Anteil des Zufalls. Trotzdem machen diese Zahlen offensichtlich auf einen auch sonst feststellbaren Sachverhalt aufmerksam: Mittel- und vor allem Norddeutschland waren am Ende des Mittelalters keineswegs so etwas wie unterentwickelte Gebiete. Die uns heute vertraute Teilung zwischen Ost und West ist erst das Resultat der Industrialisierung des 19. Jahrhunderts gewesen – von der Geschichte der Jahre 1945 bis 1989 ganz zu schweigen. Im späteren Mittelalter und in der früheren Neuzeit waren Mittel- und Norddeutschland vergleichsweise reiche und weitentwickelte Regionen, und das sieht man auch an der Verteilung der spätmittelalterlichen Universitäten auf der Landkarte des Reiches.

Auf Leipzig, die Prager Tochter des Jahres 1409, folgte also zehn Jahre später Rostock, die Gründung des Herzogs von Mecklenburg, so steht es in den Urkunden. Die päpstliche Gründungsbulle nannte allerdings als Interessenten neben dem Herzog auch den Bischof von Schwerin und die Stadt Rostock. Es gibt aber noch weitere Indizien dafür, daß die Stadt und der hohe Klerus der Region an der Gründung beteiligt waren, etwa die Eröffnung der Universität, der feierliche Gottesdienst, den der Schweriner Bischof in der Rostocker Marienkirche, der wichtigsten Pfarrkirche der Stadt, hielt und in dem er die päpstliche Gründungsurkunde verlas. Dann wurde der Rektor gewählt, und zwar vom Bischof selbst als Kanzler der Universität, vom Abt des Klosters Doberan, des größten Klosters, das den mecklenburgischen Herzögen als deren Grablege besonders nahestand, vom Rostocker Archidiakon, das heißt dem bischöflichen Amtsträger, der für den Teil der Diözese verantwortlich war, in dem Rostock lag, vom Pfarrer der Rostocker Marienkirche, in welcher der Gründungsvorgang stattfand, sowie schließlich vom Bürgermeister der Stadt. Die Einbindung der neuen Universität in die lokalen Verhältnisse konnte schwerlich deutlicher sichtbar werden.

Der Rostocker Pfarrer Nikolaus Türkow dürfte die besten Kandidatenkenntnisse besessen haben, denn er hatte in Prag Rechtswissenschaften studiert, und Rostock ist als die Gründung der Prager sächsischen Nation verstanden worden, also der norddeutschen Studenten, die bis 1409 in Prag studiert und sich danach von dieser Universität getrennt hatten. In der Zwischenzeit war jedoch als eine Art Tochter von Prag auch die Universität Erfurt entstanden, und Erfurt war in noch höherem Maße als Prag der Ort, aus dem die Rostocker Magister kamen. Von den ersten sieben Magistern der Rostocker Artistenfakultät kamen fünf aus Erfurt, einer aus Prag und ein weiterer aus Leipzig. Ähnlich stand es bei den anderen Fakultäten. Und auch der erste Rostocker Rektor kam aus Erfurt. Das aber bedeutet nicht so sehr, daß da eine Universität die andere erzeugte, sondern vielmehr, daß bestimmte Personen, die sich kannten, zusammenwirkten, daß sie zur Verfügung standen und am neuen Ort eine Chance sahen, selbst etwas zu werden.

Man hat über die Entstehung dieser spätmittelalterlichen Universitäten lange Zeit auf eine sehr abstrakte Weise diskutiert, indem man die bürgerliche von der fürstlichen Gründung zu unterscheiden suchte und für Rostock – und Greifswald – den Typus einer spezifisch hansischen Universität ausmachte. Diese besondere hansische Universität ist gewiß ein Phantom – falls man mit hansischer Universität nicht einfach meint, daß die Rostocker und später die Greifswalder Studenten vorwiegend aus dem Bereich der Hanse kamen. Selbstverständlich kamen die Studenten dieser beiden Universitäten aus den Ostseeländern – ebenso wie auch die Studenten der anderen Universitäten damals aus der jeweiligen Region kamen. Darüber hinaus hatte Lübeck, das Haupt der Hanse, für die Rostocker Universität aber wohl eine besondere Bedeutung, denn führende Rostocker Universitätsangehörige waren hier zu Hause, und Lübeck war der Universität in Notlagen behilflich.

Als 1437 der Rostocker Rat gestürzt wurde, nachdem die Hansestädte im Krieg gegen den dänischen König eine Niederlage erlitten hatten und die Stadt in den päpstlichen Bann und die Reichsacht geraten war, sah sich die Universität genötigt, Rostock zu verlassen. Damals bewahrte der Lübecker Rat immerhin die Gründungsurkunde der Rostocker Universität auf. Anders als 1487, als die Rostocker Universität selbst in Lübeck Aufnahme fand, emigrierte die Universität 1437 jedoch nach Greifswald, was später zur Gründung einer Universität an diesem Ort führen sollte.

In dem Maße, wie Landesherren Bedarf an Universitätsabsolventen hatten, entwickelte sich ein solches Bedürfnis auch in Lübeck, dennoch entstand die Universität für Nordwestdeutschland nicht in Lübeck, dem Haupt der alten Hanse, sondern in Rostock. Materiell wäre die Stadt Lübeck ohne weiteres in der Lage gewesen, eine Universität zu finanzieren, denn sie war ja nicht nur eine Stadt der reichen Kaufleute, sondern auch ein geistliches Zentrum. Die Pfründen, die man einer Universität damals zuzuwenden pflegte, hätten in Lübeck zur Verfügung gestanden. Trotzdem war es der mecklenburgische Herzog – im Vergleich mit dem Lübecker Rat wirtschaftlich und politisch eine nicht besonders eindrucksvolle Figur –, der eine Universität in Nordwestdeutschland gründete, und nicht der Rat und der Bischof von Lübeck.

Die Universitätsgeschichte könnte dafür sprechen, daß bei den Hansekaufleuten – und das heißt insbesondere in Lübeck – im 15. Jahrhundert vielleicht so etwas wie ein Modernitätsrückstand festzustellen war, aber dann muß man doch gleich die Einschränkung machen, daß bei den Motiven für die Universitätsgründung vor allem persönliche Beziehungen eine Rolle spielten und infolgedessen auch der Zufall. Bei der Gründung der Rostocker Universität kam offensichtlich einer Gruppe von drei Gelehrten ein besonderes Gewicht zu, die nicht nur in Erfurt studiert hatten, sondern sich auch recht gut kannten.

Da war zunächst der aus Lübeck stammende Heinrich von Geismar. Er hatte in Prag studiert, sodann in Erfurt als Theologe Karriere gemacht und war bei der Rostocker Gründung als führender Berater tätig, weshalb er – ehrenhalber – hier als zweiter immatrikuliert wurde. Das Schwergewicht seiner Lebensführung lag damals allerdings in Hamburg und in Lübeck, wo er Domherr war. Der zweite Erfurter, der die Rostocker Anfänge gestaltete, war Heinrich Toke, ein gebürtiger Bremer. Toke hatte in Erfurt mit dem Studium begonnen, den Magistergrad erworben und danach angefangen, Theologie zu studieren. 1419 ging er nach Rostock, wo er erster Dekan der Artistenfakultät wurde.

Der dritte Rostocker aus Erfurt war Petrus Stenbecke, Erfurter Magister artium und Bakkalaureus der Theologie. Als solcher war er in Rostock fehl am Platze, denn der Papst hatte – nach dem Ende der Kirchenspaltung konnte wieder so streng wie vorher verfahren werden – für Rostock zunächst eine theologische Fakultät nicht genehmigt. Dennoch war Stenbecke von Erfurt nach Rostock gegangen, und hier wurde er zum ersten Rektor gewählt – als ein Mann, der in engen Beziehungen sowohl zu Heinrich von Geismar als auch zu Heinrich Toke stand und zu den weiteren Gelehrten, die von Erfurt nach Rostock gegangen waren.

Die Kosten für die neue Universität wurden auf mehrere Schultern verteilt. 800 Gulden jährlich versprachen die Herzöge von Mecklenburg für die Professorengehälter zu geben, und das wäre zwar keine kleine, aber dennoch nicht ausreichende Summe gewesen, zumal die Universität ein eigenes Vermögen ansammeln sollte. So baten die Herzöge den Papst um einen Klerikerzehnten, das heißt um die Erlaubnis, den Landesklerus ein Jahr lang besteuern und von ihm ein Zehntel seiner Einkünfte einfordern zu dürfen. Der Papst forderte allerdings vor der Privilegierung der Universität eine Garantie über deren finanzielle Absicherung, entweder von den Herzögen oder auch anderen, wie er schreiben ließ. Es war dann die Stadt Rostock, welche die Zahlung jener 800 Gulden garantierte, wobei vereinbart wurde, daß diese Summe nur so lange zu zahlen sei, bis die Universität durch Stiftungen so vermögend geworden war, daß sie jenen Betrag selbst erwirtschaften könne.

Die gewünschten Stiftungen kamen bei der Universität auch sehr bald ein – meistens von geistlichen Stiftern. Nichts dagegen kam von den Herzögen. Erst 1483 hört man etwas von Bemühungen des Landesherrn um die Finanzen der Universität. Sein Plan sah vor, eine der vier Pfarrkirchen der Stadt, die Jacobikirche, in eine Stiftskirche umwandeln zu lassen, und zwar zum Nutzen der Universität. Jenes Finanzierungsmodell, das in Prag, Wien oder Heidelberg zum Fundament der Universität geworden war, sollte auch hier genutzt werden – jedenfalls scheinbar.

Tatsächlich kam es dem Herzog mehr darauf an, die von ihm fast unabhängige Stadt enger an sich zu binden, indem er eine der Rostocker Kirchen zur eigenen Kirche machte und in seinen Diensten stehende Kleriker in die Stiftspfründen einsetzte. Auf seiten der Universität hatte man das erkannt und war skeptisch. Der Rostocker Rat war vollends gegen die Stiftsgründung. Es gebe ohnehin zu viele Geistliche in der Stadt, hieß es hier, und die Universität möge angesichts des Benehmens der Studenten in eine andere Stadt verlegt werden. Am Ende kam es zu einem blutigen Konflikt: In der Stadt formierte sich eine Opposition gegen den ihrer Meinung nach zu nachgiebigen Rat, und Thomas Rhode, bisher Kanzler des Herzogs, nun Propst des neuen Stifts, wurde erschlagen. Vier Jahre später verglichen sich die Parteien: Der Herzog erhielt seine Stiftskirche doch, und die Universität mußte sich an deren Finanzierung beteiligen – und nicht etwa umgekehrt. Die Stadt aber mußte zahlen. 1200 Gulden kosteten sie schon die Seelenmessen für den erschlagenen Propst, 21000 Gulden Buße gingen darüber hinaus an den Herzog.

Um 800 Gulden war es bei der Finanzierung der Universität zunächst gegangen. Allein das Bußgeld scheint dagegen eine unverhältnismäßig hohe Summe gewesen zu sein. Man darf die beiden Summen aber nicht einfach gegeneinanderstellen, denn die 800 Gulden sollten ja jedes Jahr gezahlt werden, während es sich bei den 21000 Gulden um einmalige Zahlungen handelte. Nimmt man die damals üblichen fünf Prozent Zinsen, so hätte bereits ein Kapital von 16000 Gulden Zinsen in Höhe von 800 Gulden jährlich eingebracht. Demnach hätte der Herzog nun – im Besitz der 21000 Gulden – die einst zugesagten 800 Gulden leicht zahlen können, doch der Krieg gegen Rostock hatte ihn längst einen großen Teil des Geldes gekostet. Bedenkt man, daß 20000 Gulden der Betrag waren, den ein mittlerer Territorialfürst jährlich an regelmäßigen Einnahmen zu erwarten hatte, so hat man den Eindruck, ein Fürst hätte sich eine Universitätsgründung gar nicht leisten können, eine große Stadt dagegen eher. Schließlich vermochte Rostock die erwähnten Sühnebeträge aufzubringen, wenn auch in mehreren Raten.

Auf die Gründung Rostocks folgte im Reich für längere Zeit keine weitere Universitätsstiftung. Erst 1454 wurde Trier gegründet, wohl vor allem aus wirtschaftlichen Gründen. Die Stadt sollte gefördert werden. Zwei Jahre später folgte Greifswald – abermals die Stiftung eines Fürsten nur nominell, tatsächlich aber auch nicht die einer Stadt, sondern vielmehr eines einzelnen Mannes, der zugleich ein mächtiger Bürger und ein Gelehrter war. In der zweiten Hälfte des vorigen Jahrhunderts hat man diesen Heinrich Rubenow als den wahren Gründer der Universität Greifswald mit einem Denkmal geehrt, das noch heute in der Mitte der Stadt steht, und zwar, ungeachtet aller Fragwürdigkeit, die solchen Denkmälern anhaftet, durchaus mit Recht. Die Gründung der Greifswalder Universität war fast ausschließlich das Werk Rubenows.

Heinrich Rubenow entstammte einer reichen und mächtigen Greifswalder Familie – einer jener Familien, aus denen die kleinen Eliten rekrutiert wurden, welche die Städte meistens regierten. Rubenow ererbte den Reichtum seiner Vorfahren, und er konnte auch damit rechnen, deren politische Positionen zu übernehmen, also auch sie gleichsam zu erben. Trotzdem ließ sich Rubenow 1436 in der seiner Heimat am nächsten gelegenen Universität immatrikulieren, in Rostock, und auch damit folgte er einer Familientradition. Eckehard Rubenow, sein Urgroßvater, und sein Großvater Heinrich Lüssow hatten studiert und waren zum Magister promoviert worden. Wie sie erwies sich auch Heinrich Rubenow als ein Angehöriger jener Minderheit, die das Artistenstudium zu Ende führte, und er gehörte auch jener noch kleineren Minderheit an, die das Studium an einer höheren Fakultät nicht nur aufnahm, sondern bis zum Doktorexamen fortsetzte.

Rubenow hatte 1435, damals gegen 35 Jahre alt und verheiratet, in Rostock mit dem Studium begonnen. Den Doktorgrad wollte er aber offensichtlich an einer angeseheneren Universität als Rostock erwerben. So ging er 1447 nach Erfurt, und dort wurde er noch im selben Jahr promoviert, und zwar zum Doktor legum, also nicht zum Doktor des Kirchenrechts, sondern des römischen Rechts. Rubenow erwarb freilich auch den Grad eines Bakkalaureus des Kirchenrechts. Danach kehrte er ins heimische Greifswald zurück, wo er zwei Jahre später zum Bürgermeister gewählt wurde – sicherlich der erste promovierte Jurist, der in Deutschland an der Spitze einer Stadt stand.

Dabei sollte es nicht bleiben. Der Bürgermeister und Rechtsprofessor wurde nun zum eigentlichen Gründer der Greifswalder Universität, auch wenn sich als solcher der Landesherr ausgab, der Herzog von Pommern. Tatsächlich figurierte der Fürst als so etwas wie der Strohmann des offensichtlich ehrgeizigen städtischen Politikers und

Juristen Heinrich Rubenow. Der war damals der mit Abstand reichste Mann in Greifswald, Erbe eines beträchtlichen Grundbesitzes sowohl in der Stadt als auch auf dem Lande. Seine Ehe war kinderlos, was in früheren Jahren ein Motiv gewesen war, Kirchen zu gründen. Jetzt gründete Rubenow eine Universität.

Der Greifswalder Gründungsvorgang ist recht gut überliefert und läßt etwas erkennen, was es bei den früheren Universitätsgründungen nicht gegeben hat oder was jedenfalls für diese nicht überliefert ist, nämlich die Bedingungen für das päpstliche Universitätsprivileg.

Der pommersche Herzog hatte in seiner Bittschrift versichert, die Universität Greifswald aus eigenen Mitteln so ausstatten zu wollen, daß die Doktoren und Magister angemessen unterhalten werden könnten. Falls man in Greifswald damit gerechnet hatte, daß diese Zusage zu den Bedingungen für ein päpstliches Universitätsprivileg gehörte, hatte man sich nicht getäuscht, denn der Papst setzte nun ein Prüfungsverfahren in Bewegung. Der brandenburgische Bischof Stefan Bodeker erhielt den Auftrag, die Behauptung des Herzogs zu prüfen. Bodekers Gutachten bezahlten merkwürdigerweise diejenigen, die an der Gründung der Universität interessiert waren, und zwar teuer, nämlich mit hundert Gulden. Die Auszahlung dieser Summe nahmen ein Greifswalder Ratsherr sowie ein hoher Amtsträger des Bischofs von Cammin vor, und das allein offenbart schon, daß es neben dem Herzog führende Leute aus der Stadt und aus der Umgebung des zuständigen Bischofs und vor allem Heinrich Rubenow waren, die hier eine Universität gegründet sehen wollten. Hinzu kam, daß 1443 die Rostocker Magister und Professoren, die im Konflikt von 1437 nach Greifswald ausgewichen waren, zurückkehren konnten, viele von dieser Möglichkeit aber keinen Gebrauch machten, sondern sich Heinrich Rubenow und seiner Initiative, in Greifswald selbst eine Universität zu gründen, anschlossen. Rubenow brachte die städtischen Mittel zusammen, die nötig waren, um das gewünschte Papstprivileg wirklich zu erhalten, und das meiste von dem, was bezahlt werden mußte, nämlich 520 Gulden, stammte ebenfalls von ihm selbst.

Bei dieser einen Zahlung sollte es und konnte es allerdings nicht bleiben, da der Herzog keineswegs bereit und vielleicht auch nicht in der Lage war, jene finanziellen Versprechungen zu erfüllen, die er dem Papst gegenüber gemacht hatte. Zwar übergab der Landesherr der Greifswalder Universität eine Reihe von Gütern, aus deren Einkünften sie fortan leben sollte, doch die erbrachten keine Einkünfte, da sie verpfändet waren. Die Einlösung dieser Pfänder nahm niemand anders vor als Heinrich Rubenow, der im übrigen Gelder einsetzte, deren Summe größer war als das, was die päpstliche Urkunde gefordert hatte. Auch andere – freilich nicht der Herzog – griffen nun in die

Tasche, um die Universität zu fördern. Eine Reihe von Pfarrstellen wurde für die Universität reserviert. Der Bischof bemühte sich, aus der Pfarrkirche Sankt Nikolai eine Stiftskirche zu machen, griff also auf jenes inzwischen bewährte Organisationsmodell zurück, das eine Stiftskirche zum besten Fundament einer Universität machte. Das Kapital für sechs der an der neuen Stiftskirche eingerichteten Pfründen kam wiederum von Rubenow. Aus städtischen Mitteln sollten fünf Professoren besoldet werden, und das zeigt, daß der Anteil der besoldeten Professoren im Verhältnis zu den aus Pfründen lebenden langsam wuchs. Auch überließ die Stadt der Universität bestimmte Gebäude, die freilich erst einmal instand gesetzt werden mußten, und diese Kosten übernahm wiederum Heinrich Rubenow.

Es hat also seinen guten Sinn, wenn in den Rektoratsannalen der Greifswalder Universität dieser Rubenow als *primus plantator erector et fundator* der Greifswalder Universität und der mit dieser Hochschule so eng verbundenen Stiftskirche bezeichnet wird, zumal diese Eintragung von dem veranlaßt worden war, der die Greifswalder Verhältnisse am besten überblickte, also von Rubenow selbst. Heinrich Rubenow hatte die Universität nicht nur finanziert, sondern hatte nach eigenen Angaben zudem noch mehr als tausend Gulden für die Bücher aufgewandt, die er der Juristenfakultät schenkte. Er war nicht nur einer ihrer ersten Professoren, sondern wurde auch zum ersten Rektor gewählt, und da dieses Amt ja nur für kurze Zeit bekleidet werden konnte, hatte er sich vom Bischof zu dessen Stellvertreter im Hinblick auf die Universität ernennen lassen, zum Vizekanzler, und entsprechend vom Herzog zum Vizedominus.

Die Gründung der Universität Greifswald war zweifellos eine mäzenatische Tat, doch die Stadt schien sie Rubenow nicht zu danken. Am 31. Dezember 1462 stürmten zwei Männer aufs Greifswalder Rathaus und erschlugen den Bürgermeister und Rechtsgelehrten mit einem Beil. Als Universitätsgründer wurde Rubenow allenfalls in zweiter Linie ermordet. Der wirkliche Grund des Attentats lag darin, daß sich der aus der Greifswalder Stadtoligarchie stammende Mann von dieser Elite entfernt hatte, daß er danach getrachtet hatte, die traditionelle Gruppenherrschaft durch die Regierung eines einzelnen zu ersetzen. Zum Ausbau dieser singulären Position hatte gewiß auch die Universitätsgründung beigetragen. Die spätmittelalterlichen städtischen Eliten haben derartige Einzelherrschaften in keinem Falle toleriert. Es gibt eine ganze Reihe von Stadtbürgern, die im 15. Jahrhundert etwas Ähnliches ins Werk gesetzt haben wie Heinrich Rubenow. Sie sind alle gescheitert, wurden vertrieben oder umgebracht.

Rubenow war offensichtlich ein ehrgeiziger Mann, der seine beherrschende Position nicht nur innehaben, sondern sie auch sichtbar

*Um 1460 gab Heinrich Rubenow, der Gründer der Universität Greifswald, ein Erinnerungsbild in Auftrag für seine verstorbenen Freunde, allesamt Rostocker Professoren, die die Universität Greifswald mitbegründeten. Das Original (oben) befindet sich im Dom Sankt Nikolai in Greifswald, die im 18. Jahrhundert im Auftrag der Universität angefertigte Kopie hängt seit 1997 in der Aula der Greifswalder Ernst-Moritz-Arndt-Universität.*

machen wollte. Dafür bot ihm die Universitätsgründung eine Möglichkeit. Das Greifswalder Siegel zeigt, ganz ungewöhnlich, eine Einzelfigur, die ohne Zweifel Heinrich Rubenow meint. Auf der anderen Seite gibt es keinen Grund zu der Annahme, die Greifswalder Universität habe einfach einem ehrgeizigen Mann als Vehikel zur Vermehrung des eigenen Ruhms dienen sollen. Es ging Heinrich Rubenow wohl tatsächlich um die Förderung der Wissenschaft, und zwar nicht nur um das, was von seinen Kollegen, den Juristen produziert wurde. Man weiß, daß dieser politisch und juristisch so herausragende Mann auch theologische Texte verfaßt hat. Und er machte mit der Universität eine geistliche Siftung, ganz ähnlich wie die Wiener und die Heidelberger Universität auch geistliche Stiftungen waren, die dem Seelenheil ihres Gründers so zugute kommen sollten wie Klöster oder Stiftskirchen.

Fünfzehn Jahre nach Rubenows gewaltsamen Ende, 1477, wurde in Mainz eine Universität eröffnet. Der Gründungsvorgang ist besonders gut dokumentiert, und man sieht noch einmal, wie schwierig es für einen Fürsten war, die für eine Universität nötigen Mittel zusammenzubringen. Überdies kommt man mit dieser Gründung in politische Zusammenhänge, die an die Prager Anfänge erinnern. Auch in Mainz versuchte ein Fürst, Kurfürst Adolf von Nassau, die Gründung der Universität nicht im Augenblick seiner Stärke, sondern vielmehr in einer – jedenfalls finanziell – krisenhaften Situation, und zehn Jahre später hatte sein Nachfolger, Dieter von Isenburg, Erfolg.

Der politische Grund dieser Universitätsstiftung hängt mit der Mainzer Stiftsfehde zusammen, also damit, daß sich 1460 bis 1463 die beiden eben erwähnten Prätendenten, Adolf von Nassau und Dieter von Isenburg, um den Erzstuhl stritten. Adolf von Nassau setzte sich durch – wenngleich um den Preis hoher Kriegskosten. Als er sein Amt schließlich antreten konnte, war er hoch verschuldet. Geld für eine Universität hatte er nicht, aber er konnte die Kosten auch nicht nach dem Muster, das die Herzöge von Mecklenburg in Rostock gegeben hatten, auf die Stadt Mainz abwälzen, denn 1462 hatte er Mainz blutig unterworfen und die politisch – und damit auch wirtschaftlich – führenden Bürger vertrieben.

So blieb nur die Möglichkeit des Stiftsmodells, das der Erzbischof aber abwandelte. Er wollte keine neue Stiftskirche gründen, deren Kanoniker Universitätsprofessoren gewesen wären, sondern er bemühte sich darum, daß eine Reihe von Stiftskirchen seines Territoriums jeweils zwei oder eine Kanonikerpfründe zur Verfügung stellte. Da man die Protokolle des Mainzer Domkapitels aus dieser Zeit kennt, weiß man, daß der Erzbischof hier tatsächlich ein Konzept verfolgte.

In der Kapitelsitzung vom 31. Juli 1469 teilte Adolf von Nassau den Domherren ausdrücklich, aber insgeheim – *capitulariter et secrete* – mit, der Papst habe ihm die Erlaubnis gegeben, eine Universität in der Stadt Mainz zu gründen, und zwar *super beneficiis incorporatis*, also so, daß die Universität bestimmte Pfründen regelmäßig zur Verfügung haben sollte, nicht dagegen *super censibus ipsius domini Maguntinensis* – also etwa durch die Heranziehung erzbischöflicher Einkünfte. In diesem Falle hätte das Domkapitel mitzureden gehabt. Der Erzbischof wollte den entsprechenden Streit offensichtlich vermeiden, zumal solche Mittel angesichts seiner schon erwähnten Verschuldung schwerlich aufzubringen waren. Den Gedanken, das Domkapitel selbst zu beteiligen, indem eine der Domherrenstellen der Universität inkorporiert wurde, hat der Erzbischof sich offensichtlich nicht zu erwägen getraut. So konnte das Domkapitel beruhigt sein, denn es war von der Gründung ja nicht betroffen. Die Domherren scheinen auch nicht mißtrauisch geworden zu sein, als der Erzbischof sie darauf hinwies, daß die Erlangung der päpstlichen Urkunden 300 Gulden kosten würde, ein Betrag, von dem man nicht wußte, wer ihn aufbringen sollte, was sich zunächst als entscheidende Hürde erwies.

Der Papst jedenfalls gestand dem Kurfürsten das Universitätsgründungsprivileg zu und die Inkorporation der Stiftsherrenpfründen ebenfalls. 22 sollten es sein, und das waren viele. Üblicherweise war die Zahl der auf solche Weise finanzierten Professorenstellen an einer Universität damals halb so groß. Der Erzbischof von Mainz war also erfolgreich und ehrgeizig – jedenfalls in seinen Plänen –, und er hatte den Papst auf seiner Seite. Doch damit war noch nicht Wirklichkeit, was er wollte und was in Papsturkunden formuliert war, die nun in einem römischen Büro lagen. Wenn alles verwirklicht werden sollte, mußte der Erzbischof die beiden Urkunden in Händen halten, und die bekam er nur, wenn er 300 Gulden Kanzleigebühr entrichtete, je 150 für das Gründungs- und für das Inkorporationsprivileg. Das war der übliche Tarif. Ferner mußte er die Gewißheit haben, daß es ihm gelingen würde, das Inkorporationsprivileg auch zu realisieren, also die betroffenen Stiftskapitel zur Abtretung von Pfründen zu bewegen, die fortan der Universität zugewendet werden sollten. Einfach befehlen konnte das weder der Erzbischof noch der Papst, und so mußte der Erzbischof vorsichtig taktieren, denn falls die Stiftskapitel Widerstand leisteten, waren die 300 Gulden Kanzleigebühr verschwendet.

So ließ der Erzbischof die beiden Urkunden einstweilen in Rom liegen, um deren Realisierungschancen zu erkunden, und die waren gering. Der Erzbischof wurde vorsichtiger und reduzierte noch 1467 seine Bitte an den Papst. Nun wollte er nicht mehr 22, sondern nur noch elf Stiftsherrenpfründen inkorporiert haben. Das war die übliche

Dimension. Der Papst genehmigte das zwar, doch die beiden Papstprivilegien wurden trotzdem nicht ausgefertigt, da dem Kirchenfürsten offensichtlich die erforderlichen 300 Gulden fehlten. Alles, was er hatte, war verpfändet, sogar die Reliquien des Mainzer Doms, und die waren am Ende wichtiger als eine Universität, weshalb sie 1473 vom Domkapitel eingelöst wurden und die Gründung der Universität weiterhin unterbleiben mußte. Zwei Jahre danach starb der Erzbischof. Neuer Erzbischof wurde sein Rivale Dieter von Isenburg, der einen Teil der erzbischöflichen Besitzungen als Pfand innehatte. Die brachte er nun in sein neues Amt ein. So konnte das Erzstift konsolidiert werden, und die Universitätsgründung glückte ebenfalls.

Der neue Erzbischof, der nicht nur in Erfurt immatrikuliert und – mit Rücksicht auf seinen Geburtsstand – im Alter von 22 Jahren Rektor gewesen, sondern auch zum Bakkalaureus der artistischen Fakultät promoviert worden war, griff auf den Plan seines Vorgängers zurück, ging aber sorgsamer zu Werke als dieser. Er verhandelte erfolgreich mit den betroffenen Stiftskirchen und konnte schließlich vierzehn – und nicht nur elf – Inkorporationen vom Papst erbitten. 1477 wurde die Universität Mainz begründet – gleichzeitig mit Tübingen.

Als letzte Gründung im Reich vor der Reformation oder als vorletzte – je nachdem, wie man die Anfänge von Frankfurt an der Oder datiert –, folgte Wittenberg. Die reformatorische Universität schlechthin wurde keineswegs gegründet. Kurfürst Friedrich der Weise wollte genau das haben, was die Wettiner seit 1409 in Leipzig hatten, was er aber nicht mehr besaß, nachdem die wettinischen Territorien 1485 geteilt worden waren. Damals waren – benannt nach den Brüdern Ernst und Albrecht, die das Gebiet teilten – die ernestinische und die albertinische Linie entstanden. Das hat Folgen bis heute, denn die albertinischen Territorien stellen den größeren Teil des jetzigen Bundeslandes Sachsen dar, während die ernestinischen zum größeren Teil in den Bundesländern Sachsen-Anhalt und Thüringen enthalten sind. Zur ernestinischen Linie gehörte auch die Kurwürde. Nach dem Tode des Kurfürsten Ernst erbte Friedrich der Weise diese und das ernestinische Gebiet. Friedrich der Weise verlegte seine Residenz nach Wittenberg, in eine kleine Stadt mit etwa 400 Häusern und nicht mehr als 2000 Einwohnern am nördöstlichen Rande seiner Besitzungen, die bis Eisenach und Coburg reichten. Einst war Wittenberg Residenz der Askanier gewesen; nach deren Aussterben waren die Stadt, das dazugehörige kleine Territorium und die sächsische Kurwürde 1422 an die Wettiner gekommen.

Friedrich der Weise ließ in Wittenberg ein Renaissanceschloß errichten und im Zusammenhang damit eine große Kirche für das seit 1346 bestehende kleine, nur sieben Pfründen umfassende Allerheiligenstift. Die Stiftskirche wurde zugleich Hofkirche, und sie war der Ort der für einige Jahre größten Reliquiensammlung im Reich, die der Kurfürst zusammengebracht hatte. Insgesamt enthielt sie zum Schluß, nämlich im Jahre 1520, rund 19 000 Reliquien, die demjenigen 1 885 500 Jahre Ablaß eintrugen, der sie während des einen der beiden jährlich stattfindenden Termine betrachtete, sich der Beichte unterzog und bestimmte religiöse und materielle Leistungen erbrachte.

Für die Universität – Ersatz für das nun albertinische Leipzig – erteilte König Maximilian dem Kurfürsten 1502 ein Gründungsprivileg, das Papstprivileg folgte erst 1507. In dieser Abfolge hat man lange Zeit einen tieferen Sinn gesehen, eine protoreformatorische Tat, als hätte es der Kurfürst zunächst ohne ein Papstprivileg versuchen wollen. Doch das war eine Täuschung – allerdings eine interessante und typische. Zu den Gefährdungen der Historiker gehört die Neigung, bedeutenden Ereignissen eine auf diese zulaufende Vorgeschichte zu geben. Da schien es gut zu den Jahren vor Beginn der Reformation zu passen, daß der Kurfürst eine Universität – und zwar die Universität Luthers – ohne den Papst gründen wollte. Schon ein Jahr nach dem königlichen Privileg erwarb der Kurfürst jedoch eine Bestätigung der königlichen Gründung durch den päpstlichen Legaten sowie ein Privileg, wonach dieser die akademischen Grade, die man in Wittenberg in der Theologie und im Kirchenrecht verleihen würde, allgemein anerkannte. 1507 folgte das entsprechende päpstliche Privileg. Den Papst brauchte der Kurfürst auch zur Inkorporation der Pfründen des Wittenberger Allerheiligenstifts in die Universität, und auch das geschah 1507, nachdem der Kurfürst die Anzahl der Pfründen von sieben auf zwölf erhöht hatte. Das war fast die übliche Zahl, wie sie zuletzt in Mainz sichtbar wurde.

Auch Friedrich der Weise war nicht bereit oder imstande, die neuen Stiftspfründen ganz aus seinen Mitteln zu fundieren. Den der Universität Wittenberg inkorporierten Wittenberger Kanonikerpfründen waren ihrerseits Pfründen inkorporiert; bei den neugegründeten handelte es sich meistens um Pfarrstellen. Die Wittenberger Kanoniker und Professoren mußten also aus ihren Einkünften den Inhaber der ihrer Pfründe inkorporierten Pfarrei bezahlen. Zwei weitere Professorenstellen – eine theologische und eine artistische – stellte das Augustiner-Eremitenkloster, das Friedrich der Weise 1502 gegründet hatte, und zwar im Hinblick auf die Universität.

Friedrichs Berater bei der Kloster- wie auch bei der Universitätsgründung war der Augustinereremit Johannes von Staupitz, promovierter Theologe aus einer sächsischen Adelsfamilie. Zeitweilig war er Prior des Tübinger Augustinerklosters gewesen, und so wurde Tübingen das Vorbild der Wittenberger Universität und der Ort, woher einige der Wittenberger Professoren kamen. Staupitz selbst übernahm eine der Theologieprofessuren. 1503 wurde er zum Generalvikar der reformierten deutschen Augustiner gewählt, und als solcher wurde er zum obersten Vorgesetzten des Erfurter Augustinermönchs Martin Luther. Der hatte in den Jahren 1508 und 1509 jene Magisterstelle an der Universität inne, die sein Kloster zu besetzen hatte. Dann wurde Luther nach Erfurt zurückversetzt, wo er weiter Theologie studierte. 1512 gab Staupitz seine Wittenberger Professur auf, und Luther wurde sein Nachfolger.

Die beiden Professuren, die der Augustinerorden stellte, und jene zwölf, die mit den Wittenberger Stiftsherrenpfründen verbunden waren, stellten jedoch nicht alle Wittenberger Professuren dar. Weitere – oder besser andere – wurden aus der Kasse des Landesherrn bezahlt. Eine Bestandsaufnahme aus dem Jahre 1516 zeigt, daß damals nur sechs Stiftskanoniker lehrten, ferner die beiden Augustiner sowie dreizehn ganz überwiegend vom Landesherrn besoldete Gelehrte. Auf die Fakultäten verteilt hatte man damals drei Theologen, sechs Juristen, einen Mediziner und elf Artisten. Diese Zahlen werden in einem Bericht der Universität genannt, der auf eine Anfrage Friedrichs des Weisen zurückging.[21] Er hatte es genau wissen wollen. Er fragte nämlich, »wer die lection list und zu welcher stund ain jede gelesen wird, und was davon ains idlichen besoldung sei«.[22]

Die Anfrage ist typisch für die Wittenberger Verhältnisse. Der Kurfürst und seine Räte kümmerten sich um alle Einzelheiten der Universität. Aber die Universität wurde auch finanziell durch den Kurfürsten gefördert – ganz anders als die Rostocker oder die Greifswalder. So übernahm Friedrich der Weise zum Beispiel die fünfzig Gulden, welche die Promotion Martin Luthers zum Doktor der Theologie kostete. Luther werde schließlich sein Leben lang die Wittenberger Bibelprofessur versehen, so hatte von Staupitz' Argument gelautet. Luther und die anderen Professoren waren auch Hofbeamte des Kurfürsten; Abwesenheit vom Ort bedurfte dessen Genehmigung.

Die Anfänge der Wittenberger Universität verliefen offensichtlich weniger schwierig als die älterer Gründungen. Man sieht das auch an den Zahlen der Studenten oder, genauer, an den Zahlen der Immatrikulationen. Es gab keine Exmatrikulation. So kann man nur schätzen, wie viele Studenten jeweils gleichzeitig studierten. Aber man hat die Immatrikulationszahlen, und für den Vergleich von Universität zu Universität reichen die völlig aus. Will man dennoch eine Vorstellung davon gewinnen, wie viele Studenten jeweils an einem Ort studierten, so dürfte es richtig sein, die Zahl derer, die pro Jahr immatrikuliert wurden, zu verdoppeln. Länger als vier Semester studierten die meisten nicht.

| Jahr | Heidelberg | Erfurt | Leipzig | Freiburg | Wittenberg | Frankfurt a. d. Oder |
|------|-----------|--------|---------|----------|------------|----------------------|
| 1502 | 88  | 288 | 337 | 91  | 416 |     |
| 1506 | 168 | 372 | 324 | 125 | 121 | 928 |
| 1511 | 183 | 222 | 447 | 106 | 247 | 118 |
| 1516 | 138 | 270 | 319 | 87  | 162 | 63  |
| 1520 | 173 | 270 | 417 | 164 | 579 | 125 |
| 1524 | 63  | 24  | 90  | 32  | 170 | 46  |

In Wittenberg wie in Frankfurt sieht man einen Eröffnungsboom. Kurz darauf gehen die Zahlen zurück – in Frankfurt freilich noch drastischer als in Wittenberg. Die Wittenberger Zahlen dagegen bleiben achtbar. Leipzig wird zwar nicht erreicht, aber Heidelberg wird übertroffen. Im Jahre 1520 haben wir es dann schon mit den Folgen von Luthers raschem Bekanntwerden zu tun. Damals hat Wittenberg alle deutschen Universitäten hinter sich gelassen. Dem folgte dann überall ein tiefer Einbruch. Die Universität Greifswald mußte sogar für einige Jahre geschlossen werden.

Wittenberg war erfolgreich schon in der Zeit vor Luther, obwohl Erfurt und Leipzig so nahe waren. Freilich kamen viele Studenten aus der unmittelbaren Nachbarschaft, doch stellt man auch fest, daß von Anfang an viele Süddeutsche in Wittenberg immatrikuliert wurden. Wahrscheinlich hat die glatt verlaufene Gründung hier eine Rolle gespielt, der Umstand also, daß der Unterricht nach der Eröffnung tatsächlich begann und die Universität nicht, wie sonst vielfach, jahrelang vor sich hin kümmerte. Das aber dürfte vor allem die Folge der landesherrlichen Politik gewesen sein, der Finanzen, die der Kurfürst hier einsetzte, aber auch der Sorgfalt, die er und seine Räte auf den Universitätsbetrieb und auf die Rekrutierung der Professoren verwandten.

Dafür hatte der Kurfürst seine Gründe, denn die Förderung der Universität stellte einen Teil seiner Kirchenpolitik dar. Er war ganz entschieden der Meinung, er selbst sei für das Wohlergehen der Kirchen seines Landes zuständig. Das landesherrliche Kirchenregiment, das dann infolge der Reformation eine ganz andere Grundlage bekommen sollte, ist schon in den Jahrzehnten davor ausgebildet worden. Es stellt eines der stärksten Momente der Kontinuität dar, welche die Reformationszeit mit der Zeit davor verbindet. Es gehört auch zu den Ursachen für den Erfolg der Reformation. Insofern gehört auch die frühe Wittenberger Universität in die Vorgeschichte der Reformation, obwohl sie doch auf der anderen Seite eine Gründung von der gleichen Art war wie alle deutschen Universitäten seit Prag.

KAPITEL 5

# Studium, Studenten und Professoren um 1500

Wer heute danach fragen wollte, was eigentlich an einer Universität geschieht, würde sich rasch in einer Vielzahl von Wissenschaften und auch in den einzelnen Universitäten verlieren. Das Spektrum von den Geistes- über die Sozial- zu den Naturwissenschaften und zu den technischen Fächern ist breit, und was sich hinter diesen Bezeichnungen an Fächergruppierungen verbirgt, ist vielfältig. Geisteswissenschaften wären ja nicht nur Sprachen, Literatur, Geschichte, Philosophie und einige weitere Fächer der alten philosophischen Fakultäten, sondern auch Theologie und Rechtswissenschaft, die ihrerseits viele Disziplinen umfassen. Diese Disziplinen haben zwar nicht von Universität zu Universität ihre eigene Gestalt, aber es gibt doch markante Unterschiede von Ort zu Ort.

Um 1500 war das ganz anders. Wie zuvor hatten die Universitäten auch jetzt nicht die Aufgabe, neues Wissen zu erarbeiten. Ihre Bestimmung war vielmehr, das bekannte Wissen zu bewahren, vor Verunklarung zu schützen und geklärt weiterzugeben. Daß damit im Einzelfall nicht die Erarbeitung von etwas bisher Unbekanntem ausgeschlossen war, versteht sich ebenso von selbst, wie umgekehrt das gleiche gilt. Auch heute ist den Universitäten nicht nur die Aufgabe aufgetragen, Neuland zu erschließen, sondern auch die Tradierung des vorhandenen Wissens. Dennoch ist es sinnvoll, zwei Typen von Universitäten zu unterscheiden: die tradierende, wie sie bis zur Zeit der Aufklärung dominierte, und die um Neues bemühte jüngere.

Studieren um 1500 hieß, den Inhalt bestimmter Bücher zu erfassen. In vielen Universitätsstatuten waren sie genannt. Es gab einen Kern von Hauptbüchern, die in der Regel am Vormittag in den Hauptvorlesungen vorgetragen wurden. Daneben standen fakultative Bücher, deren Inhalt von jüngeren Dozenten, in der Regel am Nachmittag, vermittelt wurde. Im *trivium*, also während des wenigstens drei Semester dauernden Anfangsunterrichts in der artistischen Fakultät, lag alles Gewicht auf der Logik. Gelehrt wurden die *summulae* des Petrus Hispanus aus dem frühen 13. Jahrhundert oder das gleichnamige Werk des Johannes Buridanus aus dem 14. Jahrhundert, das eine nominali-

*Die »Bursa bavarica« in Leipzig war ein typisches Beispiel für die bescheidenen Unterkünfte des Studenten im Mittelalter.*

stische Version der Logik des Petrus Hispanus darstellte. Das Buch des Buridanus wurde dort benutzt, wo man sich in dem erkenntnistheoretischen Grundsatzstreit zwischen Realismus und Nominalismus für den zweiten Weg entschieden hatte, für die *via moderna*, wie man diesen im 15. Jahrhundert im Gegensatz zur *via antiqua* nannte.

Buridans Lehrbuch und andere Schriften waren im akademischen Unterricht so fest etabliert, daß sie sich von ihrem Autor lösten. Im 15. Jahrhundert wußte man von Buridan so gut wie nichts mehr. Um so ungehinderter konnten sich Schulanekdoten und romanhafte Fabeln mit seinem Namen verbinden. Dazu gehört die heute jedenfalls dem Titel nach noch bekannte Geschichte von Buridans Esel, der zwischen zwei gleich große und gleich weit von ihm entfernte Heubündel gestellt wird, sich nicht zwischen ihnen entscheiden kann und deshalb verhungert. Illustriert werden sollte damit das theoretische Problem, wie man sich entscheiden kann, wenn man vor zwei gleichwertigen Alternativen steht, ohne einen vernünftigen Grund für die eine oder andere zu haben. Der weitere Umkreis des Problems ist die Frage nach der Freiheit des menschlichen Willens. Die Verbindung dieser Geschichte mit einem Esel geht allerdings nur bis ins 17. Jahrhundert zurück – Buridan war damals also noch immer ein klassischer Schulautor. Er hatte dieses Beispiel auch in seinem Unterricht verwendet, doch war es bei ihm nicht ein Esel, der sich nicht entscheiden konnte, sondern ein hungriger und durstiger Hund, bei dem natürlich die Schwierigkeit nicht die Gestalt von Heubündeln hatte. Buridan lehrte mit diesem Beispiel, daß ein Mensch in einer derartigen Situation durch einen Willensakt eine Entscheidung treffen könne, während das Tier eines zusätzlichen äußeren Grundes bedürfe, um aus dem Dilemma herauszukommen.

Weiterhin wurde schon im *trivium* Aristoteles gelesen, vor allem seine »Ars vetus«, das waren jene Schriften zur Logik, die schon Boethius ins Lateinische übersetzt hatte. Neben der Logik hatte die Grammatik Gewicht. In Wien zum Beispiel war hier das »Doctrinale« des Alexander de Villa Dei von 1199 das Hauptlehrbuch. Bei den jüngeren Universitäten des 15. Jahrhunderts trat aber der Grammatikunterricht zurück; er wurde gewissermaßen ausgegliedert. Die Scheidung in Gymnasien und Universitäten, die dann im 16. Jahrhundert vor sich gehen sollte, deutete sich an.

Im Zentrum des auf das Bakkalaureatsexamen folgenden *quadriviums* standen die naturphilosophischen Schriften des Aristoteles: die Physik, die Metaphysik und weitere Werke. Die Statuten verbanden die Nennung der zu studierenden Bücher mit Zeitangaben. In Köln dauerte das Studium der erwähnten »Ars vetus« vier Monate, die Physik und die Metaphysik dagegen wurden jeweils neun Monate lang gelehrt. Es gab auch Vorschriften, wieviel man äußerstenfalls gleichzeitig hören dürfe, so daß sich die kürzeste Studienzeit errechnen läßt. Für Köln hat eine solche Rechnung drei Jahre für das Studium des *quadrivium* ergeben. Andernorts waren Mindeststudienzeiten für die Meldung zum Examen festgelegt, wie sie die heute gültigen Examensordnungen noch vielfach enthalten – im Gegensatz zur Regelstudienzeit oder Höchststudienzeit, wie sie seit kurzem diskutiert werden.

Die wichtigsten Formen des akademischen Unterrichts waren die Vorlesung und die Disputation. Vorlesung hieß, daß der Magister das jeweils auf dem Programm stehende Buch abschnittsweise vorlas und kommentierte. Daneben gab es von Jüngeren, nämlich von Bakkalaren gehaltene kursorische Vorlesungen, die im wesentlichen den Text des Buches wiedergaben. Die meisten Studenten kamen nur so – durch den Vortrag des Dozenten – an die autoritativen Texte. Nur an italienischen Universitäten gab es eine organisierte handschriftliche Reproduktion von Texten, die aber sehr kostspielig waren. Universitätsbibliotheken im späteren Sinne gab es nicht, doch hatten Kollegien oft eigene Bücherbestände.

Die Disputationen konzentrierten sich auf bestimmte Fragen, die nach dem scholastischen Prinzip, also mit positiven und negativen Argumenten, im Pro und Contra, geklärt wurden. Am Ende stand die Schlußfolgerung, die *determinatio*. Das Pro und Contra wurde nicht einem Magister vorgeführt, sondern in einem Gespräch, an dem die jüngeren Zuhörer freilich zunächst nicht teilnahmen. Sie hörten erst einmal zu. An manchen Universitäten wurde man ausdrücklich zur aktiven Teilnahme an den Disputationen zugelassen. Hier gab es also eine Art von Vorexamen.

Weiterhin wurde das Studium von Übungen und Wiederholungen ausgefüllt, die nicht selten in den Kollegien stattfanden, also in Häusern, die auf der einen Seite Wohnmöglichkeiten boten, und zwar für Magister wie für Studenten, die aber auf der anderen Seite auch Orte des Unterrichts waren. Die Kollegien waren offizielle Bestandteile der Universität. Daneben gab es Häuser, die kommerziell organisiert waren und meistens Bursen hießen. Doch auch hier konnte Unterricht stattfinden.

Die Zulassung zum Examen setzte den Nachweis voraus, daß die vorgeschriebenen Pflichtveranstaltungen besucht worden waren. Das Examen sowohl für das Bakkalaureat als auch für den Magistergrad zerfiel in eine Einzelprüfung, also in das, was nach heutigem Verständnis ein Examen ausmacht, und in eine öffentliche Vorführung. Hier hatte der künftige Bakkalaureus eine schulmäßige, den Regeln der erlernten Logik folgende Klärung vorzunehmen, also zu determinieren. Der Magister dagegen hielt eine Art von Probevorlesung. Wie das im einzelnen vor sich ging, weiß man nicht hinreichend. Die Hauptquelle dafür sind die Prüfungsordnungen, die aber über die Gestalt eines Examens nur wenig aussagen. Gelegentlich sind Examensfragen überliefert.

Als eine weitere Quelle kann man eine Art Lehrdialog heranziehen, nämlich das im Leipzig des ausgehenden 15. Jahrhunderts entstandene »Manuale scholarium«.[23] Das schmale Buch führt in Gesprächsform in das Universitätsleben ein und wurde offensichtlich von Studenten als Hilfsmittel benutzt, denn sonst wäre es wohl nicht wiederholt publiziert worden. Wenn die Dialoge, die hier geführt werden, weit von der Universitätswirklichkeit entfernt gewesen wären, hätte das Buch schwerlich einen solchen Erfolg gehabt. Die hier erörterten Probleme werden also aktuell gewesen sein. Daß der Dialog selbst, in dem ein ahnungsloser Anfänger sich von einem erfahrenen und statutengetreu argumentierenden Studenten belehren läßt, kein Abbild der Wirklichkeit sein kann, liegt auf der Hand.

Das dritte Kapitel dieses Buches trägt die Überschrift: Wie die Schüler über die Übungen und die Vorlesungen sprechen. Ein Anfänger, er heißt Camillus, fragt den erfahrenen Studenten, der den Namen Bartold trägt, ob dieser wohl wisse, wie viele Vorlesungen und Übungen man bis zum Bakkalaureatsexamen absolviert haben müsse. Bartold antwortet: neun Vorlesungen und sechs Übungen. Auch sonst faßt

*Ein Bakkalaureus unterrichtet seine Schüler; Miniatur aus einer mittelböhmischen Handschrift aus der ersten Hälfte des 15. Jahrhunderts.*

dieser Dialog die Bestimmungen der Statuten in eine Reihe von Antworten auf Camillus' Fragen. Das ist keineswegs eine fingierte Situation, denn die Statuten waren ja nicht gedruckt. Man konnte ihren Inhalt nur erfragen. So mag die nächste Frage des Anfängers, wie lange das Ganze denn dauern werde, durchaus realistisch gewesen sein. Anderthalb Jahre, antwortet der erfahrene Student. Der Anfänger fragt, woher der Fortgeschrittene seine Kenntnis denn beziehe, und die Antwort lautet nicht etwa, man könne das ja in den Statuten lesen, sondern er habe es von erfahrenen Bakkalaren gehört, also von denjenigen, die die Prüfung bestanden hatten. Ungeachtet einer Fülle gedruckter Normen orientieren sich Studierende heute in der Regel nicht anders.

Der Anfänger, so liest man weiter, habe gehört, daß es ausreiche, am Anfang und am Ende einer Vorlesung zu erscheinen und allenfalls in der Mitte noch drei- oder viermal. Der regeltreue Fortgeschrittene ist einigermaßen entrüstet, aber der Anfänger meint, man lerne in den Vorlesungen gar nichts, zumal in den Büchern für die höheren Semester der gesamte Stoff enthalten sei, und wenn man dann zur Prüfung komme, würde einem deren Kenntnis erlassen. Solche Illusionen bekämpft der erfahrene Gesprächspartner, indem er darauf hinweist, daß

*Die wenigen und daher äußerst wertvollen Bücher wurden im Mittelalter sorgsam bewacht und gesichert; Miniatur aus den Statuten des Sapienz-Kollegs, Freiburg 1497.*

jeder, bevor er zum Examen zugelassen wird, durch Eid versichern müsse, wieviel er gehört und wieviel er versäumt habe. Die Magister der Artistenfakultät haben festgelegt, daß jeder die Vorlesung vollständig hören muß.

Das scheint dem Anfänger allzuviel, und er fürchtet, das Arbeitspensum nicht zu schaffen, und hofft, die Prüfer täuschen zu können: Ich werde einfach sagen, ich sei anwesend gewesen – ohne daß er das, so darf man fortfahren, tatsächlich war. Der Ältere macht ihn darauf aufmerksam, daß er damit einen Meineid schwören würde, aber, so fährt er fort, er halte ihn für so robust, daß ihn die Farbe seines Gesichtes beim Meineid nicht sogleich verraten werde.

Ein wenig später unterhalten sich die beiden Studenten über die Wiederholungsübungen und darüber, bei wem man sie besuchen solle. Der ältere Student spricht davon, daß es viele gebe, die sich mehr um den Nutzen der Studenten in Wiederholungsübungen bemühten als in Vorlesungen oder Übungen. Wenn mein Magister – also derjenige, zu dem der Student, wie üblich, in einem besonderen Vertrauensverhältnis stand – eine Wiederholungsübung hält, so sagt der erfahrene Student, werde ich sie gewiß nicht versäumen. Er besitzt nämlich die Gabe der überzeugenden Beredsamkeit. Wenn er etwas ans Licht führt, dann wird es mir klar. Die Gabe der Vermittlung war also auch damals nicht gleichmäßig auf die Professoren verteilt, und die Studenten merkten das.

Unter den drei höheren Fakultäten war die theologische die vornehmste und auch die anspruchsvollste. Das Studium bis zum abschließenden Doktorgrad dauerte hier noch etwas länger als bei den Juristen und Medizinern. Im Zentrum der Ausbildung standen die Bibel und die wichtigsten Bibelkommentare, nämlich die Sentenzen des Petrus Lombardus, eines um 1100 geborenen italienischen Gelehrten, der an französischen Schulen unterrichtet hatte. Erst nach seinem Tode wurden seine Sentenzen zusammengestellt, deren Studium sogar namengebend für einen Teil des Theologiestudiums wurde. Die Theologiestudenten, die jedenfalls zunächst an der Artistenfakultät als Magister tätig sein mußten, hörten an der Theologenfakultät anfänglich nur zu. In Paris dauerte das zunächst sieben Jahre – später wurde diese Frist etwas verkürzt –, in Köln dagegen betrug die Mindestdauer sechs Jahre. Danach folgte das Bakkalaureatsexamen. Wer es bestand, war *baccalaureus biblicus* oder auch *cursor*, was sich von der Pflicht herleitete, nun zwei Jahre lang kursorische Bibellektüre anzubieten. Danach stieg der *cursor* zum *sententiarius* auf und war verpflichtet, zwei Jahre lang die Sentenzen des Petrus Lombardus vorzutragen und damit zugleich einen höheren Grad an Selbständigkeit zu praktizieren. Hier konnten bereits kontroverse Fragen erörtert werden. Nach Abschluß dieser Verpflichtung war der werdende Theologiedoktor *baccalaureus formatus*. Als solcher hatte er noch einmal vier Jahre lang zu lernen und zu lehren, und zwar im wesentlichen durch Teilnahme an Disputationen, also in noch höherem Maße als während der früheren Periode im Austausch kontroverser Meinungen. Daran schlossen sich das Examen an, die Lizenz, und die feierliche Verleihung des Doktorgrades. Das Theologiestudium dauerte demnach mindestens vierzehn Jahre. Unterschiede ergaben sich von Ort zu Ort, und es spielte auch eine Rolle, ob man Weltgeistlicher war oder einem Orden angehörte. Zu den Jahren des Theologiestudiums kamen die des Artistenstudiums. Das Ganze konnte also leicht zwanzig Jahre währen.

Das war keineswegs eine groteske Zeitverschwendung, denn die Erwerbung des Doktorgrades in der Theologie war etwas anderes als eine Doktorpromotion heute. Er war auch mehr als die nächsthöhere heutige Qualifikation, also die Habilitation. Wer zum Doktor der Theologie promoviert worden war, hatte etwas erreicht, was man der heutigen Berufung auf einen Lehrstuhl oder eine C4-Professur an die Seite stellen könnte. Bedenkt man, daß das durchschnittliche Habilitationsalter heute bei vierzig Jahren liegt und das gewöhnliche Alter derer, die auf einen Lehrstuhl berufen werden, entsprechend höher, so könnte die Studiendauer der mittelalterlichen Theologen geradezu als ein Vorbild für die Moderne erscheinen. Nimmt man an, der Student bezog die Universität mit sechzehn Jahren, so wäre er mit 35 Jahren fertiger Theologiedoktor gewesen. 35 Jahre betrug in Paris auch das Mindestalter für die Promotion in Theologie. In Wien und Köln waren es dreißig Jahre.

Anachronistisch ist die Vorstellung, daß das Studium der Theologie ausschließlich ins Pfarramt geführt habe, es führte vielmehr zu kaum etwas anderem als zur Lehre der Theologie, also zur Professorenexistenz. Der Pfarrer bedurfte nicht so sehr theologischer als vielmehr kirchenrechtlicher Kenntnisse. Er war nur im Ausnahmefall Prediger. In der Hauptsache verwaltete er die Sakramente, und von denen bedurfte die rechte Handhabung des Bußsakraments der gründlichsten Ausbildung. Die aber erhielt man bei den Juristen, weil die Voraussetzung der Buße ja die Beichte war, also ein Gerichtsverfahren, das *forum internum*. Gepredigt wurde im Mittelalter, wenn man von den Bettelorden absieht, selten; am ehesten hatte man noch an den Universitäten Gelegenheit, regelmäßig Predigten zu hören. Die Predigt und die theologische Abhandlung standen sich sehr nahe. Allerdings wuchs im 15. Jahrhundert bei vielen gebildeten Frommen der Wunsch, regelmäßig Predigten zu hören, und so wurden in großen Städten eigene Pfründen gestiftet, auf die Prediger berufen werden sollten. Damit hatte man in den Jahrzehnten vor der Reformation so etwas wie eine berufliche Alternative für denjenigen, der Theologie studiert hatte und bisher, soweit er nicht Ordensangehöriger war, mit seinem Doktorgrad in der Theologie eigentlich nur an der Universität etwas anfangen konnte. Theologieprofessoren wechselten nun auf solche Predigerstellen. Die Inhaber solcher Predigerstellen sorgten schließlich dafür, daß Luthers neue Lehren über Wittenberg hinaus verbreitet wurden und in einzelnen Städten Fuß faßten.

Das Studium der Rechtswissenschaft, des Kirchenrechts wie auch des spätantiken Kaiserrechts war dem der Theologie recht ähnlich. Auch hier ging es um die Auslegung der autoritativen Texte, auch hier wurden die Kommentare zu diesen Texten studiert, auch hier übte man sich in Disputationen. Das Studium dauerte nicht ganz so lange wie das der Theologie, und es zielte keineswegs nur auf eine Lehrtätigkeit an der Universität. Insbesondere diejenigen, die das Kirchenrecht studierten, hatten in der spätmittelalterlichen Gesellschaft vielfältige Chancen. Sie wurden an vielen Stellen gebraucht: auf gutdotierten Pfarrpfründen, in der Rechtsprechung und Verwaltung der Diözesen und überall dort, wo Kirchenfürsten eines Rechtsberaters bedurften. Auch infolge von Kirchenspaltung und Konzilien hatte die praktischpolitische Relevanz von Kirchenrecht zugenommen. Die Akademisierung vieler bisher nicht von Universitätsbesuchern bearbeiteter Tätigkeitsfelder, die man im 15. Jahrhundert beobachtet, schuf vor allem den Kirchenrechtlern Arbeitsmöglichkeiten. Das Studium des römischen Rechts hatte bis zum Ende des Mittelalters nördlich der Alpen ein geringeres Gewicht. Nur wenige Deutsche erwarben den Grad eines *doctor legum* oder eines *doctor iuris utriusque*. Diese Doktoren beiderlei Rechts waren auch Doktoren des Kirchenrechts *doctor decretorum*.

Die medizinische Fakultät war im Vergleich zur juristischen wie zur theologischen eine kleine Fakultät. Das meiste von dem, was man heute an einer medizinischen Fakultät lernen kann, wurde an einer mittelalterlichen nicht gelehrt. Das Ziehen kranker Zähne etwa war – bis weit ins 19. Jahrhundert – ein Handwerk. Chirurgie oder auch Geburtshilfe wurden erst in der frühen Neuzeit zu einer Sache der akademisch gebildeten Mediziner.

In der Frühzeit der europäischen Universitäten und in den Jahrzehnten davor hatte das Studium der Medizin jedoch eine in mancher Hinsicht andere Gestalt als später. So hat man in Salerno schon im 12. Jahrhundert eine Ausbildung von Medizinern, die im Vergleich zu dem, was an den spätmittelalterlichen Universitäten üblich war, als praxisnah erscheint. Man studierte hier zwar – wie später – antike Medizinertexte, aber es gab auch Kontakte zur griechischen und arabischen Welt, die damals der abendländischen vielfach überlegen war. Das zweite frühe Zentrum der Medizin, die spätere französische Universität in Montpellier, war in ihrer Frühzeit von Salerno, aber auch von den arabischen und jüdischen Einflüssen geprägt, die auf Salerno gewirkt hatten. Es war keineswegs vorbestimmt, daß die Medizin nach der Theologie und der Jurisprudenz die dritte höhere Fakultät werden sollte. Daß sie es geworden ist, während zum Beispiel die Baukunst nicht zu einem Universitätsfach wurde, hat auch zufällige Ursachen.

Da die Medizin an der Universität gelehrt wurde, wurde sie – zu einem wesentlichen Teil – Buchwissenschaft. An den Universitäten bestand auch das medizinische Studium vor allem in der Erschließung autoritativer Texte aus der Antike, vor allem der Texte des Galenus, eines in Rom tätigen griechischen Arztes aus dem 2. Jahrhundert nach Christus. Er war der wichtigste Vermittler zwischen der antiken und der mittelalterlichen Medizin. Dem Namen nach hatte auch Hippokrates eine große Bedeutung, doch ist nicht klar, welche der Texte, die unter seinem Namen studiert wurden, diesem griechischen Arzt aus dem 5. Jahrhundert vor Christus wirklich zuzuschreiben sind, und es kommt hinzu, daß die Hippokrates-Texte dem Mittelalter meistens

*Ibn Sinas medizinische Enzyklopädie, der »Kanon«, war in Europa weit verbreitet. Die in Italien oder Spanien angefertigte Übersetzung ins Hebräische vom Ende des 14. Jahrhunderts zeigt Ibn Sina vor einem Buch, auf dem sein Name steht.*

nicht direkt vermittelt worden sind, sondern über die Werke arabischer Gelehrter.

Der wichtigste Araber, der das abendländische Studium nicht nur der Medizin, sondern auch der Philosophie und der Musiktheorie geprägt hat, war Avicenna. Er wurde zwischen 973 und 980 geboren und starb 1037. Für die Vermittlung von Aristoteles an das mittelalterliche Europa kommt ihm große Bedeutung zu. Die Wirkung des Arztes Avicenna war aber wohl noch größer. Seine medizinischen Werke wurden bis ins 17. Jahrhundert als Basisschriften des Medizinstudiums gedruckt.

Gewiß studierte man an den medizinischen Fakultäten nicht nur die Werke von Galen, Hippokrates oder Avicenna. Daß dieses Literaturstudium am Ende auch eine praktische Relevanz haben sollte, daß diejenigen, welche diese Schriften studierten, es schließlich auch mit kranken Menschen zu tun haben würden, blieb niemals ganz außer Betracht. Doch überwog die Theorie. Die aber hatte – für heutige Begriffe – durchaus magische Komponenten. Zu einem nicht geringen Teil war sie astrologisch fundiert. Die fundamentale Säftelehre, der zufolge man viele medizinische Phänomene durch die Unterscheidung von vier den menschlichen Körper bestimmenden Flüssigkeiten klären zu können meinte, also durch die Unterscheidung von gelber und schwarzer Galle, Blut und Schleim, hat vor dem Hintergrund der heutigen naturwissenschaftlich fundierten Medizin ihre zweifelhaften Seiten.

Zuweilen kennt man die Bücher, die Medizinprofessoren besaßen, und aus denen sieht man, daß sich diese Gelehrten nicht nur mit der Weitergabe antiker Wissenschaft beschäftigten, sondern auch Rezepte ausschrieben oder über den Aderlaß nachdachten, also über jenes Universalheilmittel, das eine Domäne der ungelehrten praktizierenden Mediziner war. In Bologna wurden schon im 14. Jahrhundert Leichen seziert. Die entsprechenden Beispiele nördlich der Alpen findet man noch im 15. und im 16. Jahrhundert sehr selten. In der 1477 begründeten Tübinger Universität zum Beispiel sollte dem Lehrplan zufolge alle drei oder vier Jahre eine Leiche seziert werden.

Neben den Vorlesungen bestimmten die Disputationen den Alltag der Studenten und Professoren. Fortschritte waren nicht zuletzt daran erkennbar, daß jemand aus der Rolle des Zuhörers von Disputationen in die eines Teilnehmers hineinwuchs. Bedenkt man, wie groß das Gewicht war, das der scholastischen Methode, der strittigen Erörterung des *sic et non*, bei der Entstehung der Universität zukam, so versteht man, daß die Disputationen für den Lehrbetrieb große Bedeutung hatten, und man wundert sich nicht, daß es Disputationen waren, welche den Höhepunkt eines Universitätsjahres darstellten. Die Disputationen *de quo libet*, also über jede beliebige Sache, die sogenannten Quodlibet-Disputationen, waren nicht nur ein charakteristischer Teil der Lebenswirklichkeit von Magistern und Professoren, sondern sie lassen auch erkennen, daß gelegentlich aktuelle Fragen in das Gehäuse des Unterrichts eindrangen, der sich an ein für allemal festgelegten Büchern orientierte.

Wie diese Disputationen abliefen, kann man zum Beispiel den Statuten der Erfurter Artistenfakultät entnehmen – der Artistenfakultät deshalb, da diese in der Regel der Veranstalter der gesamtuniversitären Quodlibet-Disputation war und auch sein konnte, weil der Artistenfakultät ja auch die Studenten und Lehrer der höheren Fakultäten fast ohne Ausnahme angehörten.

Am 2. Januar wurde der Vorsitzende dieser großen Veranstaltung gewählt, der *quodlibetarius*. Er hatte das Ganze zu organisieren und selbst den wichtigsten Teil vorzutragen, die *quaestio principalis*. Er mußte ein Hauptproblem erörtern und einen Bakkalaureus gewinnen, der in der Disputation seinen Gegner darstellte. Doch die Aufgabe dieses Respondenten war nur das, was man einen vorbereiteten ersten Diskussionsbeitrag nennen könnte. An der Disputation über die *quaestio principalis* sollten auch die Magister der Artistenfakultät und die Doktoren der anderen Fakultäten teilnehmen. Weiterhin sollten die Magister der Artistenfakultät ihrerseits *quaestiones* aus dem Stoffgebiet der Artistenfakultät ausarbeiten und zwei bis drei Wochen vor der Quodlibet-Disputation deren Teilnehmern zugänglich machen.

Es heißt in den Statuten, die Artistenmagister sollten eine schöne *quaestio* mit einem damit verknüpften Problem aus dem Stoff der Artistenfakultät ausarbeiten.[24] Angesichts des Umstandes, daß der Lehrbetrieb ja nicht das Ziel hatte, die Studenten mit neuen Sachverhalten bekannt zu machen, könnte hier nichts anderes gemeint sein als die Erörterung einer oftmals bewährten Fragestellung. Das erlaubt den Schluß, daß das ganze Quodlibet ein langweiliger Akt war, der sich in leicht abgewandelter Form jährlich wiederholte. So ist es wohl auch zu einem beträchtlichen Teil gewesen, aber eben doch nicht ganz.

Jenseits der *quaestio principalis* und jener *quaestiones*, welche alle Artistenmagister vorlegen mußten, gab es noch einen dritten Teil des Quodlibet, und den bestimmten die Studenten der Artistenfakultät. Sie hatten die Möglichkeit, schriftlich Fragen einzureichen, die der Quodlibetar an einen geeigneten Magister weitergab, gegebenenfalls auch an einen Theologen, Juristen oder Mediziner. Zum Teil nutzten die Studenten die Gelegenheit und verlangten Antworten auf aktuelle Fragen, die sich ihnen im Hinblick auf ihre spätere Tätigkeit stellten, und daran wird sichtbar, daß die zeitgenössische Wirklichkeit vom universitären Lehrbetrieb nicht ganz ferngehalten wurde.

Bezeichnend dafür ist die Quodlibet-Disputation in Prag, die während der Vorgeschichte der hussitischen Revolution und während dieser Vorgänge selbst eine große Rolle gespielt hat. Hier war eine Art Kampfplatz, auf dem die Probleme der Gegenwart diskutiert wurden. Man kennt so etwas nicht nur aus Prag. Erfurter Studenten fragten nach klassischen Themen des Lehrprogramms, aber sie hatten auch andere Gegenstände im Blick. Ganz sicher ist die Grenze zwischen aktuellen Fragen und Schulfragen aber nicht zu bestimmen.

Eindeutig aktuell war aber das Problem, das im Jahre 1431 aufgeworfen wurde, nämlich ob Einkünfte zu erwerben auf Lebenszeit oder auf eine bestimmte Zeit oder auf Dauer oder in einem widerruflichen Vertrag etwas sei, was man gemeinhin als Wucher bezeichne. Hier hat man es offensichtlich mit Schwierigkeiten des Alltags zu tun. Die Verleihung von Geld gegen Zinsen galt als Wucher und war verboten. Aber es gab Geschäfte, mit denen man dieses Zinsverbot umgehen konnte, etwa wenn man einen Betrag zur Verfügung stellte und sich dafür ausbat, bis zum Lebensende jährlich eine bestimmte Summe zu erhalten. Das war ein Leibrentenvertrag, wie man ihn auch heute kennt. Man konnte sich auch regelmäßige Zinszahlungen aufgrund eines, wie man heute sagen würde, Hypothekenvertrages sichern, der jederzeit auflösbar war. Verträge dieser Art waren gang und gäbe. Auf diese Weise wurden freie Kapitalien angelegt oder die Altersversorgung gesichert. Doch die Frage, ob man es dabei nicht doch mit Wucher zu tun habe, war ungeklärt. Sie wurde heftig diskutiert, und so ist es nicht verwunderlich, daß diese Diskussionen auch in das Erfurter Quodlibet eindrangen. Ein Artistenmagister, der inzwischen das Recht studierte, bekam den Auftrag, dieses Problem zu erörtern, und seine Erörterung fand viele Interessenten. Sie ist in neun Handschriften überliefert.

1446 wurde in Erfurt untersucht, was der Ablaß sei, welchen Ursprung er habe und wie er überhaupt existieren könne. Das war vollends ein aktuelles Problem, wie man aus der Vorgeschichte der Reformation weiß. Was der Ablaßhändler Tetzel mit dem ihm zugeschriebenen Werbespruch: »Sobald das Geld im Kasten klingt, die Seele in den Himmel springt« meinte, war um 1500 durchaus strittig. Nicht strittig war, daß der Papst den Gnadenschatz verwaltete, eine Art großes Konto, das sich daraus speiste, daß die Heiligen weitaus mehr gute Werke vollbracht hatten, als zu ihrer eigenen Erlösung nötig waren. Diese überschüssigen Verdienste der Heiligen, Gnadenschatz genannt, konnten von den Päpsten in Gestalt des Ablasses an Gläubige weitergeleitet werden. Doch was bewirkte diese Weitergabe? Die strenge Antwort lautete, daß auf diese Weise die Sündenstrafe ersetzt werde, indem der Gläubige, der in der Beichte seine Sünden bekannt hatte und zur Reue bereit war, die Strafe, die ihm nun auferlegt worden war, nicht abzuleisten brauchte, sondern durch den Ablaß ersetzen konnte. Die weitergehende Antwort besagte, der Ablaß beseitige nicht die Sündenstrafe, sondern die Sündenschuld, und das geschehe so, daß derjenige, der den Ablaß erwerbe, selbst zu dessen Realisierung gar nichts zu tun brauche. Daraus aber ergebe sich die Möglichkeit, den Ablaß auch schon Verstorbenen zukommen zu lassen mit der Folge, daß deren Zeit im Fegefeuer verkürzt werden könne. Darauf bezog sich der erwähnte Werbespruch über die Beziehung des Geldes, das im Kasten klingt, zu der Seele, die aus dem Fegefeuer in den Himmel springt. Ob diese Sicherheiten wirklich gegeben waren, wurde jedoch im 15. Jahrhundert unter Theologen und Juristen vielfach erörtert, und so waren Diskussionen, wie sie im Erfurter Quodlibet von 1446 geführt wurden, höchst aktuell.

Man sieht das auch daran, daß das Problem zwei Jahre später abermals erörtert wurde. Nun sollte geklärt werden, ob der Ablaß der Strafe wie auch der Schuld, den die Prälaten nach ihrem eigenen Willen verteilen könnten, vernünftigerweise ihnen zur Verteilung vorbehalten sei. Wer sollte also über den erwähnten Gnadenschatz verfügen dürfen, und wie war es überhaupt mit den Vollmachten der Geistlichen im Hinblick auf das Schicksal der Gläubigen nach ihrem Tode bestellt? So lautete eine im Jahre 1446 gestellte Frage, ob die allein den Priestern übertragenen Schlüssel des Himmelreichs im Hinblick auf den Umgang damit vernünftig gesichert seien. Und 1448 wurde gefragt, ob jeder Priester kraft der ihm in der Priesterweihe übertragenen Verfügung über die Himmelsschlüssel in Wahrheit den Büßenden in solchen Fällen, die dem Papst vorbehalten waren, ohne einen besonderen Auftrag freisprechen könne.

Auch hier kann man selbstverständlich nicht sagen, was diejenigen, die diese Probleme aufwarfen, dachten, ob sie beunruhigt waren und eine gewissermaßen systemkonforme Antwort erhofften, oder ob sie ihre Magister drängen wollten, etwas zu sagen, was den Rahmen des Üblichen überschritt. Klar ist jedoch, daß es sich bei diesen studentischen Fragen immer wieder um Probleme handelte, die aktuell waren.

Im Jahre 1455 wurde erörtert, warum in der Urkirche die Bischöfe und die Prälaten ein Leben nach dem Muster der Apostel in Armut und Enthaltsamkeit geführt hätten, während sich in der Gegenwart alle dem Vergnügen und dem Reichtum hingäben. Die Armut der Apostel als Muster für die Kirche der Gegenwart war die Forderung der Ketzer des Hochmittelalters gewesen. Wycliff hatte das gleiche verlangt, und die Hussiten taten es ihm nach. War derjenige, der im Erfurt des Jahres 1455 diese Frage aufwarf, ein verkappter Hussit? Oder fürchtete er

Auswirkungen des Hussitismus? Wollte er Argumente gegen den Hussitismus hören? Das läßt sich nicht mehr feststellen, aber man wird doch immerhin annehmen dürfen, daß es sich bei dieser Frage nicht um etwas gehandelt hat, was nur aus den Büchern kam.

Nicht aus den Büchern kam wohl auch die im Jahre 1465 gestellte Frage. Sie lautete, ob das dritte Zeitalter, das der Abt Joachim beschreibe und das Ketzerzirkeln zufolge drohe, rechtgläubig für die Zeit bis 1471 angenommen werden könne. Die Behauptung, das Ende der Welt stehe bevor, war geeignet, Unruhe zu stiften. Die Kirchenlehre verbot die genaue Berechnung des Jüngsten Tages. In Ketzerzirkeln waren solche Berechnungen aber um so beliebter. Darauf macht auch eine Notiz aufmerksam, die sich in einer Handschrift der Erörterung findet, welche auf die eben genannte Frage antworten sollte. Hier heißt es: Diese Untersuchung verfaßte Doktor Johannes von Dorsten, und er übergab sie einem Lektor, der einen Ketzer vor Kaiser Friedrich III. aufgrund dieser Untersuchung überführte; der Ketzer wurde verbrannt, während der Lektor Bischof wurde.

Das Quodlibet zog sich gewöhnlich über mehrere Tage hin. Es wurde immer schwieriger, jemanden zu finden, der bereit war, die Diskussion zu leiten, also das Amt des Quodlibetars zu übernehmen, dennn die Teilnehmer nahmen die Dinge nicht mehr so ernst wie in den Jahrzehnten zuvor, und die aktuellen Fragen verloren an Schärfe. An die Stelle von drängenden Problemen traten parodistische Fragen und Erörterungen. In Erfurt hieß das Probestück 1515 schließlich: Von den Arten der Betrunkenen und der zu vermeidenden Trunkenheit. Eine *quaestio* voll von Scherzen und Urbanität.

Auch diese *quaestio* folgt dem üblichen Schema. Sie ist in Ober- und Unterkapitel gegliedert. Nicht wenige Autoritäten werden zitiert, darunter lateinische Dichter des Altertums. Eine der Hauptüberschriften lautet: Den Deutschen wird von den Italienern die Trunkenheit vorgeworfen. Spätestens hier wird sichtbar, daß man es mit einem humanistischen Text zu tun hat. Die Selbstbehauptung der Deutschen gegenüber den hochmütigen, auf ihrer Herkunft von den Römern bestehenden Italienern taucht bei den Humanisten immer wieder auf. So wird das Thema auch in dieser scherzhaften Untersuchung weiter entfaltet. In einer Überschrift zweiter Ordnung heißt es: Die Deutschen sind in Kriegsangelegenheiten und in jeder Art Tugend edler als die Italiener. Die folgende Überschrift aber lenkt wieder zum Hauptthema zurück: Von den Norddeutschen, die vor allem Bier trinken. Die verschiedenen Biernamen werden dann im nächsten Abschnitt abgehandelt. Zunächst geht es da gelehrt-geographisch zu, doch am Ende häufen sich die deutschen Namen. Die Sache mündet in Sprachwitz ein. Der Verfasser versichert zunächst lateinisch, daß es angemessen sei, andere Namen mit Schweigen zu übergehen, da es so viele Biernamen wie Städtenamen gebe, worunter sich dann einige fänden, die lächerlich seien, wie zum Beispiel eine Reihe von Namen aus Frankfurt an der Oder, darunter: *stampff in die aschen, störtz den kerl, bastart, ald clauß, lötenaße oder mückensenff.* Lächerliche Namen, so sagt der Autor, aber den Trinkern so liebenswert, daß sie jedesmal, wenn diese Namen erklängen, Sirenen zu hören glaubten.

Der Witz, der sich aus der Kombination lateinischer und deutscher Worte ergibt, wird vollends sichtbar, wenn man die kurzen Erzählungen liest, die in diese *quaestio* eingebaut sind. Die eine hat die Überschrift: Wahre Geschichte vom Ehebruch zweier Betrunkener. Die andere lautet: Eine andere Geschichte von zwei Studenten, die ihren Hauswirt zusammen mit seiner Ehefrau und der Tochter trunken machten. In der ersten Geschichte liegen die beiden Ehebrecher, die Frau eines Schmiedes und einer »ex ordine litteratorum«, aus dem Gelehrtenstand also, im Bett, als der betrunkene Ehemann schließlich nach Hause gefunden hat. Er sieht die beiden, »adulterum scilicet cum uxore pudica, den guten gesellen mit der bößen huren«, und ruft: »Welcher teuffel hat dir das befolhen, was hastu hie zu schaffen?« Darauf der Ehebrecher in gespielter Verwunderung: »Hei per Deum vinum, by dem fligen got, wie ist mir geschehen? Lieber meister Affenschwantz, ich hab warlich nit anders gewußt, dann ich wer do heim by meynen gesellen gelegen; sed, ecce, quid video? Welcher teuffel hat sich nue zu mir gelegt? pfuh der schande, das sich eyner also vol seufft, wol auff zum teuffel, was ist das?« Und darauf antwortet der Bürger: »Ja, ich mein, ich kan euch zu bet jagen. Nihil damni est, eß schadt nit.« Am Ende weint die Frau, und der Autor schließt mit der Bemerkung, das bestätige eines der geläufigen Sprichwörter: »Concordat vulgare nostrum: Hund hincken, frawen weynen, kremer schweren, da sal sich kein weyß man an keren.«[25]

An anderen Stellen wird die deutsche mit der lateinischen Sprache mitten im Satz gemischt. Sprichwörtliche Paarformeln werden zitiert: »Qualis servitus tale praemium« (wie der Dienst so der Lohn), »qualis vita talis mors« (wie das Leben so der Tod). Dem wird als Beglaubigung ein Sprichwort hinzugefügt: »Sicut vixit, ita morixit«, wobei »morixit« gewollt falsches Latein ist, und dann wird deutsch hinzugefügt und Lateinisch gemischt: »post süssum saurum«. Daran schließt sich ein Sprichwort aus der beruflichen Sphäre der Geistlichen an: »küpffern gelt küpffern selmeß«. Und es folgt eine allgemeine Lebensweisheit: »Wan wir das gelt vorprassen, so ziehen wir uff den betlerßhagen und lauffen«, und nun wieder lateinisch, »cum sacco per civitatem« (mit dem Bettelsack durch die Stadt). Das aber wird parodistisch belegt, in jener Manier, in der man Rechtstexte zitiert: »ut

133

habetur in speculo peregrinorum, titulo de mendicantibus cap. ego pauper ludo §. panem propter Deum ...«[26]

Diese Geschichte war einigermaßen harmlos, aber ob die Ehebruchsanekdoten dem entsprachen, was in den Kölner Statuten gefordert wurde,[27] wird man bezweifeln dürfen. Vollends zweifelhaft ist, wie man zwei Reden einschätzen soll, die gegen 1500 in Heidelberg gehalten wurden. Beide untersuchten die Treue von Prostituierten. Die Überschrift der einen lautet: Von der Treue der Huren, die sie ihren Liebhabern schwören. Die andere Überschrift heißt: Von der Treue der Konkubinen gegenüber den Priestern. Man hat hier die etwas anrüchigen Scherze einer Männergesellschaft, wie sie im übrigen an den Universitäten so lange üblich waren, bis sich diese akademische Männergesellschaft um 1900 infolge des Frauenstudiums langsam aufzulösen begann.

Damit ist die soziale und psychische Situation der Universitätsangehörigen berührt. Fremdheit den Frauen gegenüber, Frauenfeindschaft und Obszönitäten bestimmten deren Situation zwar nicht im Fundament, aber doch in bemerkenswerter Weise. Ein anderes Charakteristikum der besonderen studentischen Situation war die Gewalt. Immer wieder kam es zu Zusammenstößen zwischen Studenten und Nichtstudenten, aber auch zu Auseinandersetzungen innerhalb der Studentenschaft. Dafür hat man ein Beispiel aus dem Wittenberg des Jahres 1512. Bezeugt wird es in der Hauptsache in einem Schreiben der Universität an den Landesherrn.[28] Da heißt es, fränkische Studenten hätten das Fest ihres Patrons gefeiert, des heiligen Kilian. Der Gottesdienst, den man darunter verstehen muß, habe sich in einem Festmahl fortgesetzt – und in einer Trinkerei, wie man wohl hinzufügen muß. Daran habe sich eine Kahnfahrt angeschlossen, die *schimpfweise*, wie der deutschsprachige Brief sagt, vorgenommen worden sei, also spielerisch und im Scherz.

Kahnfahrten auf dem Neckar waren jahrhundertelang ein typisches Tübinger Studentenvergnügen und sind es noch heute. In Wittenberg allerdings entstand Unfrieden. Ein sächsischer Student gesellte sich zu der fränkischen Wasserbelustigung und meinte, wenn die Sachsen ihren eigenen Patron feiern wollten, dann sollten sie das auf andere Weise tun als mit solchen Wasserspielen. Daraufhin, so fährt der Bericht fort, hätten einige von den Franken, und zwar die, die ohnehin nicht richtig studierten, am folgenden Sonnabend die Sachsen durch die Gassen der Stadt gejagt, und am Sonntagabend hätten sie sich vor zwei Häusern versammelt, in denen sich die Sachsen aufhielten. Sie hätten diese Häuser mit fürchterlichem Geschrei gestürmt und die Sachsen herausgeholt. Darauf seien Rat und Bürgermeister und auch die obersten Beamten des Kurfürsten herbeigeeilt, um ein

Anwachsen des Aufruhrs und eine Vermehrung des Schadens zu verhindern. Ein Ratsherr wurde am Arm verwundet, einen Barbier traf eine Bleikugel am Kopf. Die Franken hatten sich also mit Katapulten für den Straßenkampf gerüstet. Man fühlt sich an gegenwärtige Ereignisse erinnert.

Da nun die Bürger anrückten, zogen sich die fränkischen Aufrührer schreiend in ein Haus zurück, verbarrikadierten sich und verteidigten sich eine Zeitlang, indem sie von oben Gegenstände herunterwarfen. Schließlich drangen die Bürger doch in das Haus ein, und sie bestrickten fünf der Aufrührer, so heißt es, in die Hand des Kurfürsten und des Rektors. Damit ist gemeint, daß fünf der Rädelsführer, von denen drei, wie der Brief vermerkt, adlig waren, zu einem Eid gezwungen wurden, mit dem sie versprachen, sich ruhig zu verhalten, bis die Sache rechtlich oder schiedsgerichtlich entschieden sei. Auch der kurfürstliche Beamte band die Rädelsführer auf diese Weise, sich vor dem Kurfürsten und dem Rektor rechtlich zu verantworten. Daraufhin zitierte der Rektor diese Studenten, aber sie machten Ausflüchte und gaben spöttische Antworten.

Die Rädelsführer wollten von der Verstrickung nichts wissen, und sie rühmten sich, so schreibt der Rektor, daß sie Kleriker seien. Sie standen also unter dem geistlichen Recht und waren von dem, was da gegen sie behauptet wurde, gar nicht betroffen. Im Brief an den Kurfürsten heißt es weiter, diese fünf Rädelsführer fielen überhaupt durch weltliches Betragen auf und studierten wenig, sie seien also weniger Studenten als Radaubrüder. Es gebe da manche, die gar nicht immatrikuliert seien und die man infolgedessen nicht durch einen Eid, den sie der Universität und dem Kurfürsten geschworen hatten, fassen könne. Andere seien relegiert, also von der Universität strafweise entfernt worden, aber sie seien illegal zurückgekehrt, hätten Anschläge gemacht, in denen sie sich als Volkstribunen bezeichneten und die Studenten aufforderten, sich nicht an die Universitätsstatuten zu halten, dem Rektor nicht gehorsam zu sein und ihre Immatrikulationseide nicht zu halten, da diese ungültig seien.

Der Rektor war besorgt. Er habe die Absicht, so schrieb er, diese Rädelsführer als solche zu kennzeichnen und sie, um wen es sich auch handle, exkommunizieren zu lassen, wie er denn auch zwei von den aktuellen Aufrührern, die nicht zu einem Verstrickungseid genötigt worden waren, für ein Jahr aus der Universität entfernen und in der letzten Nacht die Kammern im Kolleg habe visitieren lassen. Dabei sei einer gefunden worden, der gar nicht immatrikuliert war, und ein anderer, der auf die Universitätsprivilegien verzichtet habe. Die seien beide aus dem Stadttor gewiesen worden. Der Rektor bittet nun den Kurfürsten darum, seine Meinung im Hinblick auf diese fünf verstrickten, also durch Eid zum Stillhalten gezwungenen Aufrührer zu sagen.

Der Rektor verhält sich einerseits äußerst vorsichtig, andererseits greift er hart durch, läßt das Kollegium visitieren und einige Studenten aus der Universität entfernen und aus der Stadt vertreiben. Seine äußerst heikle Situation wird deutlich, wenn er schreibt, daß von den fünf Rädelsführern, die da durch Eid gebunden wurden, drei adlig seien und sich gerühmt hätten, Kleriker zu sein. Das klingt, als hätten sie etwas in Anspruch genommen, was ihnen gar nicht zustand. Doch das war nicht der Fall, denn ein halbes Jahr später schreiben fünf Wittenberger fränkische Studenten einen Brief an die Herzöge Otto und Ernst von Braunschweig-Lüneburg, in dem sie darum bitten, die Fürsten möchten sich dafür verwenden, daß sie, die Briefschreiber, nicht von der Universität verwiesen würden.[29]

Bei einem dieser Briefschreiber war offensichtlich nichts zu machen. Er wurde bald darauf für zwei Jahre relegiert *propter sua facinora*, wie es heißt.[30] Worin diese Verbrechen bestanden, weiß man nicht. Aber um Quisquilien scheint es sich nicht gehandelt zu haben, denn dieser Franke war ein gewalttätiger Mensch. Vier Wochen nach seiner Relegation kehrte er heimlich nach Wittenberg zurück, um den Rektor zu ermorden. Daraufhin wurde er wenige Tage später auf dem Markt in Wittenberg hingerichtet.

Von einem anderen der verbliebenen vier Briefschreiber weiß man nichts, aber die weiteren drei kennt man genau. Es sind die, die in dem Brief des Rektors als die drei adligen unter den fünf verstrickten Rädelsführern genannt werden. In ihrem eigenen Brief markieren sie ihre soziale Position. Es handelt sich um einen Würzburger Domherrn, um den Kanoniker eines Würzburger Stifts und um einen offensichtlich im Laienstand befindlichen fränkischen Adligen. Wenn sich diese drei, wie der Rektor schrieb, als Kleriker bezeichnet hatten, dann mag das im Falle des dritten etwas dubios gewesen sein. Der Würzburger Domherr und der Würzburger Kanoniker waren aber ohne Zweifel Kleriker, und sie waren überdies Angehörige vornehmer adliger Familien, die man nicht wie Verbrecher traktieren durfte, auch wenn sie sich ungebärdig benahmen. Auf der anderen Seite konnten auch sie von der Universität entfernt werden, drohte ihnen also Schande, die nicht leichtzunehmen war. Aber sie hatten mächtige Freunde und Verwandte. Das wußte der Rektor, und so fragte er vorsichtshalber beim Kurfürsten an. Er rechnete damit, daß sich mächtige Leute für die Übeltäter verwenden würden, und so geschah es auch. Die beiden Braunschweig-Lüneburgischen Prinzen, die ihrerseits in Wittenberg studierten, schrieben dem Kurfürsten, daß die Rädelsführer versprochen hätten, künftig gehorsam zu leben und fleißig zu studieren, und so baten sie den Kurfürsten, sie zu begnadigen und nur so zu bestrafen, daß daraus für die Verwandtschaft der Bestraften keine Schande entstehe.[31] Doch der Kurfürst wollte die Universitätsdisziplin nicht so einfach zugunsten adliger Ehre außer Kraft setzen. Er beauftragte zwei – nichtadlige – Räte, mit den Beschuldigten zu sprechen, und ermahnte die Universität, sich in ihrer Strenge gegenüber den Rädelsführern nicht irritieren zu lassen.

Man hat es hier mit widersprüchlichen Verhältnissen zu tun. Auf der einen Seite die Universität, die darauf dringen muß, daß alle diejenigen, die ihr angehören, die einschlägigen Normen anerkennen. Auf der anderen Seite die ständisch geprägte Welt. In der universitären Perspektive stehen sich Magister und Studenten gegenüber, aber sozialgeschichtlich betrachtet nahmen sich die Dinge anders aus. Da war ein adliger Domherr, der studierte, einem nichtadligen Magister durchaus überlegen. Er konnte erwarten, daß man ihn über die Stränge schlagen ließ. Und wenn diese Erwartung nicht honoriert wurde, dann fragte man, wie hier, den Landesherrn, der damit in ein Dilemma geriet: Auf der einen Seite konnte er sich den Gegebenheiten nicht entziehen, denn er mußte einen adligen Studenten anders behandeln als einen nichtadligen. Auf der anderen Seite konnte aus einer solchen Unterscheidung Schaden für die Universität entstehen. Friedrich der Weise entschied sich offensichtlich gegen fürstlich-adlige Solidarität und für die Universität.

Das war nicht selbstverständlich. Akten[32] aus dem Jahre 1422 berichten, daß in Heidelberg ein Mann schwer verletzt worden war. Fünf Studenten hatten ihn während eines Bordellvergnügens angegriffen und ihm dabei eine Hand abgeschlagen. Für den Kurfürsten war das peinlich, denn das Opfer zählte zum Gefolge der Gräfin von Württemberg-Mompelgart, und der Landesfürst sah sich plötzlich zwischen Standessolidarität und die Sorge für die eigene Universität gestellt. Einige Angehörige seiner Wachtruppe sahen die Sache einfacher. Sie solidarisierten sich mit dem verwundeten Bordellbesucher und stürmten eine studentische Burse, deren Bewohner daraufhin in die Nachbarschaft flohen. Sie wurden verfolgt und bedroht, und sollten alle totgeschlagen werden. In den Konflikt zwischen bewaffneten Hofangehörigen und Universitätsmitgliedern mischte sich ein, was heute Fremdenfeindlichkeit heißt. Bedroht wurden hier insbesondere ein Kleriker aus dem späteren Belgien und ein Niederländer.

Die Universität beschwerte sich bei ihrem Patron, dem Kurfürsten. Der aber stand nicht nur vor der Schwierigkeit, sich für die eigene Palastwache oder für die eigene Universität entscheiden zu müssen, sondern war zudem höchst alarmiert, da die Bewaffneten öffentlich bekannt hatten, daß sie lieber Studenten und Geistliche erschlügen als

*Meinungsverschiedenheiten wurden selbst an den Universitäten nicht immer im Disput beigelegt. Handgreiflichkeiten und sogar brutale Übergriffe sind reichlich belegt. Die Miniatur aus der um 1575 entstandenen Friesschen Bischofschronik zeigt die Ermordung des Würzburger Universitätsrektors Johannes Zantfurt im Jahre 1413.*

Hussiten. Es war die Zeit der böhmischen Revolution, und der Hussitismus war höchst aktuell. Es bestand also die Gefahr, daß sich dieser böhmische Aufstand auf das Reich ausdehnen würde, und die Chance, ihn zu unterdrücken, war nicht groß, wie gerade der Kurfürst, eben vom vergeblichen Kreuzzug aus Böhmen zurückgekehrt, erfahren hatte. So befand sich der Fürst in einer peinlichen Lage: Auf der einen Seite standen da die eigenen Leibwächter mit ihren rauhen Sitten, auf der anderen Seite die Universität, die er auch nicht im Stich lassen durfte und die durchaus Druckmittel besaß, denn der Auszug an einen anderen Ort, die solidarische Kampfbereitschaft von Professoren und Studenten in einer solchen Situation war eine ernstzunehmende Gefahr.

Dem Kurfürsten kam zu Hilfe, daß er verreisen mußte. Er nahm an einem Reichstag teil und bat die besorgten und erzürnten Universitätsvertreter um Geduld. Immerhin ließ er versprechen, daß die Übeltäter, also jene Angehörigen seiner eigenen Wachtruppe, die die Studenten bedrängt hatten, aus der Stadt verschwinden müßten. Doch das geschah nicht. Die Übeltäter blieben demonstrativ in Heidelberg und ritten bewaffnet an den Studentenhäusern entlang.

Am Ende hat sich in Heidelberg die Universität durchgesetzt. Ungefähr ein Jahr nach dem Beginn des Konflikts gingen vier Übeltäter öffentlich mit nackten Füßen und unbedecktem Hauptes, brennende Kerzen in der Hand, um die Heidelberger Heiliggeistkirche herum, um auf diese Weise Buße für ihre Verfehlungen zu leisten. Nach dem Mittagessen dieses Tages ließen sie in der Universitätskapelle, wo die beleidigten Studenten versammelt waren, um Verzeihung bitten. Diese wurde gewährt. Die Sache endete mit einem Friedenstrunk. Die Universität hatte gesiegt – wie neun Jahrzehnte später in Wittenberg.

Weder der sächsische Kurfürst noch der Pfalzgraf bei Rhein wollten ihre Universität desavouieren, doch mußten beide mit Sorgfalt darauf achten, daß dieses Sozialgebilde Universität die traditionellen Grenzen zwischen den sozialen Gruppen nicht gegenstandslos machte. Der Landesherr meinte eine Universität zu benötigen, und so mußte er sich gegen die ererbten ständischen Solidaritäten stellen. Aber gegenstandslos waren diese Solidaritäten deshalb nicht, und sie waren das um so weniger, als das tägliche Leben an der Universität ja durchaus dazu beitrug, die Gliederung der Gesellschaft in soziale Gruppen nicht zu vergessen. Zwischen einem armen und einem reichen Studenten bestand ein großer Unterschied, und kaum weniger groß war die Diskrepanz zwischen einem adligen Kleriker, der sich im sicheren Besitz einer Pfründe wußte, und einem Geistlichen, der durch seine Studien die Chancen auf eine Pfründe zu verbessern trachtete, der aber keineswegs sicher sein durfte, daß ihm dieser Aufstieg mit Hilfe eines Universitätsstudiums gelingen würde.

Ermutigend war für einen solchen Aufsteiger, daß die Artistenmagister häufig Leute waren, die eine keineswegs ererbte Position einnahmen. In der juristischen Fakultät sah es anders aus. Wer hier zu höheren Würden kam, war in der Regel schon durch adlige Geburt ausgezeichnet. Auf der anderen Seite gab es an der Universität auch für einzelne Juristen, Mediziner und am ehesten noch Theologen die Möglichkeit, durch intellektuelle Gaben die niedrige Geburt bis zu einem gewissen Grade auszugleichen und zu einer hohen Stellung in der Gesellschaft zu gelangen.

KAPITEL 6

# Die Universitäten im Zeitalter von Reformation und Humanismus

Reformation und Humanismus haben die Universitäten umgeformt, doch wurden im 16. und 17. Jahrhundert auch Universitäten infolge der Reformation gegründet, Hochschulen, deren erklärter Zweck es war, in dem nun beginnenden Zeitalter der Konfessionen die Reinheit jenes Glaubens zu bewahren, der im jeweiligen Territorium als der wahre angesehen wurde. Es gab Universitäten, die sich zum Luthertum beziehungsweise zum Calvinismus bekannten, während andere sich nicht einfach gegen die neuen Lehren stellten, sondern sich ebenfalls wandelten, da der alte Glaube nun zu einer Konfession neben anderen wurde. Und es kamen im Zeitalter der katholischen Reform neue, nämlich katholische Gründungen hinzu, die meisten von ihnen geprägt durch den neuen Orden, durch die Jesuiten.

Dieser scharfe Einschnitt in der Universitätsgeschichte fällt in die Zeit, als der Humanismus auch an den nordalpinen Universitäten Anhänger gewann, vor allem dort, wo das Lehrprogramm im Sinne humanistischer Postulate umgeformt wurde. Die Humanisten selbst bewerteten das als Sieg des Humanismus über die Scholastik. Das Wort Scholastik wandelte sich nun von einer einigermaßen neutralen Bezeichnung zum Schimpfwort und im übrigen zum Begriff, der fast alle bisherige Wissenschaft umfassen sollte. Bisher hatte der von der Kirche aufgebaute und behütete Dogmatismus geherrscht, begann jetzt ein Zeitalter freier Geister? Das ist eine schöne, fast möchte man sagen fromme Legende, entstanden aus den wörtlich genommenen Behauptungen und Siegesmeldungen einiger Humanisten selbst, ferner aus der reformatorischen Geschichtssicht, die sich dadurch rechtfertigte, daß sie die Reformation ein düsteres Zeitalter überwinden ließ, sowie drittens schließlich aus dem Fortschrittsoptimismus des neuzeitlichen Bürgertums, das sich wiederum durch eine besondere Deutung der Vergangenheit legitimierte, nämlich als Sieger über die Welt und das Zeitalter des Feudalismus.

Gegen solchermaßen eingefärbte Interpretationen hilft eine Kampfparole der Humanisten selbst. Sie lautet: *ad fontes*, also zurück zu den Quellen und fort von den späteren Überformungen. Geht man so vor,

*Lange Zeit richteten sich die Universitäten in bereits bestehenden Gebäuden ein. Hörsäle, Bibliotheken oder gar Anatomische Theater und Laboratorien gab es erst Jahrzehnte oder gar Jahrhunderte später. Der Alte Doktorsaal der Universität Basel stammt aus dem 15. Jahrhundert.*

erkennt man nicht nur, was Humanismus um 1500 tatsächlich war, sondern gewinnt auch eine erste Antwort auf die Frage, was damals mit den Universitäten geschehen ist.

Humanismus war um 1500 weithin nichts anderes als das Durchstoßen jahrhundertelanger gelehrter Traditionen zurück zu den Urtexten, zu ihrem Sinn, ihrer Form und auch ihrer Sprache. Gefordert war ein korrektes Latein, geübt werden sollten die klassischen literarischen Formen, und gewonnen werden sollten die Einsichten, die sich aus den antiken – zunächst vor allem lateinischen – Texten ergaben. Es meldeten sich freilich auch um 1500 bereits Stimmen, die unter Humanismus nicht nur das verstanden, sondern nahezu eine Erneuerung der ganzen geistigen Welt. Doch diese Stimmen waren selten.

Die Rede von den *studia humanitatis* meinte also Grammatik, Rhetorik, Poetik, Geschichte und Moralphilosophie, teils also Fächer, die bisher Gegenstand des Studiums an der Artistenfakultät gewesen waren, teils aber auch solche, die – wie die Geschichte – erst im Zuge des Humanismus zu Universitätsfächern wurden. Nicht – wirklich – berührt von den Reformforderungen der Humanisten waren die Fächer, die man an den höheren Fakultäten studierte, also die Medizin, die Rechtswissenschaft und die Theologie, doch am Ende konnte auch von einer humanistisch geprägten Rechtswissenschaft und – in geringerem Maße – Medizin gesprochen werden. Stärker wurde die Theologie durch den Humanismus verändert.

Zunächst war der Humanismus aber ein Phänomen der Basisfakultät. Ein Randphänomen war er damit gerade nicht, denn die weitaus meisten Studenten studierten ja an dieser Fakultät. Auch waren Studenten wie Magister an der Artistenfakultät jünger als an den höheren Fakultäten, also wohl intellektuell auch leichter ansprechbar und überdies davon bestimmt, daß ihre künftige Lebensposition noch ungewiß war. Die Mediziner, Juristen und Theologen, die Doktoren wie auch die meisten Studenten der höheren Fakultäten, waren dagegen etablierte Leute oder konnten mit ihrer baldigen Etablierung rechnen. Auch aus diesem Grund waren die aufgeregten Kämpfe der Humanisten um ihre Sache etwas, was für lange Zeit innerhalb der Grenzen der Artistenfakultät verblieb, sofern der Kampf der Humanisten gegen diejenigen, die sie nun Scholastiker nannten, nicht ein Kampf der unteren Fakultät gegen eine der oberen oder gegen alle drei war. An italienischen Universitäten hat man drastische Beispiele dafür, daß damals nicht nur Argumente ausgetauscht wurden, sondern auch Faustschläge und Schlimmeres.

An den deutschen Universitäten haben die Auseinandersetzungen solche Formen in der Regel nicht angenommen. Zunächst waren es hier nur wenige einzelne, die sich das neue Bildungsprogramm zu eigen machten. Später überdeckte der Gegensatz zwischen den Konfessionen alles andere. Die wenigen frühen Humanisten hatten alle Mühe, sich überhaupt erst einmal an der Artistenfakultät einigermaßen zu etablieren. Man fühlt sich angesichts ihrer Lebensform an die Frühzeit der Universität erinnert, an die freien Lehrer, die ihren Schulbetrieb neben den traditionellen Domschulen einrichteten und sich um die Hörer stritten. So ähnlich ging es an manchen deutschen Universitäten in der zweiten Hälfte des 15. Jahrhunderts zu. Wanderlehrer kündigten ihre Vorträge an, versprachen Unterricht in besserem Latein, als es an den Universitäten üblich war, und sie verhießen Vorlesungen über römische Dichter, die bisher nach ihrer Meinung gar nicht oder nicht genug gelesen worden waren.

Der bekannteste unter diesen frühen Humanisten, die an einer Universität Fuß zu fassen suchten, war Peter Luder. Er hatte 1430 in Heidelberg mit dem Studium begonnen und war – wie damals viele ehrgeizige Besucher deutscher Universitäten – bald nach Italien gegangen. Die meisten dieser Italienreisenden verfolgten ganz präzise Ziele, nämlich den Erwerb des Doktorgrades einer italienischen Juristenfakultät, der mehr galt als ein deutscher. Peter Luder hörte dagegen in

Italien vor allem humanistische, aber auch medizinische Vorlesungen. 1456 kündigte er in Heidelberg, seiner alten Universität, humanistische Vorlesungen an und hatte damit zunächst Erfolg. Der Kurfürst förderte ihn, und eine Reihe von Doktoren, auch Angehörige der höheren Fakultäten, scheint in freundlichem Kontakt mit ihm gestanden zu haben, wenngleich nur kurze Zeit.

Alsbald kam es so, wie es in solchen Situationen meistens kam, nämlich zu heftiger Polemik des Neuerers gegen die Repräsentanten des alten Unterrichtsbetriebs, zur Klage, daß dem Poetikunterricht von denen, welche die traditionelle Dialektik vertraten, kaum Raum gegönnt werde. Doch Luder war gar kein Magister, und so konnte er, wenn die bisherigen Spielregeln gelten sollten, nicht beanspruchen, daß seine Vorlesungen an die Stelle des traditionellen Lehrprogramms treten sollten. Immerhin hat er in Heidelberg bis 1460 gelehrt, danach an anderen Universitäten, zum Beispiel in Erfurt und Leipzig. Dann kehrte er nach Italien zurück, wo er den medizinischen Doktorgrad erwarb, so daß er anschließend in Basel zeitweilig eine Medizinprofessur wahrnehmen konnte. Rhetorik und Verslehre blieben aber auch weiterhin sein Arbeitsfeld. Gedichte, akademische Programmreden und das Herrscherlob waren das, was er schriftlich hinterlassen hat. Zuletzt lehrte er bis zu seinem Tod 1472 an der Wiener Universität. Er war der Prototypus dessen, der sich mit Geltungssucht und Polemik an den Universitäten einwurzeln wollte und am Ende doch zu keinem dauernden Erfolg kam, weil es zwar an den Universitäten Interessenten für das Neue gab, das er anbot, nicht jedoch die Bereitschaft, die Lehrverfassung zugunsten dieses Neuen umzustürzen.

In den nächsten Jahrzehnten wuchs allerdings die Bereitschaft, Leuten wie Peter Luder entgegenzukommen, zumal wenn diese nicht die Provokation als Instrument ansahen, mit dem es sich durchzusetzen galt. Viele der Doktoren, der Juristen vor allem, hatten selbst in Italien studiert und dort inzwischen das neue Latein kennengelernt und die neuen Texte, und manche hatten sich auch die neue Schrift zu eigen gemacht, die unter den italienischen Humanisten üblich war. Die Rückkehr zu den klassischen Formen sollte auch im Schriftbild sichtbar werden, wobei allerdings der Weg nicht bis ins klassische Altertum führte, sondern nur bis zur karolingischen Minuskel, die nun zum zweitenmal ein Vorbild in der europäischen Schriftgeschichte wurde.

Charakteristisch an Luders Lebensschicksal war auch die Fürstennähe. Die frühen Humanisten in Deutschland versammelten sich weniger an den Universitäten als vielmehr an fürstlichen Höfen, etwa um 1450 im Umfeld des damaligen Augsburger Bischofs und noch deutlicher ein halbes Jahrhundert später am Hofe des Kaisers Maximilian. Dieser förderte vor allem den Humanisten Konrad Celtis, der, 1459 geboren, zwei Generationen jünger war als Luder. Angehörige seiner Generation konnten sich an den Universitäten leichter etablieren. Celtis lehrte seit 1492 als wohlbestallter Professor an der Wiener Universität Poetik und Rhetorik. In seinem Falle wurde die Etablierung des Humanisten im Lehrbetrieb allerdings durch die Anerkennung der Spielregeln erleichtert, denn Celtis hatte im Gegensatz zu Luder den Magistergrad an der Artistenfakultät erworben.

Charakteristisch für den Humanismus dieser Zeit war auch, daß es hier nicht nur um besseres Latein ging, sondern ebensosehr um die griechische und die hebräische Sprache. Die Humanisten versprachen die Kenntnis der drei heiligen Sprachen, jener Sprachen, deren sich Gott bei seiner Offenbarung bedient hatte. Die gängigen Vorstellungen von Humanismus und Renaissance machen die Humanisten zu Neuheiden oder lassen sie jedenfalls als theologie- und bibelfern erscheinen. Davon kann insbesondere in Deutschland nicht die Rede sein, denn Luther und die Humanisten haben ein gehöriges Stück ihres Weges gemeinsam zurückgelegt.

*Erasmus von Rotterdam soll sich in dieser vor 1516 entstandenen Zeichnung selbst karikiert haben.*

Wittenberg war eine der Universitäten, an denen Humanisten von Anfang an lehrten. Mit dem Beginn der Reformation wurde hier, und zwar unter Führung Luthers, das Lehrprogramm radikal im Sinne des Humanismus geändert. Das breite Echo, das Luther so rasch fand, lebte auch davon, daß die Humanisten ihn als einen der Ihren ansahen. Das förderte die Reformation, weil es damals eine humanistisch geprägte Öffentlichkeit gab, die etwas Neues darstellte und gewissermaßen die Vorform dessen war, was die besondere reformatorische Öffentlichkeit werden sollte.

Eine nennenswerte Kommunikation gab es im Mittelalter noch nicht. Man schrieb Briefe, man kopierte Handschriften, tauschte sie aus, doch hielt sich das in engen Grenzen und beschränkte sich auf sozial vorgegebene Bahnen. Gewiß gab es Bücher, die an allen Universitäten gelesen wurden, die Sentenzen des Petrus Lombardus zum Beispiel oder die Schriften des Aristoteles, auf denen der Unterricht in der Artistenfakultät beruhte, und es gab Lehrbücher. Doch dabei handelte es sich um die Quellen gewissermaßen standardisierten Wissens.

*Erfurt galt in der ersten Hälfte des 16. Jahrhunderts als Zentrum des Erasmusschen Humanismus. Hier wirkten unter anderen Celtis und Reuchlin. Das wahrscheinlich um 1525 entstandene »Collegium maius« der Universität Erfurt wurde 1945 bei einem Luftangriff zerstört.*

Eine entsprechend breite Kommunikation über aktuelle Fragen, einen ebenso breiten Austausch von neuen Thesen gab es lediglich von Universität zu Universität und vor allem dann, wenn einzelne Lehrer von einer Universität zu einer anderen wechselten und ihre Bücher mitbrachten.

Außerhalb der Universitäten sahen die Dinge anders aus. Es gab Kommunikation nicht innerhalb der Kirchen schlechthin, sondern allenfalls innerhalb der Orden. Im Verlaufe des 15. Jahrhunderts haben sich die Dinge allerdings auch hier geändert. Fast zwei Jahrzehnte lang hatten sich in Basel zum Konzil nicht, wie üblich, Kirchenfürsten versammelt, sondern junge Juristen und Theologen, die ihre Meinungen austauschten und mit ihrer jeweiligen Heimat kommunizierten. Ein solches Informationszentrum wie das Basler Konzil hatte es im Mittelalter bisher nicht gegeben. Bestimmte Texte zur Kirchenreform, die schon aus dem 14. Jahrhundert stammten, sind erst zur Zeit des Konzils über einen engen Kreis von Benutzern hinaus bekannt geworden, wie man aus zahlreichen Handschriften weiß, die im Zusammenhang des Basler Konzils entstanden sind.

Kurz vor der Mitte des 15. Jahrhunderts entdeckte Johannes Gutenberg bekanntlich die Möglichkeit, Texte mechanisch zu vervielfältigen. Dies als Basisdatum der europäischen und der Weltgeschichte zu bezeichnen ist nicht falsch, sofern man dieser Erfindung nicht zuschreibt, daß sich nun alles gleich geändert habe. Bis in die siebziger Jahre des 15. Jahrhunderts änderte sich nur wenig. Gutenberg und die anderen Drucker vervielfältigten nicht Aktualitäten, sondern das Bewährte, nämlich die großen Textsammlungen und Lehrbücher, und das Gedruckte war nur wenig oder gar nicht billiger als das, was man bisher mit der Hand kopiert hatte. Erst am Ende des Jahrhunderts sanken die Preise für Druck-Erzeugnisse, weil es nun eine heftige Konkurrenz unter den Druckern gab. Nun entstand jenes Medium, das dann zu den unentbehrlichen Voraussetzungen der Reformation gehören sollte, nämlich das Flugblatt, das so gut wie nichts kostete. Das bedurfte aber nicht nur der Kunst Gutenbergs, sondern auch des Papiers. Gutenbergs Erfindung wäre folgenlos geblieben, wenn man nicht in der Lage gewesen wäre, das teure Pergament durch einen sehr viel billigeren Beschreibstoff, eben das Papier, zu ersetzen.

Papier und Druckkunst waren auch die Voraussetzungen für den Streit um den Humanisten Johannes Reuchlin, in dem man das markanteste Beispiel für jene moderne Öffentlichkeit in Deutschland vor der Reformation hat und der zur Universitätsgeschichte zurückleitet.

In den Jahren 1507 bis 1509 hatte in Köln ein zum Christentum konvertierter Jude namens Johannes Pfefferkorn, unterstützt von einigen Theologen der Universität, die Juden scharf angegriffen und die Forderung aufgestellt, daß von der Bibel abgesehen alle hebräische Literatur konfisziert und vernichtet werden müsse. Kaiser Maximilian hatte 1509 ein entsprechendes Mandat herausgehen lassen, war dabei jedoch schlecht beraten gewesen, denn schon bald darauf ergaben Gutachten, daß sich das Vorgehen des Kaisers rechtlich nicht halten ließ. Als Gutachter hatte sich auch Johannes Reuchlin geäußert, einer jener Humanisten, die nicht nur um das Lateinische bemüht waren, sondern auch um das Griechische und vor allem um das Hebräische. So war es denn auch keine Judenfreundschaft, sondern vielmehr das wissenschaftliche Interesse, das Reuchlin vehement gegen Pfefferkorn auftreten ließ. Der freilich verwickelte Reuchlin in einen Ketzerprozeß, und dieser Prozeß und die wechselseitig ausgetauschten polemischen Schriften führten zu einer bisher unbekannten Solidarisierung humanistischer Gelehrter um den hochangesehenen Reuchlin.

Die Angehörigen vieler humanistischer Zirkel erfuhren nun, daß sie so etwas wie eine große Gemeinschaft waren. Ihre Solidarisierung betrieben sie über ein literarisches Medium, das an den Universitäten gerade im ausgehenden 15. Jahrhundert gern verwandt wurde, nämlich über die Parodie. Die Reuchlin-Anhänger fingierten freundschaftliche Briefe unter den Reuchlin-Feinden, den Kölner Theologen, die diese sowohl durch das schlechte Latein wie auch durch die in ihnen enthaltenen Mitteilungen, nicht zuletzt erotischer Art, bloßstellen sollten.

Briefsammlungen waren bevorzugte Studienobjekte der Humanisten. Reuchlin gab im Zusammenhang mit dem Prozeß die »Epistolae virorum clarorum« heraus, Briefe berühmter Männer, die ihn unterstützten. Nun aber erschienen »Epistolae virorum obscurorum«, Dunkelmännerbriefe also, und damit war ein Schlagwort erfunden, das man polemisch noch heute verwenden kann. In diesen Briefen ging es allerdings nicht nur um Reuchlin, Pfefferkorn und die Kölner Theologen, sondern auch um das, was die Humanisten an den Universitäten durchsetzen wollten, um die Ersetzung des traditionellen Kanons durch einen neuen. Und die Briefe, vor allem die Ulrich von Huttens, enthielten massive Kirchenkritik. Der Ablaß, der in Luthers bekannten Thesen von 1517 die zentrale Rolle spielte, kam auch in den im selben Jahr gedruckten Dunkelmännerbriefen wiederholt vor.

In dem Augenblick, als Luthers Thesen bekannt wurden und in rascher Folge immer wieder gedruckt wurde, was Luther in Wittenberg schrieb, trat die Diskussion um Reuchlin rasch zurück. Es dauerte nur wenige Jahre, bis führende Humanisten – wie zum Beispiel Reuchlin selbst und vor allem Erasmus von Rotterdam – zu sehen glaubten, daß das, was Luther wollte, etwas anderes war als das humanistische Programm. So kam es zu keinem Bündnis zwischen Luther und Erasmus, obwohl es zunächst danach ausgesehen hatte – gerade angesichts dessen, was sich damals an der Wittenberger Universität tat.

Luthers Weg nach Wittenberg erklärt sich daraus, daß sein Orden zwei der Professuren zu besetzen hatte. Luther hatte seit 1508 die an der Artistenfakultät innegehabt und 1512 die Bibelprofessur an der Theologenfakultät übernommen. Die Lehre an der Artistenfakultät war ihm bald zur Last geworden, denn er hatte das Gefühl, daß sie ihn von dem abzog, worum es ihm vor allem ging: um das Studium der Bibel. So stellte der junge Artistenmagister 1509 in einem Brief an einen Freund die aristotelische Philosophie, die er nun lehren mußte, jener Theologie gegenüber, in die er vordringen wollte wie, so schreibt er mit einem Bilde, in den Kern der Nuß, ins Innere des Weizenkorns und das Mark des Knochens. Als er 1512 die Bibelprofessur übernahm, standen solchen Bemühungen, so möchte man vermuten, keine Hindernisse mehr im Weg. Man hat ziemlich genaue Kenntnis von dem, was Luther nun gelehrt hat, und sieht, daß er sich die Parole *ad fontes* durchaus zu eigen machte. Es ging ihm um das rechte Verständnis des authentischen Bibeltextes. Er unternahm also den Versuch, durch die mittelalterliche Tradition zur ursprünglichen Wahrheit zurückzufinden, vor allem zu Augustinus, einem der großen Kirchenväter und zugleich dem Patron seines eigenen, also des Augustiner-Eremitenordens. Daß Luther in Erfurt dem Augustiner- und nicht zum Beispiel dem Dominikanerorden beitrat, war ein Zufall.

Am 18. Mai 1517 schreibt Luther aus Wittenberg an einen Ordensbruder in Erfurt: Unsere Theologie und Sankt Augustinus kommen wacker voran und herrschen durch Gottes Macht an unserer Universität. Die Sonne des Aristoteles sinkt, und niemand kann auf Hörer rechnen, der nicht unsere Theologie, die Bibel oder den heiligen Augustinus oder einen anderen anerkannten – das heißt von Luther anerkannten – Kirchenlehrer auslegt.

Luther, damals einer der jüngsten Wittenberger Professoren, war hier rasch zur führenden Figur geworden. Es ging ihm nicht nur um die rechte Ausfüllung seines eigenen Lehramtes. Er wollte die Wittenberger Universität nach seinen eigenen Einsichten insgesamt umgeformt wissen. Im September 1517 wurden in Wittenberg von Luther und seinen Verbündeten 99 Thesen gegen die scholastische Theologie veröffentlicht und diskutiert, und damit war eine grundlegende Reform des akademischen Unterrichts angekündigt, die im folgenden Jahr, 1518, auch verwirklicht werden sollte. Die persönlichen Erfahrungen des Mönchs und Theologieprofessors Martin Luther schienen zum Maß aller Wittenberger Dinge zu werden, schienen eine grundlegende Studienreform nach sich zu ziehen, wie sie niemand, der damals lehrte, jemals erlebt hatte. Man war in Wittenberg darauf gefaßt, daß von diesen Thesen und von dieser Reform große Wirkungen ausgehen würden.

Das war ein Irrtum, denn die großen Wirkungen gingen von jenen Thesen aus, die Luther zwei Monate später niederschrieb, die Thesen vom November 1517 gegen den Ablaß, die dann zum Gründungsdokument der Reformation wurden.

Zunächst wurde in Wittenberg aber fortgeführt, was Luther in den Septemberthesen gefordert hatte. Entsprechend dem Humanistenprogramm sollten Gelehrte für den Unterricht in der griechischen und in der hebräischen Sprache gewonnen werden. Aristoteles sollte nicht nach den herkömmlichen Lehrbüchern unterrichtet werden, sondern anhand seiner eigenen Texte, freilich nicht im originalen Wortlaut, sondern in lateinischen Übersetzungen. Diese Übersetzungen sollten jedoch neu erstellt werden, so daß die Parole *ad fontes*, soweit man bei Übersetzungen davon sprechen kann, auch hier zur Geltung kam.

Ferner setzte sich Luther für den Fortfall von Vorlesungen ein, die im Sinne des Thomas von Aquin gehalten wurden. Statt dessen sollte über Ovids Metamorphosen gelesen werden.

Selbstverständlich gab es Widerstand, vor allem unter den Magistern, deren Lehrstoff beseitigt werden sollte. Dennoch wurden wesentliche Reformen tatsächlich verwirklicht. Am folgenreichsten war die Besetzung der griechischen Professur mit einem jungen, erst 1497 geborenen, also gerade eben zwanzigjährigen Mann, mit Philipp Schwarzert, der nach humanistischer Manier seinen Namen ins Griechische übersetzte. Den Namen Schwarzert verstand er – etymologisch falsch – als schwarze Erde, und daraus ergab sich der griechische Name Melanchthon.

Philipp Melanchthon war ein Neffe Reuchlins. Der Onkel hatte die Erziehung des jungen Mannes überwacht und ihn auch nach Wittenberg empfohlen. Hier stellte sich Melanchthon Ende August 1518 mit einer Antrittsrede vor, in der er Jahrhunderte des Verfalls der Wissenschaften mit dem konfrontierte, was nun in Wittenberg geschehen sollte. Das Griechische sollte gelehrt werden, und daraus sollte sich die Erneuerung aller Wissenschaften ergeben, weil die Kenntnis der griechischen Sprache den Weg zurück *ad fontes* ermöglichen werde, nicht zuletzt zu den Quellen der Theologie, also zum biblischen Wort. Melanchthon hatte großen Erfolg. Fast alle Studenten, 500 bis 600, hörten seine Vorlesung und bemühten sich um die Anfangsgründe des Hebräischen. Von nun an waren Luther und Melanchthon die Magneten, welche die Wittenberger Immatrikuliertenzahlen rasch ansteigen ließen.

Doch diese Konjunktur hielt nicht an, zumal Luther 1521 nach dem Besuch des Reichstages in Worms in die Reichsacht getan und für einige Monate auf die Wartburg verbracht worden war. Nun brachen in Wittenberg heftige Gegensätze auf. Karlstadt, ein älterer Kollege Luthers, der zunächst ein konservativer Theologe gewesen war, überholte Luther gewissermaßen links. Es kam zum Bildersturm und zur gewaltsamen Einsetzung neuer Gottesdienstformen. Luther kehrte, obwohl gefährdet, von der Wartburg nach Wittenberg zurück, doch konnte er an der Universität zunächst nicht wieder lehren.

Die meisten Studenten waren bisher Kleriker gewesen oder hatten es werden wollen. Nun aber war der besondere Stand des Geistlichen in Frage gestellt und damit ergab sich die Frage, ob der Universitätsbesuch überhaupt sinnvoll sei. Überall gingen die Studentenzahlen zurück. Die Universität Greifswald mußte sogar für einige Jahre geschlossen werden. Soweit kam es in Wittenberg nicht, was man gewiß der mutigen Rückkehr Luthers von der Wartburg zuschreiben darf. Ein Student, der damals auf dem Weg nach Wittenberg war, begegnete

*Der Magister Luther war zu Lebzeiten der Anziehungspunkt der Wittenberger Universität. Sein Denkmal aus dem 19. Jahrhundert steht heute auf dem zentralen Platz der Stadt. Im Hintergrund die Stadtkirche Sankt Marien.*

dem – inkognito reisenden – Reformator im Schwarzen Bären in Jena und hat davon berichtet.[33]

Der Student und sein Begleiter wurden in jenem Wirtshaus von einem Mann an den Tisch gebeten, der bewaffnet war, aber in einem Buch las. Er fragte sie nach ihrem Reiseziel, und sie fragten, ob Luther wohl in Wittenberg sei. Bald werde er kommen, lautete die Antwort ihres Gastgebers, der ihnen jedoch riet, zunächst Griechisch bei Melanchthon sowie Hebräisch zu studieren. Die beiden Studenten waren irritiert, daß ihr Gesprächspartner, der vermeintliche Reiter, so gelehrte Interessen erkennen ließ und darüber, daß das Buch, in dem er las, ein Psalter in hebräischer Sprache war. Am Ende flüsterte der Wirt einem von ihnen zu, es sei Luther, mit dem sie am Tische säßen. Sie meinten sich verhört zu haben. Habe der Wirt vielleicht Hutten gesagt? Schließlich sprach der Wirt den geheimnisvollen Reisenden als Luther an. Der wies das spöttisch zurück, trug den beiden Studenten aber Grüße an einen Wittenberger Professor der Juristenfakultät auf. Von wem sie denn grüßen sollten, fragten die beiden. Von dem, der kommen soll, lautete die genauso geheimnisvolle wie selbstgewisse Antwort.

Wittenberg blieb, zumal zu Lebzeiten Luthers und Melanchthons, die wichtigste Universität derer, die sich zum erneuerten Glauben bekannten. Auf der anderen Seite stand Wittenberg aber in Konkurrenz zu den Universitäten, die nun in reformatorischer Absicht gegründet wurden. Die erste von ihnen war Marburg.

Nachdem Landgraf Philipp von Hessen sich in den Jahren 1524 und 1525 für die Reformation entschieden hatte, geschah 1526, was in einem solchen Fall nun stets geschehen sollte: Die neue Ordnung begann mit einer Reform der kirchlichen Verhältnisse, in diesem Fall der Homberger Kirchenordnung von 1526, die den Grundriß eines evangelischen Territoriums entwarf. Ferner hieß es da, es solle eine Universität gegründet werden oder – als Alternative – eine gute Schule für Knaben und Mädchen. Reformation der Kirche und des Landes, das bedeutete nicht zuletzt Bildungserneuerung. In Hessen entschied man sich für die Universität, und so kam es bald zu Kontakten mit Wittenberg und hier insbesondere mit Melanchthon, der dem Landesherrn im einzelnen vorschlug, wie die Professuren besetzt werden sollten. Man hat es hier zwar mit etwas Neuem zu tun, nämlich mit einer evangelischen Universität, aber doch mit dem alten Rekrutierungsmechanismus. Wie früher Erfurt mit Prager Doktoren besetzt worden war, Rostock mit Erfurtern, so hatten nun diejenigen, die in Wittenberg studiert hatten, in Marburg und sehr bald auch an anderen Orten eine Chance. Die Abhängigkeit der Marburger Personalpolitik von den Wittenberger Vorschlägen kommt am sichtbarsten dort zum

Ausdruck, wo es im Hinblick auf den zu berufenden Mathematiker heißt, man werde den Mathematiker von Wittenberg berufen, den Philipp Melanchthon schicken werde. Den Namen des künftigen Marburger Mathematikers kannte man nicht, aber man kannte den des Patrons, und das genügte.

Ein Jahr später gründete der Landesherr die Universität. Unter den gegebenen Umständen war an die übliche päpstliche Gründungsurkunde nicht zu denken, und an eine kaiserliche, wie sie der Kurfürst von Sachsen für Wittenberg erworben hatte, ebenfalls nicht. Eine landesherrliche Urkunde allein würde es nicht tun, denn die allgemeine Anerkennung der Grade, die an einer Universität erworben wurden, hing ja daran, daß man ein Papstprivileg oder, ersatzweise neuerdings, wenigstens ein kaiserliches besaß. Landgraf Philipp wußte das genau und sprach die Hoffnung darauf aus, das Privileg des Kaisers demnächst doch zu erwerben, was ihm 1541 in einem politischen Kontext tatsächlich gelang. Der Landgraf, lange Zeit der politische Führer des evangelischen Lagers, hatte sich um Versöhnung mit dem Kaiser bemüht und seine Urkunde erhalten.

Auch bei den anderen evangelischen Universitäten, die jetzt gegründet wurden, war die Frage der Privilegierung schwierig. Herzog Albrecht von Preußen, der 1525 den Deutschen Orden verlassen und sich dessen preußisches Territorium als vom polnischen König abhängiges Herzogtum angeeignet hatte, konnte noch weniger als Landgraf Philipp auf ein kaiserliches Privileg hoffen – von einem päpstlichen gar nicht zu reden –, als er 1544 die Universität Königsberg gründete. Ersatzweise ließ er sich vom polnischen König privilegieren, und dieser Ersatz erwies sich als ausreichend. Königsberg, obwohl nicht nur ohne das herkömmliche Privileg gegründet, sondern überdies außerhalb des Reiches gelegen, entwickelte sich dennoch zu einer Universität, die unter den deutschen Hochschulen akzeptiert wurde.

Anders verliefen die Dinge bei der Gründung der Universität Jena. Deren Anlaß war die Niederlage der evangelischen Fürsten im Schmalkaldischen Krieg. In der Entscheidungsschlacht bei Mühlberg 1547 besiegte der nicht dem Schmalkaldischen Bund angehörende und mit dem Kaiser verbündete Herzog Moritz von Sachsen, dem die albertinischen Territorien unterstanden, Kurfürst Johann Friedrich. Der mußte die Kurwürde sowie einen Teil seines Gebietes, darunter Wittenberg, an seinen albertinischen Vetter abtreten, und so stand das ernestinische Sachsen, auf seine thüringischen Gebiete reduziert, abermals ohne Universität da. Jena wurde als Ersatz für das verlorene Wittenberg gegründet, wie einst Wittenberg Leipzig hatte ersetzen sollen, und zwar gleich nach der Niederlage. Damals, 1548, ging es allerdings noch nicht um eine Universität, sondern um ein akademisches Gymnasium, weil an die kaiserliche Gründungsurkunde einer Universität nicht zu denken war. Sie folgte erst 1557.

Unprivilegiert blieb auch die Gründung des Grafen Johann von Nassau-Dillenburg 1584 in Herborn, da es sich hier um eine calvinistische Einrichtung handelte und die Calvinisten vom Augsburger Religionsfrieden 1555 ausgeschlossen waren. Herborn folgte den calvinistischen hohen Schulen in Genf und Straßburg, und es gab Parallelen in Bremen und anderen calvinistischen Territorien. Diese Hochschulen waren nach Fakultäten gegliedert, hatten einen Rektor und die üblichen akademischen Insignien, aber sie hatten kein Promotionsrecht. Anders stand es mit den Universitäten Marburg und Heidelberg. Pfalzgraf Friedrich III. machte bald nach seinem Regierungsantritt 1559 aus Heidelberg eine calvinistische Universität, und das gleiche geschah 1605 in Marburg. Da es sich jedoch hier um keine neuen Gründungen handelte, war das Problem des Gründungsprivilegs nicht gegeben, das Promotionsrecht also nicht in Frage gestellt, und so kam es zur Existenz calvinistischer Universitäten. Im Marburger Fall gehörte zu den Voraussetzungen der konfessionellen Neuordnung eine Aufteilung der Territorien: Die südlich gelegenen, später zu Hessen-Darmstadt zusammengefaßten hessischen Gebiete blieben lutherisch. Dort entstand der Wunsch, dem politisch und konfessionell fremden Marburg eine eigene lutherische Universität an die Seite zu stellen, und so wurde die Universität Gießen gegründet.

Die Marburger Gründung lädt zu der Frage ein, wie in der Frühzeit der Reformation eine solche Gründung finanziert wurde. Das alte Modell, also die Verbindung einer Universität mit einer Stiftskirche und mit Bettelordensklöstern, konnte nach der Reformation nicht mehr genutzt werden. Auf der anderen Seite zog sich die Säkularisierung der aufgelösten Klöster eine längere Zeit hin. Der Fürst hatte seine Kassen noch nicht mit Hilfe von angeeignetem Kirchengut gefüllt.

Als Ganzes gesehen sollte das bald geschehen, allerdings nicht von einem Tag zum anderen, sondern über lange Zeiten, und häufig wurden die geistlichen Vermögen auch nicht einfach den staatlichen Finanzen zugeschlagen, sondern blieben als besondere Fonds bestehen. Nicht selten gibt es sie noch heute, etwa in Niedersachsen, wo zwei Klosterkammern das Vermögen der säkularisierten Klöster verwalten und aus ihren Erträgen nicht zuletzt Wissenschaft und Kultur subventionieren, darunter auch die Universitäten.

Als Landgraf Philipp 1527 Marburg gründete, war die Säkularisation des Kirchengutes in vollem Gange. Auf Pfründen konnten die zu gewinnenden Professoren nicht hoffen, und der Landesherr sah sich außerstande, die erforderlichen 1281 Gulden im Jahr aufzubringen. So wurden der Universität Einkünfte der nun aufgelösten Klöster übertragen. Die Universität trat die Nachfolge der beiden Marburger Bettelordensklöster an, des Dominikaner- und des Franziskanerklosters, und auch der Brüder vom Gemeinsamen Leben, eines klosterähnlichen Verbandes frommer Laien, die nach ihrer Kapuze (Gugel) auch Kugelherren genannt wurden. Hinzu kamen Klöster und Klosterhöfe außerhalb von Marburg. Die Universität erhielt also ein eigenes Vermögen, doch konnte sie dieses keineswegs autonom nutzen. Die Einkünfte und die Zahlungen wurden vom Landesherrn kontrolliert.

Dies ist ein eigentümliches Übergangsphänomen. Einerseits gewinnt man den Eindruck, die Finanzierung der Universität durch geistliche Vermögen, wie sie im Mittelalter üblich gewesen war, sei nun auf die Spitze getrieben worden, indem die Universität ganze Klöster einfach schluckte. Auf der anderen Seite geschah das aber nicht nur durch einen landesherrlichen Übertragungsakt, vielmehr wirkte der Landesherr auch nach dieser Übertragung mit seinen Kontrollmaßnahmen in die Universität hinein – und das galt nicht nur für den finanziellen Bereich. Die Universität kam also auf dem Weg zur Staatsanstalt, die sie heute in Deutschland darstellt, ein mächtiges Stück voran.

Die vitale Bedeutung aufgehobener Klöster für die neuen Universitäten ist noch heute zu erkennen. Die sogenannte Alte Universität in Marburg, das zentrale Gebäude mit der Universitätsaula, ist zwar ein neugotischer Bau aus dem späten 19. Jahrhundert, aber es handelt sich dabei um nichts anderes als um die Erneuerung des Dominikanerklosters. Das Marburger Franziskanerkloster wurde genutzt, bis man 1723 die Kirche abbrach und eine Universitätsreithalle an deren Stelle setzte. Im Marburger Kugelhaus schließlich, dem schon erwähnten Kloster der Brüder vom Gemeinsamen Leben, befinden sich noch heute Universitätsinstitute.

Ähnlich sind die Verhältnisse auch dort, wo die Universitäten lange Zeit nach der Reformation gegründet wurden, zum Beispiel 1665 in Kiel und 1737 in Göttingen. Die Kieler Universität wurde im einstigen Franziskanerkloster eingerichtet, an dessen Stelle heute ein theologisches Studienhaus steht, eine Art Kolleg. Finanziert wurde die Universität dergestalt, daß sie die Nachfolge der Bordesholmer Fürstenschule antrat, die ihrerseits Nachfolgerin eines Augustiner-Chorherrenstifts war. Das kam nicht zuletzt darin sichtbar zum Ausdruck, daß die Kieler Professoren sich in der Bordesholmer Klosterkirche – wie einst die Augustiner-Chorherren – bestatten lassen durften. Die Göttinger Universität erhielt die Kirche und die Gebäude des aufgehobenen Dominikanerklosters zugewiesen. Der Kirchenraum wurde Universitätsbibliothek und ist es bis in die Gegenwart, wenn freilich jetzt auch nur als ein Teil dieser Bibliothek.

Leipzig bietet das Beispiel einer älteren, in der Reformationszeit umgestalteten Universität. Hier hatte der Landesherr bisher 660 Gulden im Jahr für die Besoldung der Professoren zur Verfügung gestellt. Als 1542 die Universität, nachdem das Land lutherisch geworden war, reformiert wurde, mußte dieser Betrag erhöht werden, da ja nun nicht mehr damit gerechnet werden konnte, daß Professoren von Pfründen lebten. Zu den bisherigen 660 Gulden kamen 2000 hinzu, doch auch sie flossen aus säkularisiertem Kirchengut, nämlich aus dem Kloster Pegau und dem der Leipziger Dominikaner. Fünf Dörfer, die diesem Kloster einst gehört hatten, wurden nun der Universität überwiesen, die sich damit in die Rolle eines Grundherrn versetzt sah. Zwar hat die Universität diese grundherrlichen Verhältnisse sogleich modernisieren lassen und an die Stelle der mittelalterlichen Leistungsverhältnisse, darunter der Frondienste, einen Geldzins gesetzt. Doch gewisse Reste der alten Verhältnisse blieben bis in unser Jahrhundert erhalten. Der Historiker Hermann Heimpel berichtet aus seiner eigenen Zeit als Leipziger Professor in den dreißiger Jahren, daß damals noch »der Dekan der philosophischen Fakultät einmal im Jahr das Recht auf einen Hasen geltend machen konnte«.

Wie in Marburg und in Göttingen wurde auch der Leipziger Universität ein Dominikanerkloster übereignet. Die Klosterkirche wurde nun Universitätskirche. Sie blieb dies bis zum 30. Mai 1968, als sie im Zuge der Errichtung sozialistischer Stadtzentren, wie sie damals das Zentralkomitee der SED unter maßgeblicher Beteiligung von Walter Ulbricht für die großen Städte der DDR festgelegt hatte, mit Zustimmung der damaligen Universitätsleitung gesprengt wurde. Ernst Werner, der damalige Rektor – ein Mittelalter-Historiker! – sprach davon, daß Abbruch und »gigantischer« Neubau seine »kühnsten Träume« überträfen.

Die Gründung der Universität in Gießen war durch die schon erwähnte Teilung Hessens im Jahre 1604 verursacht worden, aber auch dadurch, daß Marburg nun eine calvinistische Universität wurde. Dieser Wandel der Konfession wurde vom Landesherrn gegen Widerstand an der Universität erzwungen. Noch einmal kam es zu einem partiellen Exodus von Professoren und Studenten, und zwar ins südliche Hessen. Doch auch unabhängig davon dachte man dort sogleich an die Gründung einer eigenen Universität. Inzwischen war es nahezu selbstverständlich, an einer Universität des eigenen Landes zu studieren. So hätten nun also die Untertanen des lutherischen Landgrafen ins calvinistische Marburg gehen müssen, doch dagegen sprach die Erbitterung, mit der sich die Konfessionen bekämpften, und zwar nicht nur Katholiken auf der einen Seite und Evangelische auf der anderen, sondern gerade auch Lutheraner und Calvinisten. Noch heute bemerkt man im Verhältnis zwischen Gießen und Marburg Reste des alten Antagonismus.

Im Jahre 1605 wurde daher in Gießen, wenige Kilometer südlich von Marburg, ein »Gymnasium illustre« gegründet, eine jener Gelehrtenschulen, wie sie auch in Straßburg oder eben in Herborn entstanden und im Zusammenhang mit der Reformation des albertinischen Sachsen als sogenannte Fürstenschulen errichtet wurden: in Pforta, Meißen und Merseburg beziehungsweise später statt in Merseburg in Grimma. Ähnlich wie die nun gegründeten katholischen Universitäten bestand das Gymnasium in Gießen aus den beiden Fakultäten, die im Zeitalter der konfessionellen Kämpfe die wichtigsten waren, nämlich aus der philosophischen Fakultät, der einstigen Artistenfakultät, und aus der theologischen. Sehr bald kamen ein Jurist und ein Mediziner hinzu, und damit war Gießen eine »Volluniversität« oder wäre eine solche gewesen, wenn das kaiserliche Gründungsprivileg vorgelegen hätte. Erstaunlicherweise gelang es dem Universitätsgründer, der mit seinem Territorium von 1300 Quadratkilometern und ungefähr 20000 Einwohnern nicht gerade zu den bedeutendsten und leistungsfähigsten Reichsfürsten gehörte, schon im Jahre 1607, vom Kaiser ein Gründungsprivileg zu erwerben. Heute weiß man aus den Akten, daß der Kaiser mit seinem Privileg die Hoffnung verband, die beiden benachbarten Universitäten, das calvinistische Marburg und das lutherische Gießen, würden sich gegenseitig zum Erlöschen bringen.

Doch so kam es nicht. Die Lehrstühle wurden besetzt, was einige Mühe verursachte, und nicht wenige Studenten kamen von Marburg beziehungsweise gingen nun statt nach Marburg nach Gießen, wie man an den Immatrikuliertenzahlen sehen kann. 1608 waren sie in Gießen fast ebenso hoch wie in Marburg (215/212), im folgenden Jahr gab es den bekannten Neugründungsboom, und zwar offensichtlich auf Kosten von Marburg (137/187), und auch noch 1610 war Gießen etwas beliebter als Marburg (139/158). In den nächsten zwei Jahrzehnten fielen die Gießener Zahlen. Danach war Gießen kleiner als Marburg, aber es konnte sich behaupten.

Dafür lassen sich zwei Gründe nennen: zum einen die Ausstattung der Universität mit Besitz, zum anderen aber die Konstituierung einer Gruppe von Familien, aus denen die Professoren kamen. Die Ausstattung ergab sich daraus, daß ein Teil der einstigen Kirchengüter, welche der Universität Marburg überschrieben worden waren, im südlichen Teil der hessischen Territorien lag. Dazu gehörten vor allem die Güter der Antoniter, also eines Hospitalordens, in Grünberg ganz in der Nähe von Gießen. So kommt es, daß die Universität Gießen heute in ihrem Siegel jenes T führt, das die Gestalt des griechischen Tau hat und das Zeichen des heiligen Antonius und der Antoniter war. Die

Universität Gießen ist deshalb als jüngere Gründung auszumachen, denn sie lebte nicht nur vom Stiftungsvermögen, sondern darüber hinaus aus beträchtlichen Zuwendungen der landesherrlichen Kasse. Mit dem Gedeihen der kleinen Universität dank einer Gruppe von Familien kommt man zu Verhältnissen, die für die evangelischen Universitäten dieser Zeit auch sonst charakteristisch waren und die damit zusammenhängen, daß, anders als bisher, nicht nur wenige Professoren Laien waren und daher die Möglichkeit hatten, sich zu verheiraten, sondern alle. Eine neue Lebensform wurde etabliert, und zu deren Folgen gehörten Professorensöhne und -töchter, und die Professoren bemühten sich, nicht anders als Angehörige anderer sozialer Gruppen, ihren eigenen Stand an die Nachfahren weiterzugeben.

Die Professuren wurden immer wieder an den Sohn des Professors vererbt, oder sie wurden mit der Hand der Professorentochter weitergegeben. Ganz ähnlich wie ein Handwerksgeselle zu einem eigenen Betrieb entweder über die Heirat einer Meisterwitwe oder über die einer Meistertochter kam, gingen hier Professorenstellen von einer Generation auf die nächste über, oder – genauer gesagt – es wurden jene führenden Positionen im Territorium weitergegeben, für die es einer Universitätsausbildung bedurfte. Eine kleine Gruppe von Familien stellte im 17. und 18. Jahrhundert diejenigen, welche die höheren Beamtenstellen innehatten, die führenden Positionen in der Landeskirche und eben auch die Professuren an der Universität. Als Beispiel kann der Theologe Balthasar Mentzer gelten, der zu jenen Professoren gehörte, die von Marburg nach Gießen gingen. Er ist »auch im biologischen Sinne gleichsam der Vater der Universität Gießen« geworden: »Seine vier Töchter heirateten Gießener Professoren; sein Sohn und sein Enkel wurden Gießener Professoren; sein Urenkel, Balthasar Mentzer IV., wenigstens noch Theologieprofessor in Göttingen. Die lutherische Orthodoxie in Gießen ... war ein gut funktionierendes Familienunternehmen.«[34]

An katholischen Universitäten, wo unter den Professoren weiterhin die Kleriker dominierten, war dergleichen natürlich nicht möglich. Sozialgeschichtlich unterschieden sich diese Hochschulen von den evangelischen fundamental, im Lehrprogramm dagegen und auch sonst gab es überraschend viele Gemeinsamkeiten.

Am wirkungsvollsten – und für die katholische Universitätsgeschichte am wichtigsten – war der von Ignatius von Loyola im Jahre 1539 gegründete Jesuitenorden. Die Jesuiten wollten eine Kampftruppe des Papstes sein, und sie wurden es. »Unter dem Kreuzesbanner für Gott zu streiten und dem Herrn allein und dem römischen Papst, seinem Stellvertreter auf Erden, zu dienen«, so wurde in der Gründungsbulle von 1540 die Aufgabe des neuen Ordens definiert,

*Miniatur aus der Ingolstädter Universitätsmatrikel, die das Wahlzeremoniell für den Prinzen Philipp von Bayern zeigt, der 1589 Rektor der Universität wird.*

und diese sollte erfüllt werden durch Predigt, Unterricht und Werke der Barmherzigkeit. Das freilich setzte eine besondere Ausbildung der Ordensmitglieder voraus. Was schon für die Bettelorden charakteristisch war, wurde hier verstärkt. Bei der Rekrutierung des Nachwuchses herrschte eine strenge Auswahl. Das Noviziat dauerte nicht wie üblich ein Jahr, sondern zwei Jahre, und auch danach war man Ordensmitglied nur auf Widerruf. Danach hatten die angehenden Jesuiten noch viele Jahre vor sich, in denen sie Philosophie und Theologie studierten und gleichzeitig unterrichteten, bis sie zu den höchsten vier Gelübden und zur Profeß zugelassen wurden, also dem Eid, durch den sie sich auf Lebenszeit in den Orden begaben. Die Verfassung des Ordens war monarchisch. An der Spitze stand beziehungsweise steht der Ordensgeneral, der auf Lebenszeit gewählt wird. Angesichts der Größe des Ordens und seiner Schlagkraft nennt man ihn zuweilen mit Bezug auf die Ordenstracht den Schwarzen Papst, dessen Gegenüber dann der Weiße Papst ist, also der Papst selbst.

Für alle Angehörigen des Ordens galt, was Ignatius in seinem Testament als Regel formulierte, nämlich der unbedingte Gehorsam gegen den Ordensoberen. »Gott selbst spricht aus jedem Oberen«, so heißt es hier, und ferner: »Ich soll mich ansehen wie einen Leichnam, der weder Willen noch Gefühl hat.« Das ist der oft kritisierte Kadavergehorsam, der aber in der Selbstauffassung des Ordens etwas anderes war, nämlich die höchste Stufe der Askese, und der im übrigen, da man es ja hier mit einer christlichen Gemeinschaft zu tun hat und nicht mit einer totalitären Organisation, am Ende doch eine Einschränkung kannte: »In allem, was nicht Sünde ist«, heißt es weiter, »muß ich dem Willen des Oberen, nicht dem meinigen folgen.«

Wie schon die Bettelmönche waren auch die Jesuiten nicht Mitglieder einer bestimmten klösterlichen Niederlassung. Überall in der Welt konnten sie eingesetzt werden, gebraucht wurden sie aber nicht zuletzt im Reich, wo sie die Konfessionsfront stabilisierten, wenn diese gefährdet war. 1556, in jenem Jahr, da der Ordensgründer starb, gehörten dem Orden an die tausend Männer an. Ein Jahrzehnt später gab es gegen 3500 Jesuiten.

Überall, wo die Jesuiten sich niederließen, schufen sie Bildungseinrichtungen. In Ingolstadt, wo 1472 eine Universität gegründet worden war, die Vorgängerin der heutigen Münchner Universität, übernahmen die Jesuiten diese Universität weitgehend in die eigene Regie. In Dillingen, der Residenz der Augsburger Bischöfe, gründeten sie 1551 eine neue Universität, und dies war die erste der katholischen Gründungen. In Fulda blieb das Jesuitenkolleg unterhalb der Universitätsstufe, war also, formal betrachtet, den evangelischen gelehrten Gymnasien oder auch der calvinistischen Hochschule Rinteln ähnlich. In Würzburg dagegen, wo 1402 bis 1411 schon einmal eine Universität bestanden hatte, wurde die Niederlassung des Jesuitenordens 1582 zur Universität erweitert.

Im Falle der evangelischen Universität Gießen war es vor allem auf die philosophische und die theologische Fakultät angekommen. Das galt auch für die Jesuiten. Ebenso wie im evangelischen Bereich oft Gymnasium und Universität kombiniert wurden, sorgten die Jesuiten für Lehranstalten unterhalb der Universität und betrieben Gymnasien – bis auf den heutigen Tag.

Skizziert man die Verfassung des Ordens und bedenkt man seine Erfolge bei der katholischen Reform, so entsteht ein zu schlichtes Bild. Die Erfolge der Jesuiten waren nicht einfach eine Frucht der militärisch straffen Organisation sowie auch der Furcht vor der Reformation. Die Jesuiten hatten durchaus Mühe, sich durchzusetzen. Dort, wo sie an schon bestehenden Universitäten tätig waren, stand die Universitätsverfassung gegen sie, denn es war nicht geklärt, wem der Professor, der dem Jesuitenorden angehörte, gehorsam sein sollte, den akademischen Gremien oder seinen Ordensoberen. Vor diesem Dilemma hatten schon die Angehörigen der Bettelorden gestanden, die zugleich Mitglieder von Universitäten waren. Der Jesuitenorden war jedoch strenger in der Ausschließlichkeit, mit der er von seinen an den Universitäten lehrenden Mitgliedern Gehorsam verlangte. Das sagte aber nichts darüber aus, in welchem Maße dieses Gehorsamsprinzip außerhalb des Ordens anerkannt wurde. An der Würzburger Universität zum Beispiel konnten Jesuiten nur lehren, wenn sie die entsprechenden akademischen Grade erworben hatten. Für Ingolstadt hatte der bayerische Herzog dagegen 1565 entschieden, daß hier ein Zeugnis des Provinzials, also eines Ordensoberen, die fehlende Promotionsurkunde ersetzen könne.

Gegen die Jesuiten standen aber nicht nur die herkömmlichen Universitätsnormen. Gerade in geistlichen Staaten wachten die Bischöfe und die Domkapitel darüber, daß die Jesuiten nicht die eigenen Herrschaftsrechte durchlöcherten. Der berühmte Würzburger Bischof Julius Echter von Mespelbrunn bediente sich 1582 der Jesuiten zur Gründung einer Universität, aber er hielt sie doch in Grenzen. Die Statuten, welche die Universität erhielt, waren nicht von den Jesuiten formuliert, sondern sie griffen auf die Freiburger Universitätsstatuten aus dem Jahre 1457 und die Würzburger von 1402 zurück. Alles, so schreibt ein Jesuit damals, was der Bischof »zu unserem Verderben aussinnen kann, das tut er«. Und wo sich der Bischof und die Jesuiten einig waren, sperrten sich die Domherren oder auch die weltlichen Stände. Die Ritterschaft sowohl in Würzburg als auch in Fulda drohte zeitweilig, die Gründung eines Jesuitenkollegs zu verhindern.

Am Ende haben die Jesuiten solche Widerstände in der Regel überwunden. Von den Traditionen des 19. Jahrhunderts her liegt es nahe, darin einen Erfolg von militärischer Organisation und Fanatismus zu sehen. Tatsächlich war es die Tätigkeit der Jesuiten, die viele überzeugte. Sie waren nicht nur Säulen der Mission, indem sie Priester ausbildeten und Druckereien und Verlage gründeten, deren Produkte die evangelischen Länder überzogen, ganz ähnlich wie etwa die evangelischen Schriften, die nun in Königsberg gedruckt wurden, in großen Teilen des katholischen Polen Leser fanden. Auch Predigt, Krankenpflege und Gefangenenfürsorge waren Felder jesuitischer Aktivität.

Friedrich von Spee, der Autor der berühmten »Cautio criminalis« von 1631, der Schrift gegen die Hexenprozesse, wie sie damals so vielfach geführt wurden, war ein durchaus charakteristisches Mitglied des Jesuitenordens. 1591 geboren, war er 1610 dem Jesuitenorden beigetreten. Er hatte in Köln, Fulda und Würzburg studiert, in Speyer, Worms, Mainz, Paderborn, Würzburg und Trier gelehrt. Nachdem er sich als Seelsorger pestkranker Soldaten in Trier infiziert hatte, starb er dort 1635. Zuvor war er in Würzburg auch Seelsorger von Frauen gewesen, die Opfer der Hexenverfolgung geworden waren. Aus dieser

Situation heraus entstand die erwähnte Schrift mit dem Titel »Cautio criminalis«, in der sich Friedrich von Spee zwar nicht prinzipiell gegen die Existenz von Hexen aussprach, wohl aber gegen die Prozesse und die Art der Prozeßführung gegen verdächtige Frauen, die diesen kaum eine Chance ließen. Die Schrift erschien anonym, und zwar in Rinteln, also am Ort einer calvinistischen Universität, wo es ebenso wie an katholischen und lutherischen Universitätsorten eine leistungsfähige Druckerei gab. Immerhin heißt es auf dem Titelblatt *auctore incerto theologo orthodoxo*. Das Buch fand weite Verbreitung und trug dazu bei, daß die Zahl der Hexenprozesse zurückging.

Friedrich von Spee gehört auch zu den bedeutendsten Dichtern des 17. Jahrhunderts, und darin ist er unter den Jesuiten dieser Zeit keine Ausnahme. Gemäß dem humanistischen Lehrprogramm kam der Dichtung an den Gymnasien und Universitäten der Jesuiten großes Gewicht zu, und das verband die Jesuitenschule mit den evangelischen Gymnasien und Universitäten. Nicht erst heute sieht man, daß die Konfessionsschranken durchlässig waren. Als in Straßburg eine Jesuitenniederlassung geplant wurde, nahm man sich das evangelische Gymnasium zum Vorbild, während Johannes Sturm, der Leiter des berühmten Straßburger Gymnasiums und führende Pädagoge der Calvinisten, die Jesuitenschulen in Dillingen, Mainz und Trier wegen ihres Lehrprogramms lobte. Jesuiten-Lehrbücher waren auch an evangelischen Gymnasien in Gebrauch.

Zu den Bedingungen solcher Gemeinsamkeiten gehörte, daß in Wittenberg die Reformation zwar mit einer Reformation des Studiums begonnen hatte, daß aber auf die Glaubens- und Kirchenreform eine Universitätsreform von ähnlichem Ausmaß nicht folgte. Die scharfen antiaristotelischen Kampfparolen Luthers wurden von Melanchthon zurückgenommen. Und von einer Änderung der Universitätsverfassung, an die Luther und einige der Seinen in der Wittenberger Frühzeit gedacht hatten, konnte keine Rede mehr sein. Im Lehrprogramm der Artistenfakultät kam es zu den schon erwähnten humanistischen Modifikationen. Theologie wurde an den katholischen Universitäten selbstverständlich anders gelehrt als an den evangelischen, aber die Lehrverfassung blieb doch im wesentlichen unverändert, und vollends unverändert war der Studienbetrieb an der medizinischen Fakultät, während sich das Rechtsstudium an den evangelischen Universitäten durch das Zurücktreten des geistlichen Rechts von dem unterschied, was an den katholischen Universitäten üblich war. Zu einer radikalen Beseitigung des Kirchenrechtsstudiums, was Luther ursprünglich gewollt hatte, kam es jedoch nicht.

Obwohl die Professoren und Studenten der nichtkatholischen Universitäten nun keine Kleriker mehr waren, blieben doch gewisse Stan-

*In den Jahren 1592 bis 1597 entsteht in Helmstedt unter der Leitung des Architekten Paul Francke mit dem Iuleum novum eines der ersten eigens für den Universitätsbetrieb errichteten Gebäude.*

desvorrechte bestehen. Katholische wie evangelische Universitäten genossen wie im Mittelalter die Abgabenfreiheit und den besonderen Gerichtsstand. Die akademische Freiheit bedeutete in den alten Universitäten nicht das, was man heute unter dieser Formel versteht, nämlich die Freiheit zu forschen und zu lehren, sondern vielmehr die eigene Gerichtsbarkeit, wie sie sich für alle geistlichen Anstalten des Mittelalters von selbst verstand. Auch die Universitäten, die keine geistlichen Anstalten mehr waren oder nun als evangelische Universitäten gegründet wurden, konnten diese traditionellen Vorrechte behaupten. Noch die 1737 gegründete Göttinger Universität, was ihr Vermögen angeht eine reine Staatsanstalt ohne eigenen Besitz, wurde mit den traditionellen Immunitätsrechten, also mit der eigenen Gerichtsbarkeit über Professoren, Studenten und Universitätsverwandte, also das nichtakademische Personal der Universität, ausgestattet. Der aus allen ordentlichen Professoren bestehende Senat fungierte gegebenenfalls als höchstes Universitätsgericht, das nicht nur Leibes- und Lebensstrafen aussprechen konnte, sondern auch die Anwendung der Folter anordnen durfte, wenn das zur Wahrheitsfindung nötig schien.

Eine unterschiedliche Gestalt hatte an den Universitäten der verschiedenen Konfessionen das Leben der Studenten. Die gleichsam kasernierte, klosterähnliche Lebensweise in Kollegien und Bursen, die bis zur Reformation üblich war, gab es an den evangelischen

Universitäten nicht mehr, während an den katholischen Universitäten die Jesuiten die Studenten in ihren Konvikten, Gymnasien und Kollegien gewissermaßen wieder einfingen. Zu den Folgen der durch die Reformation geschaffenen neuen studentischen Freiheit an den evangelischen Universitäten zählt nicht zuletzt, daß die besondere studentische Folklore zunahm. Die Deposition, also die Unterwerfung der Neuankömmlinge unter einen parodistischen Aufnahmeritus, die im 15. Jahrhundert ein offizieller Teil des Universitätslebens gewesen war, wuchs sich nun zu einem brutalen Verfahren aus, das immer wieder bekämpft wurde, aber doch nicht unterdrückt werden konnte. Ähnlich stand es mit den Ehrenhändeln der Studenten, zuletzt mit landsmannschaftlichen Auseinandersetzungen, wie sie in Wittenberg aus der Zeit unmittelbar vor Beginn der Reformation bezeugt sind. Solche Auseinandersetzungen wurden zu einem heftig umstrittenen regulären Bestandteil studentischen Lebens. Berüchtigt dafür war die Universität Jena, und das lag wohl daran, daß hier ein starker Landesherr fehlte. Die ernestinischen Territorien waren aufgespalten – nun entstand die im 19. Jahrhundert so verachtete thüringische Kleinstaaterei –, und die Universität unterstand allen sächsisch-thüringischen Fürsten gemeinsam, hatte also keinen wirklich für sie verantwortlichen Herrn.

In der Regel waren die evangelischen Universitäten dem Landesherrn unterworfen – ebenso wie die Landeskirchen. So ergab sich ein enges Beziehungsgeflecht, wie man es in Gießen besonders deutlich erkennt. Wer es sich leisten konnte, studierte trotzdem nicht nur an der Heimatuniversität. Für bestimmte Positionen war die akademische Wanderung geradezu eine Voraussetzung. Und diese akademische Wanderung hielt sich keineswegs an die Konfessionsgrenzen, was ja auch nicht nötig war, da das Lehrprogramm ungeachtet konfessioneller Besonderheiten keine fundamentalen Abweichungen aufwies.

In den Statuten der 1574 gegründeten Universität Helmstedt ist nicht nur, wie damals üblich, vom wahren Glauben als dem Ziel des Studiums die Rede, sondern auch vom gemeinen Nutzen, dem Wohl des Staates und der Untertanen. Ein großer Schutz und eine große Zierde sei es, so liest man hier, dem Vaterland und den Fürsten und der Respublica ein Heilmittel, wenn der Adel des Vaterlandes, der zur Regierung bestimmt ist, an den Universitäten des Vaterlandes gelehrt und erzogen wird und Einsicht in die wahre Religion, in Gerechtigkeit und ehrenhafte vaterländische Sitten gewinnt und sie liebt und zu einer entsprechenden Regierungstätigkeit gebracht werden kann.

Zunächst schien es, als würde die Reformation die Universitäten schädigen oder gar vernichten. Das Finanzierungssystem brach zusammen, und die Studenten blieben aus. In dem Maße, wie sich die

Wittenberger, angeführt von Melanchthon, entschlossen, auch ihrerseits auf die Universität als höchste Bildungsinstitution zu bauen, kam es nicht nur zu einer Konsolidierung der hohen Schulen, sondern auch zu ihrer Vermehrung. Wer um 1600 durch Europa reiste, konnte nicht übersehen, daß es den Universitäten gutging. Anders als während der mittelalterlichen Jahrhunderte, da es Universitätsgebäude im engeren Sinne, von den Kollegienhäusern abgesehen, gar nicht gegeben hatte, entstand nun ein ganz eigener Gebäudetypus, den man heute noch in Altdorf bei Nürnberg, in Mainz oder in Helmstedt sehen kann.

Der englische König Jakob I. soll im Jahre 1605 gesagt haben: »If I were not a king, I would be a university-man.« Auch ohne daß man dieses Wort im Hinblick auf seine Entstehungsumstände genauer interpretiert, wird man vermuten dürfen, daß der König seine Äußerung nicht so ganz ernst genommen wissen wollte. Doch kommt darin immerhin zum Ausdruck, daß der Rang, den die Universitäten sich selbst zuschrieben, von der außeruniversitären Umwelt zur Kenntnis genommen und manchmal auch beachtet wurde. Einem heutigen deutschen Ministerpräsidenten die entsprechende Äußerung zuzuschreiben wäre lächerlich – aus verschiedenen Gründen.

KAPITEL 7

# Drei Reformuniversitäten: Halle, Göttingen, Berlin

Im Zeitalter von Humanismus, Reformation und katholischer Reform waren die Universitäten erneuert worden. Obwohl infolge der Reformation die Zahlen der Studenten drastisch zurückgegangen waren und die Universität Greifswald von 1525 bis 1539 sogar geschlossen blieb, war doch eine Reihe neuer Gründungen geglückt – zunächst evangelischer, bald aber auch katholischer Universitäten.

Im Jahre 1517 wurden an allen Universitäten des Reiches 2208 Studenten immatrikuliert, 1531 waren es nur noch 880. Danach begann jedoch ein kontinuierlicher Anstieg, und zu Beginn des Dreißigjährigen Krieges wurden gegen 4500 Studenten jährlich an den damals bestehenden Universitäten des Reiches eingeschrieben. Dies zeigt, daß auch die Gründung der gelehrten Gymnasien den Universitäten nicht geschadet hatte, doch während des Krieges gingen die Zahlen abermals zurück. Im Jahre 1640 hatten sie etwa die gleiche Höhe wie unmittelbar vor Beginn der Reformation. Die noch während des Krieges beginnende Zunahme der Immatrikulationen führte ein Jahrzehnt nach Kriegsende zu Werten, die knapp unter denen des frühen 17. Jahrhunderts lagen. Bis in die Mitte des 18. Jahrhunderts haben wir es mit 4000 bis 4400 Immatrikulierten pro Jahr zu tun. Nach der Mitte des 18. Jahrhunderts setzte ein kontinuierlicher Abstieg ein, der zum Ende des Jahrhunderts bis zu weniger als 3000 jährlich inskribierten Studenten führte.

Unabhängig von diesem Auf und Ab und auch von den kurzfristigen Schwankungen belegen die Immatrikuliertenzahlen aber zunächst, daß die Universitäten trotz Reformation und Dreißigjährigem Krieg stabil blieben – so verschieden das Schicksal der einzelnen Einrichtungen auch war. Heidelberg geriet nach der Niederlage des zum böhmischen König gewählten Pfalzgrafen Friedrich im Jahre 1620 in eine Krise, die bis 1652 dauerte und mit der schwedischen Besetzung 1632 sogar zu einer Einstellung des Lehrbetriebs führte. Die während der Jahre 1630 und 1632 in Osnabrück und Kassel gegründeten Universitäten erwiesen sich als Fehlgründungen und existierten nur wenige Jahre. Umgekehrt profitierte die Königsberger Universität davon, daß Preußen vom Dreißigjährigen Krieg verschont blieb. Im Jahre 1636 wurden hier 417 Studenten immatrikuliert, mehr als an jeder anderen deutschen Universität. Doch auch in Königsberg sollten solche Zahlen bis ins 19. Jahrhundert nicht mehr erreicht werden.

Insgesamt blieben die Universitäten nicht nur im Hinblick auf ihre Existenz, auch bezüglich ihrer Verfassung und des Studienprogramms stabil. Innerhalb der vier Fakultäten vollzog sich allerdings ein langsamer Wandel von der artistischen zur philosophischen Fakultät. Das Studium an der Artistenfakultät konnte nun übersprungen werden und entwickelte sich allmählich zu einem Studium, das den gleichen Rang hatte wie das der alten höheren Fakultäten. Auch hatte die Reformation nicht jene Folgen für das Lehrprogramm, die man angesichts des Enthusiasmus hatte erwarten können, mit dem Luther und seine Anhänger in Wittenberg das Studium des Aristoteles bekämpft hatten. Aristoteles blieb der für die Universitäten wichtigste Autor. Ebenso wurde das Kirchenrecht weiterhin angewandt und studiert, als hätte Luther am 10. Dezember 1520 vor dem Wittenberger Elstertor – zusammen mit der Bannandrohungsbulle – die Sammlung des kanonischen Rechts gar nicht verbrannt. Im Zeitalter der evangelischen Orthodoxie war die Theologie an den lutherischen Universitäten in einem Maße die beherrschende Wissenschaft wie nie zuvor in der bisherigen Universitätsgeschichte.

Dennoch überschritten viele Studenten die konfessionellen Grenzen. Mit der Gründung der Leydener Universität 1575 entstand hier für deutsche Studenten ein Ziel von ähnlicher Attraktivität wie die traditionell besuchten Universitäten in Italien und Frankreich. Viele der deutschen Besucher ausländischer Universitäten entstammten nun dem Adel, und das hatte zur Folge, daß sich das Studium und die Kavalierstour einander anglichen. Zugleich traten aber die Bildungsideale auseinander. Der gebildete Kavalier sollte und wollte sich vom Gelehrten unterscheiden. So wurden neben den Gymnasien und Universitäten Ritterakademien gegründet, die ihre Besucher von den rohen studentischen Umgangsformen fernhielten, für die deutsche Universitäten des 16. und des 17. Jahrhunderts berüchtigt waren. Der elegante gebildete Kavalier sollte sich nicht Prügeleien mit Handwerksgesellen und zwischen studentischen Gruppen aussetzen. Er sollte alkoholische Exzesse vermeiden und seine Gesundheit nicht durch den Umgang mit Prostituierten gefährden. Statt dessen sollte er fechten, reiten und tanzen lernen.

Ebenso wie in den früheren Jahrhunderten waren die Universitäten auch jetzt nicht die einzigen Orte, an denen Wissenschaft praktiziert wurde. Klöster und Kollegiatstifter blieben in den katholischen Ländern Stätten gelehrter Kultur, und die großen Städte und einzelne

Höfe waren es nun auch. Galileo Galilei (1564–1642), Thomas Hobbes (1588–1679), René Descartes (1596–1650), Baruch Spinoza (1632–1677), Gottfried Wilhelm Leibniz (1646–1716) und nicht wenige andere große Gelehrte des 17. und 18. Jahrhunderts waren nicht an Universitäten tätig. Von Leibniz weiß man, daß er die Universität als Ort der eigenen Wirksamkeit ausdrücklich abgelehnt hat. Wie kein anderer Gelehrter der Zeit bemühte er sich um die Gründung von moderneren Organisationsformen für gelehrtes Tun, nämlich um die Gründung von Akademien.

Seit 1470 in Florenz die Accademia Platonica gegründet worden war, hatte man eine festere Form für das Zusammenwirken von Gelehrten gefunden, als es die *sodalitates* der Humanisten gewesen waren. Sehr bald schrieb man den nun geschaffenen Akademien auch Aufgaben zu, wie sie von wissenschaftlichen Akademien bis heute wahrgenommen werden. Die 1582 gleichfalls in Florenz gegründete Accademia della Crusca erhielt 1621 den Auftrag, ein großes Wörterbuch der italienischen Sprache zu schaffen, während die 1602 in Rom gegründete Accademia dei Lincei die Naturwissenschaften fördern sollte. 1635 entstand, gefördert nicht zuletzt durch Richelieu, die Académie française, und 1660 trat in London die Royal Society ins Leben. Diese beiden bedeutendsten Beispiele nationaler Akademien konnten in Deutschland nicht nachgeahmt werden, doch in den großen Territorien entstanden nun gleichfalls Akademien: im Jahre 1700 die Preußische Akademie der Wissenschaften in Berlin, 1751 die Göttinger Akademie und 1759 die in München. Insbesondere die Berliner Gründung, aber auch Versuche, Akademien in Leipzig und in Wien ins Leben zu rufen, gingen auf Leibniz zurück.

Die damals an den großen Höfen gegründeten Akademien gehörten in ein breiteres Umfeld vielfältiger gelehrter Gesellschaften, wie namentlich der 1629 in die anhaltinische Residenz Köthen verlegten Fruchtbringenden Gesellschaft, einer vom Adel getragenen Vereinigung, die sich um die Reinheit einer – überregionalen – deutschen Sprache bemühte. 1652 gründeten Ärzte in der fränkischen Reichsstadt Schweinfurt eine Vereinigung von Naturwissenschaftlern, die später von Kaiser Leopold I. privilegiert wurde und seit 1878 ihren Sitz in Halle hat, wo sie als Deutsche Akademie der Naturforscher Leopoldina die Jahrzehnte der deutschen Spaltung besser als die meisten Vereinigungen dieser Art überstanden hat.

## Halle

Nach dem Ende des Dreißigjährigen Krieges wurden Universitäten in Kiel (1665) und in Duisburg (1655) gegründet. Die Inschrift *Pax optima rerum* (Frieden ist die beste Sache von allen) im Siegel der Kieler Universität erinnert noch heute an den Zusammenhang zwischen dem Friedensschluß und der Hochschulgründung. Die Duisburger Universität dagegen verdankte ihre Stiftung vor allem dem Konfessionswechsel des Landesherrn, also des brandenburgischen Kurfürsten. 1613 war Kurfürst Johann Sigismund zum Calvinismus übergetreten. Seine und seiner Nachfolger Möglichkeiten, in ihren lutherischen Territorien die eigene Konfession zu fördern, waren begrenzt. Frankfurt an der Oder war nicht anders als Königsberg ein Bollwerk der lutherischen Orthodoxie. So lag es nahe, in den westlichen Territorien der Kurfürsten eine Universität der eigenen Konfession zu schaffen, die damit allerdings in der Nähe anderer reformierter Universitäten lag, mit ihnen konkurrierte und über den Rang einer kleinen Hochschule niemals hinausgekommen ist.

Ganz anders die 1694 eröffnete Universität in Halle. Sie sollte bald die am stärksten besuchte deutsche Hochschule sein. Im Jahre 1700 stand Halle mit 461 Immatrikulationen nach Leipzig (755) und Jena (532) vor Wittenberg (368) an dritter Stelle. Die beiden anderen brandenburgisch-preußischen Universitäten, Frankfurt an der Oder und Königsberg, hatten mit 131 und 180 Immatrikulationen eine ganz andere Dimension. Bereits zehn Jahre später hatte Halle (590) Leipzig (408) überflügelt, und Jena (753) hatte den Platz von Leipzig eingenommen. Wittenberg dagegen war – nicht zuletzt infolge der Gründung von Halle – mit 270 Immatrikulationen zurückgefallen. Und auch Frankfurt an der Oder (99) und Königsberg (143) waren kleiner geworden.

Die Gründe für die Stiftung der Universität Halle und ihren Erfolg sind nicht ohne weiteres zu benennen. Die konfessionelle Situation hatte sich nicht verändert. Nach wie vor stand in Berlin der reformierte Hof gegen die von der lutherischen Orthodoxie beherrschten Universitäten. So hat es seinen Grund, wenn Ranke hier die Ursache für die Gründung einer neuen Hochschule sah: »Die Universität Halle ward gestiftet, vor allem in der Absicht, die Kandidaten für die 6000 Pfarren, die man im Lande zählte, nicht mehr einem feindseligen und überdies geistig beschränkten Einfluß zu überlassen.«[35] Ein der Wissenschaft freundliches Klima am Berliner Hof kam hinzu. Wenige Jahre später sollte die schon erwähnte Akademie ins Leben treten.

Halle war aber keineswegs als eine strikt antilutherische, also gleichfalls konfessionell geprägte Universität gedacht. Die Enge der traditionellen und konfessionellen Polemik sollte ebenso überwunden werden wie die Vorherrschaft der theologischen Fakultät, und das ist nicht nur gelungen, sondern wurde zur offensichtlich wichtigsten Ursache für den Erfolg der Gründung. Möglich war dieser Erfolg aber vorzugsweise deshalb, weil das frühe Halle ganz durch Christian Thomasius (1655–1728) geprägt wurde.

Thomasius, der Sohn eines Leipziger Professors, hätte angesichts der damaligen Formen der Rekrutierung von Professoren erwarten dürfen, ein akademisches Lehramt gleichsam zu erben. Der Ehrgeiz des jungen Polyhistors richtete sich indessen auf neue Formen der Wissenschaft. 1687 kündigte er – als erster an einer deutschen Universität – eine Vorlesung in deutscher Sprache an. Das Deutsche und das Französische sollten in den nächsten Jahrzehnten als die modernen Wissenschaftssprachen gelten, wenn auch der Rückzug des Lateinischen noch bis weit ins 19. Jahrhundert dauerte und diese Sprache einstweilen das Idiom der internationalen Verständigung von Gelehrten blieb.

Nicht nur die Sprache sollte den modernen Gelehrten von seinen traditionellen Vorgängern unterscheiden. Ebenso stand nun der moderne farbige Rock samt Galanteriedegen gegen den traditionellen Talar. In Kleidung wie Sprache drückte sich die Trennung des Gelehrten vom Kleriker aus, und auch die neuen Leitbegriffe markierten diesen Wandel. Toleranz sollte die Gelehrten und ihr Tun kennzeichnen, und dieses Tun sollte der Gesellschaft nützlich werden. Die Zeitschrift, die Thomasius 1688 und 1689 in Leipzig herausgab, die »Monatsgespräche«, geben ein lebhaftes Bild des neuen Wissenschafts- und Lebensstils, für den hier geworben wird. *Kuriös* lautet eines der immer wieder gebrauchten Wörter, und nicht weniger oft werden Personen und ihre Haltung mit dem Attribut *galant* markiert, mit dem damals ebensowenig Frivolität bezeichnet werden sollte wie – gemäß mittelalterlichem Sprachgebrauch – mit dem Wort *kuriös* die absonderliche Neugier. Kuriosität meinte vielmehr ein Interesse an der Welt und ihren Erscheinungen, das sich soweit wie nur möglich erstreckt, während Galanterie jene Kultiviertheit bezeichnete, der die Gebildeten und insbesondere die Gelehrten alle ihre Lebensäußerungen unterwerfen sollten, um sich – so lautete der Gegenbegriff – von den Pedanten zu unterscheiden.

Thomasius' Aufbruch von Leipzig nach Halle hatte einen Skandal zum Anlaß, der noch einmal sichtbar machte, wie streng die Universitäten an die lutherische Orthodoxie gefesselt waren. Im Jahre 1689 hatte sich Herzog Moritz Wilhelm von Sachsen, der künftige Regent des säkularisierten Bistums Naumburg-Zeitz, mit einer Tochter des Großen Kurfürsten von Brandenburg verheiratet. Diese Ehe des luthe-

*Tübinger Studierstube eines wohlhabenden Studenten, um 1770.*

rischen Fürsten mit einer reformierten Prinzessin, also einer Ketzerin nach lutherischen Begriffen, rief in Sachsen einen heftigen, in Pamphleten ausgetragenen Streit hervor, an dem sich auch Thomasius beteiligte. Ungeachtet der Vorsicht, mit der er die Legitimität einer solchen fürstlichen »Mischehe« verfocht, handelte er sich sogleich ein Publikations- und Lehrverbot ein. Dies war nicht gar so schmerzlich, da man ihn zugleich zum brandenburgischen Rat ernannte, finanziell gut ausstattete und mit dem Auftrag versah, in Halle, wo die dortige Ritterakademie gerade umgestaltet werden sollte, Vorlesungen zu halten.

Die Stadt Halle, reich durch das namengebende Salzvorkommen, war zuletzt Residenz der magdeburgischen Erzbischöfe gewesen. Der Kardinal Albrecht hatte sie prächtig ausgebaut, bis er 1541 angesichts der Reformation resignierte. Seit 1680 hatten hier die brandenburgischen Kurfürsten als Administratoren des Erzbischofs von Magdeburg ihr Verwaltungszentrum. Halle hatte unter dem Dreißigjährigen Krieg gelitten und war zudem durch die Pest entvölkert. Nun sollte die Stadt durch die Ansiedlung von Manufakturen und durch die Aufnahme von Glaubensflüchtlingen gefördert werden. Die Errichtung einer Universität fügte sich in dieses Konzept ein.

1693 wurde das traditionelle kaiserliche Gründungsprivileg ausgestellt, die Frage der Finanzierung dagegen wurde modern beantwortet: Die neue Universität erhielt kein eigenes Vermögen, sondern lebte

*Darstellung eines studentischen Trinkgelages auf einem Stammbuchblatt, Halle, um 1750.*

von Zuwendungen des Staates. Diesem sollte sie durch eine erneuerte Jurisprudenz dienen. Das Staatsrecht, wie es in diesen Jahrzehnten an vielen Orten entwickelt wurde, sollte an die Stelle der traditionellen Rechtsgelehrsamkeit treten. Einer der angesehensten Wegbereiter dieses neuen Rechts, Veit Ludwig von Seckendorff (1626–1692), Kanzler des sächsischen Administrators in Zeitz und Verfasser des weitverbreiteten Buches über den Fürstenstaat, sollte als Kanzler der neuen Universität amtieren und ihr mit seinem Renommee dienen. Doch Seckendorff starb noch vor der Eröffnung.

Zu den Professoren, die den Rang der jungen Universität markierten, gehörte auch der Historiker Christoph Cellarius (1634–1707). Ihm vor allem ist es zu verdanken, daß sich nun als Gliederung der Weltgeschichte die Dreiteilung von Antike, Mittelalter und Neuzeit langsam durchsetzte und die alte Abfolge der vier Weltmonarchien an Geltungskraft verlor. Nicht weniger charakteristisch sollte für Halle die enge Verbindung der Universität mit dem Pietismus und den Franckeschen Stiftungen werden.

August Hermann Francke (1663–1727), Schüler von Philipp Jakob Spener (1635–1705), des größten pietistischen Erbauungsschriftstellers, war ebenso wie dieser mit der lutherischen Orthodoxie in Konflikt geraten. Aus Sachsen und Thüringen vertrieben – und von Thomasius verteidigt –, fand auch er in Halle Zuflucht. In Glaucha, dem im Südwesten Halles gelegenen Dorf, erhielt er nicht nur eine

Pfarrstelle, sondern auch die Möglichkeit, in wenigen Jahren seinen ebenso frommen wie wirkungsmächtigen Stiftungskomplex zu gründen: Waisenhaus, Schulen, Verlag und Bibelanstalt sowie den Ort, an dem zahlreiche Stipendien für Besucher der Hallenser Universität eingerichtet wurden. Die enge Verflechtung von Aufklärung und Pietismus, von akademischem Unterricht und Lebenspraxis sollte Halle prägen.

So neu der Geist, so traditionell war die Verfassung der Universität. Die Professoren blieben ebenso außerhalb des Bürgertums wie die Studenten, denen zugesichert wurde – und das war im preußischen Staat äußerst wichtig –, von Zwangswerbungen für die Armee unbehelligt zu bleiben. Die akademische Gerichtsbarkeit, freilich eng an die staatliche gebunden, wurde allerdings erneuert. Am Detail der Statuten erkennt man Halle als erste der großen Reformuniversitäten im Reich. Zwar wurden die Angehörigen der Universität auf die Augsburger Konfession, also das Luthertum, verpflichtet, aber sie brauchten keinen Eid mehr darauf zu schwören, und im Falle eines Konfliktes sollte nicht mit dem Häresievorwurf operiert werden, sondern der Prorektor sollte schlichten, und zwar nicht allein mit Hilfe der Theologen.

Sieht man nur auf die Zahlen der Immatrikulierten, so hielt die Blüte Halles bis zum Ende des 18. Jahrhunderts an. Blickt man auf die Professoren, so bemerkt man einen Rückgang der Exzellenz, welche die Gründerzeit ausgezeichnet hatte. Das deutlichste Beispiel dafür ist das Schicksal von Christian Wolff (1679–1754). Im Jahre 1706 nach Halle berufen, war Wolff, der nun überwiegend in deutscher Sprache las, der Professor in Halle schlechthin. Eine Rede, die er zum Abschluß seines Prorektorats hielt, brachte ihn in Konflikt mit den Theologen. Er hatte über die praktische Philosophie der Chinesen gelesen und die Nähe der konfuzianischen Moral zur gegenwärtigen bemerkt, woraus sich die Schlußfolgerung ergab, daß eine Sittenlehre auch ohne die christliche Offenbarung möglich sei. Schon früher hatte Wolff Konfuzius mit Moses und Christus – mit dem allerdings nur im Hinblick auf das Lehramt – verglichen. Nun geriet die Sache auch in den Horizont der Theologen. Deren Dekan erbat den Text der Rede vor deren Publikation, was Wolff verweigerte, weil er darin eine Zensur sah, die den Theologen in Halle nicht mehr erlaubt war. Pietistische Kreise informierten den Hof in Berlin. Am Ende schloß der König Friedrich Wilhelm I. aus dem Determinismus seines Hallenser Professors sei abzuleiten, daß die Deserteure, die aus seiner Armee flohen, nicht ihrem Willen folgten und infolgedessen auch nicht bestraft werden könnten. Der »Soldatenkönig« setzte Wolff nicht nur ab, sondern wies ihn auch bei Strafe des Stranges aus seinen Landen, und

*Im Waisenhaus zu Halle, Teil der Franckeschen Stiftungen, waren im sogenannten langen Gebäude (H) Wohnungen für Studenten und Schüler untergebracht.*

Wolffs Anhänger Fischer in Königsberg mußte seine Professur ebenfalls räumen.

Als 1740 Friedrich der Große den preußischen Thron bestieg und durch eine Reihe demonstrativer Handlungen den Einschnitt markierte, den der Beginn seines aufgeklärten Regiments bilden sollte, berief er Wolff sogleich aus Marburg nach Halle zurück. »Ich bitte ihn, sich um des Wolffen Mühe zu geben. Ein Mensch, der die Warheit sucht und sie liebt muß unter aller menschlichen Gesellschaft werth gehalten werden...«, so notierte der König unter die einschlägige Anweisung.[36] Wolffs Rückkehr war ein Triumphzug, aber die große Zeit Halles war dennoch vorbei. Das Zeitalter Göttingens hatte begonnen, und das Schicksal von Wolff war eines der Argumente, das zur Gründung der neuen Universität beigetragen hatte.

*Göttingen*

Namentlich die politische Situation spielt bei den vielen Ursachen für die Gründung Göttingens eine Rolle. Im Jahre 1692 war Herzog Ernst August von Braunschweig-Calenberg mit der Kurfürstenwürde versehen worden. 1705 waren die Territorien dieser Linie mit denen der Lüneburger vereinigt worden. Nun bestand neben dem Kurhaus nur noch das Herzogshaus Braunschweig-Wolfenbüttel, das die Rangerhöhung der Hannoveraner auch kräftig hintertrieben hatte. 1714 kam es zu dem lange vorbereiteten Erbfall: Kurfürst Georg Ludwig bestieg als Georg I. den englischen Thron. Ihm folgte 1727 sein bis 1760 regierender Sohn, Kurfürst Georg August, der als englischer König Georg II. genannt wurde.

Nominell war Georg August der Stifter der Göttinger Universität, die daher den Namen Georgia Augusta trägt. Neben ihrem nominellen Stifter hat die Göttinger Universität jedoch einen tatsächlichen Gründer in einem Maße, wie das mit Ausnahme Greifswalds bei keiner anderen deutschen Universität der Fall gewesen war und in Zukunft sein sollte: Die Georgia Augusta war im Ganzen wie im Einzelnen das Resultat der klugen Politik und Administration des in Hannover regierenden Ministers Gerlach Adolph von Münchhausen (1688 bis 1770), eines Juristen, der mit Rücksicht auf sein Studium in Halle eines der Verbindungsglieder zwischen der ersten und der zweiten deutschen Reformuniversität darstellt, ganz ähnlich wie später diejenigen, die die Berliner Universität formen sollten, in Göttingen studierten.

Seit 1732 werden Planungen sichtbar. Der hannoversche Bibliothekar und Hofhistoriograph Johannes David Gruber (1686–1748), der seinerseits für eine kurze Zeit Professor in Halle gewesen war, bemerkte, daß alle Kurfürsten eine Universität hätten. Helmstedt, ursprünglich die Universität aller welfischen Fürstentümer, nun aber die des Hauses Braunschweig-Wolfenbüttel, scheide für den Kurfürsten aus. Gruber meinte auch – ähnlich wie in der Mitte des 15. Jahrhunderts die an einer Universität in Basel Interessierten –, das Ganze werde rechnerisch nicht schwierig sein. Hunderttausend Gulden flössen jetzt wegen des Besuchs auswärtiger Universitäten aus den hannöverschen Territorien ab. Sie würden im Falle einer eigenen Universität im Lande bleiben und einen ebenso großen Betrag würden Studenten aus anderen Territorien ins Land bringen. Auch brauche man sich angesichts der vielen deutschen Universitäten nicht zu fürchten. Ernsthaft kämen als Konkurrenz doch nur sechs in Frage, und Halles Gründung biete das Beispiel, daß eine neue Universität erfolgreich sein könne.

Die Kosten sollten sich die Stände und der Landesherr teilen, der seinerseits die Einkünfte aus dem säkularisierten Kirchenvermögen, also der Klosterkammer, teilweise der Universität zuwenden sollte. Wie Halle sollte also auch die neue hannoversche Universität kein eigenes Vermögen haben, sondern von staatlichen Zuwendungen leben, wie das dann auch geschah.

Die in Göttingen gern geglaubte Legende, man habe die Universität zunächst der Residenz Celle angeboten, doch die habe sich für das Zuchthaus entschieden, kann kaum zutreffen, denn das Zuchthaus in Celle bestand schon. Gruber hingegen gibt einen Hinweis auf das Gymnasium, das 1542 in den Räumlichkeiten des einstigen Dominikaner-(Pauliner-)Klosters eingerichtet worden war. Die Existenz dieser gelehrten Schule werde die Erlangung des kaiserlichen Gründungsprivilegs erleichtern, das man mit Rücksicht auf die Berufschancen der Juristen unbedingt brauche. Gutachten bezüglich des Programms der neuen Universität wurden eingeholt, darunter zuvorderst das des Juristen Johann Jacob Schmauss (1690–1757), der bis 1721 als Professor in Halle gelehrt hatte, nun aber Rat des Markgrafen von Baden-Durlach war. Er propagierte ein erneuertes Programm nach dem Vorbild von Halle. Aristoteles als Basisautor sollte ebenso entfallen wie der traditionelle Kanon der in der Artistenfakultät gelehrten Fächer. Statt dessen forderte er die Einführung moderner Disziplinen, darunter der Anatomie und der Chirurgie anstelle des herkömmlichen Lehrprogramms der medizinischen Fakultät, sowie eine auf die Vernunft und die bestehenden Verfassungen statt auf die Glossatoren des Jus civile rekurrierende Jurisprudenz.

Lehnrecht und Heraldik wurden als praktische Wissenschaften genannt, und das waren sie damals auch, und gerade in Göttingen sollten sie es tatsächlich werden. Die neue Universität wurde zur Hochburg des Staatsrechts, wie es in den letzten Jahrzehnten des alten Reichs praktiziert wurde. Ebenso wie den Unterricht in modernen Sprachen forderte Schmauss die Pflege des Hochdeutschen, und er vergaß auch die Fähigkeiten des modernen, des *galanten* Studenten nicht, also das Fechten, Tanzen und Reiten, wie es in Göttingen gelehrt werden sollte. Ebenso wie in Halle sollte in Göttingen der Professor durch Moderation und Friedfertigkeit charakterisiert sein. Fast in allen Punkten wurde nach dem Gutachten von Schmauss verfahren. Das kaiserliche Privileg von 1733 folgte dem Hallenser Formular. Als 1734 die Vorlesungen begannen, wurde auch der Grundstein für den Reitstall gelegt, der noch vor der Eröffnung der Universität vollendet wurde, ebenso wie das den Vorlesungen dienende Collegienhaus, das auf dem Gelände des Paulinerklosters beziehungsweise des nun aufgelösten Gymnasiums entstand.

Moderation und Friedfertigkeit waren auch für Münchhausen entscheidende Kriterien bei der Berufung der ersten Professoren. Die großen Geister, die den Ruhm Göttingens ausmachten, waren in aller Regel die Nachfolger der Erstberufenen. Freilich war es auch nicht leicht, geeignete Gelehrte zu gewinnen. Gegen Christian Wolff, damals noch in Marburg, erhob sich Widerstand. Die traditionelle konfessionelle Enge machte sich auch im frühen Göttingen bemerkbar. Im übrigen hatte König Friedrich Wilhelm I. im Jahre 1733 den Hallenser Professoren verboten, Berufungen nach auswärts anzunehmen, und er hatte die Universität für die Befolgung seines Verbots haftbar gemacht. Ähnlich verfuhren die Landesfürsten im Hinblick auf Leipzig, Wittenberg und Jena – fast möchte man an jene Barrieren denken, die diese Universitäten in den Jahren von 1949 bis 1989 umschließen sollten.

Doch es kam nicht nur auf die Professoren an, zumal nicht einfach nur Studenten gewonnen werden sollten, sondern Studenten von Stand. Ihnen mußte man passende Lebensmöglichkeiten bieten. Reformierte und katholische Gelehrte und Studenten bedurften eines Gotteshauses ihrer Konfession, und so wurden im lutherischen Göttingen eine reformierte und eine katholische Kirche errichtet. Neben dem schon erwähnten Reitstall wurde ein Fechthaus erbaut, und die Betreiber der Universität beachteten auch, daß das aus dem Mittelalter stammende Ratsweinmonopol zur Folge hatte, daß man in Göttingen einen trinkbaren Wein zu vernünftigen Preisen nicht erhalten konnte. Sie gewannen den Weinhändler Friedrich Bremer wie den Buchdrucker Abraham Vandenhoeck für ihr Unternehmen – mit Folgen bis in die Gegenwart, da fortan die Weinhandlung Bremer und der Verlag Vandenhoeck & Ruprecht die Universität durch die Jahrzehnte und Jahrhunderte begleiten sollten, Verlag und Weinhandlung übrigens im Gegensatz zur Universität in gleichbleibender Qualität.

1737 wurde die Universität feierlich eröffnet, und die Wünsche ihrer Gründer wurden erfüllt. Das bedeutete allerdings nicht, daß Göttingen gleich die größte Universität wurde – doch darauf kam es wohl gar nicht an. Man wollte ja Studenten von Stand anziehen, nahm hin, daß das Studium in Göttingen teuer war und verwies darauf, daß die Größe von Halle nicht zuletzt darauf zurückzuführen sei, daß infolge der vielen Stipendien und der Möglichkeiten, welche die Franckeschen Stiftungen dort boten, viele Einkommenslose eine Möglichkeit erhielten, die man ihnen in Göttingen gar nicht zu bieten wünschte. Immerhin überholte Göttingen im Jahre 1772 mit 400 Immatrikulationen Halle mit seinen 360. Nun war es die größte deutsche Universität. Die nächstgrößeren, Leipzig und Jena, lagen mit 335 und 257 Immatrikulationen deutlich darunter. 1789 stand Göttingen abermals

*Aula der Göttinger Universität mit der sogenannten Königswand. Die Porträts in der oberen Reihe zeigen Georg II., Georg IV. und Wilhelm IV. sowie unten links Ernst August. Die Büste in der Mitte stellt Georg III. dar. Dies waren die Göttinger Rektoren aus dem welfischen Haus. Auf dem Bild rechts unten ist der preußische König Wilhelm I. abgebildet, in dessen Namen das Königreich Hannover durch Preußen okkupiert wurde.*

mit 442 Immatrikulationen an der Spitze, nun aber dicht gefolgt von Halle mit 433, Jena mit 350 und Leipzig mit 317 Einschreibungen. Im ganzen gingen die Zahlen zurück. Eine Krise der Universitäten kündigte sich an; Akademien und höhere Fachschulen schienen bessere Orte für Wissenschaft und Unterricht zu sein.

In diesen Jahren des allgemeinen Rückgangs und der Blüte Göttingens bereiste 1789 ein Beauftragter des preußischen Königs, der Berliner Gymnasialdirektor und Aufklärer Friedrich Gedike (1754–1803), die außerpreußischen deutschen Universitäten, um sich ein Bild von ihnen zu machen und eine Antwort auf die Frage zu finden, ob man dort Gelehrte habe, die vielleicht an eine preußische Universität berufen werden könnten. Gedike war offensichtlich ein scharfsinniger Beobachter. Der Todesschlummer, den er in Erfurt feststellte, der »unbedeutendsten Universität unter allen«, an der damals nur 29 Studenten immatrikuliert waren,[37] wurde durch die bald folgende Auflösung der Universität bestätigt. In Mainz und Stuttgart faszinierte Gedike Modernität. Daß auch diese Hochschulen in wenigen Jahren aufgelöst werden sollten, war eine Folge der Französischen Revolution und des Napoleonischen Regimes.

Das vielbesuchte Jena machte auch auf Gedike einen vortrefflichen Eindruck, und der Zufall wollte es, daß er Zeuge der ersten Vorlesung Friedrich Schillers war, des eben zum Professor berufenen Dichters. 400 Hörer meinte Gedike wahrgenommen zu haben; beeindruckt vom Vortrag war der Berliner Pädagoge allerdings nicht: »Ich gestehe indessen, daß es mir schwer ward, die Ursachen seines übergroßen Beifalls zu finden. Er las alles Wort vor Wort ab, in einem pathetischen deklamatorischen Ton, der aber sehr häufig zu den simpeln historischen factis und geographischen Notizen, die er vorzutragen hatte, gar nicht paßte. Ueberhaupt aber war die ganze Vorlesung mehr Rede als unterrichtender Vortrag. Der Reiz der Neuheit und die Begierde, einen berühmten theatralischen Dichter nun auf dem Katheder in einer ganz neuen Situation zu sehen, mochte wol am meisten den Zusammenfluß so vieler Zuhörer bewirkt haben, zumal da nichts für das Collegium bezahlt ward und es spät am Abend, wo keiner mehr las, gelesen wurde.«[38]

Auch in Göttingen machte Gedike schlechte Erfahrungen, nicht zuletzt bei der philosophischen Fakultät. Zwar hob er hervor, daß man auf die Besetzung von deren Lehrstühlen besonderen Wert gelegt habe. Das ist richtig: Die Modernität Göttingens erweist sich vor allem daran, daß die philosophische Fakultät nicht mehr Basisfakultät war und auch nicht einfach eine von vier Fakultäten, sondern eine bevorzugte – ganz ähnlich wie künftig in Berlin. Doch sagte das nichts über die Qualität der einzelnen Professoren, und die befriedigte Gedike nicht. Der Senior der philosophischen Fakultät, Johann David Michaelis (1717–1791), so schrieb er, erscheine als »schon ziemlich stumpf ... besonders ist sein Gedächtnis merklich schwach geworden«.[39] Besser gefiel dem Berliner die Vorlesung des Hofrats Lichtenberg, also des bekannten Aufklärers Georg Christoph Lichtenberg (1742–1799), den man heute vor allem wegen seiner Aphorismen und Briefe schätzt, der aber zu seiner Zeit ein produktiver Physiker war. »Sein Vortrag ist ganz frei ohne Heft, aber eben darum nicht immer ganz planmäßig ... Auch verwikkelt er sich zuweilen in seinen Perioden und bringt sie nicht zu Ende. Uebrigens aber ist sein Vortrag gerade so natürlich und ungezwungen, wie er im gemeinen Leben spricht, und allerdings sehr lehrreich.«[40]

Gedike ließ sich in Göttingen keineswegs blenden, was möglich gewesen wäre, da es damals eine beachtliche literarische Selbstverherrlichung in der jungen Universitätsstadt gab. Er blieb kritisch, war aber am Ende doch der Meinung, Göttingen sei die weitaus beste Universität. Er wußte das auch zu begründen mit der wohl schönsten Charakteristik Göttingens aus der besten Zeit dieser Universität: »Nirgends fand ich bei den Professoren soviel Vorliebe für ihre Universität als hier. Sie scheinen es als eine ausgemachte Sache vorauszusetzen, daß ihre Universität die erste und vorzüglichste unter allen in Deutschland sei, und sprechen daher häufig mit einer Art Geringschätzung oder Bedauern von andern Universitäten. Alle sind gleichsam trunken von dem stolzen Gefühl ihrer theils wirklichen, theils nur vorgeblichen oder eingebildeten Vorzüge. Mehrere Professoren versicherten mich sehr zuversichtlich, daß die berühmtesten Gelehrten, wenn sie Göttingen mit einem andern Aufenthalt verwechselten, einen sehr beträchtlichen Theil nicht nur von ihrer Celebrität, sondern selbst von ihrer Brauchbarkeit verlören (wie dis z. B. von den itzt in Marburg angestellten ehemaligen Göttingischen Professoren von Selchow und Baldinger der Fall sei), dagegen der unberühmte Gelehrte, wenn er in Göttingen Professor werde, bloß dadurch einen großen Namen und Werth erlange, indem aus der Glorie, mit der sie sich stets die Universität selbst umgeben denken, einige Stralen auf das Haupt jedes einzelnen zurückfallen. Man kann sich freilich öfters kaum des Lächelns enthalten, wenn man manche Göttingische Gelehrte aus einem solchen enthusiastischen Ton sprechen hört, als sei außer den Ringmauern von Göttingen kein Licht und keine Gelehrsamkeit zu finden. Indessen hat dieser Universitätsstolz hier seine sehr guten Wirkungen. Er bewirkt einen gewissen Esprit de corps, den ich nirgends in dem Maße und in der Art fand. Jeder Professor sieht nicht nur die Ehre der Universität als seine eigne, sondern auch umgekehrt seine eigne und seiner Kollegen Ehre als die Ehre der Universität an. Daher findet man hier jene Ausbrüche der Kabale, des Neides, der Verkleinerungs- oder Verleumdungssucht, die so oft auf andern Universitäten soviel Verdruß und Erbitterung machen, ungleich seltener, wenigstens fallen sie weniger ins Auge. Man spricht hier mit mehrer Schonung von den Schwächen seiner Kollegen, als auf andern Universitäten üblich. Man ist hier mehr als anderswo geneigt zu loben und zu entschuldigen, was sich nur irgend loben oder entschuldigen läßt. Brotneid fehlt zwar auch hier nicht, aber er äußert sich hier nicht leicht auf eine so plumpe, niedrige, verächtliche Art wie auf vielen andren Universitäten. Eben darum hält es hier auch schwerer als anderswo, über alles, was man zu wissen wünscht, von den Professoren selbst ganz zuverlässige Auskunft zu bekommen. Alle sind sehr beredt über die Vorzüge ihrer Universität, aber auch in gleichem Maaß stumm und geheimnisvoll über die Mängel derselben. – Es wäre, dünkt mich in der That, zu wünschen, daß dieser Esprit de corps, der die Göttingischen Professoren beseelt und ihnen die Ehre der Universität zum Brennpunkt aller ihrer Wünsche und Bestrebungen macht, auch auf unsern Preußischen Universitäten herrschend sein möge. Eben dieser Esprit de corps bewog mich auch über manche Umstände und Verhältnisse lieber bei verständigen und gut unterrichteten Studenten Nachricht einzuziehen, als bei den Professoren, weil ich befürchten mußte, daß letztere aus zu ängstlicher Zärtlichkeit für die Ehre der Universität mir keine vollständige Auskunft geben würden.«[41]

Der kluge Berliner Aufklärer meinte zu verstehen, was die Göttinger Gründung so erfolgreich hatte werden lassen. Anders als in früheren Jahrhunderten der Universitätsgeschichte waren es nun vor allem die großen Namen, die Studenten aus aller Welt nach Göttingen kommen ließen. Die Professoren mit den guten Namen wiederum wurden nicht nur durch gute Bezahlung gewonnen, sondern auch durch Arbeitsmöglichkeiten, die hier besser waren als an jeder anderen Universität. Die große Bibliothek – heute für eine Universität nahezu selbstverständlich – war eine Göttinger Spezialität nicht nur im Hinblick auf die von Anfang an vorhandenen reichen Bestände, sondern auch infolge der Sorgfalt, mit der diese zur Verfügung gestellt und erweitert wurden.

Die Gründung der Gesellschaft – heute: Akademie – der Wissenschaften im Jahre 1751 war der erfolgreiche Versuch, das den Universitäten so bedrohlich gewordene neue Organisationsmodell mit einer Universität zu verknüpfen. In Berlin sollte sich zeigen, daß dies die Lösung für die weitere Zukunft war. In Göttingen fügte es sich, daß die im Jahre 1739 gegründeten »Göttingischen Gelehrten Anzeigen«, zunächst nichts anderes als eine der vielen gelehrten Zeitschriften der Zeit und im übrigen die Imitation eines Leipziger Modells, nach der Gründung der Akademie von dieser übernommen und für lange Zeit nicht nur deren wichtigstes Organ wurden, sondern auch die Grundlage ihrer wirtschaftlichen Existenz. Die dreimal wöchentlich – statt heute zweimal jährlich! – erscheinenden Hefte gaben tatsächlich Nachrichten aus dem gelehrten Leben, vor allem aber berichteten sie über Neuerscheinungen, und zwar in beispielloser Fülle. Anders als heute enthielt die Zeitschrift nicht wenige und durch ihre Ausführlichkeit gekennzeichnete Rezensionen, sondern möglichst viele, während der Kreis der Autoren umgekehrt kleiner war.

Albrecht von Haller (1700–1777), noch einmal ein Universalgelehrter – zugleich ein berühmter Dichter und eine Zelebrität von europäischem Rang –, blieb auch nach seiner Rückkehr in die Berner Heimat 1753 Präsident der Akademie und der Hauptautor der Anzeigen. Unter den anonym erscheinenden – und auf diese Weise insgesamt wie die Stimme Göttingens wirkenden – Rezensionen stammen mehrere zehntausend aus seiner Feder. Möglich war diese für die damalige Zeit beispiellose Unterrichtung über die Novitäten des Buchmarktes aber nur, weil die Göttinger Bibliothek sich um diese Neuerscheinungen bemühte, während umgekehrt die Erfahrung der Rezensenten wiederum bei der Ergänzung der Bibliothek half.

Vieles, was die Modernität Halles ausgemacht hatte, fand sich auch in Göttingen und wurde hier fortgebildet. Die Lehrfreiheit der Professoren und ihre Freiheit von der Zensur waren ein kennzeichnendes Merkmal und gewiß auch ein Grund für Göttingens Attraktivität. Auf der anderen Seite war aber Münchhausen weit von der Absicht entfernt, die Universität neu zu erfinden. Die Gründungsprivilegien betonten, daß Göttingen so eingerichtet werden sollte wie die bestehenden hohen Schulen, und sie führten das auch im einzelnen aus. Im kaiserlichen Privileg nahm die Verleihung der kaiserlichen Pfalzgrafenwürde an den Rektor beziehungsweise – da dies ja der Landesherr war – den Prorektor den größten Raum ein. So hatte dieser das Recht, Notare zu ernennen, illegitime Kinder zu legitimieren und ähnliche Befugnisse mehr, wobei das letzte Recht gerade an einer Universität nicht nutzlos war und gelegentlich einem Professor aus einer unangenehmen Situation half. Im übrigen waren – wie immer in der Alten Welt – mit diesen Rechten Einnahmemöglichkeiten verbunden. Als der Prorektor 1822 – immerhin sechzehn Jahre nach dem Ende des Kaisertums – die Würde des kaiserlichen Hofpfalzgrafen verlor, wurde er mit Renteneinkünften entschädigt.

Im Hinblick auf ihre Finanzierung folgte die Universität aber sonst dem Hallenser Modell, das für Deutschland nun das Zukunftsmodell werden sollte: Sie lebte ganz aus Zuweisungen des Staates und verfügte nicht über ein eigenes Vermögen. Umgekehrt war die Universität in rechtlicher Hinsicht ganz in mittelalterlicher Tradition eine autonome Korporation. Akademische Freiheit in Göttingen bedeutete immer noch das gleiche, was dieses Rechtsinstitut seit den Anfängen der Universitäten bedeutet hatte. Professoren, Studenten und auch die Universitätsverwandten – also die Angestellten der Universität – unterstanden der besonderen Universitätsgerichtsbarkeit. Der aus den ordentlichen Professoren bestehende Senat war zugleich höchstes Universitätsgericht, das zur Wahrheitsfindung, wie es im Gründungsprivileg heißt, auch die Anwendung der Folter anordnen durfte. Das will zu einer Aufklärungsuniversität ebenso schlecht passen, wie das Recht des Senats, Todesurteile auszusprechen, in einem Zeitalter des staatlichen Absolutismus unerwartet erscheint. Immerhin mußten Todesurteile durch das Justizkollegium in Hannover bestätigt werden, und die Vollstreckung der Todesstrafe sollte Sache landesfürstlicher Behörden sein und nicht des Prorektors oder seines Pedells.

Der Erfolg, der den neuen Universitäten in Halle und in Göttingen beschieden war, darf nicht darüber hinwegtäuschen, daß in der Universitätsgeschichte das 18. Jahrhundert eine kritische Zeit darstellt. Noch war nicht entschieden, ob der Universität die Zukunft gehören würde. Der schon erwähnte Rückgang der Hörerzahlen in Deutschland sprach ebenso dagegen wie die geringen Auswirkungen, welche die Aufklärung insgesamt auf die damaligen Universitäten hatte. Nicht nur in den katholischen Ländern änderte sich wenig, und gerade dort wuchs die Bedeutung von Klöstern und Stiften als gelehrten Zentren. Auf der anderen Seite waren Halle und Göttingen nicht einfach die Ausnahme. Friedrich Gedike preist schließlich in seinem Bericht nicht nur die Modernität Göttingens, sondern auch das katholische Mainz sowie schließlich die Universität Stuttgart, in die die von Herzog Carl Eugen gegründete Hohe Carlsschule soeben verwandelt worden war, ein Institut, das seinerseits modern war und keineswegs jene Folterkammer darstellte, als welche es in der Erinnerung an Friedrich Schillers Jugend fortleben sollte. Der Nachfolger des Gründers aber hob diese Universität im Jahre 1794 auf, und auf diesen Akt sollte in den nächsten 25 Jahren im Reich das große Universitätssterben folgen. 22 Universitäten fielen ihm zum Opfer, darunter so alte wie Köln, Erfurt und Mainz.

In den meisten Fällen wurde das Ende dieser Hochschulen direkt oder indirekt durch die großen politischen Umwälzungen verursacht, die die Folge der Französischen Revolution von 1789 waren. Die linksrheinischen Gebiete wurden Frankreich zugeschlagen, und die Folge dieser Verluste waren jene Säkularisationen und Mediatisierungen, welche das Ende des Alten Reichs markieren. Nicht wenige Universitäten, die vorzugsweise den Bedürfnissen eines Territoriums hatten dienen sollen, verloren nun ihre Existenzberechtigung, da dieses Territorium in einem größeren aufging. Doch nicht in allen Fällen folgte auf die Aufhebung des Territoriums eine Aufhebung der Universitäten. Bayern zum Beispiel führte zwar nicht die Bamberger Universität fort, wohl aber die Hochschulen in Würzburg und in Erlangen. Nicht selten waren es sehr kleine Universitäten, die nun beseitigt wurden. In Duisburg waren in den letzten Jahren selten mehr als zwanzig Studenten pro Jahr immatrikuliert worden; in Erfurt kam man 1792 zwar noch auf 88 Immatrikulationen, aber in den Jahren davor und danach waren es meistens sehr viel weniger gewesen. Noch niedriger waren die Zahlen allerdings in Rostock und Greifswald, wo die Universitäten bestehen blieben.

Göttingen blieb mit Halle, Jena und Leipzig die am stärksten frequentierte Universität, aber es geriet dennoch in große Gefahr, nachdem das Kurfürstentum Hannover 1805 durch Napoleon an

*Jenaer Stammbuchblatt mit Charakterisierungen der Studenten verschiedener Universitätsorte, um 1750.*

Preußen gegeben worden war, diesem aber nach der Niederlage gegen Napoleon wieder entzogen und dem Königreich Westphalen zugeschlagen worden war. Ebenso wie in Frankreich 1793 die Universitäten geschlossen und – im Sinne aufgeklärter Bildungspläne – durch Spezialschulen ersetzt worden waren, wurde nun erwogen, auch die Universitäten des Königreichs Westphalen, das Napoleons jüngerer Bruder regierte, zu schließen. Es war im wesentlichen das Verdienst des berühmten schweizerischen Historikers Johannes von Müller (1752 bis 1809), der an die Spitze des westphälischen Bildungswesens getreten war, daß Göttingen, das Müller von seiner eigenen Studienzeit her schätzte, bestehen blieb. Napoleon soll damals am Ende gesagt haben, Göttingen gehöre nicht Hannover, auch nicht Deutschland, sondern der Welt. Helmstedt fiel der Krise zum Opfer, und auch die andere große Reformuniversität des 18. Jahrhunderts, Halle, war gefährdet, da Preußen ja im Frieden von Tilsit 1807 alle seine Besitzungen westlich der Elbe hatte abtreten müssen. Am Ende blieb Halle bestehen, aber die kurze Zeit der Gefährdung dieser Universität trug doch zur Gründung der letzten der drei großen deutschen Reformuniversitäten bei, also der Berliner Universität.

*Berlin*

Am 14. Oktober 1806 war die preußische Armee bei Jena und Auerstedt von Napoleon geschlagen worden. Am 27. Oktober zog der Kaiser in Berlin ein, während der König nach Ostpreußen auswich. Der eigentliche Krieg begann erst jetzt, doch das mit Rußland verbündete Preußen konnte sich nicht behaupten. Im Frieden von Tilsit mußte der geschlagene König auf all seine Territorien westlich der Elbe verzichten. Ferner waren hohe Kontributionen zu leisten, deren Zahlung durch französische Besatzung – in Berlin zum Beispiel bis zum Jahre 1809 – gesichert wurde. Halle war für den preußischen Staat verloren, die Universität wurde aufgelöst, und einige Professoren wurden – ähnlich wie 1945 zum Beispiel in Leipzig – in das Land des Siegers deportiert.

Hallenser Professoren bemühten sich darum, ihre Universität an einem anderen Ort des nun verkleinerten Preußen fortzuführen. Der Jurist Theodor Schmalz (1760–1831) wies darauf hin, daß im Gründungsprivileg eine Verlegung der Hochschule durchaus vorbehalten gewesen sei. In der Audienz, die der König den Hallensern in Memel gewährte, äußerte er sich dahingehend, daß anstelle einer Verlegung, die politische Schwierigkeiten bringen könne, besser eine Neugründung vorgenommen werden solle. Schmalz hat später berichtet, der preußische Monarch habe in diesem Zusammenhang davon gesprochen, der Staat müsse »durch geistige Kräfte ersetzen, was er an physischen verloren« habe.[42] Was immer von der Authentizität dieses Zitats zu halten ist: Es traf die Situation recht gut, denn es kann ja nicht bestritten werden, daß die nun nicht nur für Deutschland, sondern für einige Zeit auch für die ganze Welt vorbildliche Berliner Universität ihren Ursprung der Existenzkrise des preußischen Staates verdankte.

Gleichwohl hat auch diese Gründung ihre länger zurückreichende Vorgeschichte. Seit dem späten 18. Jahrhundert wurden in Preußen und in Berlin Pläne diskutiert, die auf die Errichtung einer höheren Bildungsanstalt in der Hauptstadt zielten. Die Ersetzung der Universitäten durch Fachhochschulen nach französischem Muster war in der Diskussion gefordert worden, doch auf der anderen Seite legte nun das – scheinbare – Ende Halles und das zu befürchtende Ende Göttingens den Gedanken nahe, diese beiden so erfolgreichen Universitäten durch eine neue zu ersetzen. Reorganisations- und Konzentrationspläne kamen in diesen Jahrzehnten der Aufklärung hinzu, und in der unter anderen von Gedike herausgegebenen »Berliner Monatsschrift« war 1784 erwogen worden, die Universitäten von Frankfurt und Halle in der Hauptstadt zusammenzuziehen. Zudem waren die alten Korporationen den Repräsentanten des modernen Staates so fremd, wie sie das auch in den nächsten Jahrzehnten sein sollten und in der Gegenwart immer wieder sind. Schulen, so sagte das Allgemeine Preußische Landrecht von 1794, seien Veranstaltungen des Staates. Galt das nicht auch für die Universität? Und stand dem nicht die Lehrfreiheit, wie sie im modernen Göttingen existierte, entgegen? Und bestand nicht ein Widerspruch zwischen der Aussage des Landrechts und dem Umstand, daß die Universitäten für ihre Mitglieder ständische Vorrechte und vor allem die eigene Gerichtsbarkeit beanspruchten?

Seit 1797 bemühte sich der für das Hochschulwesen in Preußen zuständige Minister Julius von Massow (1750–1816), den Universitäten eine neue Gestalt zu geben. Sein Generalschulplan von 1801 umfaßte das gesamte Bildungswesen von der Elementarschule bis zur Universität beziehungsweise zur höchsten Lehranstalt, und seine Bemühungen, das Bildungswesen konsequent auf den Nutzen für Staat und Gesellschaft auszurichten, führten ihn schließlich zu dem Plan, die Universitäten durch Fachhochschulen für Ärzte, Juristen und so weiter zu ersetzen. Da der Minister ein Praktiker war und kein Ideologe, rechnete er damit, daß die Verwirklichung seines Gedankens fünfzig Jahre lang dauern würde und man »in den ersten fünfzig Jahren ... wohl die anormalen Universitäten noch dulden müssen« werde, jene Bildungsanstalten, die ihm als »monströser Zusammenwuchs mehrerer Schulen« galten.[43]

Um 1200, als die ersten Universitäten entstanden, hätte Massow recht gehabt. Doch seitdem hatten diese eine lange Geschichte hinter sich, und an der Idee, statt der Universität eine höhere Fachhochschule zu gründen, war schon Kaiser Friedrich II. in Neapel gescheitert. Auf der anderen Seite bewegte sich Massow mit seinen Überlegungen durchaus im Umkreis dessen, was damals viele dachten. Kaiser Joseph II. (1765–1790), der sich teils mit Erfolg, teils utopisch um eine aufgeklärte Reorganisation seiner Erbländer bemühte, schrieb: »Muß nichts den jungen Leuten gelehrt werden, was sie nachher entweder sehr seltsam oder gar nicht zum Besten des Staates gebrauchen oder anwenden können, da die wesentliche Studien in Universitäten für die Bildung der Staatsbeamten nur dienen, nicht aber bloss zur Erzielung Gelehrter gewidmet sein müssen.«[44] Ebenso dachten damals die vielgelesenen Pädagogen Christian Gotthilf Salzmann (1744–1811) oder Johann Heinrich Campe (1746–1818). Salzmann meinte, der Lehrbetrieb der Universitäten sei seit Gutenberg obsolet geworden. Dieses Argument sollte auch in den sechziger und siebziger Jahren unseres Jahrhunderts gebraucht werden, wie auch sonst heutige Bildungspolitiker ihre Vorurteile in den Meinungen der Aufklärer immer wieder bestätigt finden könnten.

Für die damalige Absicht, die Universitäten doch durch Fachhochschulen zu ersetzen, sprach, daß es solche Fachhochschulen längst gab: Berg- und Kunstakademien oder in Berlin die Ausbildungsanstalt von Militärärzten, die Pépinière, sowie das 1724 gegründete Collegium Medico-Chirurgicum. Massow schlug vor, die medizinischen Fakultäten in Duisburg und Frankfurt zu beseitigen, die in Halle und Königsberg besser auszustatten, sie aber nur auf den theoretischen Vorunterricht zu beschränken, während die praktische Ausbildung in Berlin erfolgen sollte. Aus alledem wurde nichts. Der Minister wurde entlassen, nachdem man ihm Kolloboration mit dem französischen Regiment vorgeworfen hatte.

Nun war der Kabinettsrat Karl Friedrich Beyme (1765–1838) für das preußische Hochschulwesen verantwortlich, dem 1807 aufgetragen wurde, die neue Universität zu gründen. Auch Beyme hatte sich in den letzten Jahren Gedanken über das höhere Bildungswesen gemacht. Er wollte eine zentrale Schule oberhalb der Universitäten gründen. Diesen wollte er das »Brodstudium« anvertrauen – das Wort machte nun Karriere, nachdem Schiller 1789 den Brotstudenten gegen den philosophischen Kopf gestellt hatte. Die besten Absolventen des Brotstudiums sollten, so schlug Beyme vor, in Berlin versammelt und auf die Bekleidung der höheren Beamtenpositionen vorbereitet werden, jedoch nicht im Sinne platter Nützlichkeit. Beyme beruft sich auf das Göttinger Beispiel, will aber die dort eingerissenen Mißbräuche vermeiden und eine »von allem Zunftszwang befreite allgemeine wissenschaftliche Bildungsanstalt in der Residenz« ins Leben rufen.[45]

In der Folgezeit holte Beyme einzelne Gelehrte nach Berlin oder nach Halle, die dann für die Berliner Universität wichtig werden sollten, darunter den Theologen Friedrich Schleiermacher (1768–1834) und den Philosophen Johann Gottlieb Fichte (1762–1814). Nachdem er den Gründungsauftrag erhalten hatte, zog Schleiermacher aus Halle den Juristen Schmalz und den Philologen Friedrich August Wolf (1759–1824) nach Berlin. Von den damals in Berlin tätigen Gelehrten prägten die neue Universität vor allem Fichte und der Mediziner Christoph Wilhelm Hufeland (1762–1836), der die Pépinière leitete. Sie erhielten den Auftrag, Organisationsvorschläge zu machen und weitere Namen zu nennen.

Wer die Universität und ihre Geschichte kennt, wird sich nicht wundern, daß nun die Stunde der weitreichenden Entwürfe und zugleich der Utopien geschlagen hatte, wobei man, wie stets, Mühe hat, die große Zukunftsvision, das absurde Projekt und den Blick auf den eigenen Vorteil zu unterscheiden. Auch heute kann man beobachten, daß in einer solchen Situation die Vorschläge eines Renommierten darauf hinauslaufen, sich mit einem Kranz von Unterprofessoren zu umgeben.

Wolf, der bedeutendste Philologe seiner Zeit, der aus dem Göttingen des Christian Gottlieb Heyne (1729–1812) das »Seminar« übernommen und zum vorherrschenden Lehrveranstaltungstypus jener Fächer gemacht hatte, die zur philosophischen Fakultät gehören beziehungsweise zu deren Ableitungen, schlug eine Universität ohne Fakultäten und ohne Gerichtsbarkeit vor, also eine Hochschule, die sich ganz entschieden vom bisherigen Modell trennte. Er machte auch vortreffliche Personalvorschläge, aber er gab vor allem dem eigenen Fach den angemessenen Platz. Die Altertumswissenschaften sollten ein Großfach vom Range und von der Dimension der juristischen Fakultät sein, und in diesem Fach wollte er selbst über einige untergeordnete Professoren regieren.

Noch auffälliger war das Projekt, das Fichte vorlegte: »Deduzierter Plan einer zu Berlin zu errichtenden höhern Lehranstalt, die in gehöriger Verbindung mit einer Akademie der Wissenschaften stehe.«[46] Wegen angeblichem Atheismus aus Jena vertrieben, hatte Fichte zunächst in Erlangen gelehrt und lebte nun in Berlin. Im Winter 1807 auf 1808 hielt er in der besetzten Hauptstadt seine »Reden an die deutsche Nation«. Die Deutschen, so predigte er, seien das Urvolk und zur Verwirklichung von Gottes Menschheitsidee berufen. Ein deutscher Volksstaat werde der Kern eines Weltvernunftsstaates sein. In dieses Großprojekt implementierte er nun die neue Universität, die die einzige in Preußen sein sollte. Pragmatismus und Verstiegenheit verknüpften sich hier in eigentümlicher Weise. Daß Fichte die konventionelle Form der Universität beibehalten wollte, konnte als pragmatisch gelten. Doch dieser Pragmatismus erklärte sich nur daraus, daß alles auf die weitere Entwicklung der Universität ankam, die wiederum von der philosophischen Durchdringung des Ganzen abhängig war, und das hieß, daß die Universität ganz auf Fichtes philosophisches System hin geordnet sein sollte. Kein Wunder, daß nur ein einziger Philosoph für Berlin vorgesehen war. Der Historiograph der Berliner Universität schreibt über Fichte: »Er allein will der Vater und der geistige Leiter der neuen Universität sein, und da von ihr aus Staat und Gesellschaft und die Menschheit selbst neu gegründet werden sollen, der eigentliche Schöpfer des neuen Weltalters, des Zeitalters des Lichtes, das der Verworrenheit des Dunkels und der Sünde folgen wird.«[47]

Fichte bedachte auch das in der Tat zu bedenkende Verhältnis der Akademie zur neuen Universität. Er schrieb der Akademie die Rolle eines Rates der Alten zu, definierte aber die Universität entschieden als den Kern des Ganzen und Ort der Philosophie. Die praktischen Fertigkeiten in der Medizin oder in der Jurisprudenz sollten andern-

*Johann Gottlieb Fichte vermochte für sein Berliner Universitätskonzept keine Zustimmung zu finden. In Erinnerung geblieben ist er vor allem durch seine »Reden an die deutsche Nation«, mit denen er im Winter 1807/08 die Moral im besetzten Berlin stärkte. Das von Arthur Kampf 1913/14 geschaffene Wandgemälde in der Aula der Berliner Universität (oben) ist zerstört.*
*Johann Gottfried Schadow zeichnete Fichte im Januar 1814 (rechts) und vermerkte neben der Skizze: »Das soll den Professor Fichte darstellen.«*

orts gelernt werden, ähnlich wie man ein Handwerk lernte. So galt dem Philosophen die philosophische Fakultät als die wichtigste. Damit stand er keineswegs allein. 1798 ließ der Königsberger Philosoph Immanuel Kant (1724–1804) in Berlin einen Traktat über den Streit der Fakultäten drucken, in dem es ihm vor allem um das Schicksal seiner eigenen Fakultät ging, also der philosophischen, die immer noch als die Elementarfakultät betrachtet werden konnte und in Kants Augen doch die vornehmste Fakultät war: »Es muß zum gelehrten gemeinen Wesen durchaus auf der Universität noch eine Facultät geben, die, in Ansehung ihrer Lehren vom Befehle der Regierung unabhängig, keine Befehle zu geben, aber doch alle zu beurtheilen die Freiheit habe, die mit dem wissenschaftlichem Interesse, d. i. mit dem der Wahrheit, zu thun hat ...«[48] Von künftigen Staatsexamensordnungen ahnte der Philosoph, zu seinem Glück, nichts.

Fichte wurde – in einem sehr schwierigen Verfahren – zum ersten Rektor der Universität gewählt. Beyme bedankte sich bei ihm für den Empfang des »tiefgedachten Entwurfes« und kündigte das »eigentliche Studium« dieses Textes an.[49] Mehr weiß man nicht von dem Echo, das Fichtes teils realistischer, überwiegend aber verstiegener Plan bei denen fand, die über die neue Universität zu entscheiden hatten. Beyme erwies sich damit als ein kluger Beamter, während Fichtes Rektorat nach einem dreiviertel Jahr im Chaos endete. Sein Rücktritt wurde erzwungen. 1813 bemühte er sich darum, als ein nur dem König unterstellter Oberfeldprediger in den Krieg gegen Frankreich zu ziehen. Die Absicht paßt zu dem Enthusiasmus, der damals die Professoren und die Studenten der Berliner Universität ergriff und der den Nachlebenden durchaus ergreifen sollte. Aber die Gestalt Fichtes erschien, wie eine Zeichnung Schadows und andere Zeugnisse lehren, schon den Zeitgenossen als bizarr.

Der Plan, in Berlin eine Universität zu gründen, verlor rasch an Plausibilität, da noch im Jahre 1807 die Universität Halle abermals eröffnet wurde. Zudem hegte der große preußische Staatsreformer, der Freiherr vom Stein (1757–1831), Bedenken (der im übrigen in Göttingen studiert hatte). Zu dem Philologen Wolf sagte er im Hinblick auf die unerwünschten Folgen, die eine Universitätsgründung in der Hauptstadt haben könnte: »Bedenken Sie, wieviel Bastarde das hier jährlich geben würde.«[50] Beyme mußte im nächsten Jahr zurücktreten, und auch Stein wurde auf Druck Napoleons entlassen. Nun, im Februar 1809, erhielt Wilhelm von Humboldt (1767–1835) die Verantwortung für Unterricht und Kultur in Preußen, und er wurde nicht nur in einem administrativen Sinne zum Vater der Berliner Universität.

Vielmehr hat sich Humboldt mit der Gestalt der nun zu gründenden Universität so intensiv auseinandergesetzt, daß sein Name nicht nur zum Synonym für die Berliner Universität wurde, deren Gründungsurkunde das Datum des 16. August 1809 trägt, sondern für die moderne Universität schlechthin.

Humboldt kam es auf eine Reorganisation des ganzen Bildungswesens in Preußen an, wobei die Bildung, anders als Massow es gewollt hatte, nicht unmittelbar auf Zwecke zielen sollte. Im Sinne von Neuhumanismus und Idealismus ging es Humboldt um die Formung des selbständig handelnden Menschen. Der aber könne nur – und zwar auf der Universität – durch den Umgang mit der Wissenschaft gebildet werden. Humboldt hat diesen Umgang mit der Wissenschaft nicht einfach als die Weitergabe von Wissen verstanden, sondern vielmehr als Prozeß. 1809 oder 1810 schrieb Humboldt in seinen Erwägungen »Über die innere und äußere Organisation der höheren wissenschaftlichen Anstalten in Berlin«, diesen als »eine Eigentümlichkeit«

zu, »daß sie die Wissenschaft immer als ein noch nicht ganz aufgelöstes Problem behandeln und daher immer im Forschen bleiben, da die Schule es nur mit fertigen und abgemachten Kenntnissen zu tun hat und lernt«. Auch die »innere Organisation der höheren wissenschaftlichen Anstalten« beruhe vor allem darauf, »das Prinzip zu erhalten, die Wissenschaft als etwas noch nicht ganz Gefundenes und nie ganz Aufzufindendes zu betrachten, und unablässig sie als solche zu suchen«.[51]

Damit war die Einheit von Forschung und Lehre postuliert, für die nun noch die entsprechende Gestalt der Universität gefunden werden mußte. Humboldt forderte konsequent die Unabhängigkeit der neuen Universität vom Staat. Er wollte sie, anders als Halle und Göttingen, nicht von staatlichen Zuwendungen abhängig wissen. Die Universität sollte vielmehr ein eigenes Vermögen haben und aus Domänengütern dotiert werden. Humboldt meinte, die ihm vorschwebende Universität müsse ihren Ort in der Hauptstadt haben und über den Provinzialuniversitäten stehen, und zwar nicht nur den preußischen. Der Anspruch Preußens auf die geistige Führung in Deutschland wird hier wie damals auch sonst vielfach sichtbar. Und wenn Preußen untergehe, so solle die Universität diesen Staat doch überleben, wünschte Humboldt. Auch deswegen wollte er die Universität mit einem eigenen Vermögen ausstatten. Das freilich erwies sich als schwierig. Die Säkularisationen geistlicher Vermögen boten eine Möglichkeit, doch an der Entscheidung darüber, was mit ihnen geschehen solle, waren die Stände beteiligt, und so nahm das Ganze Zeit in Anspruch. Einstweilen sollte es bei der inzwischen üblichen unmittelbaren Alimentation der Universität durch den Staat bleiben.

Das vorläufige Reglement, das der 1810 ins Leben tretenden neuen Hochschule in die Wiege gelegt wurde, folgte dem traditionellen Modell. Die herkömmlichen vier Fakultäten sollten auch in Berlin bestehen. Auf der anderen Seite sollten aber die Novitäten gelten, die man aus Göttingen kannte: Die Professoren sollten von Zensur befreit sein, und sie sollten auch über ihr jeweils bezeichnetes eigentliches Fach hinaus in der ganzen Fakultät lesen dürfen. Das Verhältnis zur Akademie wurde dergestalt geklärt, daß deren Mitglieder das Recht hatten, an der Universität zu unterrichten. Auf der anderen Seite wurde die traditionelle Universitätsgerichtsbarkeit auf die Disziplinarjustiz reduziert. Vor allem aber wurde mit Nachdruck betont, daß der Staat die Professoren berufe.

Nachdem Humboldt schon 1810 zurückgetreten war, geriet das Berliner Projekt in die Hand seines Nachfolgers Friedrich von Schuckmann. Die Idee, die Berliner Universität mit einem eigenen Vermögen auszustatten, wurde nun endgültig begraben, und zwar nicht nur aus pragmatischen Gründen. Schuckmann schrieb, es sei seine tiefste Überzeugung, »daß man dem gegenwärtigen Regenten und Mitbürgern zunächst verpflichtet sei, und nur was hierbei frei bleibt, der problematischen Vorbereitung für künftige Generationen gebühre. Aber der Geist der Zeit schwärmt in Theorien und gefällt sich in Spiel und Wechsel mit denselben ... Vor 10 Jahren z. B. waren in der deutschen Gelehrtenrepublik alle Prinzipien Mode, die aus Frankreich kamen. Jetzt ist die innere Tendenz gerade umgekehrt ... Wie aber auch die Köpfe exaltiert sein mögen, so behalten doch die Mägen immer ihre Rechte gegen sie ... Wem die Herrschaft über letztere bleibt, wird immer auch mit ersteren fertig ... «[52] Auch die Zensurfreiheit wurde eingeschränkt. Voraussetzung dafür sei, daß in den zu beurteilenden Schriften nichts enthalten sei, was dem Gesetz widerspreche. Dies als Programm für die Restauration zu werten wäre ein voreiliges Urteil, denn das Verhältnis zwischen Wissenschaftsfreiheit und Gesetzesbindung ist auch im heutigen Deutschland problematisch.

KAPITEL 8

# Das 19. Jahrhundert

Die Geschichte nicht nur der deutschen Universitäten des 19. Jahrhunderts ist von der Berliner Gründung bestimmt worden. Die Humboldtsche Universität trat nun ihren Siegeszug an – so läßt sich die Essenz dessen beschreiben, was man über die Universitätsgeschichte dieser Zeit zu wissen meint. Eine Verifizierung dieser Meinung erweist sich jedoch als überraschend schwierig und scheitert schon an der Frage, woran man die Wirkungen Humboldts und Berlins denn messen soll. Universitätsgesetze können es nicht sein, da es diese in Deutschland erst seit den siebziger Jahren unseres Jahrhunderts gibt. Eher hilft da ein Blick auf die Universitätsstatuten weiter. Man beobachtet in der Tat, daß die Berliner Statuten aus der Gründungszeit teilweise auch von nichtpreußischen Universitäten, zum Beispiel der Heidelberger, übernommen wurden. Umgekehrt findet man aber, daß der damalige Staat in dieser Hinsicht toleranter war als der heutige. Davon, daß nun etwa sogleich Königsberg und Halle nach Berliner Vorbild umgeformt worden wären, kann keine Rede sein, und für Göttingen, das 1866 an Preußen fiel, galt das ebensowenig.

Überdies waren weite Bereiche des universitären Lebens gewohnheitsrechtlich verfaßt, und die Statuten blieben oft so bestehen, wie sie einmal geformt worden waren. So galten die Göttinger Statuten aus der Gründungszeit bis zum Jahre 1916. Dann allerdings folgte Norm auf Norm. 1930 wurden die Statuten von 1916 durch neue ersetzt, 1933 gab es abermals einen Umbruch, 1945 und 1948 kehrte man zum Zustand von 1930 zurück. 1969 wurde eine Übergangssatzung erlassen, 1971 ein Vorschaltgesetz beschlossen. 1973 erforderte das einschlägige Verfassungsgerichtsurteil abermalige Änderungen. 1976 folgte das Hochschulrahmengesetz. 1978 wurde ein Niedersächsisches Hochschulgesetz beschlossen, und als die Koalition in diesem Lande wechselte, hatte das eine erneute Überarbeitung des Hochschulgesetzes zur Folge.

Während heute das Hochschulgesetz in Gestalt eines starken Taschenbuches überall präsent ist, waren die alten Statuten nicht gedruckt. In Berlin waren sie zwar durch den Druck vervielfältigt, jedoch mit einem Druckfehler, der offensichtlich 1813 in den Text hineingeraten war und erst 1910 bemerkt wurde. In einem Satz über die Zuständigkeit der ordentlichen Professoren für ihr Fach war statt von diesen von den außerordentlichen Professoren die Rede. Die Universität lebte also auch dort weiterhin nach Gewohnheitsrecht, wo es schriftlich fixierte Norm gab.

Was die Berliner Universität so vorbildlich werden ließ, ist sicher in erster Linie die Verbindung von Forschung und Lehre und der Vorrang, den man der Forschung dabei einräumte. Es wurde nun nicht mehr enzyklopädisches Wissen vermittelt, sondern Methode. Die Studenten wurden nicht mit Wissensstoff gefüttert, sondern zur Forschung geführt. Der Bücherkanon, der das Studium in allen Fakultäten bisher bestimmt hatte, verlor seine Bedeutung, obwohl es selbstverständlich auch künftig etablierte Lehrbücher gab. Und auch die Ersetzung des enzyklopädischen Unterrichts durch die Vermittlung von Methoden vollzog sich von Fach zu Fach, von Fakultät zu Fakultät auf verschiedene Weise.

Gerade hieran sieht man, daß die wichtigste und für die neue Universität charakteristische Fakultät die philosophische wurde. Sie galt fortan nicht nur als gleichberechtigt, sondern konnte – im Sinne Kants, im Sinne auch Schleiermachers – als die eigentliche Fakultät gelten, auch wenn sie überall entsprechend der alten Rangordnung als die vierte Fakultät gezählt wurde. Meistens war die philosophische Fakultät jetzt die am stärksten frequentierte. Das lag aber auch daran, daß die naturwissenschaftlichen Fächer bis weit ins 20. Jahrhundert hinein Fächer dieser Fakultät blieben. Die Begründung einer mathematisch-naturwissenschaftlichen Fakultät im Tübingen des Jahres 1859 war ebenso ein Vorläufer wie die Schaffung einer solchen Fakultät bei Gelegenheit der Gründung der Reichsuniversität Straßburg 1872.

Gewiß wird man es auch der Humboldtschen Universität zu einem beträchtlichen Teil zurechnen dürfen, daß nun überall Qualität und Quantität der Forschung an den Universitäten rasch wuchsen. An der philosophischen Fakultät entstanden weitere neue Fächer, und zwar nicht nur im Bereich der Naturwissenschaften. Auch die Sprach- und die Literaturwissenschaften sind Kinder des 19. Jahrhunderts. Und wo man die Arbeit in den herkömmlichen Fächern fortsetzte, wurde der größere Teil dessen, was man bisher für gewiß gehalten hatte, durch neue Forschungen überholt. Eine Voraussetzung für diese Entwicklung waren die Mobilität der Studenten und der Professoren und der Wettbewerb der Universitäten untereinander. Und auch die Erneuerung der akademischen Qualifikationsverfahren, darunter vor allem die Erfindung der Habilitation, trug zum unvergleichlichen Erfolg der dem Berliner Muster nacheifernden Universitäten bei.

Mobilität – und damit Wettbewerb – hatte auch eine technische Vorbedingung. Die modernen Universitäten waren ohne die Eisenbahn nicht zu denken. Der Jurist Karl Theodor Welcker (1790–1869), der 1813 Professor in Gießen geworden war und im nächsten Jahr an die Kieler Universität berufen wurde, machte sich noch zu Fuß mit einem Rucksack auf. Nur seine Bücher ließ er mit der Post befördern. Der Altertumswissenschaftler Ernst Curtius (1814–1896) konnte zwar, als er 1856 einen Lehrstuhl an der Göttinger Universität übernahm, von Berlin mit der Eisenbahn anreisen, aber das Ganze dauerte einen vollen Tag, Mittagspause in Lehrte eingeschlossen. Als er ein Jahr später in seine Vaterstadt Lübeck reiste, mußte er ab Lüneburg, wo übernachtet wurde, mit dem Wagen weiterreisen und die Elbe in einem Kahn überqueren. Ab Ratzeburg stand wieder das moderne Verkehrsmittel zur Verfügung. Der Jurist Rudolf Ihering (1818–1892) schließlich schreibt aus Gießen, wo er 1852 bis 1868 Professor war, er könne es dort nur als »Eisenbahnmensch« aushalten. Zufällig weiß man recht genau, wie 1872 sein Umzug von Wien nach Göttingen vonstatten ging, nämlich mit einem »Entrepreneur«, der für die Spedition der Besitztümer des Professors sorgte.

Zum Erfolg des Berliner Modells trug wohl auch das vorbildliche Verhältnis zum Staat bei, denn nur das sicherte auf Dauer den Bestand der Universität. Angesichts der steigenden Kosten, welche die Universitäten verursachten, trat die Bedeutung des eigenen Vermögens, über das die älteren unter ihnen verfügten, rasch zurück. Die Abhängigkeit der Universität von regelmäßigen Zuwendungen des Staates wurde zur deutschen Norm, und die Universitäten waren damit so staatsnah wie niemals zuvor. Humboldt war an diesen Dingen am Ende nicht interessiert gewesen, da er auf gebildete Staatsdiener hoffte. So waren einstweilen auch die Berufungen der Professoren mehr eine Sache des Staates als der Universitäten.

Trotzdem blieb die Tradition der universitären Autonomie bestehen – ebenso wie das Lehrstuhlprinzip. Auch die nun vom Staat so abhängigen Hochschulen waren oligarchisch organisiert, und diese oligarchische Struktur, aber auch der Erfolg und das Wachstum der Universitäten führten zu einem neuen Zusammenhalt. Die Professoren waren im einzelnen wie in ihrer Gesamtheit nun so angesehen wie niemals zuvor, und das hatte Auswirkungen auf die Universität insgesamt. Obwohl die Autonomierechte nun eine andere Gestalt hatten und die besondere Gerichtsbarkeit auf ein Minimum an Disziplinarrecht reduziert worden war, verstanden sich die Universitäten als Korporationen, und das galt nicht nur für die Professoren, sondern wenigstens ebensosehr für die Studenten, gleichgültig, ob sie sich in Korporationen zusammenschlossen oder nicht. So war es kein Zufall, daß dort, wo die alten Talare im 18. Jahrhundert abgeschafft worden waren, für die Professoren neue Talare eingeführt wurden. Die Studenten der deutschen Universitäten hatten zwar, anders als englische Studenten noch heute, keinen besonderen Habitus, doch wirkte der »Wichs« der studentischen Zusammenschlüsse um so stärker.

Das Selbstbewußtsein der alten Universitäten wurde auch dadurch genährt, daß sie ungeachtet ihrer – vor allem finanziellen – Abhängigkeit vom Staat in der Wissenschaft selbst doch frei waren. Daß diese Freiheit nicht unbeschränkt war, daß etwa eine Beleidigung der Monarchen geahndet wurde, stellte nur im Ausnahmefall eine Schwierigkeit dar. Daß man sich an den Universitäten frei fühlen konnte, hing auch damit zusammen, daß die Einigung Deutschlands den Wünschen und Bedürfnissen der Professoren und Studenten entsprach. Nicht nur, daß inzwischen Deutsch als Unterrichtssprache selbstverständlich war, auch die Mobilität der Professoren und Studenten und die Konkurrenz der Universitäten untereinander nahmen die Einigung Deutschlands gewissermaßen vorweg. Und der Enthusiasmus, der bei der Gründung der Berliner Universität als einer Hochschule nicht nur für Preußen, sondern für Deutschland so deutlich zutage getreten war, prägte die deutschen Universitäten auch in der Folgezeit.

Gleichwohl verlief die Universitätsgeschichte des 19. Jahrhunderts keineswegs im Gleichschritt. Dafür kann als charakteristisch gelten, daß die bayerischen Universitäten, im Zeitalter von Montgelas zu Staatsanstalten ganz im französischen Sinne verwandelt, zwar mit der Verlegung der Ingolstädtisch-Landshutischen Universität nach München 1826 wieder zum Universitätstypus zurückgeführt wurden, damals aber keineswegs auf den Berliner Weg einschwenkten. Die philosophische Fakultät blieb im Sinne katholischer Bildungsvorstellungen die Basisfakultät, an der jedermann zunächst zwei Jahre lang studieren mußte. Dieses besondere bayerische Modell fiel der Revolution von 1848 zum Opfer.

Wie langsam sich die Dinge wandelten, sieht man auch an einem der bedeutendsten und modernsten Gelehrten des 19. Jahrhunderts, an Justus Liebig (1803–1873), dem Protagonisten moderner organischer Chemie, chemisch gestützter Landwirtschaft und Ernährungswissenschaft, einer Jahrhundertgestalt. Durch Protektion des Hofes und aufgrund einer Empfehlung Alexander von Humboldts, den er in Paris kennengelernt hatte, wurde Liebig 1824 außerordentlicher Professor der Chemie in Gießen. Er hatte das Glück, daß ein Jahr später der ordentliche Professor dieses Faches starb und er dessen Lehrstuhl erhalten konnte. Immerhin wurde nun die Universität gefragt, und sie votierte positiv. Das wichtigste Argument lautete, man wolle keinen

Auswärtigen auf dem Lehrstuhl haben. Liebig galt also als Einheimischer, doch war er als Naturwissenschaftler eine Art Eindringling, was man daran sieht, daß er erst 1846 Dekan seiner Fakultät wurde. Auf der anderen Seite stellte der Staat ihm aber zur Verfügung, was er – im Gegensatz zu den Repräsentanten der traditionellen Fächer – brauchte. 1827 erhielt er einen staatlich honorierten Labordiener, 1835 folgte ein Assistent – vermutlich einer der ersten an deutschen Universitäten. Auf der anderen Seite baute Liebig wie ein Gießener Professor des 17. oder 18. Jahrhunderts eine eigene Dynastie auf: Schüler, Söhne und Schwiegersöhne und deren Nachkommen erhielten ihre Professuren.

Auch die Frequenz der Universitäten zeigt die Langsamkeit des Reformprozesses im 19. Jahrhundert. Nimmt man die für die ältere Zeit zu rekonstruierenden und erst für das 19. Jahrhundert exakt überlieferten Zahlen nicht der Jahr für Jahr Immatrikulierten, sondern der an den Universitäten insgesamt Studierenden, so erhält man folgendes Bild: Vor der Reformation dürften es an allen Universitäten des Reiches 4000 gewesen sein, Mitte des 18. Jahrhunderts hatte sich die Zahl gut verdoppelt, doch ging sie nun zurück. Im Jahre 1810 war sie fast ebenso niedrig wie vor Beginn der Reformation. Dann begann ein Aufstieg, der um 1830 zu einer Zahl von mehr als 15 000 Studenten an den deutschen Universitäten führte. Diese Zahl ist in der Folgezeit noch einmal um rund 3000 zurückgegangen. Zum Zeitpunkt der Gründung des Deutschen Reiches hat man es wiederum mit 15 000 Studenten zu tun, bereits 1897 hatte sich diese Zahl dann verdoppelt.

Die Frage ob Studenten und Professoren, ob Universitäten insgesamt erkennbar werden, wenn es um politische Geschichte geht, muß gerade für das 19. Jahrhundert gestellt werden. An der deutschen Nationalbewegung hatten Studenten und Professoren bedeutenden Anteil. Die Gründung der Burschenschaften, das Wartburgfest, die Demagogenverfolgungen, die Göttinger Auseinandersetzungen 1837 sowie schließlich die Revolution von 1848 lassen das sichtbar werden. Bisher kannte man wohl Konflikte zwischen Universität und Obrigkeit – bis zur radikalsten Form akademischen Protests, nämlich dem Auszug der Universität und ihrer Gründung an einem neuen Ort –, doch war die Ursache solcher Konflikte zumeist, daß der Landesherr oder Stadtherr in das Leben der Universität eingriff, daß er die akademische Freiheit, verstanden im alten Sinne, beschränkte. Die Universitäten waren an sich und ihren korporativen Rechten interessiert, nicht jedoch an den, etwas anachronistisch gesagt, großen Fragen der Politik, und wo sie daran Anteil hatten, wie namentlich im Zeitalter des großen abendländischen Schismas und der Konzilien des 15. Jahrhunderts, da wurden sie in die Auseinandersetzung eher hineingezogen.

Das änderte sich im frühen 19. Jahrhundert, im Zeitalter der Revolution, Napoleons, der patriotischen Erhebung gegen das Napoleonische Frankreich und des Kampfes um einen einheitlichen deutschen Nationalstaat. Professoren und Studenten waren an all dem beteiligt, am sichtbarsten zunächst dort, wo Studenten, aber auch Professoren als Freiwillige militärisch um die Befreiung Deutschlands kämpfen wollten. Wenn man sich erinnert, daß zu den modernen Privilegien, die die Universität Halle gut ein Jahrhundert zuvor erhalten hatte, die Zusicherung gehört hatte, die Studenten sollten sicher sein, nicht für das preußische Heer angeworben zu werden, so wird der Wandel sichtbar. Nun wollten sie kämpfen und lösten damit bei den professionellen Militärs großes Mißtrauen aus. Man mag sich gar nicht ausmalen, welche Verwirrung der Berliner Philosoph Fichte gestiftet hätte, wenn er als oberster Feldprediger ins Feld gezogen wäre. Die Siege der Verbündeten über Napoleon waren denn am Ende auch eine Sache der professionellen Militärs und nicht der enthusiasmierten Patrioten.

Der Wandel war dennoch tief, und er fand nicht nur in den heißen Köpfen der Studenten und Professoren statt. Nicht nur sie wollten jetzt für Deutschland, für eine neue politische Identität kämpfen. Als im Jahre 1809 Österreich den Versuch machte, die durch Napoleon unterdrückten Völker zum Freiheitskampf zusammenzuschließen, und es dem Erzherzog Karl immerhin in der Schlacht von Aspern gelang, den Kaiser zu besiegen, da wurden nicht, wie es bisher allenfalls denkbar gewesen wäre, die Untertanen aufgefordert, treu zu ihrem angestammten Herrn zu stehen. Vielmehr hieß es im Aufruf des Erzherzogs Karl an die deutsche Nation vom April 1809: »Wir kämpfen, um die Vollständigkeit der österreichischen Monarchie zu behaupten – um Deutschland die Unabhängigkeit und die Nationalehre wieder zu verschaffen, die ihm gebührt.« Und als Preußen sich schließlich zum Bündnis mit Rußland aufraffte, da wurde am 17. März 1813 ein Aufruf des preußischen Königs »An mein Volk« veröffentlicht, in dem ganz ähnlich an die Deutschen appelliert wurde. Zwar redete der König diejenigen, die er aufrufen wollte, zunächst konventionell als Brandenburger, Preußen, Schlesier, Pommern und Litauer an. Das waren die traditionellen Zuordnungen, wobei mit den Preußen keineswegs alle Untertanen des Königs gemeint waren, sondern nur die Einwohner der Provinzen Ostpreußen und Westpreußen. Doch dann heißt es in dem Aufruf, es gehe um einen Entscheidungskampf, und den müsse man führen, »wenn wir nicht aufhören wollen, Preußen und Deutsche zu seyn«. Hier war plötzlich nicht mehr von den preußischen Provinzen die Rede, sondern vom preußischen Gesamtstaat, und nicht nur von diesem, sondern von einer deutschen Nation und ihrer Ehre und da-

*Der Aufbruch der Jenenser Studenten 1813 in den Befreiungskrieg, das Engagement der akademischen Jugend für die deutsche Nation, hatten bis in den Anfang des 20. Jahrhunderts kaum an Faszination eingebüßt. Das Gemälde von Ferdinand Hodler entstand 1908.*

von, daß man in diesen Kampf gehen müsse, »weil ehrlos der Preuße und der Deutsche nicht zu leben vermag«. Das war die Sprache, die auch die freiwilligen Kämpfer gegen das Napoleonische Frankreich sprachen. Um so größer war die Enttäuschung gerade an den Universitäten, als der Sieg über Napoleon und der Wiener Kongreß nicht zu einem deutschen Nationalstaat führten, sondern nur zum Deutschen Bund und zur Konsolidierung der deutschen Einzelstaaten. Dieser enttäuschte Enthusiasmus wurde zur Ursache dafür, daß die studentischen Zusammenschlüsse nun eine neue Gestalt erhielten.

Seitdem die Studenten nicht mehr, wie im Mittelalter und wie an den katholischen Universitäten, in Bursen und Kollegien organisiert waren, hatten sie sich auf andere Weise organisiert – in landsmannschaftlichen Zusammenschlüssen, in »Orden«, wie man im 18. Jahrhundert gern sagte, in geheimen Verbindungen, die das Mißtrauen der Obrigkeiten hervorriefen. Diese vielfach bekämpften und doch nie wirklich unterdrückten Zusammenschlüsse erhielten nun eine neue Gestalt – angeregt nicht zuletzt durch Friedrich Ludwig Jahn (1778 bis 1852), den »Turnvater«. Turnen und Singen waren nun Teil der patriotischen Bewegung. Die Turn- und die Sängervereine stammen aus dieser Zeit. 1811 entstand schließlich der Plan, eine studentische Vereini-

*Das Wartburgfest von 1817, »Wiedergeburtsfest des freien Gedankens und das Errettungsfest des Vaterlandes aus schmählichem Sklavenjoch«, steht in der deutschen Geschichte für den Wunsch nach Gleichheit und Freiheit.*

gung an allen Universitäten zu errichten, die für die politische Einheit Deutschlands wirken sollte. 1815 wurden in Jena die traditionellen Landsmannschaften aufgelöst, und man gründete die Jenaische Burschenschaft – unter Mithilfe von Professoren wie des patriotischen Historikers Heinrich Luden (1780–1847). Da viele der Gründungsmitglieder dem wohl berühmtesten freiwilligen Corps des Krieges gegen Napoleon angehört hatten, dem Freicorps des Majors Adolph Freiherr von Lützow (1782–1834), übernahm die neue studentische Vereinigung dessen Farben Schwarz-Rot-Gold. Diese Trikolore sollte in der Revolution von 1848 zur Nationalfahne erklärt werden, woraus sich deren weitere Karriere in der Weimarer Republik, in der DDR und in der Bundesrepublik erklärt.

1817 traten die Burschenschaften zum ersten – und einstweilen auch letzten – Mal in die breite Öffentlichkeit, indem sie bei Eisenach in Erinnerung an die Reformation das Wartburgfest feierten, wie dies schon 1617 und 1717 geschehen war, aber auch mit der Absicht, die Leipziger Völkerschlacht von 1813 zu feiern. Ernst Moritz Arndt (1769–1860), neben Jahn die andere große Vatergestalt der studentischen Bewegung, hatte von einem »deutschen Studentenstaat« gesprochen, der die Vorform des erhofften deutschen Nationalstaats sein sollte.

Diese schönen Pläne scheiterten nicht nur am Mißtrauen der Regierungen, insbesondere des österreichischen Außenministers und späteren Staatskanzlers Metternich, sondern auch daran, daß radikale Anhänger der studentischen Bewegung Anlässe für gewaltsames Eingreifen schufen. Schon am Rande des Wartburgfestes hatte die Verbrennung von Papier, das gegnerische Schriften symbolisieren sollte, darauf hingedeutet. Die Wende aber brachte die Ermordung des damals ungemein populären Dichters August von Kotzebue am 23. März 1819.

Kotzebue hatte sich durch eine literarische Verhöhnung des modischen Patriotismus den Zorn radikalisierter Studenten zugezogen. Sein Mörder Karl Ludwig Sand, ein Jenenser Student der evangelischen Theologie, Freiwilliger des Jahres 1815, war in seinem Handeln von Karl Follen (1795–1840) bestimmt, dem Juristen aus Gießen und dann aus Jena, in dessen Kreisen man darüber diskutiert hatte, daß der Patriot am Ende auch zum Tyrannenmord schreiten könne. Das hatte Sand tun wollen. Tatsächlich gab er Metternich damit die Gelegenheit, endlich gegen die verdächtigen Bewegungen einzuschreiten – nach dem »Beispiele, wie der vortreffliche Sand es mir auf Kosten des armen Kotzebue lieferte«. Im August 1819 wurden die Karlsbader Beschlüsse gefaßt, die der Bundestag kurz darauf autorisierte und die die Entfernung verdächtiger akademischer Lehrer zur Folge haben sollten und auch hatten, sowie ferner die Vorzensur von Zeitungen, Zeitschriften und von allen Büchern, die unter zwanzig Bogen (320 Seiten) Umfang hatten.

In den nächsten Monaten und Jahren ging die Obrigkeit in vielen Fällen mit großer Härte gegen Verdächtige vor. Briefe wurden zensuriert, Wohnungen durchsucht. Arndt wurde von seiner Professur entfernt – und 1840 rehabilitiert. Noch 1833 wurde der Jenenser Burschenschafter Fritz Reuter (1811–1874) verhaftet, drei Jahre in Untersuchungshaft gehalten und schließlich zu dreißig Jahren Festungshaft verurteilt. Man darf sich von dem Rufe der Gemütlichkeit, der den Dichtungen dieses Autors anhaftet, nicht über die Brutalität der Verfolgung täuschen lassen, der er ausgesetzt war. Auch er wurde 1840 begnadigt.

Verfolgungen konnten das studentische Verbindungswesen nicht gänzlich unterdrücken. Es bestand fort, doch trat die radikale Politisierung zurück. Die Tradition des landsmannschaftlichen Zusammenschlusses wurde erneuert, und es bildete sich nun jene studentische Folklore heraus – mit den Bierabenden und studentischen Duellen als herausragenden Merkmalen –, die das deutsche Akademikertum des 19. und frühen 20. Jahrhunderts nachhaltig prägen sollte. Doch blieb der politische Anspruch, dem diese studentischen Verbindungen ihre Entstehung verdankten, durchaus bestehen. Bestehen blieb auch, daß

*So wie der 1830 eingerichtete Freiburger Karzer waren auch in den anderen Universitäten die Wände der Arrestzellen über und über bemalt und mit Parolen geschmückt, so daß man diese Einrichtung eher mit Burschenherrlichkeit als mit harten Strafen in Verbindung zu bringen pflegt.*

man die Universitäten als Orte verstehen konnte, an denen die großen aktuellen politischen Fragen zu diskutieren, ja zu klären waren.

Das zeigte sich im Göttingen des Jahres 1837. Wilhelm IV., der König von Hannover, hatte 1833 seinem Land eine Verfassung gegeben, die der Nachfolger, König Ernst August, gleich nach Regierungsantritt aufhob. Die liberale Öffentlichkeit des Landes verstand dies als einen Akt der Reaktion und artikulierte ihre Unzufriedenheit. Nicht wenige meinten, der König habe das Recht gebrochen, und Jacob Grimm überschrieb seinen Protest mit einem Zitat aus dem Nibelungenlied: »Wohin sind die Eide gekommen?«

Ob der König tatsächlich das Recht gebrochen hatte oder ob es ihm nicht doch erlaubt war, das Geschenk zurückzunehmen, das sein Amtsvorgänger gemacht hatte, war strittig, auch in den Debatten der Göttinger Professoren. Und so war es keineswegs deren Mehrheit, und es waren auch nicht einfach alle intellektuell herausgehobenen Gelehrten, die sich am Ende in der Meinung zusammenfanden, der König habe das Recht gebrochen und sie müßten sich weiterhin an ihren Eid auf die nun aufgehobene Verfassung gebunden fühlen. Der Eid freilich, auf den sich Jacob Grimm und die anderen »Göttinger Sieben« beriefen, war nicht einfach der Verfassungseid gewesen, sondern zugleich auch der Amtseid des Beamten, und es kam hinzu, daß

*Jacob Grimm hält Vorlesung in seinem Haus in Göttingen. Die Zeichnung seines Bruders Ludwig Emil Grimm entstand 1830, läßt aber erkennen, daß der Raum wohl schon seit langem als Hörsaal benutzt wurde, denn im Vordergrund ist auf der Bank die Jahreszahl 1816 eingeritzt.*

auf die Verfassung von 1833 überhaupt nur einer von ihnen, nämlich der Historiker und Literaturwissenschaftler Georg Gottfried Gervinus (1805–1871), geschworen hatte. Ähnlich wie mit der Ermordung Kotzebues eine Gewalttat zum Anlaß einer radikalen Politik wurde, so folgte hier auf die scharfe Reaktion des Königs – die sieben Professoren wurden entlassen, und Jacob Grimm, Gervinus und Friedrich Christoph Dahlmann (1785–1860) wurden zudem des Landes verwiesen – eine beispiellose Mobilisierung der liberalen deutschen Öffentlichkeit.

Die durchaus unklare Situation war nun geklärt: Überall wo man in Deutschland unter den gegebenen politischen Verhältnissen litt und auf einen liberalen Nationalstaat hoffte, solidarisierte man sich mit den vertriebenen Göttinger Professoren. Allenfalls noch das Hambacher Fest des Jahres 1832 hatte eine ähnliche Welle der Solidarität hervorgerufen. Nun beschränkte man sich aber keineswegs auf wohlfeile Unterschriftenlisten, sondern tat etwas: Komitees sammelten Geld, um den vertriebenen Professoren das Leben zu sichern.

Es zeigte sich, daß sich nicht nur die liberale und gebildete Öffentlichkeit für die Göttinger Sieben einsetzte, von denen die meisten

*Karikatur auf den preußischen Kultusminister Karl Friedrich Eichhorn und die Unterdrückung der akademischen Freiheit. Neben dem Eichhörnchen ist ein gefesselter preußischer Adler dargestellt.*

bald an andere Universitäten berufen wurden. Nicht nur der preußische König nutzte die Gelegenheit, die gelehrten Zelebritäten, die da aus Göttingen vertrieben worden waren, für den eigenen Staat zu gewinnen. Von einer Solidarität der Vormärz-Herrscher konnte wahrlich keine Rede mehr sein. Jacob und Wilhelm Grimm arbeiteten fortan an ihrem nun begründeten Deutschen Wörterbuch in Berlin, während in Göttingen eine Zeit der wissenschaftlichen Depression begann. Auch die Zahl der Studenten sank. 1837 waren es 909 gewesen. Damals waren nur Berlin mit 1835 Studenten und München mit 1478 größer. Ein Semester später waren es in Göttingen nur noch 725 Studenten, und bei dieser Dimension sollte es für lange Zeit bleiben.

Jacob Grimms Einschätzung, die deutschen Universitäten seien »höchst reizbar und empfindlich für alles, was im lande gutes oder böses geschieht«,[53] sollte sich als richtig erweisen. Der Anspruch, die Universitäten seien so etwas wie ein moralisches Gewissen der Nation und hätten eine Position, wie sie bisher vielleicht den Kirchen zugekommen war, sollte während der Revolution von 1848 bis zu einem gewissen Grade verwirklicht werden. Die deutsche Nationalversammlung in der Frankfurter Paulskirche gilt gemeinhin als

Professorenparlament, und das war sie tatsächlich. Die Zahl der akademisch gebildeten Abgeordneten war groß, und der Zusammenhang von deren Mobilisierung mit den Ereignissen von 1837 wird daran sichtbar, daß immerhin zwei der Göttinger Sieben, Dahlmann und Jacob Grimm, der Nationalversammlung angehörten.

Um Jacob Grimm freilich machte man, so verehrungswürdig der Gelehrte auch war, in Frankfurt einen Bogen angesichts der Verbindungen, die der Germanist zwischen den Resultaten seiner Forschung und seinen politischen Zielen herstellen wollte. Den so schön klingenden enthusiastischen Satz: »Der deutsche Boden duldet keine Unfreiheit« wünschte er in die künftige Verfassung aufzunehmen. Wissenschaftlich war das schon zu Grimms Zeiten nicht zu rechtfertigen, und aus der späteren Perspektive werden die Schattenseiten solch gelehrten Engagements in der Politik vollends sichtbar. Gewiß haben Professoren und Studenten sich auch in den folgenden Jahrzehnten politisch artikuliert, doch reichten solche Artikulationen über das, was bei den Angehörigen der gebildeten Schichten ansonsten üblich war, nicht hinaus. Erst während des Ersten Weltkrieges sollte es abermals zu weithallenden Erklärungen von Professoren und Studenten kommen.

Die Geschichte der deutschen Hochschulen im 19. Jahrhundert ist nicht nur durch die langsame Zunahme der Zahl der Studenten charakterisiert, sondern auch durch eine Erweiterung des Lehrbetriebs und der dem Lehrbetrieb dienenden Einrichtungen. Nun entstand das für die geisteswissenschaftlichen Fächer so charakteristische Seminar – zunächst als eine dialogische Lehrveranstaltung, bald darauf als eine Einrichtung.

Bis ins 17. Jahrhundert hatte es an den Universitäten neben den Vorlesungen als hergebrachter Form der dialogischen Lehrveranstaltung die Disputation gegeben – am Ende galt diese als der Inbegriff verstaubten Gelehrtentums und sinnentleerter, nur noch formell betriebener Übungen. Gewissermaßen an ihre Stelle trat nun das Seminar: das zwanglosere Gespräch der Schüler mit dem Lehrer, die alle um den großen runden Tisch versammelt waren, Texte vor sich hatten, diese Texte zu erschließen bemüht waren und das Resultat dieser Bemühungen in den größeren wissenschaftlichen Zusammenhang einordneten. Alle moderne hochschuldidaktische Akrobatik hat etwas Besseres einstweilen nicht zustande gebracht.

Zunächst war diese Lehrform bei den Philologen üblich gewesen. Als ihr Erfinder gilt, worauf schon hingewiesen wurde, der Göttinger Christian Gottlob Heyne. Dessen Schüler Friedrich August Wolf verpflanzte das Seminar nach Halle und von dort nach Berlin, und in Berlin bedienten sich auch die Vertreter anderer Fächer dieser neuen Form akademischen Lehrens und Lernens. Der Historiker Leopold

*Mit Justus Liebig beginnt der Aufstieg der Naturwissenschaften an den Universitäten. Liebigs chemisches Laboratorium in Gießen war das erste an einer deutschen Hochschule. Die aquarellierte Zeichnung von Wilhelm Trautschold entstand um 1840.*

von Ranke wirkte am Ende vielleicht sogar mehr als durch seine Vorlesungen, die nicht gut besucht waren, durch Seminare, in denen er eine ganze Professorengeneration heranzog.

Das Seminar als Institution, also als Institut mit Bibliothek, Sammlungen, Hilfskräften und Angestellten, entstand in den Geisteswissenschaften wenig später als in den Naturwissenschaften, wo es zunächst Laboratorium genannt wurde. Liebigs chemisches Laboratorium im Gießen des Jahres 1828 ist eines der frühesten Beispiele, ebenso wie die Anstellung von Institutspersonal – eines Assistenten – eine der frühesten in der deutschen Universitätsgeschichte sein dürfte. Die geisteswissenschaftlichen Seminare waren zunächst nicht mehr als ein bescheidener Etatposten, aus dem die Kosten einer kleinen Handbibliothek bestritten und Preise für gute studentische Arbeiten bezahlt wurden. Eigenes Personal gab es hingegen nicht, allenfalls hatte der professorale Seminardirektor einen älteren Studenten an seiner Seite, einen Senior oder Amanuensis. Besoldete Assistenten gab es vereinzelt erst um 1900, und erst der Zweite Weltkrieg sollte aus dem alten Amanuensis den »Hiwi« machen, den Hilfswilligen.

Im 19. Jahrhundert gingen die Naturwissenschaften bei der Einführung von Instituten voran. Doch das Gießener Laboratorium steht keineswegs am Anfang jenes Herganges, an dessen Ende die gegenwärtigen Großinstitute stehen, gelehrte Anstalten innerhalb der Universität, Festungen zuweilen, die sich gegen ihre akademische Umwelt abkapseln.

Schon im 18. Jahrhundert hatte es eigener Anstalten dort bedurft, wo in den werdenden Naturwissenschaften empirisch gearbeitet wurde. Botanische Gärten wurden angelegt und Sternwarten gebaut. Und in dem Maße, wie die Medizin die bisherige Gestalt der Bücherwissenschaft hinter sich ließ, der Anatomie und der Obduktion von Leichen im Unterricht Gewicht beimaß und sich gewissermaßen auf die Integration der zuvor handwerklich vermittelten Chirurgie vorbereitete, bedurfte es der Errichtung eines »Anatomischen Theaters« und auch von Klinikbauten. Was wir aus dem 18. Jahrhundert kennen, sind freilich nur bescheidene Vorläufer jener Klinikkomplexe, die im 19. Jahrhundert errichtet worden sind und ihrerseits bescheiden vor dem Hintergrund mächtiger »Clinica« wirken, die in den letzten Jahren errichtet worden sind und ein ökonomisches Problem nicht nur wegen der Baukosten darstellen, sondern auch wegen der allzu großen Bettenzahlen.

Vollends die technischen Fächer bedurften der Werkstätten und Laboratorien. Auch der Unterricht in ihnen geriet nun in die Nähe der Universitäten, und es war die Frage, ob er in die Universität aufgenommen werden oder ob es zu eigenen technischen Lehranstalten kommen sollte, woraus sich die weitere Frage ergab, welchen Rang diese technischen Lehranstalten haben sollten und was die Schaffung solcher selbständigen Institute für die Universitäten bewirken würde – den Schutz vor nicht der Universität würdigen Tätigkeiten oder die Gefahr, daß die Universitäten den Anschluß an die Moderne verlieren würden.

Die technischen Fächer gerieten nicht erst im 19. Jahrhundert in den Umkreis der Universitäten. Im Zeitalter aufgeklärter Empirie war der Weg von den herkömmlichen Disziplinen, insbesondere von Ökonomie und Kameralistik, zur Technik nicht weit, wie namentlich die Wirksamkeit Johannes Beckmanns (1739–1811) in Göttingen zeigt. Er lehrte nicht nur Ökonomie, sondern auch Landwirtschaft und Technik. Fabriken, Bergwerke und Glashütten waren die Orte, zu denen er seine Hörer führte. Er publizierte neue Erfindungen und veröffentlichte 1777 eine »Anleitung zur Technologie«, die gewissermaßen Sprachgeschichte machte, wenn auch erst später. Denn heute wird das

Wort Technik ja in aller Regel durch das scheinbar attraktivere Wort Technologie ersetzt. Beckmann und seinesgleichen eröffneten keinen Weg in die Zukunft. Die späteren technischen Hochschulen und Universitäten knüpften nicht an solche Bemühungen an, sondern an eine Gründung im revolutionären Paris. Seit 1794 gab es dort die École Polytechnique, und dieses Institut wurde zum Vorbild der Gründungen in vielen Ländern.

Um 1800 wurden vielerorts technische Lehranstalten gegründet. Polytechnische Seminare hießen sie, Institute, aber auch Realuniversitäten wurden sie genannt. Damit war eine Vokabel in die Welt gesetzt, die in der Bildungsgeschichte des 19. und frühen 20. Jahrhunderts Bedeutung erhalten sollte. Diejenigen, die neben die traditionelle »humanistische«, also auf der Kenntnis der alten Sprachen beruhende Bildung eine andere – und gleichberechtigte – setzen wollten, deren Zentrum die Naturwissenschaften ausmachten, versahen das Ziel ihrer Wünsche mit dem Wort real. So entstanden neben den Gymnasien die Realgymnasien als eine zeitgemäße und vernünftige Alternative. Es gehört zu den Charakteristika moderner Bildungspolitik, Etiketten zu vergeben, welche traditionelles Ansehen an neue Gründungen weiterzureichen versprechen. So wurden aus den Realgymnasien Gymnasien, während das nun freigewordene Wort Realschule Schulen zwischen der Grundschule und dem Gymnasium verschönern soll.

Zu den Nachfolgerinnen der École Polytechnique in Paris gehörten Gründungen in Prag 1806, in Wien 1815, in Karlsruhe 1825, in München 1827 und so weiter. Aus den meisten dieser Institute sollten im Verlauf des 19. Jahrhunderts technische Hochschulen werden, die ihrerseits, im Sinne der eben charakterisierten Sprachpolitik, mit dem Etikett »Technische Universität« oder in unseren Jahren einfach »Universität« versehen werden sollten.

Aus der damaligen Perspektive gehören diese Nachfolgerinnen der Pariser Technikschule mit den Fachhochschulen zusammen, die um 1800 den Gedanken aktuell erscheinen ließen, daß die künftige höhere Ausbildung ihren Ort eher hier als an den traditionellen Universitäten haben könne. Einige dieser Fachhochschulen sind dann in die werdenden Technischen Hochschulen eingegliedert worden – die Berliner Bauakademie nicht anders als die Bauschule in Karlsruhe, mit der vor allem der Name des klassizistischen Architekten Friedrich Weinbrenner verbunden ist, oder die Ingenieurschule am selben Ort, die der badische Ingenieuroffizier Johann Gottfried Tulla eingerichtet hatte, dem der heutige Oberrhein seine Gestalt verdankt.

1815 veröffentlichte Johann Joseph Prechtl ein Programm für die Wiener Polytechnische Schule. Er schlug drei Sektionen vor, eine chemisch-technische, eine physikalisch-technische und eine empirisch-technische, hinter der sich gewissermaßen die Anfänge des Maschinenbaus verbargen. Anders als Chemie und Physik, die ja auch an den Universitäten gelehrt wurden, sollte der Maschinenbau jenes Fach werden, das es nur an den werdenden Technischen Hochschulen gab, ein Fach freilich auch, das sich von den herkömmlichen akademischen Disziplinen sowohl durch seine Theorieferne unterschied als auch durch die Nähe zur praktischen Anwendung. Trotzdem forderte Prechtl, daß die von ihm entworfene Anstalt den gleichen Rang wie die Universitäten haben solle.

Daß sich die Universitäten gegenüber solchen Ansprüchen zur Wehr setzten, ist nicht weiter verwunderlich. Doch auf ihrer Seite und von den Vertretern traditioneller Bildung wurde durchaus bedacht, daß die Errichtung eigener technischer Lehranstalten zu einer Trennung von Universitäten und modernem Leben führen könne. Friedrich Thiersch (1784–1860), der führende Bildungspolitiker im damaligen Bayern, hatte, wie aus seinen Überlegungen »Über den gegenwärtigen Zustand des öffentlichen Unterrichts« von 1838 zu entnehmen ist, durchaus Bedenken gegen Eisenbahnen, Dampfmaschinen und Hochöfen. Sie gefährdeten die herkömmliche höhere Bildung. Trotzdem fand er die Abtrennung dieser modernen Bemühungen von den Universitäten fragwürdig. Die Universitäten seien keineswegs so praxisfremd, denn es gebe dort Kliniken, Laborgebäude und Seminare, warum also nicht auch polytechnische Fächer. Auch die technischen Fächer bedürften, so schrieb Thiersch, »wenn sie wahrhaft gedeihen sollen, der ihnen zuständigen Wissenschaft in ihrer ganzen Tiefe, und die Technik, wenn sie zu ihrer eigentlichen Würde soll geführt werden, muß einen so edlen und großartigen Character entfalten, wie jede andere Wissenschaft und wie ihn nur die höhere, die akademische Bildung zu wecken und zu stärken vermag.«[54]

Es kam zu einer vielfältigen Diskussion, wobei Gegner der Integration eine allzu große Praxisnähe der Universität befürchteten. Am Ende blieben die traditionellen und die modernen technischen Fächer in Deutschland getrennt. Universitäten und Technische Hochschulen standen nebeneinander. Die Technischen Hochschulen freilich beharrten auf dem schon längst erhobenen Gleichberechtigungsanspruch, und sie taten auch einiges dafür, indem sie von ihren Studenten die gleiche Vorbildung verlangten wie die Universitäten, also das Abitur, dessen Karriere zur selben Zeit begann. Die Technischen Hochschulen paßten sich den Universitäten auch im Habitus an: Studentische Korporationen, professorale Talare, rektorale Insignien, das schufen sich die Technischen Universitäten nun mit jenem Eifer, den man als ein sozialgeschichtliches Phänomen überall dort bemerkt, wo sich jüngere Einrichtungen älteren anzupassen suchen. Markante Daten waren die Verleihung von Hochschulstatuten und des Titels Hochschule. In Karlsruhe geschah das eine 1865, das andere 1885.

Am Ende des 19. Jahrhunderts kam es zu einem letzten Versuch, die auseinandergehenden Prozesse zusammenzuführen. Der Göttinger Mathematiker Felix Klein (1849–1925), einer der Repräsentanten der großen naturwissenschaftlichen Periode dieser Universität, versuchte Universitäten und Technische Hochschulen zu verschmelzen. Er hatte keine Furcht vor der Technik, und ihm war die Universität wichtig genug, daß er für sie fürchtete, falls sich die Technischen Hochschulen weiter von ihr entfernen würden. So setzte er sich – und das war damals das entscheidende Kriterium – für das Recht der Technischen Hochschulen ein, den Doktorgrad zu verleihen.

Der beste Verbündete des Göttinger Mathematikers war Wilhelm II. Der Kaiser war nicht nur jene gern karikierte Gestalt, die sich mit Kostümen schmückte und durch unbedachte Reden auffiel, sondern er war ein Monarch, der sich beeindrucken ließ. Auf der einen Seite wirkte er grotesk borniert, auf der anderen aber war er ein moderner Mann. 1898 nahm er die Rektoren der Technischen Hochschulen Aachen, Berlin und Hannover ins Preußische Herrenhaus auf, und das war fast schon ein Gleichberechtigungszeugnis. Im folgenden Jahr folgte die Gleichberechtigung von Technischen Hochschulen und Universitäten in aller Form. Ein kaiserlicher Erlaß erlaubte den Technischen Hochschulen Preußens, ihre Diplomingenieure zum Dr. Ing. zu promovieren. Und der Rektor der Berliner Technischen Hochschule sollte wie die Rektoren der Universitäten den Titel Magnifizenz führen. Heute liegt es nahe, diese Besiegelung des Aufstiegs und der Emanzipation mit der Berechtigung, einen Titel zu führen, für kurios zu halten. Doch haben wir in den sechziger Jahren unseres Jahrhunderts im Grunde den gleichen Vorgang. Damals bemühten sich die westdeutschen Technischen Hochschulen mit Erfolg darum, nicht nur Technische Universitäten genannt zu werden, sondern einfach Universitäten.

Die Hochschulpolitik Kaiser Wilhelms II., die den damaligen Technischen Hochschulen zugute kam, war nur ein Teil der Zuwendung, welche die moderne Wissenschaft von diesem Monarchen erfuhr. Wilhelm II. war auch ein Mann der sich nun organisierenden »Großforschung«. Um 1900 war der Gelehrte, dessen Wirken man vor allem mit diesem Begriff zu verbinden hat, der Theologe Adolf von Harnack (1851–1930). Seit 1888 Professor an der Berliner Universität, im folgenden Jahr in die Akademie aufgenommen, hatte er zunächst dafür gesorgt, daß dieser neue große Projekte übertragen wurden. Wie Theodor Mommsen die großen epigraphischen Editionsunternehmen, so rief Adolf von Harnack nun, nachdem die lateinischen Kirchenväter von der Wiener Akademie ediert wurden, die vielbändige Edition der Texte griechischer Kirchenväter durch die Berliner Akademie ins Leben. Die Frage der Finanzierung zeigte freilich bald, daß zwischen der Absicht, Großforschung zu betreiben, und deren Realisierung ähnliche Diskrepanzen klafften wie heute. Harnack, in seinem Fach durchaus profiliert, erklomm die nächste Stufe seiner Wissenschaftsmanager-Laufbahn, als er 1905 zum Direktor der Berliner Staatsbibliothek ernannt wurde, die dringend der Modernisierung bedurfte.

Im Zusammenwirken Friedrich Althoffs, des für die Hochschulpolitik jener Jahre verantwortlichen Beamten, und Harnacks nahmen nun Pläne Gestalt an, im Westen Berlins auf dem Gelände der Domäne Dahlem ein »Deutsches Oxford« zu schaffen. Diese Planungen führten zur Gründung universitätsunabhängiger, zunächst naturwissenschaftlicher Forschungsinstitute, die alsbald in einer eigenen Organisation zusammengefaßt wurden. Nach dem Vorbild der preußischen zoologischen Station in Neapel wurde 1909 die Kaiser-Wilhelm-Gesellschaft gegründet, ein Dachverband der modernen, unabhängig von der Universität arbeitenden wissenschaftlichen Institute, der nach 1945 den Namen Max-Planck-Gesellschaft erhalten sollte. Zu Zeiten der Weimarer Republik hat man sich des monarchischen Patrons noch nicht geniert.

Ungeachtet des Wandels, der die Universitäten während des 19. Jahrhunderts erfaßte, ohne Rücksicht darauf, daß die Universitäten nun durch die vielfache Gründung von Kliniken, Instituten, Seminaren und anderen Einrichtungen eine andere Gestalt erhielten, blieben ihre Verfassungen doch konstant, und auch politische Einschnitte konnten daran wenig ändern. Der Übergang der Göttinger Universität vom Königreich Hannover an den preußischen Staat hatte eine Änderung der Statuten nicht zur Folge. Der für die Universität verantwortliche hannoversche Beamte, Adolf von Warnstedt, wurde zum ersten preußischen Kurator. Gleichwohl führten das Wachstum der Universitäten und die Erweiterung des Lehrkörpers zu Schwierigkeiten. Als autonome Körperschaften stellten die Universitäten nichts anderes als Oligarchien der ordentlichen Professoren dar. Doch waren die ordentlichen Professoren keineswegs die einzigen, welche die Lehre trugen.

Die Kluft zwischen den ordentlichen Professoren und anderen akademischen Lehrern, die auch die heutige Gestalt der Universitäten bestimmt, war alt. Letztlich rührte sie daher, daß der Doktorgrad zwar dazu berechtigte, an jeder Universität zu lehren, aber wovon der leben sollte, der von diesem Recht Gebrauch machte, war nicht geklärt. Honorierte Stelleninhaber auf der einen Seite und an der akademi-

*Anläßlich der Jahrhundertfeier im Jahre 1910 in der Aula der Berliner Friedrich-Wilhelms-Universität kündigt Wilhelm II. die Gründung der »Kaiser-Wilhelm-Gesellschaft« an. Die weitgehend von der Industrie finanzierte Gesellschaft gab vornehmlich Naturwissenschaftlern die Möglichkeit, sich ausschließlich der Forschung zu widmen.*

schen Lehre beteiligte Habenichtse oder schlechter Bezahlte auf der anderen: Dieses Verhältnis oder Mißverhältnis prägte die Universitäten von Anfang an, und es wird dies vermutlich in gemilderter Form auch weiterhin tun.

Im 18. Jahrhundert wurde das Recht der Doktoren, überall zu lehren, ausgehöhlt. Man unterschied zwischen öffentlichen und privaten Vorlesungen, nahm also die Tätigkeit der nicht mit einer Stelle ausgestatteten Universitätslehrer unter Kontrolle. Allmählich entstand die Gewohnheit, daß der zum Doktor Promovierte dort, wo er lehren wollte, ein eigenes Bewerbungsverfahren ins Werk setzten mußte. Dies war gewissermaßen die Eingangspforte zur Karriere des Universitätsprofessors. Hier liegen, anders gesagt, die Anfänge der Habilitation.

Wie in der Bildungsgeschichte auch sonst, empfiehlt es sich, auf die Worte zu blicken und diese richtig anzuwenden. Junge Wissenschaftler behaupten zuversichtlich von sich, sie hätten promoviert oder arbeiteten an der Verwirklichung einer solchen Absicht. Daraus kann, nimmt man die Worte ernst, nichts werden, denn die Promotion zum Doktor ist ein Akt, den die Fakultät vollzieht. Man kann also nur promoviert werden, danach aber aus dem Passiv in das Aktiv übertreten und sich habilitieren. Die Habilitation wurde im Verlauf des 19. Jahrhunderts zum Befähigungszeugnis, daß man das traditionelle Recht, an einer Universität zu lehren, auch tatsächlich wahrnehmen durfte. Dieses Zeugnis über die Habilitation wurde zur Geburtsurkunde des Privatdozenten.

Das Wort selbst war in den Universitäten schon längst üblich. In Leipzig war 1499 von der Habilitation von Studenten in dem Sinne die Rede, den das Wort habilitieren zunächst bezeichnete, nämlich daß sich jemand für eine bestimmte Sache als brauchbar erweist. 1816 dagegen nun hieß es spezifischer und für die Zukunft charakteristisch in den Statuten der Berliner Universität: »Privatdozenten müssen sich bei der Fakultät, in welcher sie lesen wollen, habilitieren.« Die Zulassung zur Habilitation setzte den Besitz des Doktorgrades voraus. Damit war jenes zweistufige System begründet, das die heutige universitäre Wirklichkeit bestimmt. Auf die erste Qualifikation, die Erlangung des Doktorgrades, folgt die zweite, die Habilitation.

Im Jahre 1816 hieß es in Berlin: »Die Habilitation geschieht durch eine öffentliche Vorlesung im freien Vortrage über ein Thema, welches von der Fakultät aufgegeben oder mit Bestimmung derselben von dem Aspiranten gewählt wird.« Damit war gefordert, was die Habilitation auch heute kennzeichnet. Der Habilitand muß seine Befähigung in einem Vortrag erweisen. Einerseits trägt er nach eigener Wahl etwas vor, was dann eingehend diskutiert wird, und andererseits stellt er sich, wenn er diese Diskussion bestanden hat, der akademischen Öffentlichkeit in einer Vorlesung vor. Deren Thema kommt aber in der Regel dadurch zustande, daß er drei Themen für die Vorlesung benennt, von denen die das Verfahren regierende Fakultät eines auswählt, über das der Habilitand dann zu sprechen hat. All das freilich kann erst geschehen, wenn er ein umfängliches Manuskript, in aller Regel das Resultat der Arbeit von mehreren Jahren, vorgelegt hat.

Von diesem Manuskript war in den Anfängen der Habilitation keine Rede und konnte auch keine Rede sein, da man ja die Jugend als Hochschullehrer-Nachwuchs wollte. Zwischen 25 und dreißig Jahren lehre man am besten, meinte Schleiermacher, einer der Architekten der Berliner und damit überhaupt der modernen Universität. Mit fünfzig Jahren könne man, schrieb er, einer »schnellen Abnahme« des Lehrtalents »entgegensehen«.

Wenn in dieser frühen Zeit der Habilitation überhaupt eine schriftliche Leistung gefordert wurde, dann sollte diese dem Umfang nach unterhalb dessen liegen, was bei der Doktordissertation üblich war. Auf der anderen Seite breitete sich allmählich die Meinung aus, man könne sich nicht unmittelbar nach der Promotion habilitieren. Zwei Jahre, so legten Universitätsordnungen fest, sollten zwischen der einen und der anderen Qualifikation liegen. Bald tauchte auch die Frage auf, ob denn überall dort, wo sich jemand um die Habilitation bemühte, überhaupt ein Bedarf nach weiteren Hochschullehrern bestehe. Auch das ist ein Problem, das in die Gegenwart reicht. In der nationalsozialistischen Zeit wurde im Hinblick auf die Habilitation zwischen Lehrbefähigung und Lehrberechtigung unterschieden, und einige der modernen Hochschulgesetze wiederholen diese Unterscheidung, während in anderen Ländern die strikte Meinung herrscht, daß nur nach der Qualität des Kandidaten, nicht aber nach dem Bedarf zu fragen sei.

Im ganzen hat die Ausbildung der Habilitation, seitdem diese in der Berliner Ordnung von 1816 gewissermaßen ihre moderne Gestalt erhalten hatte, förderliche Wirkungen gezeigt. Der Privatdozent, der sich habilitiert hatte und nun auf eine Professur hoffte, lehrte und weiter arbeitete, empfing zwar kein Einkommen, genoß aber durchaus Sozialprestige. Diese Situation war nicht neu. In der alten Gesellschaft kam es durchaus vor, daß jemand qualifiziert und sozial doch völlig ungesichert war. Wer in einer solchen Situation stand, verfügte oft über ererbtes Vermögen und war infolgedessen in der Lage, die Einkommenslosigkeit eine Reihe von Jahren durchzuhalten. Der Privatdozent befand sich damit in der gleichen Lage wie die jungen Offiziere, die nur existieren konnten, wenn sie von Eigenem lebten oder durch Zuschüsse von den Verwandten subventioniert wurden. Auch höhere Verwaltungsbeamte mußten eine Reihe von Jahren tätig sein, bis sie ein angemessenes Gehalt erhielten. Die heutige Besoldung von Referendaren, die zwar bescheiden ist, aber doch den Lebensunterhalt sichert, ist eine Regelung des 20. Jahrhunderts.

Wie auch immer der soziale Status der Habilitierten war, die Universität brauchte die Privatdozenten und die anderen Gelehrten, die zwar den Titel Professor führten, aber keine ordentlichen Professoren waren und nur schlecht oder gar nicht besoldet wurden. Nach 1900 wurde weniger als die Hälfte des akademischen Unterrichts von ordentlichen Professoren bestritten, und in den folgenden Jahren verschob sich der Anteil weiter zugunsten der Nichtordinarien, besonders drastisch in der medizinischen Fakultät. Der Historiker Karl Lamprecht sprach von einer »kleinen sozialen Frage«.

Die partielle Lösung dieser Frage bestand darin, daß man Habilitierte, die keine ordentliche Professur innehatten, bis zu einem gewissen Grade – überhaupt oder besser als bisher – materiell absicherte, daß man also den Widerspruch zwischen Leistung und Honorierung zu beseitigen trachtete. Allerdings erhielten die Nichtordinarien keinerlei Mitbestimmungsrechte, und auch die Reformen, die ihnen solche Rechte zu verschaffen suchten, veränderten wenig.

Im 19. Jahrhundert waren die Studenten an den deutschen Universitäten, die nun so rasch wuchsen und gewiß zu den Heimstätten des Fortschritts zählten, Männer. An den Universitäten fanden sich keine studierenden Frauen, nur selten Juden, evangelische Studenten weitaus häufiger als katholische, und die Abkömmlinge von Familien, die nicht dem Adel oder dem höheren und mittleren Bürgertum angehörten, traf man nur selten an.

Verwundern könnte dieser gesellschaftliche Ausschnitt allenfalls aus heutiger Perspektive, für die Alte Welt dagegen pflegt man selbstverständlich zu unterstellen, daß Bildung Männersache war. Im hohen und noch im späten Mittelalter gibt es aber durchaus Beispiele für gelehrte Frauen geistlichen Standes. Die Universitäten, die sich aus dem traditionellen geistlichen Bildungswesen entwickelten, sollten dann freilich eine Sache fast ausschließlich der Männer sein, und das bis zum Ende des 19. Jahrhunderts. Wenn in Halle 1754 Dorothea Erxleben mit dem medizinischen Doktorgrad ausgestattet wurde, so war das zwar eine kleine Sensation, aber Folgen hatte es nicht. Und das gleiche galt vollends für die Promotion der Dorothea Schlözer im Göttingen des Jahres 1787. Das war ein gelehrt-geistreiches Spiel, das der Vater der Doktorin und einige Kollegen aus Anlaß des Universitätsjubiläums veranstalteten.

Daß die Universität ein Ort christlicher Professoren und Studenten war, verstand sich ebenfalls von selbst, wenngleich Anfänge jüdischer Teilhabe an den Universitäten schon früh zu beobachten sind. Im 19. Jahrhundert waren die christlichen Universitäten in Deutschland vor allem evangelische Universitäten; daß katholische Akademiker große Anstrengungen unternehmen mußten, um gleichberechtigte Positionen zu erwerben, ist ebenfalls leicht erklärlich. Das ergibt sich aus der verzögerten Annahme der modernen Welt durch die katholische Kirche. Die sozialen Schranken schließlich, welche die Universität umgaben, konnten ebenfalls als etwas gleichsam Natürliches begriffen werden. Wer arm war und seine Kinder als Produzenten von Wirtschaftsgütern in Anspruch nehmen mußte, konnte nicht daran denken, sie in der lateinischen Sprache unterrichten zu lassen, und damit war der Weg zur Universität von vornherein verschlossen. Im 19. Jahrhundert sollten die traditionellen Schranken durchlässiger werden – allerdings in einem langen Prozeß. Das Studium der Frauen sollte erst um 1900 an den deutschen Universitäten vordringen.

Eine soziale Auslese im strengen Sinne hatte es bisher nicht gegeben, auch keine formalen Vorbedingungen für die Immatrikulation. Die ersten Schranken, die hier im Zeitalter der Reformation errichtet wurden, zielten nicht auf die soziale Herkunft der Studenten, sondern auf ihre Konfession. Armut war zwar kein Hindernis für die Immatrikulation an einer Universität, doch gab es sehr wohl eine soziale Auslese. Wenn der Zugang zu den akademischen Prüfungen auch nicht durch einen ausdrücklichen sozialen oder finanziellen Numerus clausus gesteuert wurde, so konnten die Kinder vermögender und sozial höherstehender Familien den Weg dorthin durchaus leichter finden. Die Vererbung herausgehobener sozialer Positionen war bis ins 18. Jahrhundert eines der selbstverständlichen Verfahren, mit dessen Hilfe die Gesellschaft über die Generationen hinaus zusammengehalten wurde. Nepotismus wurde zwar schon früh zu einem Schimpfwort, meinte aber dennoch bis ins 18. Jahrhundert ein reguläres Verhalten.

Die herkömmliche Rekrutierung auf dem Erbwege oder über den Kauf von Stellen wurde im 19. Jahrhundert durch Berufseingangsprüfungen ersetzt, zunächst in Form des Staatsexamens, im 20. Jahrhundert dann auch des Diploms. Nach dem Erwerb akademischer Grade, die zwar als Befähigungsausweis für eine Tätigkeit außerhalb der Universität genutzt wurden, aber nicht für diesen Zweck gedacht waren, hatten Beamte und Inhaber ähnlicher Positionen sich nun dem Staatsexamen zu unterziehen, dem sehr bald eine Lehr- und Vorbereitungszeit der künftigen Beamten folgte. Auch diese Ausbildung endete mit einer Prüfung, dem Assessorexamen. Ob das alles nötig war, da es die akademischen Graduierungen doch längst gab und diese in aller Regel erst nach einem Examen vergeben wurden, läßt sich wohl nicht beantworten. Die heutige Zweigleisigkeit, die den Universitäten für die Ordnungen der akademischen Prüfungen weitgehend freie Hand läßt, während diese umgekehrt hinnehmen müssen, was die staatliche Verwaltung in die Examensordnungen schreibt, scheint vernünftig. Auf der anderen Seite wird in der Doktorprüfung und im Staatsexamen vielfach das gleiche geprüft, und die Doktorprüfung an die vorherige Ablegung eines Staatsexamens zu binden, wie es vielfach geschieht, erscheint historisch einigermaßen absurd.

Sozialgeschichtlich führten die neuen Qualifizierungsverfahren ohne Frage zu einer Öffnung. Die traditonellen Rekrutierungsmechanismen bei der Vergabe der höheren Positionen verloren an Wirksamkeit. Hierzu trug auch das Abitur bei, also ein formalisierter Abschluß des Schulbesuchs, der zur Immatrikulation an einer Universität berechtigte.

Diese sogenannte Reifeprüfung wurde zögernd und in Stufen eingeführt. In Preußen sollte es zunächst – 1788 – nur eine notwendige Bedingung des Studiums für Studenten sein, die mit Hilfe eines Stipendiums studierten. Als im Jahre 1812 diese Einschränkung fiel, wurde immerhin betont, daß das Abitur keineswegs den gymnasialen Lehrplan vereinheitlichen solle. Die Gymnasien wurden einstweilen noch als Bildungsanstalten verstanden, die jeweils ihren eigenen Charakter, ihre eigenen Traditionen und ihr besonderes Profil hatten. Erst 1834 wurde das Abitur in Preußen als Abschluß der gymnasialen Bildung und als Voraussetzung für die Aufnahme eines Studiums obligatorisch. Die anderen deutschen Länder folgten dem preußischen Vorbild bald.

Zur selben Zeit wurde auch der Übergang vom Studium zum akademischen Beruf formalisiert, wurden also Staatsexamen, Referendardienst und Assessorexamen erfunden. Ebenso wie bei der Erfindung des Abiturs hat man es auch hier mit zwei Seiten einer Medaille zu tun. Die eine Seite zeigt die häßliche Fratze einer zunehmend verrechtlicht-bürokratisierten Bildungswelt, die Anfänge eines Schein- und Berechtigungswesens, das die heutige Universität in grotesker Weise prägt. Sozialgeschichtlich steht dem aber gegenüber, daß das neue Prüfungs- und Berechtigungswesen den Weg in die Universität und die akademischen Berufe für diejenigen öffnete, die diesen bisher nicht gefunden hatten. Fleiß und Intelligenz konnten nun leichter an die Stelle der sozialen Herkunft treten. Der Tübinger Staatsrechtler Robert von Mohl hat diesen Sachverhalt emphatisch ausgedrückt. 1841 schrieb er über die neueren Prüfungen: »Jeden Falles muß man in diesen Prüfungen einen nicht ganz unbedeutenden Zug in der Geschichte der Verrückung der gesellschaftlichen Gewalt aus den Händen der Aristokratie in die des Mittelstandes erblicken, und somit – man wolle den Ausdruck nicht unpassend finden – ein weltgeschichtliches Ereignis.«[55]

Blickt man wiederum auf Preußen, so findet man die Anfänge von Berufszugangsprüfungen für Richter und Juristen schon Ende des 17. Jahrhunderts, während der Vorbereitungsdienst bis in die zweite Hälfte des 18. Jahrhunderts zurückgeht. Einheitlich im ganzen Reich wurde er erst um 1930 geregelt. 1709 hat man die ersten Staatsprüfungen für preußische Theologen. Die Anfänge der ärztlichen Approbation fallen bereits ins späte 17. Jahrhundert, doch wurde erst im Jahre 1852 ein medizinischer Einheitsstand durch eine entsprechende Prüfungsordnung geschaffen. Die jüngsten Examina waren die der Lehrer, die an den Gymnasien unterrichten wollten. Das späte Datum erklärt sich zum einen daher, daß bis ins 19. Jahrhundert die Lehrer oft künftige Pfarrer waren, zum anderen aber auch aus der Individualität, die den Gymnasien zukam. Diese fand Eingang in die erste allgemeine Prüfungsordnung für Preußen von 1831, die eine Bestätigung des Examens dort verlangte, wo der Geprüfte nun unterrichten wollte.

Die soziale Öffnung, welche die Universitäten im 19. Jahrhundert erlebten, beseitigte zugleich die Barrieren gegen das Studium von Juden. Da die Universitäten anfänglich Klerikerschulen waren, ist es nicht verwunderlich, daß Juden hier nicht studierten. Nicht nur für die christliche Seite war das eine Selbstverständlichkeit. Die Grenze zwischen Christen und Juden war von beiden Seiten errichtet worden, beide Seiten waren an der Existenz dieser Scheidelinie interessiert, und so fand die Emanzipation der Juden im 19. Jahrhundert Widerstand nicht nur auf christlicher, sondern ebenso auf jüdischer Seite. Die beiderseitige Segregation war infolge der Reformation noch verstärkt worden, und das um so mehr, als ja im Verlaufe des 15. Jahrhunderts in Deutschland viele Juden, welche die Verfolgungen überlebt hatten, vertrieben und verdrängt wurden. Nur an wenigen Orten in Deutschland hat man eine Kontinuität jüdischen Lebens vom Mittelalter bis zur frühen Neuzeit.

Gleichwohl gab es bereits vor der Emanzipation vereinzelte jüdische Studenten und jüdische Lehrer an deutschen Universitäten, vor allem in der medizinischen Fakultät, was sich einerseits aus dem hohen Stand der medizinischen Versorgung bei den Juden erklärt und andererseits aus der allmählichen Akademisierung jenes Teils der Medizin, der bisher handwerklich ausgeübt worden war. Die erste Immatrikulation eines jüdischen Medizinstudenten fand in Deutschland 1678 statt, die erste Promotion eines Juden 1721 – beides in Frankfurt an der Oder. In den folgenden Jahren nahm die Zahl der jüdischen Studenten in den medizinischen Fakultäten rasch zu, vor allem in den modernen Gründungen Halle und Göttingen sowie auch in Jena, während an den katholischen Universitäten Juden nur selten immatrikuliert wurden. Von 1724 bis 1800 wurden in Halle 59 Juden zum Doktor der Medizin promoviert. Namentlich in den Franckeschen Anstalten gab es lebhafte Kontakte zwischen christlichen Theologen und gelehrten Juden. 1705 wurde hier ein jüdischer Buchdrucker immatrikuliert, 1712 ein polnischer Rabbiner in Königsberg. Nicht nur Marburg hatte einen Universitätsrabbiner. 1786 scheiterte freilich Kant in Königsberg mit seinem Versuch, den freigewordenen orientalistischen Lehrstuhl nicht zu besetzen und statt dessen seinen jüdischen Schüler Isaac Abraham Euchel zum Lektor für Hebräisch zu ernennen.

Die staatsrechtliche Gleichstellung der Juden mit allen anderen Staatsbürgern, die in Preußen im Zuge der Reformgesetzgebung 1812 und in den anderen deutschen Ländern, soweit sie nicht schon infolge der Französischen Revolution beziehungsweise der Okkupation deutscher Gebiete durch Frankreich vonstatten gegangen war, bald darauf erfolgte, beseitigte die Hindernisse, die der Immatrikulation jüdischer Studenten bisher noch im Wege gestanden hatten. Das bedeutete aber nicht, daß sie nun Zugang zu allen akademischen Berufen hatten. Mit der Einführung des Abiturs als zwingender Bedingung für die Immatrikulation an einer Universität taten sich schließlich neue Hindernisse für die Juden auf, die in aller Regel jüdische Schulen besuchten.

Schwierig war nicht zuletzt der Weg jüdischer Universitätsabsolventen zu einer Professur. Der Habilitation wurden im allgemeinen keine Hindernisse in den Weg gelegt, doch gegen die Berufung jüdischer Professoren standen nicht nur Gewohnheiten und Ängste angesichts der so rasch gestiegenen Zahlen jüdischer Studenten, sondern auch der Wortlaut mancher Universitätsstatuten. Mit der Gleichstellung der Juden mußten die hier fixierten Ausschlußbestimmungen auf ihre Geltung überprüft werden. Die staatliche Norm stand hier gegen die traditionelle Autonomie der Universität. In Königsberg wurde über diese Frage gestritten, und am Ende lautete die Entscheidung, daß außer an der theologischen Fakultät an allen anderen auch Professoren ernannt werden durften, die sich nicht zur evangelischen Konfession bekannten. Die Gleichberechtigung der Katholiken ergab sich hier als eine Folge der jüdischen.

Wenigstens ebenso wichtig wie eine solche generelle Entscheidung waren die Entscheidungen im Einzelfall, und auch hier ging es um die Frage, wer den Ausschlag gab, der Staat oder die Fakultät. Das Recht der Fakultäten auf Selbstergänzung war nicht gesichert, und so war es um 1900 vor allem der damalige faktische preußische Hochschulminister Friedrich Althoff, der sowohl für die Berufung jüdischer wie katholischer Professoren sorgte, so zum Beispiel für die des Mittelalterhistorikers Harry Bresslau. Der 1848 geborene Bresslau hatte in Göttingen und später in Berlin studiert, wo er 1869 promoviert wurde. 1872 habilitierte er sich auch dort, doch erhielt er erst im Jahre 1890 einen Lehrstuhl an der Reichsuniversität Straßburg. Nach dem Ende des Ersten Weltkrieges wurde er, wie alle deutschen Professoren, aus dem Elsaß vertrieben.

Die Universitäten erlebten jedoch im 19. Jahrhundert nicht nur die Emanzipation der Juden, sondern auch das allmähliche Vordringen von Katholiken, obwohl doch der Ausgangspunkt ein ganz anderer war. Die evangelischen Universitäten waren schließlich jünger als die aus dem Mittelalter stammenden Hochschulen, und viele von diesen lagen in katholischen Territorien. Allerdings waren den Umwälzungen des napoleonischen Zeitalters nicht nur einige Universitäten in den katholischen Ländern zum Opfer gefallen, und es war nicht nur die Zerschlagung des Jesuitenordens, die das katholische Bildungswesen tief traf. Die Säkularisierungen, Mediatisierungen und Klosterauflösungen derselben Zeit zerstörten eine vielfältige katholische Bildungslandschaft. Mit der Auflösung der großen Klöster verschwanden zugleich Bibliotheken und gelehrte Gymnasien. Nimmt man hinzu, daß die am stärksten besuchten Universitäten des 18. Jahrhunderts die neuen Gründungen Halle und Göttingen sowie das evangelische Jena waren, so hat man einen weiteren Grund dafür, daß noch am Ende des 19. Jahrhunderts an den deutschen Universitäten weitaus weniger Katholiken studierten und lehrten, als es ihrem Anteil an der Bevölkerung des Reiches entsprochen hätte. So lehrten an den drei bayerischen Universitäten München, Würzburg und Erlangen zu Ende des 19. Jahrhunderts 84 katholische und 109 evangelische Professoren, 43 Prozent gegen 55 Prozent, obwohl doch 71 Prozent der bayerischen Bevölkerung katholisch waren.

Ganz ähnlich lagen die Verhältnisse bei den Gymnasiasten, und auch die Statistiken in Preußen, wo immerhin 36 Prozent der Bevölkerung katholischer Konfession waren, bestätigen das. Um 1900 waren nur 23 Prozent der Gymnasiasten katholisch, immerhin 27 Prozent der Abiturienten und dann 27 Prozent der Studenten. 85 Prozent der Lehrstühle jedoch waren von Protestanten besetzt, und zwar auch an den Universitäten, die in katholischen Gebieten lagen, also insbesondere in Bonn und in Münster. An einzelnen Universitäten bestanden allerdings »Weltanschauungs«-Professuren – zum Beispiel in der Geschichte –, die mit einem Katholiken zu besetzen waren. Im späteren 19. Jahrhundert gab es bereits intensive katholische Bemühungen um eine Beseitigung dieses Rücksstandes. Die Görres-Gesellschaft, ein Zusammenschluß der katholischen Gelehrten, bemühte sich darum, deren Möglichkeiten auszuweiten. Dem stand der Antimodernismus der katholischen Kirche und insbesondere der Päpste gegenüber. Nun wurde der (Neu-)Thomismus zur herrschenden katholischen Lehre, was er zu Lebzeiten des Thomas von Aquin und während des Mittelalters nie gewesen war. Der »Syllabus errorum« von 1864 verstärkte die hier bestehenden Grenzen ebenso wie die Enzyklika »Pascendi« aus dem Jahre 1907. Das Unfehlbarkeitsdogma von 1871 führte zwar nicht zu einer generellen Spaltung des Katholizismus, da die sich nun konstituierende Gruppe der Altkatholiken nicht allzu groß war. Aber diese Gruppe war einflußreich, denn nicht zuletzt gehörten ihr Professoren an, unter ihnen der Theologe und Kirchenhistoriker Ignaz von Döllinger, einer der angesehensten Gelehrten seiner Zeit und ungeachtet seines Widerstandes gegen die nachkonziliare Kirche Rektor der Universität München und Präsident der Akademie der Wissenschaften dort.

Der allmächtige Ministerialdirektor Friedrich Althoff versuchte mit Vorsicht auch hinsichtlich der Katholiken für eine Änderung der Verhältnisse zu sorgen, nicht zuletzt an der Reichsuniversität Straßburg. Hier waren achtzig Prozent der Bevölkerung katholisch, jedoch nur ein Drittel der Studenten. Von den 48 ordentlichen Professoren waren zwei katholisch, vier dagegen waren Juden. So zwang Althoff der Universität im Jahre 1901 den Historiker Martin Spahn auf, um die »schreiende Ungerechtigkeit«, wie Althoff selber schrieb, zu lindern, die in seinen Augen die Benachteiligung der Katholiken darstellte. Schon die Habilitation Spahns an der evangelischen Berliner Universität war nur unter Schwierigkeiten gelungen. Max Lenz, einer der bedeutendsten Historiker seiner Zeit, hatte seinem Schüler abgeraten. »Wir sind gewohnt, Berlin als Hochburg des freien Protestantismus zu betrachten«, so hatte er gesagt. Althoff ermunterte Spahn – ein Beispiel für die unmittelbare Einwirkung des Ministeriums auf die Universität damals –, auf der Habilitation zu bestehen, und diese gelang auch, wenngleich mit Mühe. Lenz sprach in seinem Gutachten von der Hoffnung, Spahn werde in Zukunft »die Einflüsse seiner Umgebung und Erziehung mehr und mehr abstreifen«.

Die führenden deutschen Gelehrten meinten, daß Juden, wenn sie an der Universität etwas werden wollten, sich doch einfach – selbstverständlich evangelisch – taufen lassen sollten, und womöglich noch fester waren sie davon überzeugt, daß Katholiken in ihrem Urteil nicht frei, sondern vom Dogma und von ihrer Kirche geleitet seien, so daß sie an modernen Universitäten keinen Platz hätten. Dies zeigte sich in aller Schärfe, nachdem Althoff Spahn auf den Straßburger Lehrstuhl berufen hatte. Theodor Mommsen, einer der angesehensten Gelehrten seiner Zeit, ein Mann auch, der eben mit Vehemenz gegen den werdenden modernen Antisemitismus Stellung genommen hatte, meinte nun, die Berufung des Katholiken gefährde die deutsche Universität schlechthin. Er bestand auf »Voraussetzungslosigkeit« von Wissenschaft und übersah doch, daß die Selbstverständlichkeit, mit der er und die meisten die evangelische Konfession dessen voraussetzten, der auf einen Lehrstuhl berufen werden wollte, das Gegenteil der eingeklagten Voraussetzungslosigkeit war. Daß Martin Spahn als Historiker die Wünsche nicht erfüllte, die man an den Inhaber einer solchen Professur stellen durfte, immer mehr zum politischen Schriftsteller wurde und sich am Ende der nationalsozialistischen Partei zuwandte, machte die Position Mommsens und all derer, die damals eine große Kampagne entfesselten, nicht besser. Denn um die konkreten wissenschaftlichen Meriten des neuen Professors ging es nicht. Zu allen Zeiten galt eben, daß der Versuch, durch die Berufung von Angehörigen bisher diskriminierter Gruppen Gerechtigkeit zu schaffen, im Hinblick auf die wissenschaftliche Qualität derer, die da berufen werden sollten, leicht mißlingen kann.

»Auf dem Dache sitzt ein Greis, der sich nicht zu helfen weiß.«

*Friedrich Althoff, der sich um die Gleichstellung von Katholiken und Juden bemühte, konnte dem »Universitätssozialismus« eines Gustav Schmoller, Adolph Wagner und Lujo Brentano nichts abgewinnen. Die Konservativen versuchten 1895 mit einer Gesetzesänderung, der sogenannten Umsturzvorlage, Wagner, den Rektor der Berliner Universität, und seine Professorenkollegen einzuschränken, mußten die Vorlage jedoch auf Druck der Öffentlichkeit zurückziehen.*

Obwohl im 19. Jahrhundert Frauen zunächst keinen oder so gut wie keinen Platz an der Universität hatten, findet man in den älteren Jahrhunderten durchaus gelehrte Frauen – allerdings wohl mehr vor der Entstehung der Universitäten als danach. Solange die Dom- und die Klosterschulen die Orte der Gelehrten waren, war zugleich für die Bildung der Frauen gesorgt. Man braucht nur an Hildegard von Bingen (1098–1179) zu denken, die Erbauerin des Klosters Rupertsberg. Sie war nicht nur eine außergewöhnliche Religiose, eine der großen Visionärinnen in der Kirchengeschichte, sondern auch eine hochgelehrte Frau mit namentlich medizinischen und naturwissenschaftlichen Kenntnissen. Gelehrte Klosterfrauen gab es auch in den nachfolgenden Jahrhunderten, und den humanistischen Zirkeln des 15. und 16. Jahrhunderts gehörten gelegentlich Frauen an. Im ganzen aber schadeten die Universitäten der höheren weiblichen Bildung.

*Die Studentin, Karikatur aus den »Fliegenden Blättern« von 1847.*
*Noch Ende des 19. Jahrhunderts wehrten sich männliche Universitätsangehörige gegen Studentinnen mit der Begründung, hier werde die Emanzipation der Frau zur Kalamität, hier gerate sie mit der Sittlichkeit in Konflikt und deshalb müsse ihr ein Riegel vorgeschoben werden.*

Gleichwohl gibt es – zumindest in Italien – gelegentlich Beispiele für die Nähe von Frauen zur Universität. Wo die Universitäten nicht so sehr Klerikerverbände waren als vielmehr Gruppierungen von Verwandtschaften – wie das in der früheren Neuzeit häufiger der Fall sein sollte –, konnte es dazu kommen, daß auch die Ehefrauen und die Töchter der Professoren universitätsnah waren, jedenfalls in der Medizin und in der Rechtswissenschaft. So wird von einem der berühmtesten italienischen Juristen, Johannes Andreae (etwa 1270–1348), anekdotisch, aber nicht unglaubwürdig berichtet, daß er seine jüngste Tochter im Jahre 1312 Novella nannte. Das klingt höchst doppelsinnig, während der Name Paragraph für einen Sohn so eindeutig gewesen wäre wie der Name Astrolab, auf den der Sproß jener Verbindung getauft wurde, die Abaelard und Heloise eingegangen waren. Die italienische Juristenanekdote behauptet weiterhin, daß Novella den Vater gelegentlich in der Vorlesung vertreten habe, wenn auch hinter einem Vorhang verborgen, der verhindern sollte, daß die erotische Ausstrahlung der Professorentochter die Zuhörer ablenkte. Auch die Ehefrau des Juristen soll über juristische Fachkenntnisse verfügt haben, und die Söhne folgten dem Vater in seinem Beruf.

*Trotz massivem Widerstand waren die Frauen um 1900 in alle Bereiche des Universitätslebens vorgedrungen, sogar bis in den Burschenschaften, wo sie jedoch nur sehr selten vertreten waren.*

Auch die Promotion der siebzehnjährigen Dorothea Schlözer zum Doktor, die 1787 in Göttingen stattfand, schloß an eine Prüfung an, in der die Promovendin hinter einem Vorhang versteckt war. Auch bei diesem Akt handelte es sich um ein Stück professoraler Familienpolitik, darüber hinaus um einen Jubiläumsakt. Mit der Emanzipation der Frauen hat dieser Vorgang schlechterdings nichts zu tun.

Um so eindrucksvoller und erfolgreicher war die in der ersten Hälfte des 19. Jahrhunderts einsetzende Frauenbewegung. In den Vereinigten Staaten von Amerika wurden 1835 die ersten Universitäten für Frauen geöffnet, bald auch besondere Colleges für Frauen. In Deutschland wurde dergleichen in der Folgezeit zwar kurzfristig diskutiert, am Ende aber ging es ausschließlich um die Öffnung der Universitäten für Studentinnen.

Ähnlich wie bei den beiden anderen diskriminierten Gruppen, also bei Juden und Katholiken, muß man auch hier zwischen der Zulassung zum Studium, dem Recht zur Promotion und zur Habilitation und der Berufung unterscheiden. Als die entscheidende Hürde erwies sich die Habilitation. Die Habilitation von Frauen wurde erst um 1920 zugelassen. Studentinnen und Dozentinnen kamen also erheblich später auf die Universität als jüdische und katholische Männer. Und ein Friedrich Althoff amtierte zu früh, als daß er vielleicht auch etwas für die Berufung von Professorinnen hätte tun können.

Als wesentliche Hürde erwies sich auch bei den Frauen das Abitur. Die Gymnasien kannten bis weit über die Mitte des 19. Jahrhunderts hinaus keine Schülerinnen, sondern nur Schüler. Von Koedukation konnte keine Rede sein, aber auch die Errichtung von höheren Schulen für Mädchen ließ bis zum Ende des 19. Jahrhunderts auf sich warten. Immerhin gab es seit 1894 in Preußen Schulen, an denen Mädchen die Hochschulreife erlangen konnten, und zwar gab es bereits private Einrichtungen, die Mädchen auf eine Abiturprüfung an Gymnasien vorbereiten konnten. Im nächsten Schritt konnte dann der Status einer Gasthörerin an der Universität erreicht werden, und sehr bald kam es auch zu den ersten Promotionen der Gasthörerinnen. Im Jahre 1901 zum Beispiel wurde in Freiburg die erste Frau zum Doktor der Medizin promoviert.

Auf der anderen Seite war es gerade die medizinische Fakultät, die sich immer wieder gegen Frauen sperrte. In Kiel etwa war den Frauen bis zum Jahre 1909 das Studium der Gynäkologie verboten, während in Göttingen Frauen gar nur bis zum Physikum studieren durften. Der Münchener Mediziner Theodor von Bischoff hatte im Jahre 1872 aufgrund von Untersuchungen des Hirngewichts von Männern und von Frauen letzteren die Fähigkeit zum Medizinstudium grundsätzlich bestritten. Eine Generation später wurde in Göttingen, dem Mekka der Naturwissenschaften und der Mathematik, dieses Fach so brillant wie von kaum jemandem sonst von Emmy Noether (1882–1935) vertreten. Sagte man, sie gehöre zu den bedeutendsten Vertreterinnen ihres Faches überhaupt, so könnte das so klingen, als bezöge sich diese Aussage nur auf Mathematiker weiblichen Geschlechts, die es in größerer Zahl gar nicht gab. Will man das vermeiden und spricht von Emmy Noether als einem der bedeutendsten Mathematiker überhaupt, so verstößt man gegen heutige Regeln des korrekten Sprechens.

Die Tochter eines jüdischen Professors für Mathematik war 1907 promoviert worden. Die Habilitation dagegen scheiterte zunächst. Der Widerstand der Göttinger Fakultät gegen die Habilitation einer Frau war zu groß. Erst nach Kriegsende gelang diese Qualifikation, und 1922 wurde die Gelehrte auch zur außerordentlichen Professorin berufen, aber eine reguläre honorierte Stelle erhielt sie ungeachtet ihres internationalen Ansehens nie. 1933 wurde ihr als Jüdin die Venia legendi entzogen. Zwei Jahre später ist sie in Amerika gestorben.

KAPITEL 9

# Der Erste Weltkrieg, die Weimarer Republik und die nationalsozialistische Zeit

Zu Beginn des Ersten Weltkriegs, der von den meisten Deutschen und nicht zuletzt von den Gebildeten als ein großer nationaler Aufbruch erlebt wurde, nahmen die Universitäten noch einmal jenen politischen Rang in Anspruch, den sie bis 1849 gehabt hatten. Der Weltkrieg mobilisierte die Nationen, wie das bisher kein Krieg getan hatte. Propaganda erhielt ein neues Gewicht, und die wurde auch von Universitätsangehörigen produziert. Studenten verbluteten in den Materialschlachten oder saßen in den Bunkern. Professoren verschickten Aufmunterungen, publizierten historisch-politische Traktate oder unterschrieben wenigstens Kundgebungen.

Der Bruch der belgischen Neutralität rief einen Sturm der Entrüstung hervor. Namentlich in England unterschied man propagandistisch zwischen den wahren Traditionen deutscher Geistigkeit und dem gegenwärtigen preußisch-deutschen Militarismus. Dagegen wandten sich nun die deutschen Intellektuellen – Schriftsteller wie Professoren. Thomas Manns »Betrachtungen eines Unpolitischen« (1918) gehören in diesen Zusammenhang ebenso wie jene Schrift des berühmten Nationalökonomen Werner Sombart, in welcher dieser Engländer und Deutsche als »Händler und Helden« (1915) unterschied. Große Repräsentanten der Philosophie wie Georg Simmel oder Max Scheler feierten den Krieg in einer ähnlichen Verbindung von Fanatismus und Weltfremdheit, wie man sie ein Jahrhundert zuvor bei Fichte bemerken konnte.

Daß die internationale Zusammenarbeit nun plötzlich beendet war, wurde wohl auf allen Seiten als Schock empfunden. Tiefe Gräben wurden aufgerissen, wenn einen die einstigen wissenschaftlichen Partner im Stich ließen und sogar das eigene Volk frontal angriffen. Dann schien es angezeigt, sich ebenso zu verhalten. Der Erste Weltkrieg war im Hinblick auf die Zusammenarbeit der Gelehrten und der Universitäten eine ungleich größere Katastrophe als der Zweite. Anders als in den Jahren vor diesem hatte vor 1914 wohl niemand mit dem gerechnet, was nun kam. So sollte es nach 1918 länger als nach 1945 dauern, bis die internationalen Verbindungen wiederhergestellt waren.

Gleich nach Beginn des Weltkriegs, am 16. Oktober 1914, wurde in Deutsch, Englisch, Französisch, Italienisch und Spanisch eine »Erklärung der Hochschullehrer des Deutschen Reiches« publiziert, die sich gegen die englische Unterscheidung zwischen dem Geist der deutschen Wissenschaft und dem preußischen Militarismus wandte. Ulrich von Wilamowitz-Moellendorff (1848–1931), einer der angesehensten Altertumswissenschaftler seiner Generation, hatte den Text formuliert und den Anstoß dazu gegeben, daß die übergroße Mehrheit der deutschen Hochschullehrer – insgesamt mehr als 4000 – dieser Manifestation zustimmte. Da hieß es:»In dem deutschen Heere ist kein anderer Geist als in dem deutschen Volke, denn beide sind eins, und wir gehören auch dazu ... Dieser Geist lebt nicht nur in Preußen, sondern ist derselbe in allen Landen des Deutschen Reiches. Er ist der gleiche in Krieg und Frieden ... Unser Glaube ist, daß für die ganze Kultur Europas das Heil an dem Siege hängt, den der deutsche ›Militarismus‹ erkämpfen wird, die Mannszucht, die Treue, der Opfermut des einträchtigen freien deutschen Volkes.«[56] Nur wenige vermochten sich der Suggestion dieser mitreißenden Worte und Gedanken zu entziehen, unter ihnen der Physiker Albert Einstein.

Die Einigkeit des Aufbruchs ließ sich über die vier Kriegsjahre hinweg nicht aufrechterhalten. Als sich der Krieg festlief, kam es in Deutschland auf der einen Seite zu phantastischen Expansionsprogrammen, während andere um den Abschluß eines Verständigungsfriedens bemüht waren. Gleichwohl dürften die meisten Universitätsangehörigen das Kriegsende als Katastrophe, wenn nicht als »Dolchstoß« erlebt haben. Während der Zeit der Weimarer Republik war die Mehrheit der Studenten und Professoren politisch rechts orientiert. Die Sozialisten und gar die Pazifisten stellten eine verschwindende Minderheit dar, und auch die Zahl der »Vernunftrepublikaner«, um mit dem Ausdruck des Historikers Friedrich Meinecke zu reden, war nicht groß.

Die Geschichte der deutschen Universitäten während der Zeit der Weimarer Republik stellt insofern einen eigenen Abschnitt dar, als die Machtergreifung der Nationalsozialisten 1933 fast alles änderte. Der Übergang vom Kaiserreich zur Weimarer Republik bedeutete demgegenüber wenig. Die Universitätssatzungen wurden, wenn überhaupt, nur marginal modifiziert. Die Zusammensetzung der Professorenschaft änderte sich kaum. Unter den Studierenden dominierte die nationale Orientierung.

Ebenso wie die Frühzeit der Weimarer Republik immer wieder durch Bürgerkriegssituationen bestimmt war, gab es auch an den Universitäten heftige Auseinandersetzungen – jedenfalls dort, wo sich Sympathisanten der Republik, Sozialisten oder Pazifisten artikulierten. Das war namentlich in Heidelberg der Fall. Im Jahre 1920 hatte man dort dem Privatdozenten der Philosophie Arnold Ruge die Venia legendi entzogen, weil er sich antisemitisch und gegen den Rektor geäußert hatte. Zwei Jahre später, nach der Ermordung des Außenministers Walther Rathenau, weigerte sich der Physiker Philipp Lenard, ein Mann, der den Nobelpreis erhalten hatte und demnächst, rabiat wie kaum jemand sonst, das antisemitische Prinzip »arische Physik« vertreten sollte, sein Institut, wie staatlicherseits angeordnet, zu schließen und zu beflaggen. Studenten drangen daraufhin ein. Sie wurden wegen Haus- und Landfriedensbruchs verurteilt, während der Physikprofessor einen Verweis erhielt. Vor allem aber wurde der Privatdozent Julius Gumbel (1891–1966) zur Kristallisationsfigur heidelbergischer Konflikte.

Der Sozialist und Pazifist Gumbel hatte gegen politische Geheimbünde geschrieben. Er war den Anhängern der Rechten verdächtig. Als er 1924 über die Toten des Ersten Weltkrieges äußerte, er wolle »nicht sagen«, daß diese »auf dem Felde der Unehre gefallen« seien, rief diese vorsichtige pazifistische Distanzierung vom Heldenkult der damaligen Zeit heftige öffentliche Auseinandersetzungen hervor, zumal Gumbel Jude war. Juden sollten auf der studentischen Vollversammlung, die nun einberufen wurde, kein Stimmrecht haben. Am Ende kam es zwar nicht dazu, daß man Gumbel die Venia legendi entzog, aber die Fakultät äußerte doch, daß ihr die Zugehörigkeit des umstrittenen Dozenten zu ihr als »durchaus unerfreulich« galt. Als Gumbel 1930 zum außerplanmäßigen Professor ernannt werden sollte, erneuerten sich die Auseinandersetzungen um seine Person. Die Studentenschaft stellte die bizarre Forderung nach einem Volksbegehren. Als Gumbel, der offensichtlich über das Talent verfügte, Öl ins Feuer zu gießen, in Erinnerung an den »Rübenwinter« des Ersten Weltkrieges ein Kriegerdenkmal für die Jahre 1914 bis 1918 in Gestalt einer Rübe forderte, wurde ihm 1932 schließlich doch die Venia legendi entzogen. Auch im liberalen Heidelberg war man nicht bereit, solche Abweichungen vom Konsens fast aller zu tolerieren.

Das Jahr 1933 stellt selbstverständlich einen tiefen Einschnitt in der Universitätsgeschichte dar. Als im April das erste Semester nach dem Beginn der Reichskanzlerschaft Hitlers begann, hatten die Universitäten für Studenten wie für Professoren eine andere Gestalt, obwohl aus damaliger Perspektive die Momente der Kontinuität stärker erscheinen konnten. Der nationalsozialistische Studentenbund war schon zuvor die größte studentische Organisation gewesen. Jüdische und politisch mißliebige Professoren waren bereits in den letzten Semestern bedrängt worden. Wenn nun ein Aufbruch aus dem als krisenhaft erlebten Weimarer Parteienstaat vonstatten ging, meinten viele, mit

*Kundgebung nationalsozialistischer Studenten vor der Berliner Universität zur Unterstützung einer Protestnote der Reichsregierung an den Völkerbund wegen der Verletzung der Rechte der deutschen Minderheit in Oberschlesien am 28. November 1930. Schon vor Hitlers Machtantritt war der nationalsozialistische Studentenbund die größte studentische Organisation in Deutschland.*

der Erfüllung ihrer schon längst gehegten Hoffnungen werde begonnen. Einige der neu gewählten Rektoren – der Philosoph Martin Heidegger in Freiburg, der Germanist Friedrich Neumann in Göttingen zum Beispiel – konnten als Garanten einer besseren Zukunft erscheinen: Einerseits profilierte Gelehrte, andererseits Professoren, die das abgeschirmte Gehäuse ihrer Wissenschaft verlassen hatten und sich mutig engagierten.

Daß da auch gelehrte Egozentrik im Spiel war, daß Heidegger – als eine Art Reinkarnation Fichtes – hoffte, die Universität im Sinne seiner Philosophie umzugestalten, und sich zudem die akademische Intrige einmischte, ließ sich übersehen und ist im übrigen erst viele Jahre nach 1945 sichtbar geworden. Um so lauter schallte es, wenn der Freiburger Rektor am 27. Mai 1933 feierlich verkündete: »Die vielbesungene ›akademische‹ Freiheit wird aus der deutschen Universität verstoßen.« Wenig später definierte er sogar einzig den »Führer« als »die lebendige und künftige deutsche Wirklichkeit und ihr Ge-

*Wahlkundgebung der deutschen Wissenschaft in der Leipziger Alberthalle am 11. November 1933. Auf dem Podium der Rektor der Berliner Universität, Eugen Fischer, der Rektor der Freiburger Universität, Martin Heidegger, Ferdinand Sauerbruch u. a. m., die bei dieser Gelegenheit an die Welt appellierten, den Kampf Hitlers um Deutschlands Gleichberechtigung zu unterstützen.*

setz«. Ähnlich formulierte der Staatsrechtler Ernst Rudolf Huber: »Es gibt keine persönliche vorstaatliche und außerstaatliche Freiheit des einzelnen, die vom Staat zu respektieren wäre.« Heidegger durfte nach 1945 an keiner Universität mehr lehren. Huber hatte an der Kieler nationalsozialistischen Reformfakultät – damals »Stoßtruppfakultät« genannt – gelehrt, während er nach 1945 abermals an einer Reformhochschule tätig war, nämlich an der Hochschule für Sozialwissenschaften in Wilhelmshaven, bis diese – mit ihm – in die Göttinger Universität integriert wurde. Man verdankt ihm eine monumental gelehrte Darstellung der neueren deutschen Verfassungsgeschichte.

Der Göttinger Rektor des Jahres 1933 dagegen leitete jene Bücherverbrennung ein, die am 10. Mai, zentral gesteuert und doch mit Freiwilligkeitsmomenten behaftet, an den meisten deutschen Universitäten stattfand. Nicht nur die Werke jüdischer Autoren wurden mit großer Geste dem Feuer überantwortet, sondern alles, was als »undeutsch« galt. Nicht nur der Rektor Neumann rechtfertigte die studentische Aktion, sondern auch der Germanist Gerhard Fricke. Er bezeichnete die nun diskriminierten Autoren als »Wolke von Insekten«, also als Schädlinge, die es zu vernichten galt. Fricke gehörte zu den besten Germanisten seiner Generation. Er lehrte zuletzt in Köln, während Neumann 1945 in den Ruhestand versetzt wurde.

Ähnlich wie fünfzehn Jahre später in der DDR ergab sich 1933 für manchen, der sich dem politischen Sieger anschloß, die berufliche Chance seines Lebens. Politischer Rückenwind verhalf Dozenten zu Lehrstühlen, und selten kam es vor, daß jemand wie der Tübinger Historiker Heinrich Dannenbauer, der sich schon 1933 durch eine Schrift über Nationalsozialismus und Geschichte hervorgetan hatte, in der feierlichen Vorlesung, mit der er seine Lehrtätigkeit antrat, seine Partei, die ihm soeben zu diesem Amt verholfen hatte, mit einer schallenden Ohrfeige bedachte, indem er die »mit der herkömmlichen akademischen Feierlichkeit«, mit der er von seinem »Lehrstuhl Besitz« zu ergreifen erklärte, sich ebenso feierlich »zu dem Grundsatz der voraussetzungslosen Forschung« bekannte. Nicht weniger mutig war es, in einem Vortrag im »Schulungslager«, das vom SA-Hochschulamt veranstaltet wurde, die nun aktuelle Forderung, zu einem »reinen« Germanentum zurückzukehren, als »Studierstubendoktrinarismus« zu bezeichnen. Die Strafe folgte nicht auf dem Fuße, sondern mit Verspätung. Obwohl der Historiker fortan seine Distanz zum herrschenden System nicht verdeckte, wurde er nicht jetzt, sondern 1945 aus dem Amt entfernt.

In die Reformvorhaben dieser Zeit gehört auch das Bemühen, das Fachstudium mit einem politischen Studium generale zu überwölben, sozusagen ein »politisches Semester« einzuführen, wie es 1933 der Soziologe Hans Freyer in einer so betitelten Schrift forderte. Angesichts der Themen und der Namen der Vortragenden der damaligen Ringvorlesungen läßt sich zuweilen nicht unterscheiden, ob es sich hier um Anpassung handelte oder um eine elastische Mischung aus Entgegenkommen und Behauptung. Der Titel »Staatsidee, Demokratie und Führertum« innerhalb der Göttinger Vorlesungsreihe »Die geistige Lage der Gegenwart im Spiegel der Wissenschaft« läßt wenig Gutes erwarten. Doch stockt man, wenn man bemerkt, daß der Redner Gerhard Leibholz war, jener Jurist, der zwei Jahre später zwangsweise emeritiert werden, 1938 emigrieren und nach 1945 nach Göttingen beziehungsweise als Verfassungsrichter nach Karlsruhe zurückkehren sollte. Eindeutig scheint eine ebenfalls Göttinger Ringvorlesung über »Deutscher Geist und deutsches Leben«, an der sich die Historiker nicht beteiligten, an der aber mit einem Historikerthema Emanuel Hirsch teilnahm – jener Theologe, der wohl der bedeutendste unter seinen Fachkollegen war, die sich damals den Deutschen Christen angeschlossen hatten.

Wie zu anderen unruhigen Zeiten bemerkt man neben dem traditionellen Lehrprogramm neue akademische Lehrer mit aktuellen Fächern. »Rassenkunde«, so lautete das Etikett einer der nun erwünschten Wissenschaften, »Wehrkunde« war ein anderes. Die Germanisten versteckten sich gelegentlich hinter einer »Deutschkunde«, während die deutsche Volkskunde, die sich schon seit längerem von ihrer Mutterwissenschaft, eben der Germanistik, gelöst hatte, nun zu Lehrstühlen kam, nicht anders als die Ur- und Frühgeschichte, die vor 1933 nur in Berlin über einen Lehrstuhl verfügt hatte und sich nun anstrengte, von den politischen Hoffnungen Gebrauch zu machen, die in sie gesetzt wurden. Wenn das Fach zu einem durch das Christentum noch nicht verfälschten Germanentum zurückführen konnte, mußte es etwas anderes werden als eine Wissenschaft unter vielen anderen Fächern. So sollten zum Beispiel die Studenten der Jurisprudenz und der Volkswirtschaft in Königsberg in den ersten beiden Semestern über Rassenkunde, Volkskunde, Neuere Geschichte und Vorgeschichte belehrt werden. »Schulungs- und Propagandaarbeit des Seminars« fanden in enger Zusammenarbeit mit der SA statt oder sollten es jedenfalls laut den großspurigen Versprechungen des Institutsassistenten tun. »In einem dreivierteljährigen Kurs sollen die Kameraden sehen lernen, wie alles in der Vorzeit wurzelt.« Auslandskunde und Zeitungswissenschaft waren neue Fächer, deren Absolventen dem neuen Staat ganz unmittelbar dienen sollten.

Das »Gesetz über die Wiederherstellung des Berufsbeamtentums«, das seinem Titel nach vorgab, Beamte, die unberechtigt und aus politischen Gründen eingestellt worden waren, wieder zu entlassen, wirkte sich auf den Lehrkörper der Universitäten ebenso aus wie die rasch verschärfte Diskriminierung der Juden. Die Ausnahmebestimmungen, die zunächst jüdische Teilnehmer des Weltkriegs schonen sollten, wurden nach wenigen Monaten aufgehoben. Viele entschlossen sich erst spät oder in letzter Minute zur Emigration, was aus späterer Sicht fast unbegreiflich scheint, aus damaliger Perspektive aber schwerlich anders sein konnte. Über die Schwierigkeit hinaus, in einem anderen Lande überhaupt Aufnahme zu finden, sahen sich Wissenschaftler vor dem Hindernis, daß sie, anders als Kaufleute oder Ärzte, außerhalb Deutschlands nur schwer eine ihren Kenntnissen angepaßte Position finden konnten. Der aus Prag stammende Rechtshistoriker Guido Kisch hatte noch Glück, wenn er angesichts des Umstandes, daß für sein Fach, die deutsche Rechtsgeschichte des Mittelalters, in den USA keine Verwendung bestand, als Lehrer an einem Mädchen-College überdauern konnte. Dort, wo die verdrängten Gelehrten günstigere

*Das Institut für Sexualwissenschaft in Berlin-Moabit, das unter der Leitung des Nervenarztes und Sexualforschers Magnus Hirschfeld stand, war eines der ersten Opfer der Nationalsozialisten. Am 10. Mai 1933 wurden Bibliotheks- und Archivbestände des bereits zerstörten Instituts vor der Staatsoper Unter den Linden verbrannt.*

Lebensumstände fanden, prägten sie nicht selten ihre neue Wirkungsstätte bis heute, oder sie bauten gar neue akademische Fächer auf, wie dies in Großbritannien im Falle der Kunstgeschichte durch Ernst Gombrich, Otto Pächt und namentlich Nikolaus Pevsner geschah.

Insgesamt betrug die Zahl derjenigen, die aus Deutschland emigrierten, etwa eine halbe Million, darunter gegen 30 000 nichtjüdische, also aus politischen Gründen Emigrierte. Bis zum Jahre 1940 waren es mit 11 000 bis 15 000 etwa elf Prozent der Hochschullehrer aller Kategorien, welche von den deutschen Universitäten vertrieben wurden, auch hier die ganz überwiegende Mehrheit jüdische Emigranten. Die Zahl macht zugleich deutlich, wie rasch sich die Verhältnisse gewandelt hatten, da ja noch in der vorigen Generation jüdische Habilitierte große Schwierigkeiten gehabt hatten, auf eine Professur berufen zu werden. Gerade die Raschheit des Wandels dürfte dazu beigetragen haben, daß es an den deutschen Universitäten nicht zu Manifestationen kollegialer Solidarität kam – ungeachtet der Hilfe im Einzelfall. Die alte Judenfeindschaft, die im ausgehenden 19. Jahrhundert die Gestalt des modernen Antisemitismus angenommen hatte, war nicht nur unter Studenten, sondern auch unter Professoren weit verbreitet, und die vielen Berufungen von Juden hatten, wie es schwerlich anders sein konnte, Rivalitätsgefühle hervorgerufen.

Die studentischen Korporationen hatten ein widersprüchliches Schicksal. Einerseits gehörten viele Mitglieder des Nationalsozialistischen Deustchen Studentenbundes auch ihnen an, und die breite Übereinstimmung von traditioneller nationaler Gesinnung und Nationalsozialismus galt gerade für sie. Auf der anderen Seite sahen der nationalsozialistische Studentenbund, die Hitler-Jugend und die SA in den Korporationen Konkurrenten, und diese Konkurrenz konnte mit Argumenten und Parolen gestützt werden, die einen nationalen Sozialismus behaupteten und die Korporationen aus diesem Grund bekämpften. So war in einer Überschrift des »Völkischen Beobachters« vom 6. Juli 1935 im Hinblick auf die Heidelberger Saxoborussen vom »staatsfeindlichen Treiben der studentischen Feudalreaktion« die Rede.

Die meisten Korporationen haben sich nach Hitlers Machtantritt darum bemüht, ungeachtet solcher Widerstände und mit Berufung auf die tatsächlich gegebene oder behauptete politische Übereinstimmung mit den nun regierenden Machthabern zu überdauern. Doch gab es nicht nur bei den katholischen Verbänden Schwierigkeiten. Schwierigkeiten bereitete auch der nun geforderte Ausschluß aller »Nichtarier« – nicht, weil die Korporationen weniger antisemitisch gewesen wären als die Studentenschaft insgesamt, wohl aber deshalb, weil sich die Ausschlußpostulate auch auf »Alte Herren« bezogen, die nach den neuen Bestimmungen ganz oder partiell Juden waren, nach traditioneller Auffassung als solche jedoch nicht verstanden worden waren. Der Ausschluß hätte das Prinzip »Lebensbund« verletzt, das die Korporationen im Kern formte. So gab es an dieser Stelle Widerstand. 1936 beschlossen die meisten Verbindungen, sich aufzulösen, andere wiederum wurden aufgelöst. Die Häuser der Korporationen figurierten nun als »Kameradschaftshäuser« des Nationalsozialistischen Deutschen Studentenbundes oder wurden verkauft. Nicht zuletzt der fortbestehende Zusammenschluß der »Alten Herren« verhalf zu einer verdeckten, halblegalen Kontinuität.

Unmittelbar vor Beginn des Krieges und vollends im Kriege kam es, soweit das Wort hier angängig ist, zu einer Normalisierung. Daß mehr als ein Zehntel der Professuren vor kurzem noch von nun vertriebenen Kollegen besetzt gewesen war, daß man denjenigen von ihnen, die nun durch den aufgenötigten Stern an der Kleidung stigmatisiert und in wachsendem Maße vom bürgerlichen Leben ausgeschlossen waren, besser nicht begegnete, daß man vom Schicksal der Verdrängten lieber nicht sprach und dieses am besten auch nicht bedachte, war nur eines jener Phänomene, welche die modernen totalitären Diktaturen kennzeichnen.

Die für das neue Zeitalter typischen Aktionen und Aktivitäten hatten sich bald als lästig, jedenfalls zeitraubend und zum Teil auch als peinlich erwiesen. Politische Appelle, Dozentenlager, die Kompetenzen der Funktionäre des Nationalsozialistischen Deutschen Studentenbundes und der SA-Hochschulämter minderten vielfach die Begeisterung, wie sie zur Zeit unmittelbar vor und während der »Machtergreifung« existiert hatte. Die offenkundige Verachtung, mit der die in aller Regel ungebildeten Funktionäre die Universitäten auch dann behandelten, wenn diese sich den neuen Verhältnissen anpaßten, kam hinzu. Die Faszination, welche die neue Ordnung auf nicht wenige Intellektuelle ausgeübt hatte, verlor sich rasch. Das Fachstudium behauptete sich – zuweilen auch in den Fächern, die nun politische Konjunktur hatten. Auch das »Führerprinzip«, gemäß dem die Verfassungen der Hochschulen umgewandelt worden waren, erlaubte dort, wo halbwegs die Vernunft regierte, Elemente der alten Beratungsmechanismen, wie sie in den Kollegialorganen üblich gewesen waren, beizubehalten. Ähnlich wie seit den späten sechziger Jahren in der Bundesrepublik (und vielleicht auch in der damaligen DDR) machten diejenigen, die für die administrativen Eingriffe verantwortlich waren, Ausnahmen für die medizinischen Fakultäten, da sie unausgesprochen bemerkten – und bemerken –, daß sie hier auf einem Felde tätig wurden, wo ihr Tun Konsequenzen für die eigene Person nach sich ziehen konnte.

Bereits am 25. April und am 28. Dezember 1933 wurden durch ein einschlägiges Gesetz und einen Ausführungserlaß radikale Zulassungsbeschränkungen verhängt – zum ersten Mal in der deutschen Universitätsgeschichte. Anders als heute, da kein Entscheidungsträger in Gewissenskonflikte gerät, wenn er den Numerus clausus hier oder dort, wie es gerade praktisch erscheint, verhängt, bedurfte dieser Schritt damals immerhin einer Rechtfertigung. Es war vom »harten Eingriff in das Elternrecht auf die Erziehung und Ausbildung der Kinder und in den ›Bildungsanspruch‹ der jungen Menschen« die Rede, aber es hieß auch, man könne diesen Eingriff »wagen«, weil er »mit der gesellschaftlichen Vorzugsstellung des ›Akademikers‹ aufräumt«. Die Rechtfertigung war fast die gleiche wie nach 1945 in der sowjetischen Besatzungszone: »Der Nationalsozialismus denkt auch hier rücksichtslos vom Ganzen aus und opfert fragwürdige individualistische Rechte ... den unerbittlichen Lebensnotwendigkeiten des Volkes.«

Ebenso wie später – in Ost und West – erwiesen sich die großspurigen Planungsargumente sehr rasch als unzulänglich. Die Zulassungszahlen mußten erhöht werden, und es schien sogar notwendig, Frauen, deren Zulassung sehr viel stärker als die der Männer eingeschränkt worden war, nun zum Studium ausdrücklich einzuladen. Während des Krieges änderte sich das Geschlechterverhältnis dann: Nun waren in den Hörsälen die Studentinnen in der Überzahl, und bei vielen Studenten handelte es sich um Verwundete.

Die hochschul- und wissenschaftspolitischen Absichten der neuen Machthaber scheiterten vielfach auch daran, daß ihre Wortführer und Verbündeten sich in Intrigen, Richtungs- oder einfach Machtkämpfe verwickelten. Protagonisten nationalsozialistischer Wissenschaftserneuerung gerieten mit den Parteibürokratien in Streit, und zuweilen war die Vernunft wohl eher auf der zweiten Seite.

Da sich die Universitäten dem neuen Regime nicht im gewünschten Maße dienstbar machen ließen, plante der Parteiideologe Alfred Rosenberg eine nationalsozialistische »Hohe Schule«. Deren Stunde sollte zwar erst nach dem siegreich beendeten Krieg schlagen, doch wurden seit 1940 an den bestehenden Universitäten hier und da vorläufige Institute der künftigen Superuniversität geschaffen, indem man zu ihren Gunsten Lehrstühle umwidmete und verdiente Aktivisten wie den Hamburger Historiker Gustav Adolf Rein nun durch Berufungen belohnte. In diesem Rahmen konnten genuin nationalsozialistische Absichten als Reformziele figurieren. In Marburg wurden damals unter dem Titel »nationalsozialistische Volkspflege« Biologie, Pädagogik und »Rechtserziehung« kombiniert und so die »Grenzpfähle der Fakultäten ... überschritten«, und zwar in »einer möglichst ganzheitlichen Schau«.

Den Krieg erlebten die Universitäten nicht anders als die deutsche Gesellschaft insgesamt. Wahrscheinlich war hier die Zahl derer, die wegen Unabkömmlichkeit vom Dienst verschont wurden, größer als in anderen Bereichen. Nach der Niederwerfung Frankreichs wurde in Straßburg die deutsche Universität, die mit dem Ende des Ersten Weltkrieges jäh beseitigt worden war, restauriert – wie schon 1872 so auch jetzt der Versuch einer Musterhochschule, besetzt keineswegs mit nur dem Nationalsozialismus hörigen Professoren, sondern größerenteils mit Gelehrten, die auch oder erst recht nach 1945 zu hohem Ansehen kommen sollten. Dazu gehörten der Physiker Carl Friedrich von Weizsäcker oder der Historiker Hermann Heimpel, der vom Ende der Straßburger Universität berichtet: »Die Franzosen hatten ihr Straßburg wieder, aber die ›Reichsuniversität‹ gab es noch, in den Akten der deutschen Bürokratie, näherhin des für Straßburg zuständigen Prüfungsamtes. Amtlich war die Reichsuniversität nach Tübingen verlagert worden ... als französische Panzer vor das Gebäude der Universität rollten, waren dort Staatsexamina für das Höhere Lehramt im

Gange! So traf mich denn der Befehl, in Tübingen Staatsprüfungen abzuhalten.«[57]

Ähnlich war es überall. Anders als im Ersten Weltkrieg funktionierten Versorgung und Bürokratie bis zum Ende. Im November 1944 wurde in Königsberg ein Semester wenig anders eröffnet als zuvor. Das gedruckte Vorlesungsverzeichnis war etwas magerer als vor ein paar Jahren, aber es bildete doch eine leidlich funktionierende Universität ab. Am 13. Januar 1945 begann der Angriff der Roten Armee auf die Stadt. Den meisten Angehörigen der Universität gelang die Flucht in den letzten Minuten, nachdem die Parteifunktionäre, wie überall, bis zur vorletzten Minute die Flucht durch ihre Endsiegparolen verhindert und perhorresziert hatten. Der Slawist Karl Heinrich Meyer schloß sich der Flucht nicht an, weil er darauf hoffte, die Administration des Siegers würde die Universität fortbestehen lassen und ihn zum Rektor machen. Wie viele andere Königsberger, denen die Flucht nicht gelungen war, kam er in den nächsten Monaten um.

Die polnischen Universitäten, die nun in Thorn und in Breslau eingerichtet wurden, führten ausdrücklich die Traditionen von Lemberg und von Wilna fort, also der Hochschulen jener Gebiete, die im Zuge der »Westverschiebung« Polens an die Sowjetunion gefallen waren. In Deutschland gab es dergleichen nicht. Die »Patenschaft«, die Göttingen für Königsberg übernahm, war nur eine schwächliche und überdies eine zeitweise nicht mehr sichtbare Verbindung. In der DDR war die Erinnerung an das, was vor 1945 jenseits von Oder und Neiße gewesen war, nahezu untersagt. Man kann die Dinge aber auch anders verstehen und feststellen, daß die Integration der Flüchtlinge und Vertriebenen auch im Hinblick auf die Gelehrten gelang, die zuvor in Breslau, Königsberg, und – während weniger Kriegsjahre – in Straßburg und in Posen tätig gewesen waren sowie an der Danziger Technischen Hochschule oder an der kirchlichen Hochschule im ermländischen Braunsberg.

Am Widerstand gegen Hitler hatten die deutschen Universitäten als solche keinen Anteil. Es war schon viel, daß nach den schmählichen Ereignissen des Jahres 1933 Forschung, Lehre und personelle Ergänzungen eine andere Gestalt hatten, als es die lauten Kundgebungen nach der »Machtergreifung« verheißen hatten. Man kann sich nicht vorstellen, wie unter den gegebenen Umständen Universitäten, Fakultäten oder Institute zu Orten der Konspiration oder auch nur des offenen Gesprächs hätten werden können. Doch war auch der Anteil einzelner Professoren und Studenten am Widerstand nicht groß. Am ehesten wird man noch eine Gruppierung von Freiburger Professoren nennen dürfen, die in lockerer Verbindung mit dem Kreis um Carl Goerdeler stand. Ihr gehörte der Historiker Gerhard Ritter an, der nach dem mißlungenen Attentat auf Hitler verhaftet wurde und seinen Anspruch, im Nachkriegsdeutschland noch einmal jene Praeceptor-Rolle einzunehmen, welche einer Reihe von Historikern bis 1933 gegönnt gewesen war, nicht zuletzt auf sein Verhalten während der nationalsozialistischen Zeit gründete.

Ähnlich wie man aus dem Kreise der Offiziere, die sich gegen Hitler verschworen, die Meinung kennt, es komme nicht so sehr auf den Erfolg an als vielmehr darauf, durch den Versuch des Widerstandes die Ehre der Nation zu retten, waren auch die Geschwister Scholl und jene anderen Münchner Studenten, die ihrer Gruppe den Namen Weiße Rose gaben, im Kern von dem Wunsch bestimmt, zu bezeugen, daß nicht alle dem von ihnen als verbrecherisch erkannten Regime zu folgen bereit waren. Die Münchner Gruppe gehört in den größeren Umkreis von jugendlichem Protest aus diesen Jahren; sie war auch davon geprägt, daß unter ihren männlichen Mitgliedern Soldaten waren, die den Kontrast zwischen Kriegswirklichkeit und politischen Parolen erlebt hatten. Die Münchner hatten auch Kontakt zum militärischen Widerstand gesucht, doch wurden ihre Flugblattaktionen allzu rasch aufgedeckt. Am 18. Februar 1943 wurden die Verhaftungen vorgenommen; Sophie Scholl, vier Studenten und ihr Mentor, der Professor Kurt Huber, wurden zum Tode verurteilt und hingerichtet. Nach 1945 hat man sich auf die Weiße Rose berufen, Plätze und Straßen nach den Geschwistern Scholl benannt, in München und in Berlin und andernorts. Doch das darf nicht über die Gegebenheiten des Jahres 1943 hinwegtäuschen, von denen eine Zeitzeugin berichtet: Die Studenten wurden zusammengetrieben und versammelten sich am 25. Februar im Auditorium Maximum. »Hunderte von Studenten johlten und trampelten dem Denunzianten... Beifall...«

Die Frage, inwieweit sich die Vertreter der einzelnen wissenschaftlichen Disziplinen dem nationalsozialistischen Regime dienstbar gemacht haben, entzieht sich einer einfachen Antwort. Die extremen Verhaltensweisen lassen sich leicht unterscheiden: auf der einen Seite das mutige Beharren auf wissenschaftlicher Autonomie, wie es am Beispiel des Tübinger Historikers Dannenbauer erkennbar ist, auf der anderen die absurde Überzeugung nicht etwa eines Dilettanten, sondern eines Nobelpreisträgers, es gebe eine »arische Physik«. Dazwischen hat man die Resultate von Irrtum, Opportunismus, Geltungsdrang oder Ehrgeiz. Darf man fordern, die Prähistoriker hätten sich der ihrem Fach nun beschiedenen Konjunktur verweigern müssen? Immerhin: Einige Vertreter auch dieses Faches brauchten sich nach 1945 ihrer Vergangenheit wegen nicht zu genieren.

Wiederum andere Gelehrte wurden ganz unmittelbar in die nationalsozialistische Politik verwickelt – Hygieniker und Mediziner, die sich der Insassen von Konzentrationslagern zu Versuchszwecken bedienten, Techniker, die in der Rüstung tätig waren und – direkt oder indirekt – über das Schicksal Hunderter von Häftlingen verfügten. Mediziner waren an den Tötungsaktionen beteiligt, denen »lebensunwertes« Leben tausendfach zum Opfer fiel. Teils waren sie in Fortsetzung von älteren Euthanasieüberlegungen tätig. Wo sie das nach 1945 zur Entschuldigung geltend machten, mußten sie sich den Einwand gefallen lassen, daß die damaligen Aktionen geheimgehalten und angesichts der – zumal katholischen – Proteste aufgegeben wurden, daß sie also etwas anderes als die Verwirklichung älterer Forderungen waren.

Ein Hygieniker oder ein Anthropologe konnte ganz unmittelbar an nationalsozialistischen Maßnahmen mitwirken und dafür nach 1945 vor Gericht gestellt werden, während die Auslassungen eines Geisteswissenschaftlers über nordisches Menschentum bestenfalls mit seiner Entlassung geahndet wurden, in aller Regel aber nicht einmal damit. Die Interdependenz, die in einem totalitären Staat zwischen nahezu allem und jedem besteht, und die Möglichkeiten des Strafrechts trennt eine Kluft, die sich nicht schließen läßt. Gelegentlich – aber zu spät für strafrechtliche Konsequenzen – ist in jüngerer Zeit sichtbar geworden, daß zwischen nationalsozialistischer »Ostforschung« und »Ostpolitik« Verbindungen bestanden, indem bevölkerungspolitische Untersuchungen zu Vernichtungen führten.

Die Frage, ob es am Ende eher die »harten« naturwissenschaftlichen Fächer waren oder die »weichen« geisteswissenschaftlichen, in denen die Studenten damit bekannt gemacht wurden, daß es hinter der Nebelwand der aktuellen Herrschaftsideologie Sachverhalte und Tatsachen gab, welche diese Ideologie dementierten, läßt sich generell nicht beantworten. Die Chance, der Wahrheit die Ehre zu geben, bestand hier wie dort.

KAPITEL 10

# Die Universitäten in der sowjetischen Besatzungszone und in der DDR

In dem Teil Deutschlands, der nach den Verabredungen der Sieger von der Sowjetunion besetzt wurde, herrschten zunächst die gleichen Zustände wie in den anderen Zonen. Weite Gebiete waren zerstört – durch Bombardements und durch die Folgen des Vormarschs der Alliierten. Flüchtlinge und Vertriebene drängten sich dort zusammen, wo sie notdürftig untergebracht werden konnten. Die Universitäten waren geschlossen. Ein Sommersemester 1945 fand nirgends statt. In Sachsen und Thüringen kam es im Sommer zu einem Wechsel, der auch die Universitäten betraf: Die amerikanischen Truppen, welche diese Regionen zunächst besetzt hatten, zogen gemäß den Vereinbarungen unter den Siegern ab und nahmen viele Naturwissenschaftler und Techniker von der Leipziger und der Jenaer Universität, aber auch von der Firma Carl Zeiss mit – in einer brutalen Siegeraktion, ganz ähnlich denen, die nun für die Rote Armee charakteristisch werden sollten. Diejenigen, die da gegen ihren Willen nach Westen verbracht wurden, ahnten ja nicht, daß sie am Ende Glück haben sollten.

Tatsächlich war intern das, was in der sowjetischen Besatzungszone und an den Universitäten dieses Gebietes nun geschehen sollte, in den Grundlinien einigermaßen klar. Die »Gruppe Ulbricht«, die im April 1945 im östlichen Teil des unterworfenen Deutschland Fuß faßte, hatte eindeutige Aufträge und ebenso eindeutige Absichten. Es ging um die Errichtung eines Staates nach sowjetischem Muster, also um die Etablierung der Herrschaft einer Minderheit in einem totalitären Staat. Es ging auch um die Herrschaft einer kleinen »Kader«-Gruppe unter den Kommunisten.

Was das im einzelnen bedeutete, war noch nicht entschieden: Die Kommunisten, die Buchenwald überlebt hatten, konnten vorübergehend hoffen, sich gegen Ulbricht und die Seinen zu behaupten; die Politik Stalins und seiner deutschen Handlanger durchlief Perioden zwischen der Hoffnung auf eine Herrschaft über das gesamte Deutschland und der Absicht, wenigstens den Teil, den man sicher hatte, in das sowjetische System einzugliedern. Im einen wie im an-

*Plakat des »Antifaschistischen Studentenausschusses«, gezeichnet im Sommer 1945 von dem Jenaer Studenten Helmut König, später Professor an der Akademie der Pädagogischen Wissenschaften der DDR.*

deren Fall mußten die Universitäten dem sowjetischen Muster angeglichen werden.

Diejenigen, die sich nun in Berlin, Leipzig, Jena, Halle, Rostock und Greifswald darum bemühten, die Universitäten wieder ins Leben zu rufen, hielten sich an die freundliche Fassade der Besatzungspolitik. Die Stunde des Antifaschismus schien geschlagen zu haben. Dieses Zauberwort sollte bis 1989 und darüber hinaus dazu dienen, jede Art von kommunistischer Gewaltsamkeit zu rechtfertigen. Auch die Parolen von der Einheit der Arbeiterklasse, davon, daß sich Arbeiterklasse und Intelligenz zusammenschließen sollten, fanden Anklang. Zwar erinnerte die letzte an das noch bis vor kurzem propagierte Prinzip, nach dem diejenigen, die mit der Stirn arbeiteten, und diejenigen, deren Werkzeug die Faust war, einig sein sollten, dennoch überwog die Hoffnung, mit dieser Vision werde sich etwas anfangen lassen. Der Begriff Humanismus hatte Konjunktur, meinte aber nicht die Zeit um 1500, sondern eine Zukunftsvision, in der sich ein bißchen Marxismus, ein wenig achristliche Ethik, eine Portion Geschichtsbewußtsein und die Hoffnung auf Positionen in der erneuerten Kulturverwaltung auf eigentümliche Weise mischten.

Die praktische Politik hatte ein weniger freundliches Gesicht. Kaum war die Rote Armee eingezogen, kam es zu willkürlichen Verhaftungen. Man wurde »abgeholt«. Die Entnazifizierung – auch in den Westzonen eine problematische Angelegenheit – wurde teils terroristisch, teils opportunistisch durchgeführt. Denen, die man brauchen konnte, wurde die Zugehörigkeit zur NSDAP rasch verziehen.

Doch was immer die Rote Armee auch ins Werk setzen mochte: Die Kommunisten waren eine Minderheit. Die Vereinigung von KPD und SPD im Jahre 1946 konnte das nur zeitweise kaschieren, zumal die SED sich rasch zu einer »Partei neuen Typus« wandelte und ihre zuvor der SPD angehörigen Mitglieder in den Hintergrund drängte oder verfolgte. Auch an den Universitäten hatte die KPD beziehungsweise SED nur wenige Mitglieder. Die Studenten entstammten fast alle jenen Schichten, deren Kinder auch zuvor die Universitäten besucht hatten. Hier konnte das Besatzungsregime auf Mehrheiten nicht hoffen. So ging es bei der Einrichtung von Arbeiter- und Bauernfakultäten, die Nichtabiturienten auf ein Studium vorbereiten sollten, nicht nur um die Herstellung größerer sozialer Gerechtigkeit, sondern auch darum, die »bürgerlichen« Studenten in die Enge zu treiben.

Allein auf diese Weise gelang es der Besatzungsmacht, den kommunistischen Verwaltungen und der Jugendorganisation der Kommunistischen Partei, also der FDJ, aber nicht, das Heft in ihre Hand zu bringen. Die nächsten Schritte zum Ziel waren Terrorakte der Besatzungsmacht und in deren Schatten inszenierte Pressekampagnen, Einmärsche kommunistischer Gewerkschaftsgruppen in universitäre Versammlungen und am Ende Verhaftungen und zuweilen gar Todesstrafen. Mit fortschreitender Zeit wurde eine Art von neuer Gesetzlichkeit etabliert. Kontakte von Studenten oder auch Professoren mit Personen und Institutionen in den westlichen Sektoren von Berlin oder in der Bundesrepublik wurden als Spionage qualifiziert. Eine frei geäußerte politische Meinung konnte leicht den Strafrechtstatbestand der »Boykotthetze« erfüllen.

Ein Opfer dieser Praxis wurde der Leipziger Student Herbert Belter, der 1950 Kontakte zu dem West-Berliner Sender RIAS knüpfte. Es entstand eine locker zusammengefügte Gruppe, in der die Schriften zirkulierten, die Gruppenmitglieder in Berlin beschafft hatten, und zwar im Amerikahaus oder auch im gesamtdeutschen Referat des Verbandes deutscher Studentenschaften. Am 5. Oktober verteilte ein Angehöriger der Gruppe Plakate und Flugblätter, die sich gegen die bevorstehende »Einheitswahl« wandten, mit der die »endgültige Spal-

*Alfred Kantorowicz spricht – wohl 1947 – vor der Berliner Humboldt-Universität zum Jahrestag der Bücherverbrennung.*

tung unseres Landes« drohe, ferner die »Bestätigung der Sowjetdiktatur«, der »Verrat am deutschen Osten« sowie schließlich auch der »Verrat an unseren Gefangenen«. Binnen wenigen Tagen waren die Angehörigen der Gruppe verhaftet. Man kann schwer entscheiden, ob die Verurteilung der Leipziger Studenten durch ein sowjetisches Militärtribunal dem Wortlaut der DDR-Verfassung widersprach oder nicht, da die Aufgaben der sowjetischen Kontrollkommission nur sehr vage definiert waren. Welter wurde zum Tode verurteilt und erschossen. Achtmal wurden 25 Jahre Zwangsarbeit verhängt, einmal zehn Jahre. Einem Angehörigen der Gruppe ist die Flucht ins westliche Berlin gelungen.

Wie man die Begründung der Exmatrikulation der Verurteilten mit »Nichtbelegen und Nichtbezahlen« interpretieren soll – als die für einen totalitären Staat typische Lüge oder als ein Verschweigen der Wahrheit, in das sich auch stiller Protest mischte –, steht dahin. Bis auf zwei der Verurteilten, die erst nach Adenauers Besuch in Moskau 1955 freigelassen wurden, erhielten die Angehörigen der Gruppe nach Stalins Tod die Freiheit. Bis auf einen flohen sie nach West-Berlin beziehungsweise in die Bundesrepublik Deutschland – wohlweislich, wie man wohl sagen muß, da jedenfalls in einem Falle der Flucht ganz unmittelbar die Werbung für den DDR-Geheimdienst vorangegangen war. Auch aus der Sicht derjenigen, die ihn anwerben wollten, sollte der aus Workuta Heimgekehrte nach West-Berlin gehen – um die dort tätige Arbeitsgruppe »Freiheitliche Juristen« auszuspionieren.

Die politischen Studentengruppen, insbesondere die liberaldemokratischen, wurden systematisch bedrängt und am Ende illegalisiert. Ihre Wortführer wurden verfolgt. Der Rostocker Student Arno Esch wurde 1949 verhaftet und 1951 in der Sowjetunion hingerichtet. Wolfgang Natonek, Sprecher der Leipziger Liberalen Studenten, wurde 1948 unter einem nichtigen Vorwand verhaftet. Er verschwand bis 1956 in sowjetischen Lagern. Insgesamt kennt man die Namen von 1078 Studenten und Professoren, die von 1945 bis 1962 in der sowjetischen Besatzungszone beziehungsweise in der DDR aus politischen Gründen verurteilt wurden: Vierzehn Todesurteile wurden vollstreckt, 26 Gefangene verstarben in der Haft, 85 verbrachten Jahre in dem berüchtigten Straflager Workuta.

Wie in den westlichen Zonen versuchten auch in der sowjetischen die Universitäten, sich aus eigener Kraft zu regenerieren; Professoren, die sich nichts hatten zuschulden kommen lassen, wurden zu Rektoren gewählt, doch sie scheiterten bald an der sowjetischen Besatzungspolitik. In Jena wurde der erste Nachkriegsrektor, der Altphilologe Friedrich Zucker, im Frühjahr 1947 von der Besatzungsmacht genötigt, zurückzutreten. Es dauerte fast ein Jahr, bis der Physiker Friedrich Hund zu seinem Nachfolger gewählt wurde, ein hochangesehener Gelehrter, den man soeben von seinem Leipziger Lehrstuhl auf einen in Jena berufen hatte. Er verweigerte jede Kollaboration und drohte fast von Beginn seiner Amtszeit an immer wieder mit dem Rücktritt, den er schließlich im Oktober 1948 erklärte. Wenn zu seinem Nachfolger in geheimer Wahl mit großer Mehrheit der seit 1927 der Kommunistischen Partei angehörende Botaniker Otto Schwarz gewählt wurde, der soeben zum ordentlichen Professor ernannt worden war, so ist das wohl mit der Einsicht der Wähler zu erklären, daß man ohne Anpassung und Kompromisse nicht werde auskommen können.

In Leipzig war es der klassische Archäologe Bernhard Schweitzer, der als erster Nachkriegsrektor an der Besatzungsmacht scheiterte – ebenso scheiterte sein Nachfolger, der Philosoph Hans-Georg Gadamer. Hund, Schweitzer und Gadamer wurden bald darauf auf Lehrstühle an westdeutschen Universitäten berufen. Viele folgten ihnen auf diesem Weg, anfangs noch legal, später gegen das Verbot der »Republikflucht« unter Zurücklassung ihrer Habe. Die Leipziger philosophische Fakultät entzog am 12. März 1958 aus diesem Grund zwei Kunsthistorikern, Heinz Ladendorf und Wolfgang Götz, den Doktortitel.

Sowohl die sowjetischen als auch die deutschen Behörden wußten, daß sie eine Weile brauchen würden, bis es hinreichend kommunistischen Nachwuchs für die Professuren gab. So wurden »bürgerliche« Professoren, deren Haltung sich mit den gängigen Schlagworten antifaschistisch und humanistisch einigermaßen in Übereinstimmung bringen ließ, umworben und zudem Versuche unternommen, Emigranten für die Rückkehr in die östliche Besatzungszone zu gewinnen. Angesichts der Möglichkeit, die Grenze zwischen der DDR und West-Berlin jederzeit zu überschreiten, wurden die nach russischem Sprachgebrauch nun zur »fortschrittlichen Intelligenz« gezählten Professoren durch Sondergehälter, Bevorzugung bei der Zuweisung von Wohnungen und Häusern sowie durch die Berechtigung geködert, in speziell für die »Intelligenz« geschaffenen Läden einzukaufen. Ihre Kinder erhielten im Hinblick auf die Zulassung zum Studium Privilegien, wodurch schließlich die Diskriminierung all jener aufgehoben wurde, die nicht zu den Arbeiter- und Bauernkindern gerechnet wurden.

Dem äußeren Bild einer wiederhergestellten Universität, in der die Professoren ihren herkömmlichen Rang hatten, widersprachen Aktionen, mit denen namentlich geisteswissenschaftliche Professoren, nicht zuletzt Historiker, terrorisiert wurden. Studentische Aktivisten zettelten Pressekampagnen und »Diskussionen« an, denen viele Gelehrte ebensowenig gewachsen waren wie ihre westdeutschen Kollegen zwei Jahrzehnte später. Nur hatten in Leipzig oder Jena die studentischen Aktivisten die Staatsmacht und die Besatzung hinter sich und handelten im Zweifelsfalle in deren Auftrag.

Bei einer solchen Gelegenheit verdiente sich der studentische Aktivist Kurt Pätzold, später Professor für neueste Geschichte an der Humboldt-Universität zu Berlin, 1950 die ersten Sporen, indem er den Jenenser Historiker Karl Griewank angriff und verleumdete. Der kommunistische Rektor Schwarz stellte sich damals vor die Verleumder des Historikers Griewank, und so wurde vollends klar, daß es sich bei solchen Aktionen nicht einfach um »studentische Forsche« handele, wie der Historiker Walter Markov vier Jahrzehnte später im Hinblick auf einen Fall gleicher Art immer noch apologetisch meinte, obwohl er den Terrorismus parteipolitischer Entscheidungen am eigenen Leibe kennengelernt hatte. Man darf diese Vorgänge vielmehr als wohlgezielte Aktionen verstehen, die den gewünschten Effekt erreichten: Alsbald wagte man es an den Universitäten nur noch unter Freunden, Meinungen zu äußern, die mit der »Linie« der Partei nicht übereinstimmten. Die Umgestaltung der Universitätsverfassungen tat ein übriges. »Stürmt die Festung Wissenschaft«, so hatte die kommunistische Parole gelautet. Nun wurde die Festung so umgebaut, daß man sie auf Dauer zu behaupten hoffen konnte.

Umgebaut wurden die Universitäten Leipzig und Jena auch im wirklichen Sinne. Ebenso wie die SED in den zentralen Städten ihre

Herrschaft in dominanten Bauten verewigen wollte und zu diesem Zwecke Bauwerke abriß, die nur wenig oder gar nicht zerstört waren, etwa das Berliner Schloß oder die Sophienkirche in Dresden, wurde in Jena ein Altstadtviertel zugunsten eines der Universität zugewiesenen Hochhauses zerstört, einer unzulänglichen Kopie westlicher Bauwerke, das den ihm zugedachten Zwecken statisch nicht gewachsen war und überdies die feuerpolizeitlichen Standards nicht erfüllte. In Leipzig wurden 1968 das nur wenig beschädigte Hauptgebäude der Universität und die völlig unversehrte Paulinerkirche gesprengt, damit der Platz für ein Hochhaus frei wurde. Proteste wurden unterdrückt, eine Baugeschichte der beseitigten Kirche durfte nicht gedruckt werden. Der damalige Rektor der Universität, der Mittelalterhistoriker Ernst Werner, bezeugte »die uneingeschränkte und freudige Zustimmung« der Universität zu diesem Akt der Barbarei und disqualifizierte sich damit selbst. Die hochschulpolitischen Maßnahmen des Jahren 1950 erhielten den Titel einer zweiten Hochschulreform, auf die 1968/69 eine dritte – und letzte – folgte.

Im ersten Zugriff wurde, obwohl die Länder noch existierten, die Hochschulverwaltung zentralisiert. Alle Universitäten unterstanden nun einer Berliner Behörde. Ähnlich wie nach 1933, jedoch konsequenter und nachhaltiger als damals, wurde allen Studenten ein obligatorisches Studium außerhalb des Studienfaches aufgenötigt. Auch diesmal war der Sport dabei, aber vor allem kam es auf die Zwangskurse in Marxismus-Leninismus an und auf den Unterricht in der russischen Sprache. An die Stelle der traditionellen Semestereinteilung trat das zehnmonatige Studienjahr. Auch den nationalsozialistischen Bildungsbürokraten war die vermeintliche Freizeit, welche Professoren und Studenten dank den nur sieben Monaten Semester im Jahr genossen, ein Dorn im Auge gewesen, und nicht anders verhält es sich bei vielen Hochschulbürokraten heute.

Charakteristisch für die zweite Hochschulreform in der DDR war vor allem, daß die Studenten studienjahrgangsweise in Seminargruppen zusammengeschlossen wurden. Diszipliniert nicht zuletzt durch die Gruppensekretäre aus der staatlichen Jugendorganisation, durchliefen sie nun die zentral typisierten Lehrveranstaltungen – gesichert auf der anderen Seite durch Stipendien für alle und auch durch Wohnheimplätze. Immerhin mußte, wer eine andere Unterkunft hatte, sich der Kasernierung in Mehrbettzimmern nicht unterziehen. Im Laufe der Zeit erwies sich die von der Sozialpolitik geförderte Ehe als ein Ausweg aus diesen Zwangsläufigkeiten. Für westdeutsche Verhältnisse waren zum Zeitpunkt der Wiedervereinigung in der DDR erstaunlich viele Studenten verheiratet, während man an den bundesrepublikanischen Universitäten fast nur jene Konkubinate kannte, welche die

Frucht der vermeintlichen sexuellen Revolution der späten sechziger Jahre waren oder sind.

Die dritte Hochschulreform veränderte den Aufbau der Universitäten. An die Stelle der klassischen Fakultäten und damit der Beschlußorgane, in denen alle Habilitierten Sitz und Stimme hatten, trat eine Vielzahl von Sektionen mit dem mächtigen Direktor an der Spitze, der seinerseits ein Organ der zentralen Universitätsleitung war. Zahlreiche Fächer und Institutionen wurden beseitigt; Bibliotheksbestände wurden, wenn es gutging, gegen Devisen verkauft – in anderen Fällen verkamen sie irgendwo. Bei den Promotionsnoten machte nun ein Drittel das Resultat der Prüfung in Marxismus-Leninismus aus – was in der Regel auf eine Erleichterung der Sache hinausgelaufen sein dürfte, da es ja nicht schwer war, sich das Nötige anzueignen und man das meiste ohnehin schon auf der Schule gehört hatte.

Spätestens bei den Sektionen fallen die Parallelen zu den gleichzeitigen Hochschulreformen in der Bundesrepublik auf. Auch dem überwiegend unbewußten Bündnis, zu dem sich hier Linksradikale und Technokraten zusammengefunden hatten, erschienen die Fakultäten als die Kernzelle der alten Universität, und so sollten diese be-

*Die Leipziger Paulinerkirche von 1240, die unbeschadet den Zweiten Weltkrieg überstanden hatte, wurde – unter beträchtlicher Empörung der Bevölkerung – am 30. Mai 1968 gesprengt.*

seitigt oder doch wenigstens ihres Gewichts beraubt werden. In dieser Hinsicht war zum Beispiel der Wandel, dem die durch die dritte DDR-Reform geprägte Berliner Humboldt-Universität im Jahre 1990 zur Anpassung an die altbundesrepublikanischen Verhältnisse unterzogen wurde, nicht eben groß.

1948 war es in Berlin noch einmal zu einem eindrucksvollen studentischen Protest gegen die kommunistische Umgestaltung der Universitäten gekommen. Wie zuletzt im Jahre 1409 in Prag verließen protestierende Studenten die Universität, mit der sie unzufrieden waren. Während 1409 die Gründung der Leipziger Universität die Folge des Exodus war, wurde nun im westlichen Berlin die Freie Universität gegründet, nachdem sich auch Professoren dem studentischen Protest angeschlossen hatten. Wie sehr die Verhältnisse damals noch im Fluß waren, wird daran sichtbar, daß die Universitäten in den westlichen Besatzungszonen die neue Gründung mit Mißtrauen betrachteten.

Der Anteil der Professoren und Studenten am Juni-Aufstand des Jahres 1953 war marginal. Der Kontrollapparat wirkte, und auch die Zulassungs- und die Personalpolitik bestanden die Bewährungsprobe.

*Feierstunde zur Gründung der Freien Universität Berlin am 4. Dezember 1948 im Steglitzer Titania-Palast. Vorsitzender des Gründungsausschusses der neuen Universität, die in Dahlem in einem Gebäude der ehemaligen Kaiser-Wilhelm-Gesellschaft Unterkunft findet, war Ernst Reuter.*

Anton Ackermann, Mitglied der »Gruppe Ulbricht« und führender Kulturfunktionär, hatte 1949 erklärt, »wie die Partei gut ausgewählte und geprüfte Genossinnen und Genossen in die Parteischule schickt, genauso müssen auch die Bewerber und Kandidaten für die Aufnahme an den Universitäten und Hochschulen durch die Partei mobilisiert, von ihr bestimmt und überprüft werden ... Wir müssen so arbeiten ..., daß auf eine Hochschule nur derjenige kommt, der ... überprüft ist.«[58] Überdies waren wohl nicht nur in Halle 1952 Abgesandte des Zentralkomitees der SED damit beauftragt gewesen, politisch unerwünschte Studenten von der Universität zu entfernen.

Gleichwohl kam es zu Auseinandersetzungen – namentlich innerhalb der Partei und der FDJ. Das in der Sowjetunion ausgebildete Verfahren von »Kritik und Selbstkritik«, mit dessen Hilfe vermeintliche oder tatsächliche Gegner »entlarvt« und entfernt werden sollten, wurde auch in die Parteiorganisationen der Universitäten importiert. In kritischen Situationen war das Schicksal jener Studenten und Professoren, die der SED angehörten, besonders hart. Die Partei wollte den ganzen Menschen; eine Grenze zwischen der privaten und der politischen Existenz akzeptierte sie nicht. Die Zahl der so zu erklärenden Selbsttötungen kennt man einstweilen nicht.

In Leipzig tat sich 1953 auf der ersten Parteiversammlung der Historiker nach der Niederschlagung des Aufstandes bei solchen Bemühungen der Professor Ernst Engelberg hervor. Er meinte, eine Wiederholung der »Kristallnacht« vom November 1938 erlebt zu haben: »Dieselben wutverzerrten, stumpfsinnigen Fressen...«[59] Auch Hans Mayer, Inhaber einer literaturwissenschaftlichen Professur, erging sich in solchen Vergleichen. Wenn der Leipziger Historiker Walter Markov sich Jahrzehnte später daran erinnerte, daß sein Kollege Werner Krauss vor einer Reise in die Bundesrepublik statt der erbetenen Sprachregelung bezüglich der Juni-Ereignisse die Antwort erhalten habe, er solle doch argumentieren, wie er wolle, so hat man es wohl mit einer nachträglichen Verklärung zu tun. Markov liefert dafür einen weiteren Beweis, wenn er an seinen jüngeren Kollegen Günter Mühlpfordt erinnert, der aufgrund einer Bemerkung darüber, daß im revolutionären Pariser Juli 1789 die Sonne geschienen habe, im Petrograd des Jahres 1917 dagegen Novembernebel herrschte, »zeitweise – unfreiwillig – in den Genuß eines Privatgelehrtendaseins« gekommen sei. Dahinter verbirgt sich, daß Mühlpfordt 1958 aus der SED ausgeschlossen, 1962 entlassen, seit 1983 mit Forschungsaufträgen versehen und 1990 rehabilitiert wurde.

Die Zeiten, da man in einem solche Falle in Workuta, in geheimen Kellern oder doch wenigstens im Zuchthaus Bautzen verschwand, hielten tatsächlich nicht lange an. 1950 waren 24 Studenten und Studentinnen zumeist der Universität Jena wegen Zugehörigkeit zum sogenannten Eisenberg-Kreis zu Freiheitsstrafen bis zu fünfzehn Jahren verurteilt worden. Doch auch die späteren Relegationen und Versetzungen in die »Produktion« – im »Arbeiter-und-Bauern-Staat« nur in scheinbar paradoxer Weise eine Strafe – deformierten Lebensläufe. Der Einmarsch der Truppen des Warschauer Pakts in die Tschechoslowakei 1968 oder die Verbannung von Wolf Biermann 1976 waren Anlässe für Proteste und die entsprechenden Repressionen.

Die Universitäten der DDR wurden weiterhin dadurch geformt, daß die einstige preußische Akademie der Wissenschaften in Berlin nach sowjetischem Vorbild zur qualitativ und quantitativ größten Forschungsorganisation der DDR umgestaltet wurde. Überall im Lande lagen nun ihre Institute. Auch hier hat man es mit Vorgängen zu tun, die nicht nur für das sowjetische Herrschaftssystem charakteristisch waren. »Großforschung« hatte es schon vereinzelt an der alten preußischen Akademie gegeben. Und was nun seinen Ort an den neuen Akademie-Instituten hatte, geschieht in der Bundesrepublik zum Teil an Instituten der Max-Planck- und der Fraunhofer-Gesellschaft. Allerdings hatte die Auslagerung der Forschung aus den Universitäten in der DDR ein viel größeres Ausmaß. Die neue Organisation gestattete zuweilen auch, daß Wissenschaftler, die aus politischen Gründen von der Universität entfernt wurden, an Akademie-Instituten ein Unterkommen fanden. Wer nicht ehrgeizig war und keine Führungsaufgaben wollte, konnte hier, ungeachtet des nicht selten diktatorischen Direktorenregimes, einigermaßen überdauern.

Obwohl der prozentuale Anteil der Studenten am jeweiligen Geburtsjahrgang in der DDR sehr viel niedriger war als in der Bundesrepublik, wurden auch in der DDR zwar keine Universitäten, wohl aber neue Hochschulen gegründet, etwa die Pädagogische Hochschule in Potsdam oder die Technische Hochschule in Ilmenau, andere Institute erhielten Hochschulrang. Man konnte zum Beispiel an der Berliner Polizeihochschule Karl Liebknecht, an der Hochschule des Ministeriums für Staatssicherheit in Potsdam-Eiche oder an der Akademie für Gesellschaftswissenschaften beim Zentralkomitee der SED den Doktorgrad erwerben oder sich habilitieren (»Promotion B«).

Zu den vielgenannten Errungenschaften des Sozialismus gehörte nicht nur eine unüberschaubare Zahl von Medaillen und Orden, sondern auch die Möglichkeit, Titel zu erwerben. Der alte Medizinalrat wurde reaktiviert, aber die Funktionäre wollten sich auch mit dem Doktortitel schmücken. So wurde Hansjoachim Tiedge, jener höhere Beamte des Bundesnachrichtendienstes, der 1985 angesichts seiner Alkohol- und anderen Schwierigkeiten in die DDR wechselte, aufgrund eines Manuskripts über »Die Abwehrarbeit der Ämter für

Verfassungsschutz in der BRD« 1988 von der Humboldt-Universität mit dem Grad eines Dr. iur. ausstaffiert.

Nicht nur diese Dissertation wurde geheimgehalten. Das gleiche galt für jene sportmedizinischen Arbeiten, in denen die Grundlagen für den Medaillensegen, den die DDR-Sportler erkämpften, gelegt wurden, für polizei- und militärwissenschaftliche Dissertationen, aber zuweilen offensichtlich auch für Arbeiten, deren Mängel so offensichtlich waren, daß man ihre Verfasser schützen wollte. Manchmal wurde die Geheimhaltung so weit getrieben, daß auf den Promotionsurkunden falsche Dissertationstitel angegeben wurden. Insgesamt waren von den 41 792 Dissertationen, die in den Jahren 1978 bis 1987 in der DDR approbiert wurden, 17,7 Prozent in zwei Geheimhaltungsstufen sekretiert. Aber auch die öffentlich zugänglichen Dissertationen und Habilitationsschriften wurden fast nie publiziert – mit einschneidenden Folgen für ihre Verfasser, seitdem sich diese vom Jahre 1990 an dem Wettbewerb mit den Absolventen der bundesrepublikanischen Universitäten zu stellen haben.

Nicht nur das Planerfüllungs- und das Spitzelsystem sowie die dauernden Verpflichtungen zu politischen Aktivitäten – oder auch die allmählich antrainierte Eigenschaft, an die eigene Person gestellten Forderungen auszuweichen – hatten Ineffektivität zur Folge. Schon die Gängelung durch die Partei war verhängnisvoll, aber die häufigen Kurswechsel führten die wissenschaftliche Arbeit geradezu ad absurdum. So liest man, wirtschaftswissenschaftliche Dissertationen wurden tunlichst vor einem nahenden Parteitag abgeschlossen, damit der von einem solchen zu befürchtende Kurswechsel das Manuskript nicht vorzeitig gegenstandslos machte.

Mißt man die Leistungen des Wissenschaftssystems eines Staates an hohen internationalen Preisen, so macht auch die Bundesrepublik keine glänzende Figur, in die DDR jedoch ging kein einziger Nobelpreis. Doch das wäre nur eines unter vielen Kriterien. Gerade wenn man die so ungünstigen Lebens- und Arbeitsverhältnisse sowie das gänzlich verschulte Studium bedenkt, verdienen die vielen dennoch erbrachten Leistungen allen Respekt, und das gilt nicht nur für die »unpolitischen« Fächer. Gewiß mußten die Mitglieder des Zentralkomitees Wert darauf legen, daß die Ausbildung der Mediziner nicht zusammenbrach, ob aber die Literaturwissenschaft oder die Geschichtswissenschaft international vorzeigbare Resultate erzielten, dürfte den Machthabern gleichgültig gewesen sein. Dagegen drohte von den Sozialwissenschaften, wenn sie sich an internationalen Standards orientierten und sich tatsächlich um Empirie bemühten, sogar Gefahr für das Regime, so daß hier die Resultate von Erhebungen nicht selten versteckt wurden. Dennoch fand während der zweiten Hälfte der

Lebenszeit dieses Staates an vielen Orten in vielen Fächern ein kontinuierlicher Wandel statt. Der anfängliche Dogmatismus trat zurück. Man konnte das geradezu daran messen, wie die Zitate aus den »marxistischen« »Klassikern« zurückgingen und sich am Ende nicht einmal mehr in den Vorworten der Arbeiten fanden. Auch hatte das gleichsam monarchische Institutsregime seine zwei Seiten: Mancher Direktor wußte, daß er seine parteifernen Mitarbeiter brauchte, wenn die Bilanz seines Unternehmens auch nur quantitativ einigermaßen vorzeigbar sein sollte.

Die Machtverhältnisse jedoch blieben unerschüttert, und der Staatssicherheitsdienst, in allen Instituten gegenwärtig, erfuhr fast alles. Auch wenn sich 1989, zum Beispiel in Jena, oppositionelle Gruppierungen bildeten, waren es weder die Professoren noch die Studenten, die im Herbst 1989 die »Wende« herbeiführten, und gerade an den Instituten der Akademie und in den Universitäten konnten die bisherigen »Kader« mit Grund hoffen, daß es ihnen gelingen würde, die alten Machtverhältnisse – vielleicht ein wenig kaschiert – noch lange am Leben zu erhalten, zumal wenn sich die verdeckt agierenden Mitarbeiter des Staatssicherheitsdienstes anstrengten, an die Spitze der Unzufriedenen zu treten. Daß dies nicht gelingen würde, hätte man jedoch bei verständiger Marx-Lektüre beinahe wissen können, denn wie sollte der »Überbau« die »Basis«, die nun zerbrach, überleben? In Leipzig hatten sich die Historiker zu Spezialisten marxistischer Revolutionslehren ausgebildet, doch da ihrer Doktrin zufolge in einem sozialistischen Staat allenfalls eine Konterrevolution stattfinden konnte, wähnten sie vor einer Revolution geschützt zu sein. Gerade diese Historiker waren am wenigsten imstande zu erkennen, was im Herbst 1989 in Leipzig seinen Anfang nahm.

KAPITEL 11

# Die Universitäten in den Westzonen und in der alten Bundesrepublik

Das Schicksal jener Universitäten, welche das Glück hatten, in den westlichen Besatzungszonen zu liegen, unterschied sich in den ersten Monaten nach dem Ende des Krieges nicht von dem der Hochschulen in der sowjetischen Zone. Die Entschlossenheit der Besatzungsbehörden, die Universitäten zu erneuern, stand gegen deren Bemühung, die Erneuerung möglichst aus eigener Kraft zu vollbringen. Als unmöglich brauchte das nicht zu erscheinen. Die nationalsozialistische Herrschaft hatte ja – anders als die kommunistische in der DDR – nur wenig mehr als ein Jahrzehnt gedauert. Gelehrte, die schon vor 1933 erfahren und angesehen gewesen waren und sich in der nationalsozialistischen Zeit nicht nur nichts hatten zuschulden kommen lassen, sondern überdies bedrängt worden waren, gab es fast überall.

Anders als 1919 ließ sich jetzt die militärische, politische und moralische Katastrophe nicht bestreiten. Diejenigen, die sich mit dem zerbrochenen Regime gemein gemacht hatten oder ihm ihre Stellung verdankten, hielten sich in aller Regel zurück. Davon, daß solche Gelehrte etwa einen halbwegs unauffälligen Kollaborateur und Strohmann ins Rektorat vorgeschickt hätten, wie das im März 1990 an der Berliner Humboldt-Universität im Falle des Theologen Heinrich Fink geschah, konnte keine Rede sein.

Doch auch in den Westzonen stellten sich dem Erneuerungswillen Hindernisse in den Weg, etwa dadurch, daß sich die Besatzungsmacht in Universitätsgebäuden einquartierte, in Göttingen zum Beispiel in der Aula von 1837. Die großformatigen Herrscherbildnisse an der Stirnwand erschienen den englischen Offizieren, so wird nicht unglaubwürdig berichtet, als typische Zeugnisse des deutschen Militarismus – bis man ihnen sagte, daß es sich bei den meisten dieser Potentaten um Könige von Großbritannien handle. Nicht nur aus diesem Grunde ist der britische Hochschuloffizier, der für diese Universität zuständig war, hier in guter Erinnerung geblieben. Göttingen war denn auch die erste deutsche Universität, die – am 1. September 1948 – den Unterrichtsbetrieb wieder aufnahm.

In der Universitätshistorie zeichnete sich, wenn man es ein wenig zuspitzt, eine der größten historischen »Katastrophen« in Gestalt des Ausfalls eines einzigen Sommersemesters ab. Der Göttinger Historiker Karl Brandi, der wie viele Emeriti für seine Wehrdienst leistenden Kollegen eingesprungen war, war auch weiterhin tätig. Bis zum Februar 1945 hatte er »Mittelalter 1« gelesen. Von September 1945 an folgte »Mittelalter 2«. Probleme bereitete das inhaltlich nicht, denn weder Mittelalter 1 noch Mittelalter 2 waren durch das, was inzwischen geschehen war, diskreditiert. Anders lagen die Dinge bei dem Neuhistoriker Siegfried August Kaehler, der sich darum bemühte, in den Köpfen seiner Hörer jene Geschichtslegenden, die der Schulunterricht und die Propaganda dort fixiert hatten, durch Kritik aufzuklären.

Die Immatrikulation war nun von einer Zulassung abhängig. Bei diesem Verfahren wurde die Studierfähigkeit festgestellt, was dringend erforderlich war, da viele, die sich nun um ein Studium bemühten, durch den Wehrdienst um ein reguläres Abitur gebracht worden waren. In Göttingen wurden 1948/49 im Wintersemester 4296 Studierende immatrikuliert – der dritte Teil derer, die sich beworben hatten. 78 Prozent der Zugelassenen waren Männer. Nur ein Fünftel von ihnen war nicht Soldat gewesen, bei gut einem Drittel handelte es sich um einstige Offiziere. Unter diesen Offizieren war der Hauptmann Axel von dem Bussche, der nicht nur zum militärischen Widerstand gegen Hitler gehört hatte, sondern den Diktator und sich selbst bei Gelegenheit einer Vorführung neuer Uniformen hatte in die Luft sprengen wollen. Nur ein Zufall hatte verhindert, daß der Attentatsplan glückte. Ebenso wie viele Offiziere sich durch den auf Hitler geschworenen Eid gehindert gesehen hatten, zum Widerstand zu stoßen, so wurde nun die Frage gestellt, ob man mit einem solchen Eidbrüchigen zusammen im Hörsaal sitzen könne. In einer großen Diskussion gelang es dem Verschwörer, seine damalige Entscheidung plausibel zu machen, und später wurde er gar zum Vorsitzenden des Göttinger ASTA gewählt.

Debatten wie die um den Weg des Axel von dem Bussche wären in Halle oder Rostock wohl gar nicht möglich gewesen, doch auch an den westdeutschen Universitäten bestimmten solche Diskussionen das Studium nicht. Vielmehr gab es hier eine Atmosphäre, die von vielen Professoren und Studenten als beglückend und offen empfunden wurde. Nicht zwanghafte Ringvorlesungen wurden abgehalten, wohl aber fanden sich Studenten und Professoren immer wieder in Hörsälen zusammen, wo nicht nur Wissenschaft geboten wurde, sondern auch Orientierungswissen. Nicht nur Studenten waren unter den Hörern, auch Professoren wollten wissen, was ihre Kollegen zu sagen hatten. Doch schon bald erneuerte sich das alte System: Ein Professor lehrt, viele Studenten hören zu, und der professorale Zuhörer ist eine geradezu verdächtige Erscheinung.

Doch wer sollte lehren? Daß nicht alle, die bis zum Ende des nationalsozialistischen Reiches auf einem Katheder gestanden hatten, weiterhin an ihrer Universität unterrichten sollten, war klar. Unklar war jedoch, wie man hier unterscheiden sollte.

In allen Besatzungszonen kam man bald zu der Einsicht, daß nur differenzierte Kriterien bei der Auswahl der künftigen Hochschullehrer weiterhelfen konnten. Zugehörigkeit zur Partei reichte als Ausschlußkriterium nicht, und die Nichtzugehörigkeit bedeutete nicht automatisch eine Empfehlung, denn hier konnte es sich ja durchaus um ehemalige Protagonisten des nationalsozialistischen Regimes handeln. In Göttingen repräsentierte der Althistoriker Ulrich Kahrstedt diesen Typus. Während der Zeit der Weimarer Republik hatte er zu den radikalen Gegnern des neuen Systems gehört. Am 18. Januar 1934 hatte er in der Aula eine Festrede gehalten und dabei den Historiker Karl Brandi attackiert, weil dieser in Warschau am internationalen Historikertag teilgenommen hatte. Vaterlandslosigkeit diagnostizierte der Kollege, und er wies auch darauf hin, was einem solchen Verräter wohl in anderen Ländern geschehen würde: »Die Studenten nehmen den Knüppel und schlagen die Professoren tot.« Die Tirade mündete schließlich in einer Art von Eid: »... wir sagen ab der internationalen Wissenschaft, wir sagen ab der internationalen Gelehrtenrepublik, wir sagen ab der Forschung um der Forschung willen...«[60]

Für einen solchen Menschen war nach 1945 an einer Universität kein Platz mehr. Aber das Versagen war ja nicht immer so klar erkennbar wie in diesem Falle, und politische Dummheit läßt sich kaum klassifizieren und zur Grundlage von Entscheidungskriterien machen. Angesichts solcher Zweifel empfahlen sich formale Kriterien, und die konnten Kahrstedt nichts anhaben. Der Partei war er nicht beigetreten, ja er hatte sich bald nach seiner furchtbaren Rede von seiner bisherigen politischen Orientierung entfernt. 1934 konnte man im übrigen der Meinung sein, daß die traditionellen Ehrbegriffe noch Geltung hätten. Brandi forderte, sekundiert von dem Historiker Percy Ernst Schramm, seinen Verleumder zum Duell auf, aber dieser »kniff«, wie man das in der einschlägigen Terminologie nannte. Schramm, der höchst achtbar durch die Jahre des Nationalsozialismus kam, war am Ende dennoch der Partei beigetreten, und so wurde – jedenfalls für einige Jahre – er und nicht Kahrstedt von der Universität entfernt.

An den Universitäten war die Entnazifizierung eine schwierige Angelegenheit. In Niedersachsen wurden 23 Prozent des lehrenden Personals entlassen – freilich nicht in die Bodenlosigkeit. Während

*Im Festsaal der Universität Tübingen wurden im August 1947 die Vorsitzenden der ersten vier Spruchkammern für Südwürttemberg-Hohenzollern vereidigt, denen damit die schwierige Aufgabe der Entnazifizierung anvertraut war.*

nach 1933 nur in wenigen Fällen Ruhestandsregelungen die Entlassung jüdischer und sonst mißliebiger Dozenten abgefedert hatten, kam es nun für alle zu Versorgungsregelungen. Nicht wenige wurden in der nachfolgenden Zeit sogar wieder eingestellt, so daß die endgültige Versetzung in den Ruhestand wohl tatsächlich diejenigen traf, die sich diskreditiert hatten. Der eine oder andere sah das auch ein, etwa der Rechtshistoriker Karl August Eckhardt. Hingegen vertrat der Kinderarzt Werner Catel, der führend an der nationalsozialistischen Vernichtung »lebensunwerten Lebens« beteiligt war, keineswegs die Meinung, daß er nun diskreditiert sei. Seine Tätigkeit an den »Euthanasie«-Aktionen der nationalsozialistischen Zeit war niemals unbekannt, er verteidigte sie, und so konnte er eine höchst erfolgreiche Nachkriegskarriere als Klinikdirektor in Kiel antreten. Die Frage nach Gerechtigkeit und Ungerechtigkeit stellt sich nicht nur angesichts einer solchen Karriere, darauf zu prüfen sind auch die späteren Urteile, die eine solche Karriere für auf Sand gebaut ansehen und darauf beharren, daß das, was bis 1945 geschehen ist, nicht durch eine spätere Tätigkeit habe gesühnt werden können. Das jüngste Beispiel für die Aporien, die sich hier auftun, bietet der bis vor kurzem höchst angesehene Aachener Germanist Hans Schwerte, der sich diesen

Namen erst 1945 zulegte, um seine Zugehörigkeit zur SS und dem dieser Organisation zugeordneten Forschungsbereich zu verbergen. Ungeachtet der Energie, mit der sich Professoren und Studenten darum bemühten, Forschung und Lehre den unzulänglichen Lebensbedingungen abzutrotzen und das Studium angesichts der Jahre, die die meisten Studenten durch Krieg und Gefangenschaft verloren hatten, bald abzuschließen, dominierte an den Universitäten doch nicht einfach die Restauration. Nicht anders als nach 1918 bestand eine vielfache Übereinstimmung darüber, daß die Universitäten reformiert werden müßten und das Verhältnis von Universität und Gesellschaft eine neue Gestalt erhalten sollte. Viele stimmten in dem Wunsch überein, die Universität möge sich stärker als bisher sozial öffnen. Sehr bald wurde die materielle Förderung hochbegabter Studenten erneuert, die schon während der Zeit der Weimarer Republik bestanden hatte. Abermals wurde die Deutsche Studienstiftung gegründet, und die entsprechenden Stiftungen von Kirchen und Parteien folgten bald. Eine Förderung aller Studierenden, die nicht vom Elternhause her über hinreichende Mittel verfügten, wurde in Gestalt des »Honnefer Modells« in den fünfziger Jahren eingeführt. Die Grenzen dieser Förderung waren freilich immer eng. Diejenigen Eltern, deren Einkommen die Bemessungsgrenze gerade eben erreichte, waren von Anfang an nicht imstande, das Studium ihrer Kinder ganz zu finanzieren, und dieses Mißverhältnis besteht auch heute. Die Stipendien, die nach dem Bundesausbildungsförderungsgesetz gezahlt werden, erreichen noch immer zu wenig Studenten, da die Bemessungsgrenze der Geldentwertung nicht hinreichend angepaßt worden ist.

Die Bemühungen, die soziale Situation der Studenten zu verbessern, beschränkten sich allerdings nicht nur auf Stipendien. Bald nach Kriegsende wurden die ersten studentischen Wohnheime erbaut, wodurch eine angemessene Unterbringung gewährleistet werden sollte, was darüber hinaus an vielen Orten aber auch eine neue Lebensform intendierte. Die Heime sollten nicht nur Wohnung bieten, sondern auch als Ort des gemeinsamen Gesprächs dienen. Von Kollegien oder Bursen war mit Bezug auf die Frühzeit der Universität die Rede. Diese Studentenheime sollten etwas Neues an die Stelle der Häuser setzen, über welche die Korporationen nun wieder verfügten, nachdem die gewaltsamen Eingriffe der nationalsozialistischen Ära rückgängig gemacht worden waren. Die Korporationen selbst hatten es nach 1945 schwer, denn es gab eine weitgehende Übereinstimmung dahingehend, daß sie an den neuen Universitäten keinen Platz haben sollten. Sowohl die akademische Selbstverwaltung als auch die Rektoren verhielten sich zunächst reserviert, und dort, wo Professoren Hörer ausschlossen, die nach der Mensur mit Verbänden im Hörsaal erschienen waren, erhob sich angesichts einer solchen – rechtlich selbstverständlich unzulässigen – Diskriminierung kein allgemeiner Protest. Es dauerte wohl länger als ein Jahrzehnt, bis solche Diskriminierungen zurückgingen. Seit Ende der sechziger Jahre gerieten die Korporationen im Zuge der politischen Radikalisierung des akademischen Lebens dann abermals ins Abseits. Die bunten Mützen und Bänder, die man während der Sommermonate in den alten Universitätsstädten nun wieder gesehen hatte, verschwanden für längere Zeit fast ganz aus der Öffentlichkeit.

Der sozialen Situation der Studenten nahmen sich nicht nur diejenigen an, die sich um Kollegien bemühten. In Anknüpfung an die Terminologie aus der Weimarer Zeit wurden an den Universitäten Studentenwerke gegründet. Der für die zwanziger Jahre so charakteristische Wortbestandteil »Werk« verhieß Selbsthilfe. Doch von der konnte nun nicht mehr die Rede sein. Die Studentenwerke verwalteten staatliche Zuschüsse, und das mit großem Erfolg. Heute, da die erwähnten Kollegien der Revolte von 1968 fast alle zum Opfer gefallen sind, werden die meisten der studentischen Wohnheime von den Studentenwerken verwaltet, darunter auch ein Großteil der einstigen Kollegien. Mit Rückgriff auf die Verhältnisse während der Weimarer Republik wurde nach 1945 auch die studentische Selbstverwaltung reorganisiert. Studenten erhielten das Recht, Studentenräte zu wählen, an deren Spitze der Allgemeine Studentenausschuß (ASTA) trat.

Auch die Organisation der Wissenschaft und der Universitäten insgesamt knüpfte an die Verhältnisse an, wie sie bis 1933 bestanden hatten. An die Stelle der »Notgemeinschaft« trat die »Deutsche Forschungsgemeinschaft« als die große Organisation, die finanzielle Hilfen für die Forschung organisierte, soweit diese nicht aus den Universitätsmitteln zu bestreiten war und ist. Wie schon vor 1933 traten die Hochschulrektoren zur – einstweilen – Westdeutschen Rektorenkonferenz zusammen. In der Weimarer Republik wie nach 1945 stand Bildung gegen Ausbildung, wurde danach gefragt, ob die Universitäten sich nicht noch viel mehr öffnen müßten, als das bereits geschah, und welche Konsequenzen eine solche Öffnung haben müsse. Nun kam das Wachstum der Studentenzahlen hinzu, und damit tauchte die Frage auf, ob eine Massenuniversität ebenso organisiert sein könne wie die traditionelle Elite-Universität. Von den bedrohlichen Massen hatte man freilich schon um 1900 gesprochen, und nun zeigte sich, daß dort, wo die Verhältnisse angesichts von 10 000 Studenten zusammenzubrechen drohten, diese Bestand hatten, obwohl die Studentenzahl nun 30 000 betrug.

Die vielfältigen Reformdiskussionen der fünfziger und auch noch der sechziger Jahre führten, etwas kurz und gewiß auch etwas ungerecht gesagt, zu keinem Resultat. Um 1960 bestand in vielen Fächern tatsächlich ein Notstand. Wo in Anfängerveranstaltungen bisher dreißig oder vierzig Studenten von einem Dozenten unterrichtet worden waren, versammelten sich nun 200. Niemand bestritt, daß dem abgeholfen werden müsse, doch war man sich über das Wie nicht einig. Die einen beharrten darauf, daß man diesen Massenandrang bekämpfen, also wieder zu niedrigen Studentenzahlen zurückkehren müsse, die anderen konterten mit der Parole vom Bildungsnotstand. Wer den behauptete, mußte die Zahl der Professoren vergrößern, und dagegen standen nicht selten Machtgesichtspunkte. So verfiel man auf den Gedanken, die Lehrkapazitäten zu vermehren, ohne die Zahl der Professoren zu erhöhen, was deren Kompetenzen auf viele aufgeteilt hätte. Anstatt »Parallel-Professuren« einzurichten, holte man »Praktiker« an die Universität, Studienräte im Hochschuldienst beispielsweise, was überdies eine enge Verbindung von Studium und Praxis in jenen Fächern bewirken sollte, die es vor allem mit der Ausbildung der künftigen Gymnasiallehrer zu tun hatten. Der Gedanke war ebenso bestechend, wie seine Verwirklichung utopisch war. Diese scheiterte am Immobilismus der Schulverwaltungen, aber auch daran, daß die Studienräte im Hochschuldienst keine Neigung zeigten, wieder an die Schule zurückzukehren, wie das ursprünglich vorgesehen war. Die Studienräte waren im übrigen nicht die einzigen, die nun an der Universität Positionen mit geringeren Kompetenzen und reduzierter Bezahlung bekleideten. Für eine Generation wurden nun all denen, die sich habilitiert hatten, aber keinen Lehrstuhl erhielten, Lebenszeitpositionen geringeren Ranges zugesprochen. Daß man damit zugleich eine Gruppe von Unzufriedenen schuf, hätte man wissen können. Es zeigte sich wenige Jahre später.

Die Gründe der Hörsaal-Revolution, die 1967 begann, lagen nicht nur in den Universitäten, und sie reichten über Deutschland hinaus. Die Vorbilder lieferten die amerikanischen Universitäten und die Revolten dort, die mit dem Vietnam-Krieg zusammenhingen. Die studentische Unzufriedenheit in den Vereinigten Staaten und in den meisten europäischen Ländern wurde aber nicht nur geprägt vom Protest gegen die mißlungene amerikanische Südostasienpolitik, sondern erwuchs auch aus der stürmischen Zuwendung zum Marxismus und den Repräsentanten kommunistischer Politik. Die Nachfolger Stalins in der Sowjetunion erregten freilich nur dort Bewunderung, wo die orthodoxen kommunistischen Parteien stark waren, um so größer war die Faszination, die Mao Tse-tung und Ho Tschi-Minh ausübten.

In der Bundesrepublik Deutschland hielt man nun zum erstenmal die Nachkriegszeit für beendet, jedenfalls markierte der Sturz des Bundeskanzlers Ludwig Erhard im Herbst 1966, daß die Ära

*Internationaler Vietnam-Kongreß in der Technischen Universität Berlin am 17. Februar 1968, am Podiumstisch (4. v. r.) Rudi Dutschke.*

Adenauer nun vorbei war. Die daraufhin gebildete Regierung einer Großen Koalition gab der außerparlamentarischen Opposition Auftrieb. Der aus heutiger Sicht vergleichsweise geringfügige Einbruch der Konjunktur wurde als Vorzeichen einer Systemkrise verstanden. Marxistische Zirkel, die bisher im verborgenen gewirkt hatten, fanden nun ein breites öffentliches Echo. Spätkapitalismus, so hieß das jetzt grassierende Prophetenwort.

Mit den Universitäten hatte diese Bewegung insofern zu tun, als die Marxismus-Renaissance in die Hörsäle drängte, wenngleich von Fakultät zu Fakultät, von Fach zu Fach in unterschiedlicher Intensität. Soziologie und Politikwissenschaft waren die Fächer, auf die es vor allem ankam, doch ließ sich die zeitgemäße kritische Position in jedem Fach aufbauen, je esoterischer das Fach und die Ausrichtung des einzelnen waren, desto eher. Wer sich ohnehin schon mit Sozialgeschichte der Literatur beschäftigte, neigte im allgemeinen weniger zu einer »Bekehrung« als derjenige, der bisher über den engen Zaun der Beschäftigung mit mittelalterlicher mystischer Literatur nicht hinausgeschaut hatte. Und es kam selbstverständlich auch auf die lokalen Gegebenheiten an sowie darauf, ob jemand in der Lage war, seine Mitwelt zu überzeugen und vor allem mitzureißen. Ein Rudi Dutschke, die charismatische Figur der Studentenbewegung, hätte vermutlich in

Erlangen oder in Mainz nicht jene Resonanz gefunden, die er an der Freien Universität in Berlin hatte – also an jener Universität, deren Gestalt sich nicht nur dem Protest gegen die kommunistische Umgestaltung der Humboldt-Universität in Ost-Berlin verdankte, sondern auch der dominierenden Rolle studentischer Aktivisten beim Auszug aus der alten Universität und bei der Gründung der neuen. Daß es just an dieser antikommunistischen Gründung zur Reanimation marxistischer Wissenschaft kam, könnte paradox erscheinen. Doch sind es gerade solche Paradoxien, die die Struktur bedeutender historischer Verläufe formen.

Daß sich der politische Protest vor allem innerhalb der Universitäten artikulierte, lag zunächst daran, daß es sich dabei ohnehin um ein Elitephänomen handelte. Die Bemühungen der studentischen Wortführer, die Grenzen der akademischen Ghettos zu überwinden und auf die Arbeiter-»Klasse« einzuwirken, blieben Träume, die sich allenfalls in den Hörsälen selbst auswirkten, wo nun die Geschichte der Arbeiterbewegung und die Kultur der Arbeiter zu beliebten geisteswissenschaftlichen Themen avancierten. Doch die Bewegung hatte nicht nur Folgen für das, was in den Übungsräumen und Hörsälen besprochen wurde. Wichtiger waren die Auswirkungen auf die Verfassung der Universitäten. Diese wurden in wenigen Jahren umgestülpt. Die Universitäten sollten, so lautete die Forderung, demokratisiert werden, die akademischen Organe künftig nicht nur aus Professoren bestehen und der Rektor nicht nur von den Professoren gewählt werden. Vielmehr wollte man alle an der Universität Beteiligten in jene Entscheidungen einbeziehen, die von den akademischen Organen im Rahmen der universitären Autonomie getroffen wurden.

Die Forderungen waren radikal, doch blieben diejenigen in der Minderheit, die die Struktur demokratischer Staatsverfassungen auf die Universität übertragen und jedem, der dort tätig war, eine Stimme geben wollten – von der Putzfrau über den Studenten bis zum Professor. Die Mitbestimmungspostulate der Studenten verdichteten sich zur Forderung der »Drittelparität«, womit gemeint war, daß akademische Organe je zu einem Drittel aus Studenten, wissenschaftlichen Mitarbeitern und Professoren zu besetzen seien. Von den Putzfrauen und den anderen akademischen Bediensteten war zunächst überhaupt nicht die Rede. Erst später wurde daran gedacht, auch hier Beteiligungsmöglichkeiten zu schaffen – etwa in Gestalt einer Viertelparität.

Wie solche Paritäten praktiziert werden sollten, wurde diskutiert, ferner die Fragen, ob die so zusammengesetzten akademischen Organe für alles zuständig sein sollten, was die bisherigen akademischen Organe zu regeln gehabt hatten und ob also Studenten oder auch

Dienstkräfte, die nie studiert hatten, über die Berufung von Professoren oder über Prüfungen entscheiden sollten. Radikale Demokratisierungsideologen sahen hier kein Hindernis. Wer von einer Entscheidung betroffen sei, müsse auch daran mitwirken, so wurde als Grundregel vorgeschlagen. Das berühmt-berüchtigte Heidelberger Patienten-»Kollektiv« war ein Versuch, dieses Modell zusammen mit Geisteskranken zu verwirklichen. Andernorts rang man sich zu der Einsicht durch, daß über Qualifizierungen nur derjenige entscheiden solle, der die jeweilige Qualifikation selbst erworben hatte. An den meisten Universitäten blieb es nicht bei den Diskussionen, sondern es kam zu Bemühungen um eine Reform der Satzungen im Sinne der neuen Mitbestimmungspostulate. Prinzipiell wurden diese erstaunlich selten bestritten. Kaum jemand dachte darüber nach, ob die Berufung auf das Modell der Humboldtschen Universität, auf die Einheit von Forschung und Lehre, die aktuellen politischen Forderungen tatsächlich stützen könne.

Daß die bestehenden Universitätsverfassungen so gut wie keine Verteidiger fanden, lag offensichtlich daran, daß sie nicht gut funktionierten und die Reformdiskussionen von zwei Jahrzehnten keinerlei Ergebnis gezeigt hatten. Daß die Universitäten in der Hauptsache von den Inhabern der ordentlichen Professuren bestimmt wurden, obwohl doch diese Ordinarien keineswegs den größeren Teil des Unterrichts bestritten, war nicht neu. Neu dagegen war, daß die Nichtordinarien besser gesichert waren als je zuvor, und gerade deshalb wurde die fehlende Berechtigung, an der universitären Willensbildung mitzuwirken, als Ärgernis empfunden. Für die wissenschaftlichen Mitarbeiter – die Assistenten und diejenigen, die Lebenszeitstellungen innehatten – galt das gleiche: Sie wurden von der Universitätsverfassung überhaupt nicht zur Kenntnis genommen. So erhoben im Schlepptau der studentischen Mitbestimmungsforderungen die habilitierten Nichtordinarien und die wissenschaftlichen Mitarbeiter ihre Forderungen, und sehr bald artikulierten auch die nichtwissenschaftlichen Mitarbeiter ihre entsprechenden Wünsche.

Bereits 1971 wurde in Niedersachsen ein Hochschulgesetz erlassen, in dem diese Wünsche erfüllt wurden, mit dem sich jedoch viele Professoren und Studenten nicht zufriedengeben wollten. Sie klagten vor dem Bundesverfassungsgericht, und dieses akzeptierte zwar 1973 die sogenannte Gruppenuniversität, legte aber fest, daß an dieser alle Entscheidungen, die Forschung und Lehre unmittelbar zum Gegenstand hätten, so zustande kommen müßten, daß die Professoren dabei über die Mehrheit verfügten. Das Hochschulrahmengesetz der Bundesrepublik von 1976 trug diesem Urteil Rechnung, und alle folgenden Hochschulgesetze der Länder taten das auch.

*Die Ruhruniversität in Bochum, Beispiel für die bundesrepublikanische Massenuniversität am Ende des 20. Jahrhunderts.*

Die Gruppenuniversität ist heute in Deutschland eine so selbstverständliche Wirklichkeit, daß es geradezu Mühe macht, danach zu fragen, wie sie eigentlich zu rechtfertigen sei. Daß das Bundesverfassungsgericht alle, die da mitbestimmen wollten oder sollten, auf eine Ebene stellte, war bemerkenswert genug, aber es fiel nicht weiter auf. Die dem ganzen Vorgang zugrundeliegende sozialpolitische Vorstellung, die Studenten seien etwas wie Arbeitnehmer und die Professoren eine Art Arbeitgeber, blieb unberührt, und sie ist auch heute immer dann virulent, wenn sich der studentische Protest im Boykott von Lehrveranstaltungen äußert, der Streik genannt wird. Vor allem aber kam hinzu, daß die Universitäten Mitbestimmungsregelungen ja längst besaßen. Die Arbeiter und Angestellten der Universitäten wählten Betriebsräte, wie es die Angestellten und Arbeiter anderer großer Betriebe taten. Und die Studenten hatten die Möglichkeit, sich politisch durch die Wahl von Studentenparlamenten zu artikulieren, die allgemeine Studentenausschüsse wählten. Sowohl die Betriebsräte als auch die Studentenparlamente und -ausschüsse blieben bestehen.

Bisher waren sie die Partner einer professoralen Universität gewesen. Nun standen sie einer Universität gegenüber, an deren Willensbildung Studenten wie Arbeiter und Angestellte mitwirkten. Deren Repräsentanten standen – und stehen – also auf beiden Seiten.

Wenn es zu der Aufgabe der Universitäten gehört, schlechthin alles in Frage zu stellen, können sie sich selbst davon schwerlich ausnehmen. Kein Bereich der Gesellschaft ist so auf Offenheit angelegt wie sie. Doch besteht die Aufgabe der Universitäten ja nicht nur darin, Fragen zu stellen, sondern auch darin, Antworten zu geben und Unterschiede zu markieren. Offensichtlich hatten die Universitäten in der Frage der Mitbestimmung nicht die Kraft, deutlich zu machen, daß die Formen politischer Willensbildung nicht einfach auf die Organisation der wissenschaftlichen Hochschulen übertragen werden konnten. Wichtiger aber war offensichtlich, daß die Universitäten nun eine Art Stellvertreterrolle einnahmen. Wenn die Unruhe der Gesellschaft sich am Ende in einer Umgestaltung der Universitätsverfassungen konkretisierte, dann war der Veränderungsdruck andernorts geringer. Mochten die Universitäten doch zusehen, wie sie mit den neuen Verhältnissen zu Rande kamen, wenn nur sonst das meiste beim alten blieb – und für die Universitätskliniken, also für den Teil der Universität, der auch die Politiker berührte, gab es Sonderregelungen.

Politiker und Verwaltungsbeamte hatten nun im übrigen Gelegenheit, die Universitäten in ihrer Fremdartigkeit dem eigenen Verständnishorizont anzupassen. Als die Unruhe und die Diskussionen begannen, sprachen kluge Kenner der Universität und der politischen Verhältnisse davon, daß am Ende nicht die aufgeregten Studenten den Sieg davontragen würden, sondern die Bürokraten. So ist es in der Tat gekommen. Die Vorstellung, alle an der Universität Tätigen hätten den Wunsch, aktiv an der Gestaltung der Universität im Ganzen und im Einzelnen mitzuwirken, war utopisch oder, weniger freundlich gesagt, ein Schutzschild, hinter dem sich die Machtgelüste weniger verbargen. Die erwähnten Kritiker dessen, was da bevorstand, warnten nicht nur vor der Herrschaft der Bürokraten, sondern auch vor der der Funktionäre. Und auch darin hatten sie recht.

An den Wahlen der paritätisch besetzten akademischen Organe, wie sie nun stattfanden und stattfinden, beteiligen sich die einzelnen Gruppen in charakteristischer Unterschiedlichkeit. Von den Professoren nehmen die meisten teil. Ihre Wahlbeteiligung pflegt bei achtzig Prozent zu liegen. Die der wissenschaftlichen Mitarbeiter ist üblicherweise um die Hälfte geringer, und die Zahl der nichtwissenschaftlichen Mitarbeiter, die zur Wahl gehen, liegt abermals um die Hälfte niedriger. Es sind gegen zwanzig Prozent, und bei den Studenten pflegt die Zahl nicht wesentlich größer zu sein. Noch niedriger aller-

*Die Berliner Universität zwischen Wissenschaft und Widerstand: Alexander von Humboldt im Jahre 1997 als »Streikposten« vor der seit 1945 nach seinem Bruder Wilhelm benannten Humboldt-Universität, der ehemaligen Friedrich-Wilhelms-Universität. Der Protest richtet sich gegen geplante Sparmaßnahmen. »Die Könige der Universität und sie den Königen« hatten einst die als Herrscher so glücklich und erfolgreich agierenden katholischen Könige Ferdinand und Isabella als Vermächtnis in die Fassade der Universität von Salamanca meißeln lassen.*

dings ist die Beteiligung bei der Wahl zum Studentenparlament. In der Universität insgesamt konkurrieren studentische Gruppen, in den Fächern dagegen gibt es in aller Regel keine Konkurrenz: Wer sich aufstellen läßt, hat die Wahl meistens schon gewonnen. Und ähnlich steht es bei den wissenschaftlichen und den nichtwissenschaftlichen Mitarbeitern. Da findet man immer wieder gewählte Kandidaten, für die die Tätigkeit in akademischen Gremien fast zum Beruf geworden ist – erfahrene Mitbestimmungsspezialisten im guten Falle, die etwas für die Universität bewirken, Funktionäre in der abschätzigen Bedeutung des Wortes freilich zuweilen auch – im ganzen aber gewiß nicht jene Gruppenvertreter, die sich die Protagonisten der Gruppenuniversität vorgestellt hatten.

Bei den Professoren sah und sieht die Sache ein wenig anders aus, da sie sich ja in ihrer übergroßen Mehrheit an den Wahlen beteiligen. Gewählt werden freilich nicht immer diejenigen, die durch ihre eigene wissenschaftliche Arbeit ausgezeichnet sind. Eine charakteristische Figur des gegenwärtigen deutschen Universitätswesens ist der Nichtordinarius, der nach dem Ausbleiben eines Rufes an der Heimatuniversität verharrt, sich hier allmählich einnistet und dank der Möglichkeiten der Gremienuniversität sich nahezu unentbehrlich macht – in dieser und jener Kommission und am Ende, dank einer so entstandenen Klientel, vielleicht als Vizepräsident, was dann, wenn das Glück günstig ist, mit einem Lehrstuhl belohnt wird. Nicht erst heute lebt die Universität davon, daß die einen kommen und gehen und die anderen bleiben. Doch führen die gegenwärtigen universitären Verfassungsverhältnisse fast unvermeidlich zu einem Zustand, in dem sich der einzelne vor die Entscheidung gestellt sieht, entweder in der Forschung oder in der akademischen Selbstverwaltung aktiv zu sein, was sehr rasch zu der Vermutung führt, daß derjenige, der sich in ein akademisches Amt wählen läßt, auf diese Weise zu erkennen gibt, daß von ihm in der Forschung nicht viel zu erwarten ist. Vielleicht wird man sagen können, daß sich die guten und die schlechten deutschen Universitäten auch daran unterscheiden lassen, ob die Präsidenten und Dekane vorzeigbare Gelehrte sind oder Funktionäre. Und die Verlautbarungen, welche die Spitzenorganisation der deutschen Universitäten, also die Rektorenkonferenz, von sich gibt, erklären sich nicht zuletzt daraus, daß hier die Funktionäre in der Mehrheit sind.

Soweit die Universität heute funktioniert, geschieht das nicht dank, sondern trotz den bestehenden Normen. Denen liegt als Modell zugrunde, was Parlamente und deren Ausschüsse prägt. Die Universität wird als ein politisches Organ verstanden, in dem parteiartige Gruppierungen um die Macht kämpfen. Daß akademische Organe Koordinationsaufgaben haben, daß deshalb zum Beispiel in einem Senat die Fakultäten, in einem Fakultätsrat die Fächer repräsentiert sein müssen, nimmt der Gesetzgeber – wie vieles andere – nicht zur Kenntnis. Dabei müßten den Wahlen der Professoren Absprachen vorausgehen, wenn die Universität nicht in voneinander isolierte Teile zersprengt werden soll.

Letztlich können Berufungen und Qualifizierungen nur vernünftig vorgenommen werden, wenn an der Universität selbstverantwortliches Handeln überhaupt möglich und üblich ist, und beides wird gefährdet, wenn die Universitätswirklichkeit auf der einen Seite durch Bürokratie und auf der anderen Seite durch den Rückzug in die Enge des eigenen Faches bestimmt wird, wenn sich in den akademischen Organen ein eigentümlicher Ton durchsetzt, in dem sich Reste professoralen Redens mit den Stilformen, wie sie in Betriebsräten üblich sind, mischen und wenn das alles vom Gesetzgeber und von der Administration gefördert wird – gewollt oder auch ungewollt.

Will der Student die gegenwärtige Massenuniversität nicht als ein Gefäß betrachten, das mit etwas (»Studiengang«) angefüllt und am Ende dann mit einem Korken (Examen) verschlossen wird, sollte er zur Kenntnis nehmen, daß die Universität eine lange Geschichte hat und ein Beispiel für jenen besonderen Typus von Bildungsanstalt ist, dessen Anfänge in der Zeit um 1200 liegen: in Bologna und in Paris. Mit dem Wissen um diese Tradition und dem Wunsch, tatsächlich zu studieren und nicht nur einen Studiengang zu durchlaufen, muß man sich nicht alles gefallen lassen, was Studenten heute zugemutet wird: vom Gesetzgeber, von akademischen Organen, die zuweilen törichte Beschlüsse fassen, von Verwaltungsangestellten und -beamten, die nicht immer erfolgreich bemüht sind, die Fehler der Hochschulgesetze im Alltag auszugleichen, und nicht zuletzt von Professorinnen und Professoren, die nicht wissen, was eine Universität ist.[61]

NACHWORT

# Ein Erzähler von Geschichte und Geschichten
# Hartmut Boockmann und die Kunst,
# das Vergangene als gegenwärtig zu präsentieren

Literatur und Geschichtsschreibung standen im 19. Jahrhundert in enger Verbindung. Droysen war ohne die klassische Literatur nicht zu denken, und Ranke und Mommsen haben ihrerseits außerordentlichen Einfluß auf die zeitgenössische Literatur ausgeübt. Nicht zufällig ist Theodor Mommsen 1902 der Nobelpreis für Literatur verliehen worden.

In dem Jahrhundert, das jetzt zu Ende geht, wurde diese Verbindung immer lockerer und ist zuletzt fast abgerissen. Nehmen die Erzähler von Geschichte und Geschichten überhaupt noch Notiz voneinander? Alles was in der Historiographie Epoche machte, blieb auf die Zunft beschränkt, wie umgekehrt auch ein Einfluß etwa der »Gruppe 47« auf die Geschichtsschreibung schwer vorstellbar ist. Es kam hinzu, daß sich die Historiker ihrerseits von der Kunst des Schreibens distanzierten.

Einen Stoff gut zu erzählen, war sogar belastend geworden; indem man einen Autor als »Schönschreiber« denunzierte, gewann er einen Geruch des Unseriösen. Man betonte, daß man Geschichts*wissenschaft* betrieb und nicht Geschichts*schreibung*. Diese scheinbare Verwissenschaftlichung ergriff sogar von der Literatur Besitz, die der Literatur*geschichte* an manchen Universitäten geradezu abschwor.

Damit opferte man aber auch seine Wirkung auf die breite Öffentlichkeit. Einen großen Publikumserfolg zu haben, desavouierte einen Autor. Nicht nur Oswald Spenglers »Untergang des Abendlandes« – gegen den zugegebenermaßen auch anderes sprach – schadete sich zusätzlich, als der Band das anführte, was man heute Bestsellerlisten nennt. Spitzt man sein Argument unerlaubt zu, wenn man vermutet, daß Golo Manns »Wallenstein« von der Fachwissenschaft auch deshalb nicht recht ernstgenommen wurde, weil er in wenigen Wochen eine Auflage von mehr als hunderttausend Exemplaren erreichte?

Auf der anderen Seite erschienen die Geschichtswerke, die den stärksten Einfluß auf die Disziplin ausübten, unter Ausschluß des breiten Publikums. Die neuen Perspektiven von Gesellschafts-, Sozial-,

Kultur- und Wirtschaftsgeschichte revolutionierten zwar die Disziplin, aber weder Schieder und Conze noch Wehler und Kocka erreichten ein wirklich breites Publikum. So kam es zu einer Entwicklung, daß es heute nahezu getrennte Welten sind, die der Geschichte und die der Literatur.

In dieser Hinsicht ist Hartmut Boockmann eine Ausnahme unter den Historikern. Was immer er veröffentlichte, wurde ein bemerkenswerter Bucherfolg, und doch hat niemand seinen Rang als Historiker bezweifelt. Sein Erstlingswerk über die Marienburg erreichte vier Auflagen, und das ist um so erstaunlicher, als dieser einstige Sitz des Deutschen Ordens in Westpreußen heute als Teil Polens in dem für Deutschland verlorenen Osten liegt. Boockmanns Beitrag prägte die einbändige Deutsche Geschichte »Mitten in Europa«, die über ein Jahrzehnt hinweg in immer neuen Auflagen und Versionen erschien. Fünf Jahre vor der Wiedervereinigung zum ersten Mal herausgekommen, konnte das Werk auch nach der Wende in kaum veränderter Fassung erscheinen und mußte nur fortgeschrieben werden. Hier bewährte sich Boockmanns Freiheit in der Behandlung des Geschichtsverlaufs besonders deutlich; Grenzverschiebungen, Zusammenbrüche und neue Formierungen konnten seiner Sicht der europäischen Geschichte nichts anhaben.

Die beiden großen Gesamtdarstellungen, mit denen Hartmut Boockmann ein breites Publikum gewann, hatten es eigentlich buchhändlerisch von Hause aus schwer: Sein Werk »Stauferzeit und spätes Mittelalter« behandelte nicht gerade ein Thema, das die Öffentlichkeit elektrisiert. Zudem erschien es im Rahmen einer zwölfbändigen »Deutschen Geschichte« und war anfangs nicht einzeln zu beziehen; mit drei Auflagen der Originalausgabe und einer Sonderausgabe im Rahmen einer Kassette des Gesamtwerkes hatte das Buch dennoch einen Erfolg, der gemeinhin der erzählenden Literatur vorbehalten ist. Auch sein letztes großes Werk über »Ostpreußen und Westpreußen« – im Rahmen der zehnbändigen »Deutschen Geschichte im Osten Europas« – war ein bemerkenswerter Erfolg. Wiederum mußten innerhalb von nur sieben Jahren mehrere Auflagen gedruckt werden, obwohl das Buch in einer Preiskategorie vorgelegt wurde, die jenseits des herkömmlichen Buchgeschäftes liegt.

Das sind Größenordnungen, von denen Historiker gemeinhin nur träumen können. Was ist der Grund für solche Erfolge, mit denen Boockmanns Arbeiten belletristischen Titeln Konkurrenz machten? Es läßt sich ja nicht etwa sagen, daß Boockmann im landläufigen Sinne »schön« schreibt. Die Faszination seines Schreibens kommt aus dem Gedanklichen, weil der Autor sich sozusagen in die Vergangenheit hineindenkt und -fühlt. Er sieht die Ereignisse und Personen der

Vergangenheit als gleichsam mitlebender Zeitgenosse. Boockmann versetzt sich in die Personen hinein, sucht ihre Beweggründe zu begreifen und die Taktik der vor Jahrhunderten Handelnden zu verstehen. Er scheute auch nicht das Gedankenexperiment, wie eine Entwicklung hätte verlaufen können, wenn eben die Entscheidungen anders getroffen oder andere Ereignisse eingetreten wären. Bei all dem war Boockmann aber weit davon entfernt, ein Träumer des Irrealen zu sein; dazu war er in seinem Fach, der Mediävistik, zu souverän verwurzelt. Es gibt viele Beispiele für diese Boockmannsche Darstellungsweise, die immer auch eine Sichtweise war. In seinem letzten abgeschlossenen Werk, dem Band »Ostpreußen und Westpreußen« von 1992, wird das fast auf jeder Seite greifbar. Einige Beispiele aus seiner Behandlung dreier jeweils durch zwei Jahrhunderte getrennten Schichten der preußisch-deutschen Geschichte:

Auf dem Konstanzer Konzil 1415 ging es, unter anderem, um die Frage, welche Stellung der Orden zum Reich einnähme. König Siegmund war entschieden der Meinung, der Orden gehöre zum Reich. Aber darüber kam es zwischen dem römischen König und dem Vertreter des Ordens zu einem heftigen Streit. Der Ordensvertreter auf dem Konzil bat, man möge die polnische Seite fragen, ob sie denn König Siegmund als ihren obersten Herrn anerkenne. Der König seinerseits richtete diese Frage aber an den Orden, dem er vorwarf, immer wieder auszuweichen und sich dem Kaiser und dem Papst stets durch die Berufung auf den jeweils anderen zu entziehen. Der Orden legte außerordentlichen Wert darauf, nicht vom Kaiser abhängig zu sein, aber das war ein durchsichtiges Manöver, dem polnischen König gerade diese Abhängigkeit aufdrängen zu wollen.

Diese, modern gesprochen, dramatische Konfliktsituation las Boockmann aus scheinbar trockenen Urkunden heraus, die aber die wechselseitige Interessenlage aller Parteien sehr genau spiegelte. Der Orden konnte mit seinen Besitzungen ja tatsächlich durchaus als Teil des Reiches betrachtet werden, wie er auch selbstverständlich die Reichstage beschickte. Ordensritter gehörten aber zu den engsten Beratern des polnischen Königs, woraus der Orden die Forderung ableitete, in der Not durch den König geschützt zu werden. Ein sozusagen abstraktes Verfassungsproblem wurde auf solche Weise bei Boockmann als gleichsam verwickelter Machtkomplex verständlich. Plötzlich wird der ganze Streit auf dem Konzil von Konstanz dramatisch und lebendig für den Leser.

Ein anderes Beispiel für diese Kraft der Vergegenwärtigung der Geschichte ist Boockmanns Darstellung der schwierigen Frage, wie aus dem König *in* Preußen im Laufe der Zeit schon ein König *des* brandenburgisch-preußischen Gesamtstaats geworden war. Friedrich dem Großen lag außerordentlich daran, die Einschränkungen, die mit dem Königstitel seit 1701 verbunden waren, in aller Form zu überwinden. So trat in dem Vertrag 1773 der »König *von* Preußen« als Partner der polnischen Krone auf, womit die immer noch existierenden Reste einer Lehensbindung an Polen beseitigt waren. Die Annexion der einstigen Ordensgebiete rechts der Weichsel, zum Beispiel der Marienburg, sollte damit gerechtfertigt werden, daß der preußische König die ihm erbrechtlich zustehende Stadt Danzig noch nicht erhalten und ihm das erbrechtlich ebenfalls zustehende Pommerellen vorenthalten worden sei. Solche komplizierten Überlegungen standen hinter dem Konflikt zwischen dem König und seinen Ministern, die sich ihrerseits auf historische Argumente und Erwägungen stützten, was aber der König einfach vom Tisch wischte. Er vereinigte das ganze Preußen, um so eine Art von Königreich außerhalb Brandenburgs zu besitzen.

Boockmann macht deutlich, daß in einem solchen Fall – wie auch im Fall des Ausgreifens auf Schlesien – die rechtlichen Argumente nur ein dünner Schleier waren, hinter dem sich die auf Stärkung seines Staates gerichtete Politik Friedrichs II. nur mühsam verkleidete. Es ging Friedrich dem Großen stets um die Abrundung Brandenburg-Preußens und damit um die Erweiterung der Bewegungsfreiheit des Königs. Plötzlich wird in Boockmanns Darstellung ein scheinbar reiner Kabinettskonflikt ein dramatischer Vorgang, hinter dem höchst reale Machtpolitik zum Ausdruck kam. Friedrich II. wird als Machtpolitiker sichtbar, und es wird greifbar, was bis dahin nur eine theoretische Auseinandersetzung zwischen dem König und seinen Ministern zu sein schien.

Ein drittes Beispiel für Boockmanns Fähigkeit, das Gewesene sehr gegenwärtig, ja höchst spannend zu machen. Es geht um das ökonomische Zurückbleiben Ostdeutschlands im 19. Jahrhundert, das allmählich eine unterentwickelte Region wird. Er legt Tabellen vor, welchen Prozentsatz der Gesamtbevölkerung die in Industrie, Handwerk und Bergbau beschäftigten Erwerbstätigen im Gesamtdeutschland im 19. Jahrhundert gehabt haben. Das Königreich Preußen steigert im vorigen Jahrhundert diesen Anteil der wirtschaftlich Tätigen von 30 auf 43 Prozent der Bevölkerung, das Königreich Sachsen auf fast 60 und die Rheinprovinz von 40 auf 55 Prozent. Ost- und Westpreußen nehmen an dieser stürmischen Entwicklung tatsächlich kaum teil. Eine langweilige Statistik, der man in vielen Büchern begegnet. Aber Boockmann schließt daran Erwägungen, ob sich Ostdeutschland im 19. Jahrhundert wirklich zu einer unterentwickelten Region entwickelte. Mit der Vertreibung der deutschen Bevölkerung nach 1945 hätte diese Entwicklung nur ihr logisches Ende gefunden, und Deutschland habe damit seine Notstandsregionen – allerdings unfreiwillig – abgestoßen. Das hat eine vermeintlich nüchterne und realistische Sozialgeschichte daraus gefolgert. Boockmann verneint diese These entschieden, und zwar mit dem schlagenden Argument, daß dann ja auch Mecklenburg, Schleswig und manche Teile Württembergs hätten verloren gehen müssen. So wird eine Aufstellung reiner Statistik wiederum zugleich höchst politisch und ganz gegenwärtig. Der Zusammenhang zwischen wirtschaftlicher und demographischer Entwicklung mit dem politischen Schicksal der östlichen Provinzen Preußens und damit des Reiches wird so in ganz neuer Beleuchtung gesehen. Deutschland kennt heute ein vielfältiges staatliches und außerstaatliches Instrumentarium der Wirtschaftsförderung; aber im 19. Jahrhundert habe es eine solche staatliche Regulierung der Wirtschaftsentwicklung nur sehr in Grenzen gegeben. Die Regionen West- und Ostpreußens mußten sich auf ihre eigene Dynamik und Vitalität verlassen und konnten sich nicht auf Instrumente staatlicher »Regionalförderung« stützen. Also gerade bei nüchterner, auf die reale Entwicklung blickender Betrachtung läßt sich rückschauend nicht sagen, daß der Osten »am Rande des Reiches« lebte. Man darf, so Boockmanns Schlußfolgerung, ein Zurückbleiben von Entwicklungen im 19. Jahrhundert nicht als erstes Anzeichen jener Katastrophe verstehen, die nach 1945 über diese Regionen kam. »Um 1900 konnte man in Ostpreußen den Eindruck haben, mitten in Deutschland zu leben.«

Das ist das eine, was die Lektüre von Boockmanns Büchern so spannend macht. Das andere ist, daß Boockmann in Bildern sah und dachte, weshalb es stets ein Vergnügen war, wenn er die Bildlegenden selber formulierte. Das ergab oft Kabinettstücke historischer Miniaturen. Da schließt er aus einer Aufnahme von drei Bürgerhäusern am Altstädtischen Ring in Thorn mit ihren hochbarocken Fassaden, wie es im ganzen Ostseeraum eine übereinstimmende Struktur der Grundstücksbebauung gab, die man am Rhein oder an der Donau niemals finden würde. Er führt an einem Mauerstück der Marienburg vor, wie die Geschichte überall ihre Spuren hinterlassen hat. Gerade an dem Hochschloß der Marienburg sähe man, wie die Verwaltung Friedrichs des Großen die Fenster des Hochschloßes zumauern ließ, um das Gebäude als Magazin nutzen zu können, was wiederum ein anderes Verhältnis zur Geschichte und zur Baukunst signalisiert.

Mitunter wird die emotionale Beteiligung des Autors an diesen Bildunterschriften deutlich, weil es die Heimat des in Marienburg Geborenen ist; es ist ja seine eigene Sache, wenn er vom verlorenen Osten spricht. Am schmerzlichsten wird das an der Abbildung der alten Alleen in Ostpreußen und Westpreußen greifbar, die heute ins

»Nirgendwo« führten. Das Ende einer vielhundertjährigen ostpreußischen Kultur wird ihm an den jahrhundertealten Linden deutlich, die Friedrich Graf Dönhoff um 1747 von seinem Schloß Friedrichstadt nach Löwenhagen pflanzen ließ. Selbst in der lapidaren Formulierung, daß diese Baumriesen heute »von einer Trümmerstätte nach Komsomolsk führen«, ist die schmerzliche Empfindung des Autors angesichts der zu Schanden gewordenen ostdeutschen Geschichte spürbar. Boockmann, ein strenger Historiker, drängt sein Gefühl in solchen Fällen zurück. Hat das dazu beigetragen, daß ihn gerade die polnischen Historiker so überaus schätzten und ihn immer wieder zu Tagungen einluden, so daß er neben seinem Kollegen Klaus Zernack ein ständiger Gast auf polnischen Konferenzen war? Vielleicht lag das auch daran, daß Boockmann ein völlig freies Verhältnis zu der verwickelten deutsch-polnischen Geschichte hatte, die ja lange Zeit kaum zu trennen war.

Das betraf nicht nur die jüngsten Phasen, als deutscher und polnischer Nationalismus aufeinanderprallten und die deutsche Seite von Neuland für deutsche Neusiedler weit hinter der Ukraine träumte, während polnische Historiker alle Gebiete zurückphantasierten, die einmal polnisch besiedelt gewesen waren, was noch an den ursprünglich slawischen Endungen mancher Ortsnamen zu sehen sei. Selbst Gebiete in Schleswig-Holstein wurden in den zwanziger Jahren vom polnischen Chauvinismus zurückgesehnt, weil Ortsnamen wie Greben signalisierten, daß sie einst Grebin geheißen haben mußten.

Schon was die Anfänge der deutschen Ostsiedlung anlangt, nahm Boockmann den Standpunkt eines Betrachters ein, der die Partei keiner Seite ergreift. So widersprach er der Auffassung, daß »eine überlegene Armee von Berufskriegern und ein harmloses Naturvolk« einander bei der Landnahme des Deutschen Ordens gegenüberstanden. Zum einen hätten die Krieger des Deutschen Ordens eher nach Hunderten als nach Tausenden gezählt, und zum zweiten habe dieser Orden ja nur zu einem geringen Teil aus deutschen Ordensrittern bestanden. Neben Kreuzfahrern aus dem Reich hätten auch Kreuzfahrer aus Polen, Böhmen und anderen Ländern für den Orden gekämpft, die übrigens jedesmal neu für den Orden gewonnen werden mußten. Mit der »deutschen Landnahme im Osten« sei es also zwiespältig bestellt gewesen, aber auch mit einer nationalpolnischen Gegenwehr, die es genausowenig gegeben habe:

»Die in neuerer Zeit nicht selten geäußerte Meinung, der Orden habe Pruszen damals nicht nur im Zuge von Kriegshandlungen umgebracht, sondern sie mit der Absicht ausgerottet, das Land für deutsche Siedler freizumachen, ist anachronistisch. Sie entstammt Vorstellungen – und Möglichkeiten! – des 19. und 20. Jahrhunderts.«

Wer so bei allem persönlichem Erleben über den Dingen steht und sie von einer gleichsam neutralen Warte sieht, steht über den Parteiungen. Auch das hat Hartmut Boockmann zu einem der großen Historiker des deutschen Ostens gemacht. Während der Arbeit am letzten Werk, der Geschichte der deutschen Universität, hat ihm der Tod unerwartet die Feder aus der Hand genommen; am 15. Juni 1998 wurde er aus einer Fülle von Plänen gerissen. Auch sein Buch über Geist und Geschichte der Universität, als der eigentlich europäischen Leistung des Bildungswesens, blieb unvollendet. Gerade an den letzten Kapiteln kommt sein Temperament so unverblümt zum Ausdruck, daß es zweifelhaft ist, ob er es so aus der Hand gegeben hätte. Wer mehr als zwei Jahrzehnte mit Boockmanns Art zu denken und zu schreiben umgegangen ist, sieht ziemlich deutlich, wo er noch einmal Hand angelegt hätte. Aber der große Atem ist überall zu spüren, der ihn befähigte, auch im Kleinen das Große durchscheinen zu lassen.

Wolf Jobst Siedler

# Anmerkungen

1 Herbert Grundmann, Vom Ursprung der Universität im Mittelalter (Berichte über die Verhandlungen der sächsischen Akademie der Wissenschaften zu Leipzig, Philologisch-Historische Klasse, Bd. 103, H. 2), Berlin 1959, S. 39.
2 Ebd., S. 65.
3 Wolfram von den Steinen, Rezension in: Historische Zeitschrift 186, 1958, S. 117.
4 Gerhard Zschäbitz, Staat und Universität Leipzig zur Zeit der Reformation, in: Karl-Marx-Universität Leipzig 1409–1959, Bd. 1, S. 34–67, hier S. 35, Anm. 4.
5 Siegfried Hoyer, Rezension in: Zeitschrift für Geschichtswissenschaft, 6. Jg., 1958, H. 5, S. 1176.
6 Karl Marx, Friedrich Engels, Werke, Bd. 3, Berlin 1969, S. 535. Sog. 11. Feuerbach-These.
7 Geschichte der Universität in Europa, hg. v. Walter Rüegg, Bd. 1, Mittelalter, München 1993, S. 154f.
8 Helene Wieruszowski, The Medieval University: Masters, Students, Learning, Princeton, N. Y., 1966, S. 15f.
9 Geschichte der Universität (wie Anm. 7), S. 83–86 mit Anm. 7.
10 Vgl. Alfred Wendehorst, Wer konnte im Mittelalter lesen und schreiben? in: Schulen und Studium im sozialen Wandel des hohen und späten Mittelalters, Vorträge und Forschungen 30, Sigmaringen 1986, S. 9–34, hier S. 25. Wolfram von Eschenbach, Parzival, v. 115, 27.
11 Arno Borst, Ein Forschungsbericht Hermanns des Lahmen, in: Deutsches Archiv 40, 1984, S. 379–477, hier S. 385.
12 Ders., Mönche am Bodensee 610–1525 (Bodensee-Bibliothek Bd. 5), Sigmaringen 1978, S. 109.
13 Ders., Computus – Zeit und Zahl im Mittelalter, in: Deutsches Archiv 44, 1988, S. 1–82, hier S. 34.
14 Ebd., S. 33.
15 Joachim Ehlers, Deutsche Scholaren in Frankreich während des 12. Jahrhunderts, in: Schulen und Studium (wie Anm. 10), S. 97–120, hier S. 104.
16 Ebd., S. 105.
17 Geschichte der Universität (wie Anm. 7), S. 26.
18 Vgl. Jürgen Miethke, Die Studenten, in: Unterwegssein im Mittelalter (Beiheft 1 der Zeitschrift für Historische Forschung), 1985, S. 51.
19 Thomas von Aquino, Summe der Theologie, hg. v. Joseph Bernhart, Bd. 3, 2. Aufl. Stuttgart 1954, S. 187–192.
20 Quellen zur Verfassungsgeschichte des Römisch-Deutschen Reiches im Spätmittelalter (1250–1500) (Ausgewählte Quellen zur deutschen Geschichte des Mittelalters 33), Freiherr vom Stein Gedächtnisausgabe, hg. v. Lorenz Weinrich, Darmstadt 1983, S. 392–395.

21 Urkundenbuch der Universität Wittenberg I, bearb. v. W. Friedensburg, Magdeburg 1926, Nr. 56, S. 76.
22 Ebd.
23 Friedrich Zarncke, Die Deutschen Universitäten im Mittelalter, Leipzig 1857, S. 1–48.
24 Erich Kleineidam, Universitas Studii Erffordensis I, 2. Aufl. Leipzig 1985, S. 250–254.
25 Friedrich Zarncke (wie Anm. 23), S. 137.
26 Ebd., S. 128.
27 Erich Meuthen, Kölner Universitätsgeschichte, Bd. 1, Köln, Wien 1988, S. 106f.
28 UB Wittenberg (wie Anm. 21), Nr. 41, S. 65.
29 Ebd., Nr. 42, S. 66f.
30 Ebd., Anm. 1.
31 Ebd., Nr. 43, S. 67.
32 Vgl. dazu: Hermann Heimpel, Die Vener von Gmünd und Straßburg 1162–1447 (Veröffentlichungen des Max-Planck-Instituts für Geschichte 52, Bd. 1), Göttingen 1982, S. 384–396.
33 Der Text ist gedruckt in: Martin Luther. Sein Leben in Bildern und Texten, hg. v. Gerhard Bott, Gerhard Ebeling, Bernd Moeller, Frankfurt am Main 1983, Nr. 149, S. 182f.
34 Peter Moraw, 375 Jahre Universität Gießen – Kontinuität im Wandel, in: Gießener Universitätsblätter H. 1, 1983, S. 7–21, hier S. 10f.
35 Leopold von Ranke, Zwölf Bücher Preußischer Geschichte (Ranke-Gesamtausgabe der Deutschen Akademie, Bd. 1), München 1930, S. 513.
36 Œuvres de Frédéric le Grand, hg. v. Johann David Erdmann Preuss, 27, Part 3, Tome 12, Berlin 1856, S. 185.
37 Richard Fester, »Der Universitäts-Bereiser« Friedrich Gedike und sein Bericht an Friedrich Wilhelm II. (1. Ergänzungsheft des Archivs für Kulturgeschichte), Berlin 1905, S. 75.
38 Ders., S. 84.
39 Ders., S. 21f.
40 Ders., S. 23.
41 Ders., S. 13f.
42 Rudolf Köpke, Die Gründung der Königlichen Friedrich-Wilhelms-Universität zu Berlin, Berlin 1860, S. 37.
43 Vgl. Ulrich Muhlack, Die Universitäten im Zeichen von Neuhumanismus und Idealismus, in: Beiträge zu Problemen deutscher Universitätsgründungen der frühen Neuzeit (Wolfenbütteler Forschungen 4), 1978, S. 299–340, hier S. 301.
44 Kaiser Joseph II. in der Studien-Hof-Commission vom 25. November 1782. Vgl. Rudolf Kink, Geschichte der kaiserlichen Universität zu Wien, Bd. 1, Theil 1, Wien 1854, S. 547, Anm. 728.
45 Ulrich Muhlack (wie Anm. 43), S. 305.
46 Ebd., S. 308.
47 Max Lenz, Geschichte der Königlichen Friedrich-Wilhelms-Universität zu Berlin, Bd. 1, Berlin 1910, S. 117.
48 Immanuel Kant, Der Streit der Fakultäten, Werke in sechs Bänden, hg. v. Wilhelm Weischedel, Bd. 6, Darmstadt 1966, S. 261–393, hier S. 282.
49 Max Lenz (wie Anm. 47), S. 99.
50 Das Zitat bei Ulrich Muhlack (wie Anm. 43), S. 309.

51 Wilhelm v. Humboldt, Gesammelte Schriften, hg. v. d. Preußischen Akademie der Wissenschaften, Bd. 10, Berlin 1903, S. 253, zit. nach Ulrich Muhlack (wie Anm. 43), S. 311.
52 Ebd., S. 324.
53 Jacob Grimm, Über meine Entlassung, in: Jacob Grimm. Kleinere Schriften, hg. v. Karl Müllenhoff, 2. Aufl. Berlin 1879, S. 36f.
54 Vgl. Karl-Heinz Manegold, Universität, Technische Hochschule und die Industrie, Schriften zur Wirtschafts- und Sozialgeschichte, Berlin 1970, S. 87.
55 [Robert von Mohl], Ueber Staatsdienstprüfungen, in: Deutsche Vierteljahrs Schrift 1841, H. 4, S. 79–103, hier S. 100.
56 Bernhard Vom Brocke, »Wissenschaft und Militarismus«, der Aufruf der 93 »An die Kulturwelt«... in: Wilamowitz nach 50 Jahren, hg. v. W. M. Calder III u. a., 1985, S. 717.
57 Hermann Heimpel, Aspekte, hg. v. Sabine Krüger, Göttingen 1995, S. 237.
58 Vgl. Ilko-Sascha Kowalczuk, Die Historiker der DDR und der 17. Juni 1953, in: Geschichte in Wissenschaft und Unterricht 44, 1993, S. 705 bis 724, hier S. 707f.
59 Ebd., S. 721.
60 Die Universität Göttingen unter dem Nationalsozialismus, hg. v. H. Becker u. a., 2. Aufl. München 1998, S. 347f.
61 Die drei letzten Abschnitte dieses Buches sind entnommen aus: Hartmut Boockmann, Göttingen. Geschichte und Gegenwart einer europäischen Universität, Göttingen 1997, S. 10, 82, 86.

# Bibliographie

## Gesamtdarstellungen

Cobban, A. B.: The Medieval Universities: Their Development and Organisation, London 1975.
Denifle, H.: Die Entstehung der Universitäten des Mittelalters bis 1400, Berlin 1885.
Geschichte der Universität in Europa, hg. v. Walter Rüegg, Bd. 1: Mittelalter, München 1993; Bd. 2: Von der Reformation bis zur Französischen Revolution 1500–1800, München 1996.
Kaufmann, G.: Geschichte der deutschen Universitäten, 2 Bde., Stuttgart 1888–1896.
Rashdall, H.: The Universities of Europe in the Middle Ages, 3 Bde., Oxford 1895, 2. Aufl. 1936.

## Monographie zu übergreifenden Themen

Eulenburg, F.: Die Frequenz der deutschen Universitäten von ihrer Gründung bis zur Gegenwart, Leipzig 1904.
Kibre, P.: The Nations in the Medieval Universities, Cambridge 1948.
Ders.: Scholarly Privileges in the Middle Ages, London 1961.
Schwinges, R. Chr.: Deutsche Universitätsbesucher im 14. und 15. Jahrhundert, Stuttgart 1986.

## Aufsätze und Essays

Classen, P.: Studium und Gesellschaft im Mittelalter, Stuttgart 1983.
Esch, A.: Die Anfänge der Universität im Mittelalter. Berner Universitätsreden, Bern 1985.
Oexle, O.G.: Alteuropäische Voraussetzungen des Bildungsbürgertums – Universitäten, Gelehrte und Studierte, in: Bildungsbürgertum im 19. Jahrhundert 1, hg. v. W. Conze u. J. Kocka, Stuttgart 1985.
Rebirth, Reform and Resilence. Universities in Transition 1300–1700, hg. v. J. M. Kittelson u. P. J. Transue, 1984.
Schulen und Studium im sozialen Wandel des hohen und späten Mittelalters, hg. v. J. Fried (Vorträge und Forschungen 30), Sigmaringen 1986.

Studien zum städtischen Bildungswesen des späten Mittelalters und der frühen Neuzeit, hg. v. B. Moeller u. a. (Abhandlungen der Akademie der Wissenschaften in Göttingen, Philologisch-Historische Klasse, 3. Folge, 137), Göttingen 1983.

The Universities in the Late Middle Ages, hg. v. J. Ijsewijn u. J. Paquet, 1978.

Universities in Politics. Case Studies from the Late Middle Ages and Early Modern Period, hg. v. J. W. Baldwin u. R. G. Goldwhaite, 1972.

## Exemplarische Darstellungen der Geschichte einzelner deutscher Universitäten

Bonjour, E.: Die Universität Basel von den Anfängen bis zur Gegenwart 1460–1960, Basel 1960, 2. Aufl. 1971.

Kleineidam, E.: Universitas Studii Erffordensis, 2. Aufl. Leipzig 1985.

Meuthen, E.: Kölner Universitätsgeschichte 1: Die alte Universität, Köln 1988.

Ritter, G.: Die Heidelberger Universität. Ein Stück deutscher Geschichte, 1: Das Mittelalter (1386–1508), Heidelberg 1936.

## Überblicksdarstellungen; Kulturgeschichte der Universitäten

Ellwein, Th.: Die deutsche Universität vom Mittelalter bis zur Gegenwart, Königstein 1985.

Fläschendräger, W., u. M. Straube: Magister und Scholaren, Professoren und Studenten. Geschichte der deutschen Universitäten im Überblick, Leipzig, Jena, Berlin 1981.

Müller, R. A.: Geschichte der Universität, München 1990.

Reicke, E.: Der Gelehrte in der deutschen Vergangenheit, Leipzig 1900.

Ders.: Magister und Scholaren, Leipzig 1901.

Schulze, F., u. P. Ssymank: Das deutsche Studententum von den ältesten Zeiten bis zur Gegenwart, 2. Aufl. Leipzig 1910, München 1932.

Wieruszowski, Helene: The Medieval University. Masters, Students, Learning, Princeton N.Y. 1966.

## Übergreifende Titel zur Nachkriegszeit

Deutsche Hochschullehrer als Elite: 1815–1945, hg. v. K. Schwabe, Boppard 1988.

Jarausch, H.: Deutsche Studenten 1800–1970, Frankfurt am Main 1984.

Kaelble, H.: Chancenungleichheit und akademische Ausbildung in Deutschland 1910–1960. Geschichte und Gesellschaft 1, Göttingen 1973.

Titze, H., u. a.: Prüfungsauslese und Berufszugang der Akademiker 1860–1940, in: Göttinger Sozialwissenschaften heute, hg. v. P. Lösche, Göttingen 1990.

Die deutsche Universität im 20. Jahrhundets, hg. v. K. Strobel, Vierow b. Greifswald 1994.

## Bibliographien

Erdmann, W., u. E. Horn: Bibliographie der deutschen Universitäten, 1905.
Goldmann, K.: Verzeichnis der Hochschulen, 1967.

## Zum Kapitel 1

Borst, A.: Astrolab und Klosterreform an der Jahrtausendwende. Sitzungsberichte der Heidelberger Akademie der Wissenschaften, Philosophisch-Historische Klasse, 1989, 1, Heidelberg 1989.
Ders.: Computus. Zeit und Zahl im Mittelalter. Deutsches Archiv 44, 1988.
Ders.: Ein Forschungsbericht Hermanns des Lahmen. Deutsches Archiv 40, 1984.
Classen, P.: Die hohen Schulen und die Gesellschaft im 12. Jahrhundert, in: Archiv für Kulturgeschichte 48, 1966, S. 155–180.
Ders.: Libertas scolastica – Scholaren – Privilegien – Akademische Freiheit, in: Studium und Gesellschaft im Mittelalter, Stuttgart 1983.
Ehlers, J.: Deutsche Scholaren in Frankreich während des 12. Jahrhunderts, in: Schulen und Studium im sozialen Wandel des hohen und späten Mittelalters, hg. v. J. Fried (Vorträge und Forschungen 30), Sigmaringen 1986.
Fried, J.: Die Bamberger Domschule und die Rezeption von Frühscholastik und Rechtswissenschaft in ihrem Umkreis bis zum Ende der Stauferzeit. Ebd.
Grubmüller, K.: Der Lehrgang des Triviums und die Rolle der Volkssprache im späten Mittelalter, in: Studien zum städtischen Bildungswesen des späten Mittelalters und der frühen Neuzeit, hg. v. B. Moeller u. a. (Abhandlungen der Akademie der Wissenschaften in Göttingen, Philologisch-Historische Klasse, 3. Folge, 137), Göttingen 1983.
Wendehorst, A.: Wer konnte im Mittelalter lesen und schreiben? in: Schulen und Studium im sozialen Wandel des hohen und späten Mittelalters, hg. v. J. Fried (Vorträge und Forschungen 30), Sigmaringen 1986.

## Zum Kapitel 2

Acta nationis Germanicae Bononiensis, hg. v. E. Friedländer u. C. Malagola, Berlin 1887.
Bemerkungen zur Personen- und Memorialforschung nach dem Zeugnis von Abaelard und Heloise, in: Memoria in der Gesellschaft des Mittelalters, hg. v. D. Geuenich u. O. G. Oexle, Göttingen 1994.
Fried, J.: Die Entstehung des Juristenstandes im 12. Jahrhundert, Köln, Wien 1974.

Handbuch der Quellen und Literatur der neueren europäischen Privatrechtsgeschichte 1. Mittelalter, hg. v. H. Coing, München 1973.

Knod, G. C.: Deutsche Studenten in Bologna, Berlin 1899.

Miethke, J.: Die Kirche und die Universitäten im 13. Jahrhundert, in: Schulen und Studium im sozialen Wandel des hohen und späten Mittelalters, hg. v. J. Fried (Vorträge und Forschungen 30), Sigmaringen 1986.

Steffen, W.: Die studentische Autonomie im mittelalterlichen Bologna, Bern, Frankfurt am Main 1981.

## Zum Kapitel 3

Moraw, P.: Die Juristenuniversität in Prag (1372–1419), in: Schulen und Studium im sozialen Wandel des hohen und späten Mittelalters, hg. v. J. Fried (Vorträge und Forschungen 30), Sigmaringen 1986.

Ders.: Die Universität Prag im Mittelalter. Grundzüge ihrer Geschichte im europäischen Zusammenhang, in: Lebenslehren und Weltentwürfe im Übergang vom Mittelalter zur Neuzeit, hg. v. H. Boockmann u. a., Göttingen 1989.

## Zum Kapitel 4

Boockmann, H.: Spätmittelalterliche deutsche Stadt-Tyrannen. Blätter für deutsche Landesgeschichte 119, 1983.

Diener, H.: Die Gründung der Universität Mainz 1467–1477, Wiesbaden 1974.

Friedensburg, W.: Geschichte der Universität Wittenberg, Magdeburg 1912.

Heinrich, G.: Frankfurt und Wittenberg. Zwei Universitätsgründungen im Vorfeld der Reformation, in: Beiträge zu Problemen deutscher Universitätsgründungen der frühen Neuzeit (Wolfenbütteler Forschungen 4), 1978.

450 Jahre Martin-Luther-Universität Halle-Wittenberg, Halle, Wittenberg 1952.

Rexroth, F.: Deutsche Universitätsstiftungen von Prag bis Köln (Beihefte zum Archiv für Kulturgeschichte 34), Köln, Weimar, Wien 1992.

Sauer, H.: Hansestädte und Landesfürsten. Die wendischen Hansestädte in der Auseinandersetzung mit den Fürstenhäusern Oldenburg und Mecklenburg während der zweiten Hälfte des 15. Jahrhunderts (Quellen und Darstellungen zur Hansischen Geschichte 16), Köln, Wien 1971.

Schmidt, R.: Die Ausstattung der Universität Greifswald durch Herzog Wartislaw IX. und Bürgermeister Heinrich Rubenow, in: Pommern und Mecklenburg, hg. v. dems., Köln, Wien 1982.

Schmidt, R.: Rostock und Greifswald. Die Errichtung von Universitäten im norddeutschen Hanseraum, in: Beiträge zu Problemen deutscher Universitätsgründungen der frühen Neuzeit (Wolfenbütteler Forschungen 4), 1978.

Schnitzler, Elisabeth: Die Gründung der Universität Rostock 1419 (Mitteldeutsche Forschungen 73), Köln, Wien 1974.

Schubert, E.: Motive und Probleme deutscher Universitätsgründungen des 15. Jahrhunderts, in: Beiträge zu Problemen deutscher Universitätsgründungen der frühen Neuzeit (Wolfenbütteler Forschungen 4), 1978.

## Zum Kapitel 5

Bernhard, M.: Goswin Kempgyn de Nussia Trivita Studentium. Eine Einführung in das Universitätsstudium aus dem 15. Jahrhundert, München 1976.

Friedensburg, W.: Urkundenbuch der Universität Wittenberg 1, Magdeburg 1926.

Heimpel, H.: Die Vener von Gmüd und Straßburg, Veröffentlichungen des Max-Planck-Instituts für Geschichte 52, Göttingen 1982, S. 384–396.

Meier, L.: Die Rolle der Theologie im Erfurter Quodlibet. Recherches de Théologie ancienne et medievale 17, 1950.

Michael, B.: Johannes Buridan. Studien zu seinem Leben, seinen Werken und zur Rezeption seiner Theorien im Europa des späten Mittelalters. Diss. Berlin 1985.

Miethke, J.: Die Studenten, in: Unterwegssein im Mittelalter (Beiheft 1 der Zeitschrift für Historische Forschung), Berlin 1985.

Piltz, A.: Die gelehrte Welt des Mittelalters, Köln, Wien 1982.

Schwinges, R. Chr.: Studentische Kleingruppen im späten Mittelalter, in: Politik, Gesellschaft, Geschichtsschreibung. Gießener Festgabe für F. Graus, Köln 1982.

Zarncke, F.: Die Deutschen Universitäten im Mittelalter, Leipzig 1857.

## Zum Kapitel 6

Benrath, G. A.: Die deutsche evangelische Universität der Reformationszeit, in: Universität und Gelehrtenstand 1400–1800, hg. v. H. Rössler u. G. Franz, Limburg 1970.

Helbig, H.: Die Reformation der Universität Leipzig im 16. Jahrhundert (Schriften des Vereins für Reformationsgeschichte 171), Gütersloh 1953.

Dickerhof, H.: Europäische Traditionen und »deutscher Universitätsraum«. Formen und Phasen akademischer Kommunikation, in: Die Bedeutung der Kommunikation für Wirtschaft und Gesellschaft, hg. v. H. Pohl, Stuttgart 1989.

Hammerstein, N.: Universitäten und Reformation. Historische Zeitschrift 258, 1994.

Der Humanismus und die oberen Fakultäten, hg. v. G. Keil u. a., Weinheim 1987.

Hütter, Elisabeth: Die Pauliner-Universitätskirche zu Leipzig. Geschichte und Bedeutung, Weimar 1993.

Krammer, O.: Bildungswesen und Gegenreformation, Würzburg 1988.

Kristeller, P. O.: Humanismus und Renaissance 1, München 1974.

Meuthen, E.:Charakter und Tendenzen des deutschen Humanismus, in: Säkulare Aspekte der Reformationszeit, hg. v. H. Angermeier, München 1983.

Moraw, P.: Die Anfänge der Universität Gießen im Rahmen der deutschen Universitätsgeschichte. Reformation und konfessionelles Zeitalter, Gießen 1982.

Ders.: 375 Jahre Universität Gießen. Kontinuität im Wandel, Gießener Universitätsblätter 1983.

Schubert, E.: Zur Typologie gegenreformatorischer Universitätsgründungen: Jesuiten in Fulda, Würzburg, Ingolstadt und Dillingen, in: Universität und Gelehrtenstand 1400–1800, hg. v. H. Rössler u. G. Franz, Limburg 1970.

## Zum Kapitel 7

Boockmann, H.: Göttingen. Geschichte und Gegenwart einer europäischen Universität, Göttingen 1997.

Fester, R.:»Der Universitäts-Bereiser« Friedrich Gedike und sein Bericht an Friedrich Wilhelm I. (1. Ergänzungsheft des Archivs für Kulturgeschichte), Berlin 1905.

Die Geschichte der Verfassung und der Fachbereiche der Georg-August-Universität zu Göttingen, hg. v. H.-G. Schlotter, Göttingen 1994.

Hammerstein, N.: Jus und Historie. Ein Beitrag zur Geschichte des historischen Denkens an deutschen Universitäten im späten 17. und 18. Jahrhundert, Göttingen 1972.

Ders.: Die Universitätsgründungen im Zeichen der Aufklärung, in: Beiträge zu Problemen deutscher Universitätsgründungen der frühen Neuzeit (Wolfenbütteler Forschungen 4), 1978.

Lenz, M.: Geschichte der Königlichen Friedrich-Wilhelms-Universität zu Berlin, Berlin 1910–1918.

Maier, Hans: Aufklärung, Pietismus, Staatswissenschaft. Die Universität Halle nach 300 Jahren, in: Historische Zeitschrift 261, 1995.

Marino, L.: Praeceptores Germaniae. Göttingen 1770–1820, 1995.

Muhlack, U.: Die Universitäten im Zeichen von Neuhumanismus und Idealismus: Berlin, in: Beiträge zu Problemen deutscher Universitätsgründungen der frühen Neuzeit (Wolfenbütteler Forschungen 4), 1978.

Rößler, E. F.: Die Gründung der Universität Göttingen, Göttingen 1855.

Schelsky, H.: Einsamkeit und Freiheit. Idee und Gestalt der deutschen Universität und ihrer Reform, Hamburg 1963.

Schrader, W.: Geschichte der Friedrichs-Universität zu Halle, Halle 1894.

Selle, G. v.: Die Georg-August-Universität zu Göttingen, Göttingen 1937.

Zur geistigen Situation zur Zeit der Göttinger Universitätsgründung, hg. v. J. v. Stackelberg, Göttingen 1988.

Stolleis, M.: Geschichte des öffentlichen Rechts in Deutschland 1, München 1988.

Vossler, O.: Humboldts Idee der Universität. Historische Zeitschrift 178, 1954.

Weischedel, W.: Idee und Wirklichkeit einer Universität. Dokumente zur Geschichte der Friedrich-Wilhelms-Universität zu Berlin, Berlin 1960.

## Zum Kapitel 8

Bildungsbürgertum im 19. Jahrhundert 1. Bildungssystem und Professionalisierung im internationalen Vergleich, hg. v. W. Conze u. J. Kocka, Stuttgart 1985.

Boehm, Laetitia: Von den Anfängen des akademischen Frauen-Studiums in Deutschland. Historisches Jahrbuch 77, 1985.

Hardtwig, W.: Studentische Mentalität – politische Jugendbewegung – Nationalismus. Die Anfänge der deutschen Burschenschaft. Historische Zeitschrift 242, 1986.

Lundgreen, P.: Zur Konstituierung des »Bildungsbürgertums«: Berufs- und Bildungsauslese der Akademiker in Preußen, in: Bildungsbürgertum im 19. Jahrhundert 1. Bildungssystem und Professionalisierung im internationalen Vergleich, hg. v. W. Conze u. J. Kocka, Stuttgart 1985.

Manegold, K.-H.: Universität, Technische Hochschule und die Industrie, Schriften zur Wirtschafts- und Sozialgeschichte, Berlin 1970.

Moraw, P.: Humboldt in Gießen. Zur Professorenberufung an einer deutschen Universität des 19. Jahrhunderts. Geschichte und Gesellschaft 10, 1984.

Nowak, K.: Historische Einführung, in: Adolf von Harnack als Zeitgenosse, hg. v. dems. 1, Berlin 1996.

Die Promotion von Karl Marx – Jena 1841, hg. v. E. Lange u. a., 1983.

Richarz, Monika: Der Eintritt der Juden in die akademischen Berufe, Tübingen 1974.

Schmeiser, M.: Akademischer Hasard. Das Berufsschicksal des Professors und das Schicksal der deutschen Universität 1870–1920, Stuttgart 1994.

Schubert, E.: Die Geschichte der Habilitation, in: 250 Jahre Friedrich-Alexander-Universität Erlangen, hg. v. H. Kössler, Erlangen 1993.

Titze, H.: Der Akademikerzyklus, Göttingen 1990.

Vom Brocke, B.: Hochschul- und Wissenschaftspolitik in Preußen und im deutschen Kaiserreich 1882–1907: Das »System Althoff«, in: Bildungspolitik in Preußen zur Zeit des Kaiserreichs, hg. v. P. Baumgart, Stuttgart 1980.

Vom Bruch, R.: Universitätsreform als soziale Bewegung. Zur Nicht-Ordinarienfrage im späten deutschen Kaiserreich. Geschichte und Gesellschaft 10, 1984.

## Zum Kapitel 9

Die Emigration der Wissenschaft nach 1933, hg. v. H. A. Strauss u. a., Berlin 1992.

Die Freiburger Universität in der Zeit des Nationalsozialismus, hg. v. Eckhard John u. a., Freiburg, Würzburg 1991.

Grüttner, M.: Studenten im Dritten Reich, Paderborn 1995.

Hammerstein, N.: Antisemitismus an deutschen Universitäten. 1871–1933, 1995.

Heiber, H.: Die Universität unterm Hakenkreuz, T. 1 u. 2, München 1991/92.

Jarausch, K. H.: Die Vertreibung der jüdischen Studenten und Professoren von der Berliner Universität unter dem NS-Regime, Humboldt-Universität zu Berlin, Öffentliche Vorlesungen, Berlin 1995.

Kater, M. H.: Professoren und Studenten im Dritten Reich. Archiv für Kulturgeschichte 67, 1985.

Lüddecke, A.: Der Fall Saller und die Kontinuität der Rassen-Hygiene. Historische Anthropologie 4, 1996.

Petry, Chr.: Studenten aufs Schafott. Die Weiße Rose und ihr Scheitern, München 1968.

Ringer, F. K.: Die Gelehrten. Der Niedergang der deutschen Mandarine 1890–1933, Stuttgart 1983.

Schwabe, K.: Wissenschaft und Kriegsmoral. Die deutschen Hochschullehrer und die politischen Grundsatzfragen des Ersten Weltkrieges, Göttingen 1969.

Seier, H.: Der Rektor als Führer. Vierteljahrshefte für Zeitgeschichte 12, 1964.

Tollmien, Cordula: »Sind wir noch der Meinung ...«. Emmy Noether 1882–1935. Zugleich ein Beitrag zur Geschichte der Habilitation von Frauen an der Universität Göttingen, Göttinger Jahrbuch 38, 1990.

Vom Brocke, B.: »Wissenschaft und Militarismus« – Der Aufruf der 93 »An die Kulturwelt« ..., in: Wilamowitz nach 50 Jahren, hg. v. W. M. Calder u. a., 1985.

Wissenschaft im Dritten Reich, hg. v. P. Lundgreen, Frankfurt am Main 1985.

## Zum Kapitel 10

DDR-Wissenschaft im Zwiespalt zwischen Forschung und Staatssicherheit, hg. v. D. Voigt u. L. Mertens, Berlin 1995.

Enquete-Kommission »Aufarbeitung von Geschichte und Folgen der SED-Diktatur in Deutschland«, hg. v. Deutschen Bundestag, Protokoll 33. Sitzung 1995.

Hafez, H.: Orientwissenschaft in der DDR, Hamburg 1995.

Herzberg, G., u. K. Meier: Karrieremuster. Wissenschaftlerporträts, Berlin 1992.

Hure oder Muse? Klio in der DDR. Dokumente und Materialien des Unabhängigen Historiker-Verbandes, hg. v. R. Eckert u. a., Berlin 1994.

Küpper, Mechthild: Die Humboldt-Universität, Berlin 1993.

Markov, W.: Zwiesprache mit dem Jahrhundert, Berlin, Weimar 1989.

Sieber, M., u. R. Freytag: Kinder des Systems. DDR-Studenten vor, in und nach dem Herbst '89, Berlin 1993.

Vergangenheitserklärung an der Friedrich-Schiller-Universität Jena, hg. v. Rektor der Friedrich-Schiller-Universität, 1994.

Zwahr, H.: Ende einer Selbstzerstörung. Leipzig und die Revolution in der DDR, Göttingen 1993.

## Zum Kapitel 11

Ash, M. G.: Verordnete Umbrüche – Konstruierte Kontinuitäten. Zur Entnazifizierung von Wissenschaftlern und Wissenschaft nach 1945, Zeitschrift für Geschichtswissenschaft 43, 1995.

Bergmann, U., u. a.: Rebellion der Studenten oder Die neue Opposition, Hamburg 1968.

Bourdieu, P.: Homo academicus, Frankfurt am Main 1988.

Eigen, M., u. a.: Die Idee der Universität. Versuch einer Standortbestimmung, Berlin 1988.

Forschungsgegenstand Hochschule, hg. v. D. Goldschmidt u. a., Frankfurt am Main 1984.

Habermas, J.: Protestbewegung und Hochschulreform, Frankfurt am Main 1969.

Kluge, A.: Die Universitäts-Selbstverwaltung, Frankfurt am Main 1958.

Universitäten in Deutschland, hg. v. Chr. Bode u. a., München 1995.

Universitäten und Hochschulen in Deutschland, Österreich und der Schweiz, hg. v. Laetitia Boehm u. R. A. Müller, Düsseldorf 1983.

# Abbildungsnachweis

## Archive und Leihgeber

action press, Hamburg: 263
  (Photo Cornelius Maas)
AISA, Madrid: 17
Archiv Callwey, München: 158, 177
Archiv für Kunst und Geschichte,
  Berlin: 27, 39, 57, 101, 122, 145,
  162, 188, 189, 205, 229, 248
Archiv der Universitätsbibliothek
  Erlangen-Nürnberg, Erlangen:
  33, 138
Archiv der Universität Prag: 85, 91
Biblioteca del Reale Collegio di
  Spagna, Bologna: 64
Bibliothèque de la Sorbonne, Paris:
  59 (Photo Jean-Loup Chamet)
Bildarchiv Preußischer Kulturbesitz,
  Berlin: 222
Dom St. Nikolai zu Greifswald:
  111 oben
Giraudon, Paris: 54
Heide Hoffmann, Hamburg: 170
Institut für Hochschulkunde,
  Würzburg: 171, 211
Interfoto München: 223
H. König, Berlin: 240
Kustodie der Ernst-Moritz-Arndt-
  Universität Greifswald: 111 unten
Kustodie der Friedrich-Schiller-
  Universität Jena: 198
Landesarchiv Greifswald: 22
Gottfried Ludwig, Leipzig: 246, 247
Museo Civico Medievale,
  Bologna: 71

Werner Neumeister, München: 201
Öffentliche Bibliothek der
  Universität Basel: 94
Österreichische Nationalbibliothek,
  Wien: 77 (Photo Werner Neu-
  meister)
Helmut Scheiter, Göttingen: 202
Staatsarchiv Basel: 119
Stadtarchiv Erfurt: 97, 141
Stadtarchiv und wissenschaftliche
  Stadtbibliothek, Bonn: 96
G. Steiger, Jena: 183
Tiroler Landesmuseum Ferdinan-
  deum, Innsbruck: 199
Ullstein Bilderdienst, Berlin: 150,
  228, 232, 242, 256, 260, 265
Universitätsbibliothek Bologna:
  127
Universitätsbibliothek Cambridge:
  34
Universitätsbibliothek Freiburg im
  Breisgau: 123

## Publikationen

Die Franckeschen Stiftungen zu
  Halle an der Saale, Halle 1926:
  173
Hofmann, Werner: Köpfe der Luther-
  zeit, Hamburg 1974: 144
Schindler, Werner: Badens blutiges
  Jahr, in: Ruperto – Carola Bd. 47,
  1968: 203
»Der Wahre Jacob« 1895: 221

Die Deutsche Bibliothek – CIP-Einheitsaufnahme

Boockmann, Hartmut
Wissen und Widerstand/Hartmut Boockmann
– 1. Aufl. – Berlin: Siedler, 1999
ISBN 3-88680-617-0
NE: Boockmann, Hartmut:

© 1999 by Siedler Verlag, Berlin,
in der Verlagsgruppe Bertelsmann GmbH

Alle Rechte vorbehalten,
auch das der fotomechanischen Wiedergabe.

Schutzumschlag: Rothfos + Gabler, Hamburg
Umschlagabbildung: Laurentius de Voltolina,
Kolleg des Henricus d'Allemania, um 1380
(Staatliche Museen zu Berlin, Preußischer Kulturbesitz,
Kupferstichkabinett)
Redaktion: Ditta Ahmadi, Berlin
Karte: Ditta Ahmadi/Peter Palm, Berlin
Satz: Ditta Ahmadi, Berlin
Reproduktionen: RSK, Dessau
Druck und Buchbinder: GGP, Pößneck
Printed in Germany 1999
ISBN 3-88680-617-0
Erste Auflage